Marc Russack · Die Revision in der strafrechtlichen Assessorklausur

Die Revision in der strafrechtlichen Assessorklausur

von

Marc Russack
Richter am Oberlandesgericht Düsseldorf

12., neu bearbeitete Auflage

C.F. Müller

Bibliografische Information der Deutschen Nationalbibliothek
Die Deutsche Nationalbibliothek verzeichnet diese Publikation in der Deutschen Nationalbibliografie; detaillierte bibliografische Daten sind im Internet über <http://dnb.d-nb.de> abrufbar.

ISBN 978-3-8114-5618-1

E-Mail: kundenservice@cfmueller.de
Telefon: +49 89 2183 7923
Telefax: +49 89 2183 7620

www.cfmueller.de
www.cfmueller-campus.de

Satz: Gottemeyer, Rot
Druck: Westermann Druck, Zwickau

Vorwort

Die strafrechtliche Revisionsklausur ist aus dem zweiten Staatsexamen nicht mehr wegzudenken. Mit der Einführung dieses Klausurtyps auch in Berlin und Brandenburg im Dezember 2012 gibt es nur noch ein Bundesland, das sich mit dieser Prüfungsaufgabe nicht befasst.

Um den Leser bei der Vorbereitung der Revision so nah wie möglich am Examen arbeiten zu lassen, habe ich auch in diesem Jahr die neuesten Prüfungsaufgaben ausgewertet und – soweit erforderlich – eingearbeitet. Diesmal kommen so neun Revisionsklausuren hinzu, die das LJPA Nordrhein-Westfalen 2017 bis Anfang 2018 gestellt hat und die entsprechend auch bei den am Ringtausch beteiligten, zahlreichen anderen Prüfungsämtern gelaufen sind. Ein Mehr an Aktualität ist in Buchform nicht zu erreichen.

Mich freut, dass mein empirischer Ansatz zur Examensvorbereitung nicht nur bei so vielen Referendaren so gut ankommt, sondern sich das Konzept auch mit Blick auf den Inhalt der aktuellen Aufsichtsarbeiten bewährt: Auch 2017 ist keine Revisionsklausur im Examen gelaufen, deren Themen mein Buch nicht weitgehend und zielgenau abgedeckt hätte.

Um den Umfang möglichst gering zu halten, habe ich auf die Wiedergabe aktueller Falleinkleidungen bereits dargestellter Bereiche verzichtet und nur erstmals abgefragte Themen hinzugefügt. Auch dies hilft bei der effektiven Examensvorbereitung.

Mich freut die positive Resonanz der vielen Leser, zu deren Examenserfolg das Buch beigetragen hat.

Düsseldorf, im April 2018 *Marc Russack*

Vorwort zur 1. Auflage

Als Prüfer im zweiten Staatsexamen und Leiter von Referendararbeitsgemeinschaften habe ich mich jahrelang intensiv mit den Inhalten strafprozessualer Revisionsexamensklausuren befasst. Mir ist dabei klar geworden, dass sich die Materie – wie wahrscheinlich kein anderes Prüfungsgebiet des zweiten Staatsexamens – für eine ganz neuartige, „empirisch“ orientierte Prüfungsvorbereitung eignet: Manche Rechtsfragen werden in gewissen zeitlichen Abständen immer wieder deckungsgleich abgefragt – zahlreiche andere sind Abwandlungen stets wiederkehrender Grundthemen. Schon vor einiger Zeit hatte ich daher ein ähnlich konzeptioniertes Kurzskript entwickelt, das bei den Teilnehmern meiner Duisburger Arbeitsgemeinschaften über die Jahre hinweg große Resonanz fand. In diesem Lehrbuch habe ich meine Methode deshalb weiterentwickelt und die revisionsrechtlichen Themen aller etwa 50 Examensklausuren, die das Landesjustizprüfungsamt NRW seit 1994 zur strafprozessualen Revision gestellt hat, unter vollständiger Darstellung der jeweiligen Klausurlösung lückenlos ausgewertet. In bislang einmaliger Form ist auf diese Weise ein vollkommen originalgetreuer „Abdruck“ der Prüfungswirklichkeit geschaffen, der die Referendarinnen und Referendare ausschließlich mit dem Stoff befasst, der von den Prüfungsämtern aus der Vielzahl der denkbaren revisionsrechtlichen Fragen auch tatsächlich thematisiert wird. In diesem Rahmen sind nicht nur die prüfungsrelevanten verfahrensrechtlichen Fragen, sondern im Unterschied zu anderen Lehrbüchern mit ähnlicher Zielsetzung auch die revisionsrechtlich bedeutsamen sachlichrechtlichen Zusammenhänge, die den Prüflingen erfahrungsgemäß ganz besondere Schwierigkeiten bereiten, umfassend dargestellt. Wegen des von Nordrhein-Westfalen mit fast allen anderen Bundesländern praktizierten Klausurentauschs ist das Lehrbuch dabei auch für solche Prüflinge von Nutzen, die ihr Examen nicht in Düsseldorf ablegen.

Um bei Leserinnen und Lesern ein Verständnis für die faktische Darstellung der thematisierten Rechtsfragen in den Klausuraufgaben zu wecken, habe ich bei der Schilderung der einzelnen Klausurfälle die maßgeblichen Passagen des Original-Aufgabentextes möglichst detailgetreu wiedergegeben. Weitere praktische Bedeutung erhält das Lehrbuch dadurch, dass ich grundsätzlich nur die Kommentare von *Meyer-Goßner* und *Tröndle/Fischer* zitiert habe, die mit Ausnahme von Baden-Württemberg in allen Bundesländern im zweiten Staatsexamen zugelassen sind. Durch lückenloses Nacharbeiten der Zitate wird nicht nur der effektive Einsatz dieser Kommentare in der eigenen Prüfung vorbereitet. Gleichzeitig wird auf diese Weise transparent, dass die Prüfungsämter ihre Klausurfälle nicht selten auf Grundlage einzelner Hinweise in diesen Kommentierungen konstruieren – die Prüflinge können so erlernen, die von den Prüfungsämtern intendierten „Fährten“ zu lesen. Neben vielen Aufbau- und Darstellungstipps enthält das Lehrbuch schließlich zahlreiche Hinweise auf typische

Klausurfehler und Möglichkeiten ihrer Vermeidung sowie die Wahrnehmungen und Erwartungen der Examensprüfer im Benotungsprozess.

Inhaltlich ist die Darstellung ausschließlich an die jeweils von den Obergerichten – und insbesondere vom BGH – vertretenen Auffassungen angelehnt, die immer auch in den beiden vorgenannten Kommentaren mitgeteilt sind. Auch insofern habe ich mich konsequent an den Erwartungen der Prüfungsämter orientiert, die ihren Ausdruck in entsprechend ausgerichteten „Lösungsskizzen" finden. Nach wie vor steht im zweiten Staatsexamen das Finden einer „praktischen" und damit obergerichtlich standhaltenden Lösung im Vordergrund – Examensklausuren sind allein schon im Hinblick auf die begrenzten zeitlichen und sachlichen Ressourcen nicht das Forum für eine kritische Auseinandersetzung mit der Rechtsprechung der Obergerichte.

Bedanken möchte ich mich beim Landesjustizprüfungsamt NRW, das den Weg zu diesem Buch durch Zustimmung zu meinem Konzept überhaupt erst eröffnet hat. Ganz herzlicher Dank gilt meinem hochgeschätzten Kollegen Herrn VRiOLG *Hans-Dieter Becker*, der nicht nur das Manuskript geprüft, sondern während unserer Zusammenarbeit beim OLG Düsseldorf auch mein eigenes revisionsrechtliches Verständnis maßgeblich mitgeprägt hat.

Mülheim an der Ruhr, im Mai 2005 *Marc Russack*

Inhaltsverzeichnis

Abkürzungs- und Literaturverzeichnis

Abs.	Absatz
a.E.	am Ende
a.F.	alte Fassung
Alt.	Alternative
Art.	Artikel
Aufl.	Auflage
BAG	Bundesarbeitsgericht
BayObLG	Bayerisches Oberstes Landgericht
BB	Betriebs-Berater (zitiert nach Jahr und Seite)
BGH	Bundesgerichtshof
BGHR	BGH-Rechtsprechung in Strafsachen (zitiert nach Paragraph und Stichwort)
BGHSt	Entscheidungssammlung des BGH in Strafsachen (zitiert nach Band und Seite)
BtMG	Betäubungsmittelgesetz
BVerfG	Bundesverfassungsgericht
BVerfGE	Entscheidungen des Bundesverfassungsgerichts (zitiert nach Band und Seite)
BZRG	Bundeszentralregistergesetz
bzw.	beziehungsweise
DRiG	Deutsches Richtergesetz
EGStPO	Einführungsgesetz zur Strafprozessordnung
Einl.	Einleitung
EuGH	Gerichtshof der Europäischen Union
EuRHÜbk	Europäisches Übereinkommen über die Rechtshilfe in Strafsachen
Fischer	*Fischer, Thomas*; Strafgesetzbuch mit Nebengesetzen; 65. Aufl. 2018 (zitiert nach Paragraph und Randnummer)
ggf.	gegebenenfalls
GG	Grundgesetz
GmS-OGB	Gemeinsamer Senat der obersten Gerichtshöfe des Bundes
GVG	Gerichtsverfassungsgesetz
Hs.	Halbsatz
i.R.	im Rahmen
i.S.	im Sinne
i.V.	in Verbindung
JAG NRW	Juristenausbildungsgesetz Nordrhein-Westfalen
JGG	Jugendgerichtsgesetz
JMBlNW	Justizministerialblatt für das Land Nordrhein-Westfalen (zitiert nach Jahr und Seite)
JuS	Juristische Schulung (zitiert nach Jahr und Seite)
JVA	Justizvollzugsanstalt
JZ	Juristenzeitung (zitiert nach Jahr und Seite)

KG	Kammergericht
KK	Karlsruher Kommentar zur Strafprozessordnung und zum Gerichtsverfassungsgesetz; 7. Aufl. 2013 (zitiert nach Bearbeiter, Paragraph und Randnummer)
LBG BW	Landesbeamtengesetz Baden-Württemberg
LG	Landgericht
lit.	Buchstabe
LJPA	Landesjustizprüfungsamt
LR	*Löwe/Rosenberg*; Die Strafprozessordnung und das Gerichtsverfassungsgesetz mit Nebengesetzen; Großkommentar; herausgegeben von Peter Rieß u.a.; 25./26. Aufl. 1997 ff. (zitiert nach Bearbeiter, Paragraph und Randnummer)
MDR	Monatsschrift für Deutsches Recht (zitiert nach Jahr und Seite)
MDR/D	*Dallinger*, Aus der Rspr. des BGH in Strafsachen
MDR/H	*Holtz*, Aus der Rspr. des BGH in Strafsachen
M-G/S	*Meyer-Goßner, Lutz/Schmitt, Bertram*; Strafprozessordnung mit GVG und Nebengesetzen; 60. Aufl. 2017 (zitiert nach Paragraph und Randnummer)
MRK	Konvention zum Schutze der Menschenrechte und Grundfreiheiten
NJW	Neue Juristische Wochenschrift (zitiert nach Jahr und Seite)
Nr.	Nummer
NRW	Nordrhein-Westfalen
NStZ	Neue Zeitschrift für Strafrecht (zitiert nach Jahr und Seite)
NStZ-RR	NStZ-Rechtsprechungs-Report Strafrecht (zitiert nach Jahr und Seite)
OLG	Oberlandesgericht
OWiG	Gesetz über Ordnungswidrigkeiten
RGSt	Entscheidungssammlung des Reichsgerichts in Strafsachen (zitiert nach Band und Seite)
RiLG	Richter am Landgericht
Rn.	Randnummer
RPflG	Rechtspflegergesetz
Rspr.	Rechtsprechung
Schönke/Schröder	*Schönke/Schröder*; Strafgesetzbuch; 29. Aufl. 2014 (zitiert nach Bearbeiter, Paragraph und Randnummer)
s.o.	siehe oben
StA	Staatsanwaltschaft
StGB	Strafgesetzbuch
StPO	Strafprozessordnung
StV	Strafverteidiger (zitiert nach Jahr und Seite)
StVG	Straßenverkehrsgesetz
u.a.	unter anderem
u.Ä.	und Ähnliches
u.U.	unter Umständen
VRiOLG	Vorsitzender Richter am Oberlandesgericht
WaffG	Waffengesetz
ZPO	Zivilprozessordnung
z.T.	zum Teil

A. Grundlagen

I. Examensrelevanz der strafprozessualen Revision

In Nordrhein-Westfalen hatte während der letzten zwanzig Jahre im zweiten Staatsexamen etwa jeder zweite Prüfling in einer der beiden strafrechtlichen Klausuren eine revisionsrechtliche Aufgabe zu lösen. Da in der Vergangenheit fast alle Prüfungsämter ihre Klausurfälle miteinander getauscht haben, stellt sich die Situation in den übrigen Bundesländern ähnlich dar. Diese erhebliche Klausurbedeutung hat im Zuge der Stärkung der anwaltlichen Perspektive in Ausbildung und Staatsexamen in letzter Zeit sogar noch zugenommen. Seit 2009 hat das LJPA Nordrhein-Westfalen – das einzige Prüfungsamt mit monatlichen Klausurterminen – jährlich jeweils neun Revisionsklausuren gestellt und dabei das Strafurteil als weitere Klausuraufgabe weitgehend zurückgedrängt. 1

Daneben kann die strafprozessuale Revision natürlich auch im **Aktenvortrag** der mündlichen Prüfung thematisiert sein. Dies war bislang allerdings nicht annähernd so häufig der Fall. Da auch in diesem Rahmen üblicherweise die Erfolgsaussichten einer eingelegten Revision zu begutachten sind, gelten die folgenden Ausführungen für derartige Aktenvorträge entsprechend. 2

II. Klausurtypen

1. Es existieren vier Typen strafprozessualer Revisionsklausuren: 3

Am Gang des Revisionsverfahrens orientiert können entweder
- die Begutachtung der Erfolgsaussichten einer bislang lediglich eingelegten – und noch nicht begründeten – Revision,
- die Fertigung einer Revisionsbegründung,
- die Begutachtung der Erfolgsaussichten einer bereits begründeten Revision
- oder schließlich der Entwurf der Entscheidung des Revisionsgerichts auf Grund einer vorliegenden Revisionsbegründung

verlangt sein.

Mit Ausnahme der unten[1] geschilderten Klausurkonstellationen wird seit 1995 allerdings ausschließlich die erstgenannte Aufgabe gestellt. Die drei letztgenannten Themen sind aus den Examensklausuraufgaben damit eigentlich verschwunden.[2]

1 Rn. 6.
2 Dieser Befund bezieht sich – wie sämtliche klausurbezogenen Aussagen in dieser Darstellung – auf die Situation in Nordrhein-Westfalen. Vor dem Hintergrund des eingangs erwähnten Klausurentauschs zwischen den Prüfungsämtern sind die hiesigen Verhältnisse jedoch von allgemeiner Bedeutung.

4 2. Grund hierfür dürfte die Vorschrift des § 344 Abs. 2 S. 2 StPO sein, nach der Verfahrensrügen zulässig nur dann erhoben sind, wenn „die den Mangel enthaltenden Tatsachen“ in der Revisionsbegründung angegeben sind. Eine Klausuraufgabe mit bereits vorliegender Revisionsbegründung hat damit den Nachteil, dass die eigenständige Rechtsfehlersuche des Prüflings im zentralen Bereich der Verfahrensfehler – und damit ein hochinteressanter Prüfungsaspekt – vollständig entfällt. Überdies stellen die Revisionsgerichte an die Vollständigkeit und Genauigkeit des nach § 344 Abs. 2 S. 2 StPO geforderten Tatsachenvortrags für jede einzelne Verfahrensvorschrift individuelle, in der Regel äußerst strenge und zudem nicht immer einheitlich gehandhabte Anforderungen, an deren Einhaltung selbst erfahrene Verteidiger nicht selten scheitern.[3] Da von Referendarinnen und Referendaren, die sich sowohl bei der Fertigung oder Begutachtung einer Revisionsbegründung als auch bei dem Entwurf eines Revisionsurteils mit den Voraussetzungen des § 344 Abs. 2 S. 2 StPO auseinanderzusetzen hätten, entsprechende Kenntnisse aber erst recht nicht erwartet werden können, ist die beschriebene Übung der Prüfungsämter – zumal auch eine qualifizierte Ausbildung im revisionsrechtlichen Bereich nicht immer gewährleistet erscheint – zu begrüßen.

5 Natürlich ist nicht zu verkennen, dass die vorbezeichnete Prüfungspraxis nirgendwo festgeschrieben ist und sich – unter Inkaufnahme der den übrigen Aufgabenstellungen anhaftenden Nachteile – jederzeit ändern kann. Sie ist jedoch so verfestigt, dass es zur Ermöglichung einer wirklich effektiven Examensvorbereitung angezeigt erscheint, von der Darstellung der übrigen Klausurtypen und der mit § 344 Abs. 2 S. 2 StPO zusammenhängenden Detailfragen vollständig abzusehen. Im Übrigen enthält auch der im Examen zur Verfügung stehende StPO-Kommentar von *Meyer-Goßner/Schmitt* für jede einzelne Verfahrensvorschrift Hinweise zum erforderlichen Revisionsvorbringen (vgl. *M-G/S* § 344 Rn. 28).[4]

6 Im Oktober 2006 hat das LJPA Nordrhein-Westfalen tatsächlich eine Examensklausur gestellt, in der neben der Begutachtung der Erfolgsaussichten der Revision auch eine – allerdings nur auf eine einzige Verfahrensrüge bezogene – Revisionsbegründung zu fertigen war. Auf entsprechende Anfrage teilte mir das LJPA Nordrhein-Westfalen mit, dass sich aus dem bisherigen Verzicht auf die Anfertigung von Revisionsbegründungen kein Vertrauenstatbestand dahin herleiten lasse, „*dass auch in Zukunft nicht in geringem Umfange schriftliche Ausarbeitungen zu einer Revisionsbegründung verlangt werden würden*“. Wie bei „*seltenen Aufgabenstellungen in anderen Rechtsgebieten*“ gehöre es zu den Prüfungsleistungen, „*mit Hilfe der zugelassenen Hilfsmittel (hier vor allem die Kommentierung bei Meyer-Goßner, StPO zum § 344) einen brauchbaren Lösungsansatz zu entwickeln*“. Das LJPA Nordrhein-Westfalen werde „*bei der Konzeption seiner Aufgaben auch zukünftig berücksichtigen, ob Aufgabenstellungen originärer Gegenstand der Ausbildung sind und dem Rechnung tragen, wenn dies nicht zutrifft*“. Dementsprechend stellte das LJPA Nordrhein-Westfalen erst über sieben Jahre später im Dezember 2013 eine Examensklausur, in der die Erfolgsaussichten einer zu ver-

3 LR-*Hanack* vor § 333 Rn. 13: „*Noch bedenklicher aber ist, dass ganz offenbar viele Anwälte den Anforderungen an eine sachgemäße Revisionsbegründung nicht gewachsen sind. Dies wiegt auf Grund des § 344 Abs. 2 vor allem bei der Verfahrensrüge schwer, so dass auch von daher die strengen oder überstrengen Anforderungen der Rechtsprechung an diese Vorschrift fragwürdig erscheinen.*“

4 Die zitierten Fundstellen im StPO-Kommentar von *Meyer-Goßner/Schmitt* müssen beim Durcharbeiten dieser Darstellung – soll diese wirklich Gewinn bringen – unbedingt nachgelesen und -vollzogen werden. Auf die entsprechenden Bemerkungen im Vorwort wird hingewiesen.

schiedenen Verfahrensrügen vom Verteidiger bereits begründeten Revision zu begutachten waren. Dieser Hintergrund rechtfertigt es aus meiner Sicht nach wie vor, die Zulässigkeitsvoraussetzungen des § 344 Abs. 2 S. 2 StPO bei der späteren Darstellung der einzelnen verfahrensrechtlichen Gesetzesverletzungen auszusparen. Generell ist der betreffende Verfahrensmangel nach dieser Vorschrift nur dann zulässig gerügt, wenn das Revisionsgericht allein auf Grund der zu fertigenden oder bereits vorliegenden Revisionsbegründung – und damit ohne Blick in das Hauptverhandlungsprotokoll – prüfen kann, ob der Verfahrensfehler vorliegt, wenn das tatsächliche Vorbringen der Revision zutrifft (vgl. *M-G/S* § 344 Rn. 21). Zum insoweit „notwendigen Revisionsvorbringen" finden sich Einzelheiten im Abschnitt „Revision" am Ende der Kommentierung von *Meyer-Goßner/Schmitt* zum in Rede stehenden Verfahrensfehler – wie etwa in Rn. 81 und Rn. 85 zu § 244 StPO.

3. Konkret lautet die **regelmäßige Klausuraufgabenstellung**, „die Erfolgsaussichten der (eingelegten) Revision zu begutachten", „Erwägungen zur Zweckmäßigkeit des Vorgehens anzustellen" sowie „etwaige Revisionsanträge auszuformulieren". Der Text der Klausuraufgabe besteht hier üblicherweise aus einem nach der Hauptverhandlung gefertigten Vermerk des Verteidigers[5], der Anklageschrift, dem Hauptverhandlungsprotokoll und den schriftlichen Urteilsgründen. Ganz überwiegend sind Revisionen des Angeklagten thematisiert. Daneben geht es häufiger um die Erfolgsaussichten einer Revision der Staatsanwaltschaft, für die sich prüfungstechnisch keine großen Besonderheiten ergeben. Die Begutachtung einer Revision des Nebenklägers ist der ganz große Ausnahmefall. Dieser recht statische Hintergrund wird in seltenen Einzelfällen durch atypische Aufgabenkonstellationen durchbrochen, was die Prüflinge dann erfahrungsgemäß sofort in erhebliche Schwierigkeiten bringen kann. 7

Eine äußerst interessante Variante bot folgende Klausuraufgabe: Das Amtsgericht hatte den Angeklagten wegen Diebstahls verurteilt und die Entscheidung soeben mündlich begründet. Ausweislich des Hauptverhandlungsprotokolls unterbrach der Angeklagte die anschließende Rechtsmittelbelehrung, indem er „Revision" ein- und ein Teilgeständnis ablegte. Das Amtsgericht trat daraufhin sofort „nochmals in die Hauptverhandlung ein", führte eine weitere Beweisaufnahme durch und verurteilte den Angeklagten – was anschließend wiederum mit der Revision angefochten wurde – wegen Begünstigung u.a. Laut Bearbeitungsvermerk waren „die Erfolgsaussichten revisionsrechtlichen Vorgehens zu Gunsten des Mandanten" zu begutachten. Hier erkannten nur sehr wenige Prüflinge, dass zwei selbständige Urteile ergangen und *beide* eingelegten Revisionen in ihrer Zulässigkeit und Begründetheit zu prüfen waren. Für die Existenz des ersten Urteils war es nämlich unerheblich, dass das Gericht dieses durch das zweite Urteil ersetzen wollte. Denn schon mit dem letzten Wort der mündlichen Bekanntgabe der Urteilsgründe, zu denen die Rechtsmittelbelehrung nicht mehr gehörte, war die Verkündung des Urteils gemäß § 268 Abs. 2 S. 1 StPO abgeschlossen, so dass inhaltliche Änderungen dieser Entscheidung oder sogar ihre Aufhebung durch das erkennende Gericht ausgeschlossen waren (vgl. *M-G/S* § 268 Rn. 8 ff.). 8

In einem anderen Klausurfall hatte der Verteidiger gegen ein amtsgerichtliches Urteil im Wege der unbestimmten Urteilsanfechtung (zulässigerweise) „Rechtsmittel"[6] eingelegt. Laut 9

---

5 Dieser Vermerk enthält regelmäßig Hinweise auf die in der Klausurlösung anzusprechenden Rechtsfragen – insbesondere wenn diese an anderen Stellen des Aufgabentextes nicht ausdrücklich thematisiert sind. So hat der Angeklagte sich hier in der Vergangenheit beispielsweise darüber gewundert, dass „das Gericht ihm keinen Verteidiger zur Seite" gestellt habe (Verstoß gegen § 140 StPO?), es „sich selbst keinen unmittelbaren Eindruck von der Örtlichkeit" verschafft habe (Verstoß gegen § 244 Abs. 2 StPO?), oder aber darauf hingewiesen, dass er sich „doch nur vor einer unzulässigen Festnahme" habe wehren wollen (§ 113 Abs. 3 bzw. 4 StGB?).

6 Vgl. dazu unten Rn. 27.

Bearbeitungsvermerk waren die „Erfolgsaussichten des eingelegten Rechtsmittels umfassend zu begutachten". Das Gutachten sollte „auch Überlegungen zur Zweckmäßigkeit des Vorgehens enthalten". Dem aufmerksamen Prüfling hätte dabei schon die allgemeinere Formulierung – „Rechtsmittel" statt „Revision" – ein Fingerzeig sein können. Hier galt es nämlich zu erkennen – was wiederum sehr wenigen Prüflingen gelang –, dass das Rechtsmittel sowohl als Revision als auch als Berufung durchgeführt werden konnte und damit Zulässigkeit und Begründetheit *beider* Rechtsmittel zu prüfen waren. I.R. der Zulässigkeit der Berufung waren deren Statthaftigkeit (§ 312 StPO), die Voraussetzungen des § 314 StPO (Einlegungsform, -frist und -adressat) sowie der Umstand klarzustellen, dass es einer Begründung der Berufung nicht bedarf (§ 317 StPO). Die Begutachtung der Begründetheit der Berufung führte dann zu einer vollständigen materiell-rechtlichen Prüfung der Strafbarkeit des Angeklagten auf Grundlage der im Hauptverhandlungsprotokoll enthaltenen Beweisergebnisse. Es war also – in strengem Gegensatz zur ausschließlich revisionsrechtlichen Aufgabenstellung[7] – eine eigene Beweiswürdigung vorzunehmen. I.R. der abschließend aus Verteidigersicht vorzunehmenden Zweckmäßigkeitserwägungen konnte dann darauf abgestellt werden, dass die Wahl der (ebenfalls begründeten) Revision den Vorteil gehabt hätte, dass dem Angeklagten nach vollständiger Urteilsaufhebung und Zurückverweisung gemäß §§ 353, 354 Abs. 2 StPO gleich zwei weitere tatrichterliche Instanzen offen gestanden hätten.

10 In einem weiteren Klausurfall war – wenngleich auch hier der Verteidiger für den Angeklagten Revision eingelegt hatte – in der Begründetheit gar nicht dessen Rechtsmittel zu prüfen. Die vom Verteidiger eingelegte Revision war nämlich wegen Versäumung der Revisionseinlegungsfrist des § 341 Abs. 1 StPO unzulässig. Der von den Prüflingen in dieser Situation verzweifelt geworfene Rettungsanker einer gemäß § 45 Abs. 2 S. 3 StPO von Amts wegen zu gewährenden Wiedereinsetzung in den vorigen Stand[8] konnte allerdings mangels entsprechender tatsächlicher Anknüpfungspunkte nicht greifen. Der gleichwohl ohne Hilfsgutachten mögliche Weg in die Begründetheitsprüfung führte – recht gut versteckt – über eine parallel zum Rechtsmittel des Angeklagten rechtzeitig und unbeschränkt eingelegte Revision der Staatsanwaltschaft, die wegen § 301 StPO auch zu Gunsten des Angeklagten wirkte. Mit den laut Bearbeitungsvermerk zu begutachtenden „Erfolgsaussichten der Revision" waren also eigentlich diejenigen des staatsanwaltschaftlichen Rechtsmittels gemeint, was allerdings so gut wie keiner der Prüflinge erkannte.

11 4. Inhaltlich haben Revisionsklausuren ihren Schwerpunkt überwiegend im verfahrensrechtlichen Teil. Aber auch die sachlichrechtliche Überprüfung der Urteilsgründe berührt Rechtsfragen, die aus dem ersten Staatsexamen meist nicht bekannt sind. Gleichwohl überwinden Referendarinnen und Referendare eine anfangs vorhandene Scheu vor der neuen Thematik erfahrungsgemäß sehr schnell. Revisionsrechtliche Examensarbeiten beziehen sich nämlich wie kaum ein anderes Prüfungsgebiet auf klar strukturierte und eingegrenzte Themenkreise, die sich zudem häufig wiederholen. Überdies haben sie den Vorteil, dass immer eine Vielzahl völlig isoliert zu betrachtender Rechtsfragen thematisiert werden – negative „Dominosteineffekte" durch Verkennung einzelner Probleme also ausgeschlossen sind.

7 Vgl. dazu unten Rn. 536 f.
8 Vgl. dazu unten Rn. 48 f.

B. Zulässigkeit der Revision

I. Allgemeines

12 Die Begutachtung der Zulässigkeit der (eingelegten und noch nicht begründeten) Revision weist in den meisten Klausuren keinerlei Schwierigkeiten auf. Sie umfasst grundsätzlich die – deshalb möglichst knappe – Darstellung der Statthaftigkeit, der Rechtsmittelbefugnis, der Beschwer, der ordnungsgemäßen Revisionseinlegung sowie der noch möglichen Einhaltung der Revisionsbegründungsfrist. Größeren Begründungsaufwand erfordern nur (seltener abgefragte) besondere Zulässigkeitsprobleme, auf die nachfolgend im Einzelnen eingegangen wird. Immer wird die von den Prüfungsämtern intendierte Lösung zur Zulässigkeit der Revision führen, da der Prüfungsschwerpunkt einer jeden Revisionsklausur in der Begründetheit des Rechtsmittels liegt.

II. Statthaftigkeit

13 1. Statthaft – also grundsätzlich zulässiges Rechtsmittel – ist die Revision gemäß § 333 StPO gegen erst- und zweitinstanzliche Urteile des Landgerichts und – in Klausuren völlig irrelevant – gegen erstinstanzliche Urteile der Oberlandesgerichte sowie nach §§ 335 Abs. 1, 312 StPO gegen Urteile des Strafrichters und des Schöffengerichts (sog. „Sprungrevision“). Ganz überwiegend sind in Examensklausuren erstinstanzliche Entscheidungen von Amts- und Landgericht angefochten. Die wenigen Fälle, in denen es um Revisionen gegen Berufungsurteile des Landgerichtes geht, lassen die sich aus dieser Verfahrenskonstellation in der Praxis ergebenden spezifischen Rechtsfragen regelmäßig unberührt und weisen besondere Prüfungsinhalte – soweit im Folgenden nicht ausdrücklich angesprochen – grundsätzlich nicht auf.

14 Interessant für die Examensvorbereitung ist in diesem Zusammenhang zudem, dass Urteile der Jugendgerichte (§§ 39 ff. JGG) bislang erst einmal Gegenstand einer Klausurrevision gewesen sind.[9] Die verfahrens- und sachlichrechtlichen Besonderheiten des Jugendgerichtsgesetzes können somit kaum als besonders examensrelevant angesehen werden. Eine einzige weitere jugendgerichtliche Problematik ist zudem in der Form thematisiert worden, dass ein Erwachsenengericht die sich aus dem Alter des Angeklagten ergebende sachliche Zuständigkeit des Jugendgerichtes verkannte.[10]

15 2. Bei **gleichzeitiger Berufung** eines anderen Verfahrensbeteiligten wird eine ordnungsgemäß eingelegte Sprungrevision – solange die fremde Berufung nicht zurück-

9 Zu den insoweit thematisierten Einzelheiten vgl. unten Rn. 175.
10 Vgl. dazu unten Rn. 174.

genommen oder als unzulässig verworfen ist – zur Vermeidung der Befassung verschiedener Rechtsmittelgerichte nach § 335 Abs. 3 S. 1 StPO ebenso als Berufung behandelt. Das Revisionsgutachten wird hiervon jedoch nicht berührt, da die Revisionsanträge und deren Begründung – worauf in einer einschlägigen Klausur ausdrücklich hinzuweisen war – nach § 335 Abs. 3 S. 2 StPO gleichwohl in der vorgeschriebenen Form und Frist anzubringen sind.

16 3. Bewusst sein sollte sich der Prüfling auch der aus § 313 Abs. 1 StPO folgenden **Annahmebedürftigkeit** der Berufung im Bereich der Bagatellkriminalität – also insbesondere bei Verurteilungen zu Geldstrafen von nicht mehr als 15 Tagessätzen. Diese hat nach zum Teil – und insbesondere im Kommentar von *Meyer-Goßner/Schmitt* – vertretener Auffassung auch Auswirkungen auf die Zulässigkeit der Sprungrevision. Der Revisionsführer soll in diesen Fällen nämlich auch bei eigentlich beabsichtigter Revision zunächst Berufung einlegen müssen und erst nach deren Annahme durch das Landgericht den Übergang zur Revision erklären können. Dadurch soll vermieden werden, dass die Entlastungszwecke, die der Neuschaffung des § 313 StPO zu Grunde lagen, unterlaufen werden. Sind diese – von den Prüfungsämtern in der Klausuraufgabe nur umständlich darzustellenden – Voraussetzungen im Klausurfall nicht gegeben, würde es sich zur Vermeidung des ansonsten erforderlichen Hilfsgutachtens empfehlen, sich der ohnehin wohl überwiegend vertretenen Gegenmeinung anzuschließen, die hier keinerlei Zulässigkeitseinschränkungen sieht (vgl. im Einzelnen *M-G/S* § 335 Rn. 21 f.).

17 4. Das im Einzelfall zuständige Revisionsgericht braucht nach der üblichen Aufgabenstellung im Übrigen nicht mitgeteilt zu werden. Benennt der Prüfling das zur Entscheidung berufene Revisionsgericht gleichwohl, so sollten die Zuweisungen der §§ 335 Abs. 2 StPO, 121 Abs. 1 Nr. 1, 135 Abs. 1 GVG genau beachtet werden. Die an dieser Stelle von manchem Prüfling ungefragt offenbarte Unkenntnis der Instanzenzüge stellt einen äußerst unglücklichen Klausureinstieg dar.

III. Rechtsmittelbefugnis

18 1. Auch wenn die aus § 296 Abs. 1 StPO folgende Revisionsberechtigung des **Angeklagten** und der **Staatsanwaltschaft** auf der Hand liegt, sollte sie im Klausurgutachten mit einem Satz erwähnt werden. Entsprechendes gilt für § 401 Abs. 1 S. 1 StPO im unwahrscheinlichen Fall einer Revision des **Nebenklägers**. Alle weiteren Anfechtungsberechtigten – insbesondere der Privatkläger – spielen in Examensklausuren keine Rolle.

19 2. Für den Angeklagten wird die Revision in der ganz überwiegenden Zahl der Klausurfälle von einem nach § 137 Abs. 1 StPO gewählten **Verteidiger** eingelegt, der hierzu nach der Rechtsvermutung des § 297 StPO aus eigenem Recht und im eigenen Namen befugt ist. Darauf sollte in entsprechenden Klausurkonstellationen ausdrücklich hingewiesen werden. Der Verteidiger kann – selbst wenn er im bisherigen Verfahren noch nicht für den Angeklagten tätig geworden sein sollte – das Rechtsmittel einlegen, ohne gleichzeitig seine Vollmacht nachzuweisen (vgl. *M-G/S* § 297 Rn. 2).

IV. Beschwer

Beschwer bedeutet die unmittelbare Beeinträchtigung eigener Rechte oder schutzwürdiger Interessen des Betroffenen durch das angefochtene Urteil (vgl. *M-G/S* vor § 296 Rn. 9). **20**

1. Die Beschwer des **Angeklagten** ergibt sich in Klausuren – auch darauf sollte mit einem Satz hingewiesen werden – regelmäßig daraus, dass dieser zu einer Geld- oder Freiheitsstrafe verurteilt worden ist. Die Revision der **Staatsanwaltschaft** setzt dagegen von vornherein keine besondere Beschwer voraus. Die Staatsanwaltschaft nimmt im Strafverfahren allgemein die Aufgaben der staatlichen Rechtspflege wahr und ist deshalb i.R. ihres pflichtgemäßen Ermessens berechtigt, unabhängig von einer konkreten Beschwer sämtliche Entscheidungen anzufechten, die nach ihrer Auffassung den Geboten der Rechtspflege nicht entsprechen. Dies gilt auch, wenn das Urteil – was in Klausurfällen mit revisionsführender Staatsanwaltschaft schon vorgekommen ist – dem ausdrücklichen Antrag ihres Sitzungsvertreters entspricht (vgl. *M-G/S* vor § 296 Rn. 16). **21**

Bedacht werden muss in diesem Zusammenhang allerdings die aus § 339 StPO folgende Einschränkung: Eine zu Ungunsten des Angeklagten eingelegte Revision (vgl. § 296 Abs. 2 StPO) kann die Staatsanwaltschaft nicht auf die Rüge stützen, es seien zu dessen Nachteil Rechtsnormen verletzt, die nur zu seinen Gunsten geschaffen sind. Vielmehr führt die Verletzung derartiger Bestimmungen auch hier zur Aufhebung oder Abänderung des angefochtenen Urteils zu Gunsten des Angeklagten (§ 301 StPO). In der Klausur sind Verfahren und Urteil daher auch bei Revision der Staatsanwaltschaft umfassend auf alle in Betracht kommenden Rechtsfehler zu überprüfen. **22**

2. Der **Nebenkläger** ist zur Revisionseinlegung nur berechtigt, soweit er durch das angefochtene Urteil gerade in seiner Stellung als Nebenkläger beschwert ist (vgl. *M-G/S* § 400 Rn. 1). Dazu muss er die unterlassene oder fehlerhafte Anwendung eines Strafgesetzes geltend machen, auf das sich seine Anschlussbefugnis nach § 395 StPO stützt. In der Klausurlösung ist dies in der Zulässigkeitsprüfung ausdrücklich klarzustellen. Aus einer von ihm möglicherweise als zu milde empfundenen Rechtsfolgenentscheidung kann sich eine Beschwer des Nebenklägers hingegen nicht ergeben, da er das Urteil nach § 400 Abs. 1 StPO nicht mit dem Ziel der Verhängung einer anderen Rechtsfolge anfechten kann. Bei entsprechenden Äußerungen des Nebenklägers – sie finden sich regelmäßig schon im Anwaltsvermerk („er hätte lebenslänglich bekommen müssen") – ist auch darauf bei der Prüfung der Beschwer hinzuweisen. **23**

Besonders examensintensiv ist die Revision des Nebenklägers allerdings nicht. Seit 1994 ging es in nur drei Examensklausuren ausschließlich um dessen Rechtsmittel. In einer dieser Klausuren waren die Erfolgsaussichten der Revision einer Nebenklägerin zu begutachten, die die Verurteilung ihres Schwiegersohnes wegen Mordes an ihrer Tochter und ihrem Enkelsohn erreichen wollte – das Schwurgericht hatte auf Totschlag erkannt. Hier war herauszuarbeiten, dass die nach § 400 Abs. 1 StPO zu fordernde Beschwer über § 395 Abs. 2 Nr. 1 StPO zwar mit Blick auf die Tötung der Tochter, nicht aber auf diejenige des Enkelsohnes zu bejahen war. Auf Grund des eindeutigen Gesetzeswortlauts des § 395 Abs. 2 Nr. 1 StPO ist eine Nebenklageberechtigung von Großeltern nämlich zu verneinen (vgl. *M-G/S* § 395 Rn. 8). Neben den sich aus § 401 Abs. 1 S. 3 und Abs. 2 StPO ergebenden (unproblemati- **24** schen) Besonderheiten für die Revisionseinlegungs- und -begründungsfrist war im verfahrensrechtlichen Teil dann die für den Nebenkläger entsprechend geltende Vorschrift des § 339 StPO im Auge zu halten: Zwar ergab das Revisionsgutachten einen Verstoß gegen das Recht des Angeklagten auf das letzte Wort. Da § 258 Abs. 2 StPO aber „lediglich zugunsten des Angeklagten gegeben" ist (vgl. *M-G/S* § 339 Rn. 4), konnte die Nebenklägerin ihre Revision auf diesen Rechtsfehler nicht stützen.

25 In einem anderen Klausurfall gab sich die Ehefrau des Getöteten nicht mit der Verurteilung des Angeklagten nur wegen besonders schwerer Brandstiftung zufrieden, nachdem die Anklage noch auf Brandstiftung mit Todesfolge gelautet hatte. Ihre Nebenklagebefugnis ergab sich zunächst daraus, dass rechtswidrige Taten i.S. des maßgeblichen § 395 Abs. 2 Nr. 1 StPO nicht nur Straftaten gegen das Leben (§§ 211–222 StGB), sondern auch durch den Tötungserfolg qualifizierte Straftaten sind – wie beispielsweise § 306c StGB (vgl. *M-G/S* § 395 Rn. 7). Im verfahrensrechtlichen Bereich kam es dann auch in dieser Klausur wieder auf § 339 StPO analog an, der der Geltendmachung eines Verstoßes gegen § 265 Abs. 1 StPO (kein an den Angeklagten gerichteter Hinweis auf § 306b StGB) entgegenstand (vgl. *M-G/S* § 339 Rn. 4). Dass die Nebenklägerin den Gerichtssaal während der Beweisaufnahme zeitweise auf eigenen Wunsch verlassen hatte, begründete die Revision – da sie nach § 397 Abs. 1 S. 1 StPO zur Anwesenheit in der Hauptverhandlung nur berechtigt, nicht aber verpflichtet war (vgl. *M-G/S* § 338 Rn. 42) – ebenso wenig. Stützen konnte die Nebenklägerin ihre Revision allerdings darauf, dass ihr nicht das Wort zum Schlussvortrag (§ 258 Abs. 1 StPO) erteilt und damit ihr Recht zur Abgabe von Erklärungen (§ 397 Abs. 1 S. 3 StPO) verletzt worden war. Einzelheiten zu den Verfahrensrechten des Nebenklägers lassen sich in der Klausursituation im Übrigen mühelos der Kommentierung zu § 397 StPO bei *Meyer-Goßner/Schmitt* entnehmen.

25a In einem weiteren Klausurfall ging es schließlich um die Berechtigung zum Anschluss als Nebenkläger nach Urteilserlass. Der Mandant – Opfer eines Tötungsversuchs – war im bisherigen Verfahren nur Zeuge gewesen und mit dem auf Freispruch lautenden Urteil nicht einverstanden. Zwar konnte er selbst das Urteil nach § 399 Abs. 2 StPO nicht mehr anfechten, weil die für die Staatsanwaltschaft geltende Revisionseinlegungsfrist zum Begutachtungszeitpunkt bereits abgelaufen war. Da aber die Staatsanwaltschaft fristgerecht Revision eingelegt hatte, konnte sich der Mandant dem Verfahren mit Blick auf die zu erwartende Neuverhandlung der Sache jedoch wenigstens noch als Nebenkläger anschließen (vgl. *M-G/S* § 399 Rn. 2).

V. Ordnungsgemäße Revisionseinlegung

26 Die Revision muss nach § 341 Abs. 1 StPO innerhalb einer grundsätzlich mit Urteilsverkündung beginnenden Frist von einer Woche bei dem Gericht, dessen Urteil angefochten wird, zu Protokoll der Geschäftsstelle oder schriftlich eingelegt werden.

27 1. **Revisionseinlegung** ist jede Erklärung, die den Anfechtungswillen des Beschwerdeführers erkennen lässt (*M-G/S* § 341 Rn. 1). Der Verteidiger kann daher fristgemäß zunächst lediglich „Rechtsmittel" einlegen. Eine solche – in Klausuren regelmäßig abgefragte – **unbestimmte Anfechtung** des Urteils, bei der der Rechtsmittelführer die Wahl zwischen Berufung und Revision zunächst offenlässt, ist zulässig, weil er die Entscheidung über das geeignete Rechtsmittel in der Regel erst nach Kenntnis des schriftlichen Urteils sinnvoll treffen kann. Die endgültige Wahl kann dann bis zum Ablauf der Revisionsbegründungsfrist getroffen werden. Geschieht dies allerdings nicht fristgerecht, so wird das Rechtsmittel als Berufung durchgeführt (vgl. *M-G/S* § 335 Rn. 2–4).

In Revisionsklausuren ist daher deutlich zu machen, dass die Bestimmung des Rechtsmittels als Revision – falls noch nicht geschehen – bis zum Ablauf der Revisionsbegründungsfrist vorgenommen werden muss. Bis zu diesem Zeitpunkt wäre aus dem genannten Grund im Übrigen auch der **Übergang von der zunächst eingelegten Berufung zur Revision** möglich (vgl. *M-G/S* § 335 Rn. 10) – etwas anderes gilt aus Gründen der Rechtssicherheit nur dann, wenn sich ohne Zweifel ergibt, dass der Beschwerdeführer schon bei der Einlegung der „Berufung" aus freien Stücken endgültig von seinem Wahlrecht Gebrauch gemacht hat[11], wofür in Klausurfällen schon allein im Hinblick auf die intendierte Prüfung einer Revision keine Anhaltspunkte bestehen werden. An eine solche innerhalb der Revisionsbegründungsfrist getroffene Wahl ist der Rechtsmittelführer dann aber endgültig gebunden, da er mit Kenntnis des schriftlichen Urteils nunmehr eine hinreichende Grundlage für seine Wahl hatte (vgl. *M-G/S* § 335 Rn. 12). Aufbautechnisch bietet es sich an, die vorgenannte Thematik komplett schon i.R. des § 341 StPO abzuhandeln. **28**

2. Da **Adressat** der Revisionseinlegung ausschließlich das Gericht ist, dessen Urteil angefochten wird („iudex a quo"), ist der Zeitpunkt des Eingangs der bei anderen Gerichten oder der Staatsanwaltschaft eingehenden Rechtsmittelerklärungen von vornherein unbeachtlich. In diesen Fällen kommt es für die Fristwahrung darauf an, ob das Schriftstück an den „iudex a quo" weitergeleitet wird und diesem noch innerhalb der Einlegungsfrist zugeht (vgl. *M-G/S* vor § 42 Rn. 16). **29**

In Klausurfällen ist dies – naheliegenderweise – mehrfach in der Form vorgekommen, dass der erstinstanzlich vom Amtsgericht verurteilte Angeklagte rechtzeitig schriftlich selbst Revision beim Oberlandesgericht – und damit beim unzuständigen „iudex ad quem" – eingelegt hatte. Eine fristgerechte Weiterleitung der Rechtsmittelschrift kam in diesen Fällen schon deshalb nicht in Betracht, weil diese bereits beim Oberlandesgericht erst am letzten Tag der Wochenfrist des § 341 StPO eingegangen war. Die Einhaltung der Einlegungsfrist musste sich in diesen Fällen also aus einer anderen Rechtsmittelerklärung ergeben. **30**

Befindet sich der Angeklagte allerdings auf behördliche Anordnung nicht auf freiem Fuß, so kann er seine Revision auch zu Protokoll der Geschäftsstelle des Amtsgerichts des Verwahrungsorts erklären, § 299 Abs. 1 StPO. Geschieht dies innerhalb der Wochenfrist des § 341 Abs. 1 StPO, ist die Einlegungsfrist nach § 299 Abs. 2 StPO gewahrt. **30a**

3. a) Die **Form** der Revisionseinlegung kann zunächst durch Erklärung zu **Protokoll der Geschäftsstelle** des zuständigen Gerichts gewahrt werden. Dies hat eigentlich in der Weise zu geschehen, dass der Rechtsmittelführer den hierfür eigens zuständigen Rechtspfleger (§ 24 Abs. 1 Nr. 1b RPflG) persönlich aufsucht und erst dort die dann in bestimmter Form (vgl. *M-G/S* Einl. Rn. 135) zu protokollierende Rechtsmittelerklärung abgibt. Für den inhaftierten Angeklagten gelten insofern die – wenig klausurrelevanten – Besonderheiten des § 299 StPO. **31**

In Klausurfällen wird der beschriebene Ablauf allerdings meist in der Form variiert, dass der Angeklagte die Revisionseinlegung noch in der Hauptverhandlung selbst erklärt und diese in der Sitzungsniederschrift – und damit gerade nicht durch den Rechtspfleger – protokolliert wird. Dieses Vorgehen kann die Protokollierung durch die Geschäftsstelle jedoch deshalb wirksam ersetzen, weil die Wahrnehmung eines dem Rechtspfleger übertragenen Geschäftes **32**

11 Vgl. *OLG Düsseldorf* MDR 1995, 1253, 1254.

durch den Richter – hier in Form des richterlichen Protokolls (§ 271 StPO) – dessen Wirksamkeit nach § 8 Abs. 1 RPflG nicht berührt (vgl. *M-G/S* Einl. Rn. 137).

33 In einem anderen Klausurfall war das Problem in umgekehrter Weise variiert: Das Protokoll der Geschäftsstelle war anstelle des zuständigen Rechtspflegers nicht vom Richter, sondern von einer Justizangestellten gefertigt worden. Da § 8 Abs. 1 RPflG hier natürlich nicht weiterhalf, fand sich im Protokoll unter dem von der Justizangestellten verfassten Text die Unterschrift des Angeklagten („selbst gelesen und genehmigt"), so dass die Rechtsmitteleinlegung als eigene schriftliche Erklärung gewertet werden konnte (vgl. *M-G/S* § 341 Rn. 7).

34 b) Fast ausschließlich erfolgen Revisionseinlegungen in Klausuren allerdings **schriftlich** durch den Verteidiger oder aber den Angeklagten selbst, der diese Prozesserklärung auch vollkommen selbständig vornehmen kann. Unregelmäßigkeiten ereignen sich in diesem Zusammenhang selten. Zur Schriftform gehört, dass aus dem Schriftstück der Inhalt der Erklärung, die abgegeben werden soll, und die Person, von der sie ausgeht, schon im Zeitpunkt des Eingangs der Erklärung bei Gericht hinreichend zuverlässig entnommen werden können. Im Gegensatz zu § 345 Abs. 2 StPO ist hier also eine handschriftliche Unterzeichnung nicht erforderlich, solange feststeht, dass das Schriftstück dem Gericht mit Wissen und Willen des Berechtigten zugeleitet worden ist (vgl. *M-G/S* Einl. Rn. 128).[12] Die Schriftform kann im Übrigen auch durch Übermittlung der Revisionseinlegungsschrift durch **Telefax** eingehalten werden. Das Original muss dann aber handschriftlich unterschrieben sein und das Telefaxschreiben diese Unterschrift enthalten (vgl. *M-G/S* Einl. Rn. 139a).

35 Einschlägige Klausurfälle sind mitunter so gestaltet, dass der Revisionseinlegungsschriftsatz dem Gericht vom Verteidiger kurz vor Ablauf der maßgeblichen Frist „vorab per Telefax" übermittelt wird. So ergab sich aus dem Bearbeitungsvermerk einer Klausuraufgabe beispielsweise, dass die Revisionseinlegungsschrift „per unterschriebenem Telefax am 14. Mai und mit gesondertem Schriftsatz am 16. Mai" beim zuständigen Gericht eingegangen war. Da die Einlegungsfrist hier genau am 15. Mai abgelaufen war, kam es i.R. des § 341 StPO maßgeblich auf das Telefaxschreiben an. Unter ausdrücklichem Rückgriff auf den vorbezeichneten Bearbeitungsvermerk konnte hier davon ausgegangen werden, dass der Rechtsanwalt das Original des Einlegungsschreibens unterschrieben hatte – die Voraussetzungen für einen formgerechten Eingang des Telefaxschreibens innerhalb der Revisionseinlegungsfrist also vorlagen.

35a Letztlich nur durch den Übermittlungsweg unterschied sich die Situation in einem ganz neuen Klausurfall, in dem der Verteidiger seine (unterschriebene) Revisionseinlegungsschrift eingescannt und die Bilddatei als Anhang einer E-Mail an das Gericht gesendet hatte, wo sie ausgedruckt und fristgerecht zu den Akten genommen worden war. Der Ausdruck – nicht die Bilddatei – stellte das schriftliche Dokument dar, das nur elektronisch übermittelt worden war und die vorgenannten Voraussetzungen der Schriftform ohne weiteres erfüllte.

36 In einem anderen Klausurfall war die Revisionseinlegungsschrift per Computerfax übermittelt worden – der Schriftsatz war also am Computer erstellt, mit einer eingescannten Unterschrift der Verteidigerin versehen und sodann ohne vorherigen Ausdruck unmittelbar vom Rechner auf ein Faxgerät des betreffenden Gerichts übermittelt worden. Auch diese Übertragungsform genügt dem Schriftformerfordernis (vgl. *M-G/S* Einl. Rn. 128, 139a). Insoweit kommt es nämlich nicht darauf an, ob am Sendeort eine physisch greifbare Kopiervorlage oder nur eine im Computer befindliche Datei existiert, maßgeblich ist allein die am Empfangsort erstellte körperliche Urkunde. Vor diesem Hintergrund ist insbesondere die Person

---

12 Die Ausführungen zum nicht unterschriebenen Eröffnungsbeschluss Rn. 119 gelten entsprechend.

des Erklärenden in der Regel dadurch eindeutig bestimmt, dass ihre Unterschrift eingescannt oder der Hinweis angebracht ist, dass der benannte Urheber wegen der gewählten Übertragungsform nicht unterzeichnen kann[13] – der Inhalt der Erklärung bleibt von der gewählten Übertragungsform ohnehin unberührt. Auch der Wille der Verteidigerin, dem Gericht das betreffende Schreiben zuzuleiten, konnte im Klausurfall schon deshalb nicht in Zweifel gezogen werden, da der Schriftsatz dort einen Tag nach Fristablauf im Original einging.

4. a) Die einwöchige **Revisionseinlegungsfrist beginnt** in den meisten Klausurfällen nach der gesetzlichen Grundregel des § 341 Abs. 1 StPO mit der Verkündung des Urteils. Nur wenn diese **nicht in Anwesenheit des Angeklagten** stattgefunden hat, beginnt die Frist nach § 341 Abs. 2 StPO ausnahmsweise erst mit der Zustellung des Urteils. Diese Voraussetzung ist auch gegeben, wenn der Angeklagte sich vor dem Ende der mündlichen Urteilsbegründung (vgl. § 268 Abs. 2 S. 1 StPO) eigenmächtig entfernt oder – etwa i.R. des § 231b StPO – entfernt wird (vgl. *M-G/S* § 341 Rn. 9). In diesem Rahmen können dann die unten[14] im Zusammenhang mit § 345 Abs. 1 S. 2 StPO erörterten Gründe für die **Unwirksamkeit der Urteilszustellung** Bedeutung auch schon für die Rechtzeitigkeit der Revisionseinlegung gewinnen. **37**

In einem zu § 341 Abs. 2 StPO gebildeten Klausurfall war die Hauptverhandlung nach § 231 Abs. 2 StPO ohne den Angeklagten zu Ende geführt worden, weil dieser sich vor der Urteilsverkündung entfernt hatte. Ob dieses Vorgehen rechtlicher Überprüfung standhielt – der Angeklagte insoweit insbesondere eigenmächtig[15] gehandelt hatte –, war für die Anwendung des § 341 Abs. 2 StPO ohne Bedeutung, da es i.R. dessen Hs. 1 nur auf die rein faktische Abwesenheit des Angeklagten während der Urteilsverkündung ankommt. Dass der Verteidiger des Angeklagten bis zum Ende der Hauptverhandlung anwesend war, stand der Anwendung des § 341 Abs. 2 StPO daher ebenso wenig entgegen (vgl. *M-G/S* § 341 Rn. 9). Erschwert wurde diese Klausuraufgabe zusätzlich noch dadurch, dass die anschließende Urteilszustellung sowohl an den Angeklagten als auch an den Verteidiger erfolgt war und die Einlegungsfrist überhaupt nur noch bei Zugrundelegung des Datums der letztgenannten Zustellung eingehalten werden konnte. Hier kam es auf **§ 37 Abs. 2 StPO** an, nach dem sich die Berechnung einer Frist im Fall der – an sich nicht zugelassenen (vgl. § 145a Abs. 3 StPO) – **Doppelzustellung** nach der zuletzt bewirkten Zustellung richtet. Die Voraussetzungen dieser Vorschrift waren erfüllt, da beide Zustellungen wirksam waren – hinsichtlich der Zustellung an den Verteidiger musste hier auf **§ 145a Abs. 1 StPO** und die sich laut Bearbeitungsvermerk bei den Akten befindliche Vollmacht abgestellt werden[16] – und die durch die erste Zustellung an den Angeklagten eröffnete Einlegungsfrist zum Zeitpunkt der zweiten Zustellung an den Verteidiger noch nicht abgelaufen war (vgl. *M-G/S* § 37 Rn. 29). Die Vorschrift des § 37 Abs. 2 StPO kann im Einzelfall natürlich – darauf sei schon in diesem Zusammenhang hingewiesen – ebenso gut auch der „Rettung" der Revisionsbegründungsfrist des § 345 Abs. 1 S. 2 StPO dienen. **38**

In einem anderen Klausurfall war die Hauptverhandlung ebenfalls nach § 231 Abs. 2 StPO in Abwesenheit des Angeklagten zu Ende geführt worden, wobei der Verteidiger die Einlegung der Revision zulässigerweise gleich nach Urteilsverkündung „zu Protokoll" erklärt hatte.[17] Da die Revisionseinlegungsfrist zu diesem Zeitpunkt mangels nach § 341 Abs. 2 StPO er- **39**

---

13 Vgl. *GmS-OGB* NJW 2000, 2340, 2341.
14 Rn. 55 ff.
15 Vgl. dazu unten Rn. 184.
16 Vgl. dazu unten Rn. 60 f.
17 Vgl. dazu oben Rn. 32.

forderlicher Urteilszustellung an den Angeklagten aber noch gar nicht begonnen hatte, war darauf hinzuweisen, dass die Revision auch schon vor Urteilszustellung eingelegt werden kann (vgl. *M-G/S* § 341 Rn. 11).

40 Zu beachten ist aber, dass die Revisionseinlegungsfrist nach § 341 Abs. 2 StPO auch bei Urteilsverkündung in Abwesenheit des Angeklagten ausnahmsweise wieder mit der Verkündung des Urteils beginnt, wenn diese in den dafür gesetzlich vorgesehenen Fällen in **Anwesenheit des mit schriftlicher Vollmacht versehenen Verteidigers** stattgefunden hat. Von den in der Vorschrift genannten Vertretungskonstellationen dürfte in Klausuren ausschließlich diejenige des § 234 StPO Bedeutung haben – und zwar i.V. mit den prüfungsrelevanten §§ 231 Abs. 2, 231b Abs. 1 StPO.[18] War der Angeklagte also unter den Voraussetzungen dieser Vorschriften eigenmächtig bzw. wegen ordnungswidrigen Benehmens abwesend, so endet die Einlegungsfrist nach neuem Recht schon eine Woche nach Urteilsverkündung, wenn dem Gericht schon bei Beginn der Hauptverhandlung (vgl. *M-G/S* § 234 Rn. 5) eine den anwesenden Verteidiger betreffende schriftliche Vertretungsvollmacht vorgelegen hatte.

41 Dies gilt aber nur für den Fall, dass das Gericht befugt in Abwesenheit des Angeklagten verhandelt hatte, da die Hauptverhandlung – wie in § 234 StPO vorausgesetzt – nur dann „ohne Anwesenheit des Angeklagten stattfinden kann" (vgl. *M-G/S* § 234 Rn. 1). Hätte das Gericht den Angeklagten im Klausurfall also nach Beschlussfassung gemäß § 231 Abs. 2 StPO in Anwesenheit lediglich des bevollmächtigten Verteidigers durch dem Angeklagten am 1. Juli 2015 zugestellte Entscheidung vom 1. Juni 2015 verurteilt, so wäre eine erst am 6. Juli 2015 eingelegte Revision entgegen erstem Anschein nicht verfristet, wenn sich bei der verfahrensrechtlichen Überprüfung ergäbe, dass der Angeklagte sich nicht – wie i.R. des § 231 Abs. 2 StPO vorausgesetzt – eigenmächtig entfernt hatte. Mangels Vorliegens der Voraussetzungen des § 341 Abs. 2 Hs. 2 StPO wäre die Einlegungsfrist in diesem Fall nach § 341 Abs. 2 Hs. 1 StPO erst mit Ablauf des 8. Juli 2015 geendet.

42 b) Das **Ende** der Revisionseinlegungsfrist berechnet sich nach § 43 StPO. Die Grundregel des § 43 Abs. 1 StPO bedeutet für die Wochenfrist des § 341 Abs. 1 StPO, dass gegen ein beispielsweise an einem Montag verkündetes Urteil bis zum Ablauf des folgenden Montags Revision eingelegt werden kann. Nur wenn das Ende der Wochenfrist auf einen Samstag, Sonntag oder allgemeinen Feiertag fällt, endet die Einlegungsfrist nach § 43 Abs. 2 StPO erst mit Ablauf des nächsten Werktags. An diese recht häufig abgefragte Vorschrift sollte in Fällen einer Überschreitung des sich aus § 43 Abs. 1 StPO ergebenden Fristendes immer zuerst gedacht werden, wobei auf den den Klausuraufgaben üblicherweise beigefügten Jahreskalender zurückgegriffen werden kann. Für die Rechtzeitigkeit der Revisionseinlegung kommt es im Übrigen – was die Prüflinge häufig verkennen – auf den Eingang beim zuständigen Gericht und nicht auf das Datum der Rechtsmittelerklärung selbst an. Im Klausurtext ist das maßgebliche Datum regelmäßig entweder dem Bearbeitungsvermerk oder dem auf dem Einlegungsschriftsatz angebrachten Eingangsstempel zu entnehmen.

43 c) Ist die Revisionseinlegungsfrist im Klausurfall tatsächlich einmal versäumt, so wird regelmäßig eine **Wiedereinsetzung in den vorigen Stand** nach § 44 StPO zu prüfen sein.

---

18 Vgl. dazu im Einzelnen unten Rn. 184 ff.

aa) Auch bei der Prüfung einer Wiedereinsetzung sollte **aufbautechnisch** sauber zwischen deren Zulässigkeit und Begründetheit unterschieden werden, was von den Prüflingen nur sehr selten beachtet wird. **44**

(1) Zur **Zulässigkeit** eines Wiedereinsetzungsantrags gehört die Antragstellung innerhalb einer Woche nach Wegfall des Hindernisses – in der Regel der Unkenntnis, auf der die Fristversäumung beruht – (§ 45 Abs. 1 StPO), die Revisionseinlegung innerhalb derselben Frist (§ 45 Abs. 2 S. 2 StPO) sowie die Glaubhaftmachung der Tatsachen zur Begründung des Antrags (§ 45 Abs. 2 S. 1 StPO) – letztere kann notfalls auch noch nach Ablauf der Antragsfrist nachgeholt werden. Diese in der Regel unproblematischen Voraussetzungen sollten in jedem Fall kurz dargestellt werden. **45**

(2) **Begründet** ist der Wiedereinsetzungsantrag bei unverschuldeter Fristversäumung des Angeklagten (§ 44 S. 1 StPO). Zielt die Klausuraufgabe auf die Gewährung einer Wiedereinsetzung in den vorigen Stand, muss also das Verschulden eines **Dritten** festzustellen sein. So darf die Post für den Transport eines normalen Briefs in Anlehnung an § 270 S. 2 ZPO im Ortsverkehr nicht länger als einen Werktag und im Übrigen – auch bei größerer innerdeutscher Entfernung – nicht länger als zwei Werktage benötigen (vgl. *M-G/S* § 44 Rn. 16). Ein Verschulden der Justiz kann etwa bei Unterbleiben der nach § 35a S. 1 StPO erforderlichen Rechtsmittelbelehrung (vgl. § 44 S. 2 StPO) oder in bestimmten Fällen der Unwirksamkeit eines Rechtsmittelverzichts[19] vorliegen. Fehler des Verteidigers oder dessen Angestellter, die dem Angeklagten anders als gemäß § 85 Abs. 2 ZPO im Zivilprozess nicht zugerechnet werden, können etwa darin liegen, dass Rechtsmittelschriften irrtümlich nicht abgesendet oder erst gar nicht gefertigt werden. Hierbei ist allerdings zu bedenken, dass ein die Wiedereinsetzung ausschließendes **Mitverschulden** darin liegen kann, dass dem Angeklagten auf Grund besonderer Umstände eine mögliche Fristversäumnis auf Seiten des Verteidigers erkennbar war. **46**

So hatte der Angeklagte den Rechtsmittelauftrag in einem Klausurfall innerhalb der Revisionseinlegungsfrist durch einen Telefonanruf erteilt, der während einer Betriebsfeier von einer „angeheiterten" Bürokraft des Verteidigers entgegengenommen wurde, die den Anruf vergaß und den Anwalt nicht informierte: Zwar hätten die Umstände des Telefongespräches dem Angeklagten hier möglicherweise Anlass geben können, sich am nächsten Werktag bei seinem Verteidiger über die Einlegung des Rechtsmittels zu vergewissern. Da die Rechtsprechung § 44 StPO im Interesse materieller Gerechtigkeit aber großzügig anwendet (vgl. *M-G/S* § 44 Rn. 11), ließ sich ein Mitverschulden des Angeklagten – das im Übrigen auch wegen des ansonsten erforderlichen Hilfsgutachtens klausurtaktisch wenig wünschenswert gewesen wäre – im Hinblick auf die Versicherung der Bürokraft, den Anwalt schnellstmöglich zu unterrichten, mit guten Gründen verneinen. **47**

bb) Zu beachten ist im Übrigen, dass das Revisionsgericht (§ 46 Abs. 1 StPO) die Wiedereinsetzung bei Vorliegen aller anderen Voraussetzungen des § 45 StPO – also insbesondere bei frist- und formgerechter Nachholung der versäumten Prozesshandlung – nach § 45 Abs. 2 S. 3 StPO auch ohne ausdrücklichen Antrag **von Amts wegen** gewähren kann. Eine derartige Konstellation ist aus Sicht der Prüfungsämter – da dann kein besonderes prozessuales Geschehen auf die Problematik des § 44 StPO **48**

---

19 Vgl. dazu unten Rn. 78.

hinweist – besonders interessant. Ein insoweit einschlägiger Klausurfall betraf allerdings die nachfolgend erörterte Revisionsbegründungsfrist:

49 Eine Revisionsbegründungsschrift, mit der die allgemeine Sachrüge erhoben worden war,[20] war bei Gericht zwar fristgerecht, aber ohne die hier nach § 345 Abs. 2 StPO zwingend erforderliche Unterschrift des Verteidigers eingegangen, wovon dieser ausweislich eines auf dem Schriftsatz angebrachten Vermerks der Geschäftsstellenbeamtin nach Ablauf der Revisionsbegründungsfrist telefonisch benachrichtigt worden war. Der Verteidiger holte die Unterschrift daraufhin noch am selben Tag nach – auch das ergab sich aus einem Vermerk – und versicherte gleichzeitig in einer ebenfalls auf der Begründungsschrift angebrachten schriftlichen Erklärung, dass seine Kanzleikräfte das Schreiben irrtümlich ununterschrieben zur Gerichtspost gelegt hätten. Da die versäumte Revisionsbegründung durch die Nachholung der Unterschrift hier sogar noch vor Beginn der – nur durch die Kenntnis des Angeklagten selbst in Gang zu setzenden (vgl. *M-G/S* § 45 Rn. 3) – Wochenfrist des § 45 Abs. 1 S. 1 StPO nachgeholt und das fehlende Verschulden des Angeklagten zugleich glaubhaft gemacht wurde, war die Wiedereinsetzung gemäß § 45 Abs. 2 S. 3 StPO auch ohne – den in der Klausuraufgabe nicht enthaltenen – Antrag zu gewähren.

50 d) Eine in der Klausuraufgabe einfach zu konstruierende Komplikation kann schließlich auch darin liegen, dass der Eingang des Revisionseinlegungsschreibens bei Gericht **zeitlich nicht mehr nachvollzogen** werden kann – etwa weil die Anbringung eines Eingangsstempels auf dem Schriftstück in der Wachtmeisterei versäumt wurde. Jedenfalls eine zu Gunsten des Angeklagten eingelegte Revision gilt in dieser Situation als rechtzeitig, da eine Verwerfung des Rechtsmittels die positive Überzeugung des Revisionsgerichts von dessen Unzulässigkeit voraussetzt. Ist demgegenüber bereits zweifelhaft, ob das Rechtsmitteleinlegungsschreiben überhaupt bei Gericht eingegangen ist, so muss das Rechtsmittel als unzulässig behandelt werden (vgl. *M-G/S* § 261 Rn. 35).

51 e) In einem Klausurfall war i.R. des § 341 StPO das **Verbot der Mehrfachverteidigung** nach § 146 StPO von Bedeutung. Zwei in demselben Verfahren wegen verschiedener Taten (§ 146 S. 2 StPO) verurteilte Angeklagte hatten den Verteidiger zeitgleich mandatiert, der daraufhin für beide Angeklagte Revision eingelegt hatte. Wegen der Gleichzeitigkeit der Beauftragungen waren beide Verteidigungen unzulässig (vgl. *M-G/S* § 146 Rn. 22). Die Wirksamkeit der bereits erfolgten (und ansonsten nicht mehr fristgerecht möglichen) Revisionseinlegung berührte das nach § 146a Abs. 2 StPO glücklicherweise nicht – der Verteidiger verliert seine Befugnisse im Fall des § 146 StPO nämlich erst nach unanfechtbarer Zurückweisung gem. § 146a Abs. 1 StPO (vgl. *M-G/S* § 146a Rn. 1).

51a f) Ähnlich lief es in einem ganz neuen Klausurfall, in dem die Revision fristgerecht (nur) durch einen Wahlverteidiger eingelegt worden war, gegen den rechtskräftig ein einen Tag zuvor wirksam gewordenes **Berufsverbot** nach § 70 StGB verhängt worden war. Auch in einem solchen Fall richtet sich die Wirksamkeit von Prozesshandlungen nach § 146a Abs. 2 StPO (vgl. *M-G/S* § 138 Rn. 2). Zu einer gerichtlichen Zurückweisung dieses Wahlverteidigers entsprechend § 146a Abs. 1 StPO war es hier aber ebenso wenig gekommen – aus einer späteren telefonischen Nachfrage des neuen Verteidigers ergab sich nämlich, dass die Amtsrichterin vom Berufsverbot bislang keine Kenntnis gehabt hatte.

20 Es handelte sich um den unten unter Rn. 67 geschilderten Klausurfall.

VI. Mögliche Einhaltung der Revisionsbegründungsfrist

1. Die Monatsfrist des § 345 Abs. 1 StPO zur Begründung der Revision **beginnt** nach Satz 1 der Vorschrift grundsätzlich mit Ablauf der Revisionseinlegungsfrist. Für den Fristbeginn ist nach § 345 Abs. 1 S. 2 StPO allerdings die Zustellung des Urteils maßgeblich, wenn diese – wie in Klausuren und der Praxis eigentlich immer – nach Ablauf der Revisionseinlegungsfrist erfolgt. Dieser recht einfache Zusammenhang wird von Prüflingen häufig durcheinandergebracht, was gerade am Anfang einer Klausur keinen guten Eindruck macht. Findet sich das Zustellungsdatum ausnahmsweise nicht im Bearbeitungsvermerk, so kann es in Form des Eingangsstempels des Verteidigers auf der Urteilsausfertigung mitgeteilt sein. Das **Fristende** berechnet sich wieder nach § 43 StPO. Erfolgt die (wirksame) Urteilszustellung also zum Beispiel am 15. eines Monates, so endet die Frist mit dem Ablauf des 15. des Folgemonates, § 43 Abs. 1 StPO. Die gesetzliche Fristverlängerung des § 43 Abs. 2 StPO spielt hier in Klausuren in der Regel keine besondere Rolle, da der vorgegebene Begutachtungszeitpunkt regelmäßig deutlich vor dem Ablauf der Frist des § 345 Abs. 1 S. 2 StPO liegt. Da aber ohne Rückgriff auf einen Jahreskalender allerdings auch nicht auszuschließen ist, dass der Ablauf der Monatsfrist genau auf einen Samstag, Sonntag oder allgemeinen Feiertag fällt – die Frist also, ohne dass es darauf ankäme, gemäß § 43 Abs. 2 StPO verlängert wäre –, empfiehlt sich im Klausurgutachten der Hinweis, die Revisionsbegründungsfrist ende „jedenfalls nicht vor Ablauf" des entsprechenden Tages des Folgemonats: 52

„Da dem Angeklagten das Urteil erst am 28. Juli 2015 – und damit nach Ablauf der am 8. Juli 2015 endenden Revisionseinlegungsfrist – zugestellt wurde, wird die somit nach § 345 Abs. 1 S. 2 StPO zu berechnende Monatsfrist zur Begründung der Revision jedenfalls nicht vor Ablauf des 28. August 2015 enden, so dass diese zum Begutachtungszeitpunkt am 11. August 2015 ohne weiteres noch eingehalten werden kann." 53

Auch wenn es sich hierbei sicherlich um keine besonders anspruchsvolle Problematik handelt, sollte die Frist des § 345 Abs. 1 StPO gleichwohl vollständig und fehlerfrei dargestellt werden. Geschieht dies in vorbezeichneter Weise, wird dem Korrektor gleich zu Beginn der Klausur nicht nur die vollständige Kenntnis der einschlägigen gesetzlichen Bestimmungen und die saubere Subsumtion sämtlicher maßgeblichen Daten, sondern auch die nicht bei allen Prüflingen vorhandene Fähigkeit demonstriert, Randprobleme in der gebotenen Kürze darzustellen. 54

2. Mitunter sind die Klausurfälle so konstruiert, dass eine an den Angeklagten oder seinen Verteidiger erfolgte – und länger als einen Monat zurückliegende – Urteilszustellung aus bestimmten Gründen **unwirksam** war. Da die Frist des § 345 Abs. 1 S. 2 StPO nur durch eine wirksame Zustellung in Gang gesetzt wird (vgl. *M-G/S* § 345 Rn. 5), führt dies zu dem für den Angeklagten günstigen Ergebnis, dass die Revisionsbegründungsfrist nur scheinbar abgelaufen ist. Hier sind insbesondere folgende Konstellationen denkbar: 55

a) Eine erste Besonderheit kann sich aus § 36 Abs. 1 S. 1 StPO ergeben, wonach der Vorsitzende die Zustellung von Entscheidungen anordnet. Eine ohne **Anordnung des Vorsitzenden** erfolgte Zustellung ist unwirksam (vgl. *M-G/S* § 36 Rn. 7). 56

57 In einem Klausurfall war die Verfügung des Vorsitzenden enthalten, in der dieser die Zustellung des angefochtenen Urteils an den Verteidiger angeordnet hatte. Die Geschäftsstelle hatte die Zustellung stattdessen allerdings (nur) an den Angeklagten selbst veranlasst – bei deren Maßgeblichkeit wäre die Revisionsbegründungsfrist abgelaufen gewesen. Die Unwirksamkeit der Zustellung ergab sich hier – so ein bisweilen vorkommender Klausurfehler – nicht bereits aus §§ 37 Abs. 1 StPO, 172 Abs. 1 S. 1 ZPO, da im Strafverfahren – wie sich aus § 145a Abs. 3 StPO ergibt – auch bei Vorhandensein eines zustellungsbevollmächtigten Verteidigers keine Rechtspflicht zu Zustellungen an diesen besteht (vgl. *M-G/S* § 145a Rn. 6). Der sich vielmehr aus § 36 Abs. 1 S. 1 StPO ergebende Zustellungsmangel wurde anschließend gem. §§ 37 Abs. 1 StPO, 189 ZPO dadurch geheilt, dass der Angeklagte seinem Verteidiger die Urteilsausfertigung bei Erteilung des Rechtsmittelauftrags übergab, die damit „tatsächlich zugegangen" war. Zu diesem Zeitpunkt war die Monatsfrist des § 345 Abs. 1 StPO allerdings noch problemlos einzuhalten.

57a Die Wirksamkeit der Zustellungsanordnung setzt die richterliche Bezeichnung des Zustellungsempfängers voraus. Hiergegen ist nicht nur verstoßen, wenn der Vorsitzende überhaupt keinen Zustellungsempfänger angibt – wie etwa in dem Klausurfall, in dem er der Geschäftsstellenbeamtin das Urteil mit den Worten „zwecks Zustellung zur weiteren Veranlassung in eigener Zuständigkeit" übergab –, sondern auch dann, wenn er bei Vorhandensein mehrerer Verteidiger lediglich die „Zustellung des Urteils an Verteidiger" anordnet (vgl. M-G/S § 36 Rn. 4). In diesem Klausurfall wurde die Revisionsbegründungsfrist daher erst durch eine spätere Zustellung in Gang gesetzt, der die konkrete Vorsitzendenanordnung *„Zustellung des Urteils an Rechtsanwältin Dr. Hoffmann"* zu Grunde lag.

58 b) Bei der Urteilszustellung an den Angeklagten selbst sind Fehler bei der praktisch wichtigen **Ersatzzustellung** denkbar. Hier sind insbesondere die Voraussetzungen der über § 37 Abs. 1 StPO anwendbaren §§ 178, 180, 181 ZPO sorgfältig zu überprüfen (vgl. *M-G/S* § 37 Rn. 6 ff.).

59 In einem leicht aus dem Kommentar zu lösenden Klausurfall war die – im Falle ihrer Wirksamkeit zur Unzulässigkeit der Revision führende – Ersatzzustellung an die Mutter des Angeklagten erfolgt, der sich selbst zu diesem Zeitpunkt allerdings schon seit über einem halben Jahr in Untersuchungshaft befand. „Wohnung" i.S. des § 178 Abs. 1 Nr. 1 ZPO ist jedoch nur diejenige Räumlichkeit, die der Adressat zum Zeitpunkt der Zustellung tatsächlich für eine gewisse Dauer zum Wohnen benutzt. Eine Ersatzzustellung ist daher nicht wirksam, wenn die Räume längere Zeit nicht benutzt werden, wie etwa bei längerer Straf- oder Untersuchungshaft (so BGH NJW 1978, 1858 schon bei knapp zweimonatiger Haft; vgl. auch *M-G/S* § 37 Rn. 8, 9).

59a c) Bei Urteilszustellung an den Verteidiger kann sich ein weiterer Zustellungsmangel daraus ergeben, dass der Verteidiger, dem das Urteil zugestellt werden sollte, in einer aus mehreren Rechtsanwälten zusammengeschlossenen **Sozietät** beschäftigt ist. Hier passiert es bisweilen, dass nicht dieser selbst, sondern ein Sozius das bei derartigen Zustellungen regelmäßig verwendete **Empfangsbekenntnis** (§§ 37 Abs. 1 StPO, 174 ZPO) unterzeichnet. Eine so mitunter auch im Examen vorkommende Zustellung ist im Falle der **Pflichtverteidigung** ausnahmslos unwirksam (vgl. *M-G/S* § 37 Rn. 19). Im Falle der Wahlverteidigung gilt dies, wenn der unterzeichnende andere Anwalt nicht selbst zustellungsbevollmächtigt ist.

59b Um ein Empfangsbekenntnis ging es auch in der Examensklausur, in der die Erfolgsaussichten einer Revision der Staatsanwaltschaft zu begutachten waren. Das die Urteilszustellung betreffende Empfangsbekenntnis war einen Monat und einen Tag vor dem Begutachtungszeitpunkt von einem Wachtmeister der Staatsanwaltschaft unterzeichnet worden – die

Urteilsausfertigung selbst übergab dieser dann drei Tage später dem vom Behördenleiter zum Empfang bevollmächtigten Staatsanwalt. Auch wenn Zustellungen an die Staatsanwaltschaft aus Gründen der Vereinfachung nach § 41 StPO grundsätzlich durch Vorlegung der Urschrift des zuzustellenden Schriftstücks erfolgen, wird die Zustellung nach § 37 StPO – auch i.V. mit § 174 ZPO – dadurch nicht ausgeschlossen. Für deren Wirksamkeit ist dann jedoch die Unterzeichnung des Empfangsbekenntnisses durch den Behördenleiter oder die ihn vertretende – sachkundige – Person erforderlich (vgl. *M-G/S* § 41 Rn. 1). Die Frist des § 345 Abs. 1 S. 2 StPO wurde damit erst durch die tatsächliche Übergabe des Urteils an den empfangsbevollmächtigten Staatsanwalt in Gang gesetzt (§§ 37 Abs. 1 StPO, 189 ZPO), so dass sie zum Begutachtungszeitpunkt noch nicht abgelaufen war.

d) Bei einer Zustellung des Urteils an den **Wahlverteidiger** ist überdies **§ 145a Abs. 1 StPO** zu beachten. Die in dieser Vorschrift normierte **gesetzliche Zustellungsvollmacht** des Wahlverteidigers – der Pflichtverteidiger ist nach dieser Norm ohnehin uneingeschränkt zustellungsbevollmächtigt – gilt ausnahmslos nur für den Fall, dass sich dessen schriftliche Vollmacht bei den Akten befindet. Die bloße Versicherung des Wahlverteidigers, er sei ordnungsgemäß bevollmächtigt, kann dieses Erfordernis nicht ersetzen. **60**

Da sich die Vollmacht des Wahlverteidigers – wie sich aus dem Bearbeitungsvermerk ergab – in einem insoweit einschlägigen Klausurfall zum Zeitpunkt der Urteilszustellung an ihn allerdings noch nicht bei den Akten befand, war allein die (spätere) Zustellung an den Angeklagten selbst maßgeblich, so dass die Revisionsbegründungsfrist zum Begutachtungszeitpunkt doch noch eingehalten werden konnte. Mit dem bereits oben[21] angesprochenen § 37 Abs. 2 StPO hatte dieses Ergebnis allerdings deshalb nichts zu tun, weil hier mehrere wirksame Zustellungen gerade nicht vorlagen (vgl. *M-G/S* § 37 Rn. 29). **61**

In einem Klausurfall war dem Wahlverteidiger das Urteil (deutlich früher als einen Monat vor dem Begutachtungszeitpunkt) zugestellt worden, obwohl dieser dem Gericht zuvor mitgeteilt hatte, dass er den Angeklagten nicht länger vertrete. Die Zustellung erwies sich hier deshalb als unwirksam, weil die Zustellungsvollmacht des § 145a Abs. 1 StPO nach Beendigung des Mandants nur solange fortwirkt, bis die Anzeige des Angeklagten oder seines Verteidigers über das Erlöschen des Verteidigerverhältnisses zu den Akten gelangt (vgl. *M-G/S* § 145a Rn. 11). **61a**

In einer anderen Examensklausur waren die Themen der §§ 145a Abs. 1, 37 Abs. 2 StPO miteinander verbunden. Einstieg in das Zulässigkeitsproblem war, dass der Begutachtungszeitpunkt genau auf den ersten Tag nach Ablauf der durch die Urteilszustellung an den 1. Verteidiger ausgelösten Revisionsbegründungsfrist gelegt war. Der Angeklagte hatte für das Revisionsverfahren aber einen 2. Verteidiger gewählt und diesem eine Strafprozessvollmacht erteilt, die ausdrücklich auch die Ermächtigung zur Inempfangnahme von „Zustellungen aller Art, insbesondere von Ladungen, Urteilen und Beschlüssen" enthielt. Diesem Verteidiger war das Urteil gut eine Woche nach dem 1. Verteidiger zugestellt worden, was den Einstieg in § 37 Abs. 2 StPO ermöglichte. Allerdings hatte der 2. Verteidiger diese Vollmacht erst zwei Tage nach der Urteilszustellung an ihn selbst zu den Akten gereicht, so dass sich deren – für die Anwendung des § 37 Abs. 2 StPO vorauszusetzende – Wirksamkeit nicht bereits aus § 145a Abs. 1 StPO ergeben konnte. Da er aber schon mit Erteilung dieser **rechtsgeschäftlichen** – und über die gesetzliche Bevollmächtigungsfiktion des § 145a Abs. 1 StPO hinausgehenden – **Zustellungsvollmacht** empfangsberechtigt war, erwies sich die 2. Zustellung unter diesem Gesichtspunkt als wirksam, so dass sich die Revisionsbegründungsfrist am Ende doch nach dieser „zuletzt bewirkten Zustellung" (§ 37 Abs. 2 StPO) richtete und damit eingehal- **61b**

21 Rn. 38.

ten werden konnte. Zum Nachweis der rechtsgeschäftlichen Vollmacht reichte es aus, dass diese wenige Tage nach der 2. Zustellung zu den Akten gereicht wurde (vgl. *M-G/S* § 145a Rn. 2a). Der Unterschied zwischen rechtsgeschäftlicher und gesetzlicher Zustellungsvollmacht liegt im Übrigen darin, dass letztere zur Vereinfachung des Zustellungswesens vom Willen des Angeklagten unabhängig ist – also auch dann gilt, wenn die dem Verteidiger erteilte Vollmacht die Inempfangnahme von Zustellungen gerade nicht umfasst.

62 e) Auch die Regelung des **§ 273 Abs. 4 StPO** kann Einfluss auf den Ablauf der Revisionsbegründungsfrist haben. Da die Zustellung eines Urteils vor Fertigstellung des Hauptverhandlungsprotokolls nach dieser Vorschrift unwirksam ist, beginnt die Frist des § 345 Abs. 1 S. 2 StPO auch in derartigen Fällen überhaupt nicht zu laufen (vgl. *M-G/S* § 273 Rn. 34). In der Klausuraufgabe wird sich die fehlende Fertigstellung des Protokolls am plausibelsten dadurch darstellen lassen, dass eine der beiden Urkundspersonen das Protokoll nicht unterschrieben hat. Urkundspersonen sind nach § 271 Abs. 1 S. 1 StPO der Vorsitzende und – sollte die Hauptverhandlung nicht nach § 226 Abs. 2 S. 1 StPO ausnahmsweise ohne diesen stattgefunden haben – der Urkundsbeamte der Geschäftsstelle. Denkbar ist aber auch, dass das Protokoll nicht fertiggestellt ist, weil der Vorsitzende darin sachliche, auf den Verfahrensablauf bezogene[22] Änderungen vorgenommen hat, die vom Urkundsbeamten nicht durch entsprechenden Protokollvermerk genehmigt worden sind. Entsprechendes gilt schließlich, wenn bei einem Wechsel des Urkundsbeamten nicht jeder den von ihm beurkundeten Teil des Protokolls unterschrieben haben sollte (vgl. im Einzelnen *M-G/S* § 271 Rn. 13, 19).

63 In einem Klausurfall war dem Verteidiger das angefochtene Urteil am 30. Oktober zugestellt worden, so dass die Monatsfrist des § 345 Abs. 1 S. 2 StPO zum Zeitpunkt der Begutachtung am 9. Dezember nicht mehr einzuhalten gewesen wäre. Zum Glück lautete die Urteilsformel im gleichzeitig übersandten Hauptverhandlungsprotokoll unvollständig bloß „2 Jahre 2 Monate FS. Im Übr. Freispr." Zwar kann nicht bei jeder Mangel- oder Lückenhaftigkeit des Protokolls dessen Fertigstellung verneint werden. Beim gänzlichen Fehlen des Schuldspruchs und der Kostenentscheidung sowie bei einem nur in Kurzfassung aufgenommenen Rechtsfolgenausspruch handelt es sich jedoch mit Blick auf die absolute Beweiskraft der Formel im Protokoll (vgl. *M-G/S* § 268 Rn. 18) um eine so schwerwiegende Lücke, dass die Fertigstellung der Sitzungsniederschrift nicht angenommen werden kann (vgl. *M-G/S* § 271 Rn. 19). Maßgeblich war im Klausurfall also die zweite Zustellung von Urteil und vervollständigtem Protokoll vom 12. November, die mit der Monatsfrist des § 345 Abs. 1 S. 2 StPO nicht kollidierte.

64 f) Der **Gegenstand der Zustellung** war angesprochen, als sich aus einem zum Aufgabentext eines Klausurfalles gehörenden Aktenvermerk des Verteidigers ergab, dass sich auf dem dem Angeklagten vor mehr als einem Monat zugesandten Urteil „weder Unterschriften noch Stempel" befunden hätten. Grundsätzlich sind Urteile in einer Ausfertigung zuzustellen, d.h. in einer amtlichen Abschrift oder Ablichtung, die mit einem Ausfertigungsvermerk, der Unterschrift des Urkundsbeamten und dem Gerichtssiegel versehen ist. Keinesfalls genügt die Zustellung einer einfachen – also unbeglaubigten – Abschrift oder Ablichtung des Urteils (vgl. *M-G/S* § 37 Rn. 1).

65 Dass die im Klausurfall beschriebene einfache Urteilsabschrift zudem noch per „einfachem Brief" – also außerhalb der in §§ 37 Abs. 1 StPO, 166 ff. ZPO bestimmten Form – übersandt

22 Vgl. *BGHSt* 37, 287, 288.

worden war, spielte daher eigentlich keine Rolle mehr. Auch lag keine zu einem Ablauf der Revisionsbegründungsfrist führende Heilung des Zustellungsmangels gemäß §§ 37 Abs. 1 StPO, 189 ZPO vor, da „tatsächlich zugegangen" eben nicht der richtige Zustellungsgegenstand war. Viele Examenskandidaten schlossen übrigens aus der auf der Urteilsabschrift fehlenden Unterschrift irrtümlich auf einen absoluten Revisionsgrund gemäß §§ 275 Abs. 1, Abs. 2 S. 1, 338 Nr. 7 StPO. Mit der fehlenden Unterschrift hatte sich das Prüfungsamt aber zum einen nur auf diejenige des Urkundsbeamten bezogen. Zum anderen verbleibt das i.R. des § 338 Nr. 7 StPO maßgebliche Urteilsoriginal immer bei den Akten, so dass die Beschaffenheit der in den Händen des Angeklagten befindlichen Urteilsabschrift keine Aussage über die Einhaltung der Vorgaben des § 275 Abs. 2 S. 1 StPO treffen ließ.[23]

3. Stellt sich im Klausurfall heraus, dass die Revisionsbegründungsfrist zum Begutachtungszeitpunkt ausnahmsweise abgelaufen ist, wird natürlich auch hier die Möglichkeit einer **Wiedereinsetzung in den vorigen Stand** nach § 44 StPO zu prüfen sein. Zu beachten ist in diesem Zusammenhang aber, dass dem Angeklagten, der in der Hauptverhandlung zusammen mit seinem Verteidiger anwesend war, im Fall einer ohnehin schon formgerecht begründeten Revision eine Wiedereinsetzung lediglich zur Nachholung von (weiteren) Verfahrensrügen grundsätzlich nicht bewilligt wird (vgl. *M-G/S* § 44 Rn. 7). Denn die Frist des § 345 Abs. 1 StPO ist hier „an sich" nicht versäumt, vielmehr erfolgte die Begründung der Revision lediglich nicht „in Benutzung aller zu Gebote stehenden Angriffsmittel".[24] **66**

Im entsprechenden Klausurfall galt es insofern zu erkennen, dass der Verteidiger die allgemeine Sachrüge mit dem Satz „Ich rüge die Verletzung sachlichen Rechts" bereits zulässig erhoben hatte, so dass eine Wiedereinsetzung zur nachträglichen Geltendmachung eines nach dem Klausurgutachten zu bejahenden Verfahrensfehlers nicht in Betracht kam. Für Ausnahmen, die in diesem Zusammenhang zugelassen werden, wenn der Revisionsführer unverschuldet durch äußere Umstände oder Maßnahmen des Gerichts an der rechtzeitigen Revisionsbegründung gehindert worden ist – wie etwa bei Unmöglichkeit oder Verweigerung der Akteneinsicht während der Frist des § 345 Abs. 1 StPO (vgl. *M-G/S* § 44 Rn. 7a) –, gab die Aufgabe keine Anhaltspunkte. In dieser Klausur war es im Übrigen ausnahmsweise einmal angezeigt, die Begründetheit der Revision vor deren Zulässigkeit zu prüfen, um überhaupt noch zu dem im Fall enthaltenen Verfahrensfehler zu gelangen und ein Hilfsgutachten zu vermeiden. Dies belegt ein weiteres Mal, dass ausnahmslos gültige Aufbauschemata auch für die Lösung von Revisionsklausuren nicht existieren und es immer auf die Plausibilität im Einzelfall ankommt. **67**

Gegen die Versäumung der Revisionsbegründungsfrist war dem Angeklagten hingegen in dem Klausurfall Wiedereinsetzung in den vorigen Stand zu gewähren, in dem er gut zwei Wochen vor Ablauf der Frist des § 345 Abs. 1 StPO beim Tatgericht die Beiordnung eines neuen Pflichtverteidigers beantragt hatte, da sich sein derzeitiger Pflichtverteidiger weigerte, die fristgerecht eingelegte Revision zu begründen. In dieser Situation durfte der Angeklagte darauf vertrauen, dass das Gericht über seinen Antrag rechtzeitig entscheiden würde (vgl. *M-G/S* § 346 Rn. 4). Da die Strafkammer stattdessen aber den Ablauf der Begründungsfrist abwartete und die Revision dann nach § 346 Abs. 1 StPO als unzulässig verwarf, war das Fristversäumnis durch ein gerichtliches Verschulden verursacht, so dass dem Angeklagten – wodurch der Verwerfungsbeschluss gegenstandslos wurde (vgl. *M-G/S* § 346 Rn. 16) – nach § 44 StPO Wiedereinsetzung in den vorigen Stand zu gewähren war. **68**

---

23 Vgl. dazu auch unten Rn. 244.
24 Vgl. *RGSt* 24, 250 f.; *BGHSt* 1, 44 f.

69 4. Im **Normalfall** ist jedoch festzustellen, dass die Revisionsbegründung noch fristgemäß erfolgen kann. Damit ist die Zulässigkeitsprüfung abgeschlossen. Weitere abstrakte Ausführungen zu Inhalt und Form der Revisionsbegründung nach §§ 344 Abs. 2, 345 Abs. 2 StPO sind nicht erforderlich.

69a In einem ganz neuen Klausurfall ging es allerdings ausnahmsweise um die (geplante) Unterzeichnung der Revisionsbegründung durch einen – bevollmächtigten – Anwaltskollegen „in Vertretung für den nach Diktat verreisten Verteidiger". Zwar ist die Revisionsbegründung nach dem Zweck des § 345 Abs. 2 StPO unzulässig, wenn Zweifel daran bestehen, dass der Verteidiger oder Rechtsanwalt die volle Verantwortung für den Inhalt der Schrift übernommen hat. Der genannte Zusatz rechtfertigt für sich allein aber nicht die Annahme, dass der in Vertretung für den eigentlichen Sachbearbeiter Unterzeichnende die Revisionsbegründungsschrift ungeprüft unterschrieben hat. Denn das Erfordernis, den Schriftsatz zu verantworten, ist nicht gleichbedeutend mit dem Erfordernis, ihn selbst zu verfassen. Etwas anderes kann nur gelten, wenn sich der Unterzeichner vom Inhalt der Schrift distanziert hat (vgl. *M-G/S* § 345 Rn. 16), wofür der Aufgabentext keine Anhaltspunkte enthielt.

VII. Fehlen von Rechtsmittelrücknahme oder -verzicht

70 1. In manchen Klausurfällen ist zu erörtern, ob der Zulässigkeit der eingelegten Revision Zurücknahme oder Verzicht i.S. des § 302 StPO entgegenstehen. Das Ergebnis dieser Prüfung wird allerdings – da die eigentlichen Klausurprobleme immer in der Begründetheit der Revision liegen – regelmäßig zur Unwirksamkeit von Zurücknahme oder Verzicht und damit zur Zulässigkeit der Revision führen. Die tatsächlichen Anknüpfungspunkte für die Problematik werden sich insbesondere aus dem Hauptverhandlungsprotokoll oder einem in der Klausuraufgabe enthaltenen Vermerk des Verteidigers ergeben.

71 2. Wirksam ist eine **Rechtsmittelrücknahme**, wenn derjenige, der das Rechtsmittel eingelegt hat, sie in der für die Rechtsmitteleinlegung vorgeschriebenen Form erklärt hat und diese Erklärung bei dem mit der Sache befassten Gericht eingeht – in Klausurfällen regelmäßig der „iudex a quo" –, wobei sich die Rücknahmeerklärung des Angeklagten immer auch auf das Rechtsmittel des Verteidigers erstreckt (vgl. *M-G/S* § 302 Rn. 4, 7 f.). Weitere Voraussetzung für die Wirksamkeit der bedingungsfeindlichen, unwiderruflichen und unanfechtbaren Rechtsmittelrücknahme ist, dass der jeweilige Verfahrensbeteiligte bei der Erklärung in seiner Willensentschließung nicht unzulässig beeinflusst wurde. Dies ist insbesondere bei solchen Rücknahmeerklärungen der Fall, zu denen der Angeklagte durch eine unrichtige richterliche Auskunft über die Erfolgsaussichten des Rechtsmittels oder die Rechtsfolgen der Rücknahmeerklärung veranlasst wurde (vgl. *M-G/S* § 302 Rn. 9 f.).

72 Dieser Zusammenhang wurde in einem aus *BGH* StV 2001, 556 entwickelten Klausurfall abgefragt, in dem zwischen den Verfahrensbeteiligten nach der Urteilsverkündung die Frage eines eventuellen Strafaussetzungswiderrufs in anderer Sache, in der die Bewährungszeit bereits abgelaufen war, erörtert wurde und sich im Hauptverhandlungsprotokoll der Hinweis des Vorsitzenden fand, dass ein solcher auch im Hinblick auf die soeben erfolgte Verurteilung „wegen des zwischenzeitlichen Ablaufs der Jahresfrist des § 56g Abs. 2 StGB aus rechtlichen Gründen nicht mehr möglich" sei. Die spätere Rücknahme der vom Angeklagten ein-

gelegten Revision war unwirksam, da sie auf einer unzutreffenden gerichtlichen Auskunft beruhte: Auf § 56g Abs. 2 StGB kam es hier gar nicht an, da diese Vorschrift nur dem Widerruf eines Straferlasses nach § 56g Abs. 1 StGB zeitliche Schranken setzt und bei einem Widerruf der Strafaussetzung nach § 56f Abs. 1 StGB keine Anwendung findet. Auch wenn ein Widerruf der Strafaussetzung nach Ablauf der Bewährungszeit zeitlich nicht unbegrenzt möglich ist, konnte ein solcher hier entgegen der Auskunft des Vorsitzenden jedenfalls nicht von vornherein ausgeschlossen werden, da immer die Besonderheiten des Einzelfalls – und insbesondere Gesichtspunkte des Vertrauensschutzes – maßgeblich sind (vgl. *Fischer* § 56f Rn. 19a). Der Weg in die Begründetheitsprüfung war damit frei.

3. Auch im Anschluss an einen wirksam erklärten **Rechtsmittelverzicht**, für den die obigen Ausführungen entsprechend gelten, kann ein Rechtsmittel nicht mehr zulässig eingelegt werden. Um ein solches Ergebnis in der Klausur zu vermeiden, werden in die betreffenden Aufgabentexte immer Umstände eingebaut sein, die den Verzicht aus tatsächlichen oder rechtlichen Gründe nicht durchgreifen lassen. **73**

In einem Klausurfall ging es zunächst um die Frage, ob ein in der Sitzungsniederschrift protokollierter Rechtsmittelverzicht des Angeklagten auch **tatsächlich erfolgt** war – dem Angeklagten und seinem Verteidiger war noch genau in Erinnerung, dass eine entsprechende Erklärung nicht abgegeben worden war. An der positiven Beweiskraft des § 274 S. 1 StPO nimmt ein Rechtsmittelverzicht nur teil, wenn er nach § 273 Abs. 3 S. 3 StPO beurkundet ist. Da es im Hauptverhandlungsprotokoll an der in dieser Vorschrift geforderten Genehmigung fehlte, war die Richtigkeit des Verzichtsvermerks im Freibeweis[25] zu klären (vgl. *M-G/S* § 274 Rn. 11). Auch wenn Richterin und Protokollführer insofern keine genaue Erinnerung mehr hatten, wusste jedoch die Staatsanwältin mit Blick auf ihren Terminsvermerk noch, dass nur sie selbst einen Rechtsmittelverzicht erklärt hatte. Der Weg in die Begründetheitsprüfung war damit frei. **74**

In einem anderen Klausurfall war der Rechtsmittelverzicht erfolgt – allerdings hatte der Angeklagte ihn nach dem Ende der Hauptverhandlung in einem Gespräch mit Richter und Staatsanwalt mündlich auf dem Gerichtsflur erklärt. Dies stand der Zulässigkeit der Revision mangels Einhaltung der Form des § 341 Abs. 1 StPO (vgl. *M-G/S* § 302 Rn. 18) von vornherein nicht entgegen. **74a**

In einem weiteren Klausurfall ging es um **§ 302 Abs. 1 S. 2 StPO**, wonach eine dem Urteil vorausgegangene Verständigung (§ 257c StPO) einen Verzicht ausschließt. Eine derartige Verständigung war in der Hauptverhandlung zwar erfolgt, nicht aber in der Sitzungsniederschrift protokolliert. Hier kam es auf die sich widersprechende, zweifach negative Beweiskraft des Hauptverhandlungsprotokolls an. Enthält dieses nämlich weder den nach § 273 Abs. 1 S. 2, Abs. 1a S. 1 StPO zwingend vorgeschriebenen Vermerk über das Stattfinden einer Verständigung noch den nach § 273 Abs. 1a S. 3 StPO ebenso zwingend vorgeschriebenen Vermerk über das Nichtstattfinden einer solchen Absprache, ist es in diesem Punkt widersprüchlich und verliert insoweit seine Beweiskraft (vgl. *M-G/S* § 273 Rn. 12c). Auch hier kam es somit auf das Freibeweisverfahren an, in dem die tatsächliche erfolgte Verständigung als Voraussetzung der Unwirksamkeit des Rechtsmittelverzichts geklärt werden konnte. **75**

Mit Blick auf den Willen des Gesetzgebers zu Transparenz und Dokumentation des Verständigungsgeschehens gilt § 302 Abs. 1 S. 2 StPO erst recht für eine heimliche, unter Umgehung des § 257c StPO erfolgte informelle Verständigung (vgl. *M-G/S* § 302 Rn. 26c). Zu einer solchen war es in einem neuen Klausurfall ausweislich eines – freibeweislich zu berücksichtigenden (vgl. *M-G/S* § 302 Rn. 26c) – Anwaltsvermerks zwischen Richter und Verteidiger in einer Verhandlungspause gekommen. Die besondere Schutzbedürftigkeit des Angeklagten trat **75a**

25 Vgl. dazu unten Rn. 462.

hier deutlich dadurch zu Tage, dass nicht nur die informelle Verständigung selbst, sondern auch das dabei vereinbarte und anschließend durch den Verteidiger erklärte Geständnis in seiner Abwesenheit erfolgte. Dass der Verteidiger am Ende der Hauptverhandlung nicht einfach auf ein Rechtsmittel verzichtete, sondern Revision einlegte und anschließend sogleich zurücknahm, stand deren Zulässigkeit nicht entgegen. § 302 Abs. 1 S. 2 StPO ist nämlich über seinen Wortlaut hinaus auch auf die Zurücknahme anzuwenden, wenn Rechtsmitteleinlegung und zeitlich alsbald nachfolgende Rücknahme erkennbar nur dem Zweck dienen, diese Regelung zu umgehen (vgl. *M-G/S* § 302 Rn. 26f). Nicht anders zu erklären war aber der Hinweis der Richters, er fände „einen direkten Rechtsmittelverzicht schwierig", der Verteidiger solle „doch einfach Revision einlegen und diese gleich wieder zurücknehmen".

76 In einem weiteren Klausurfall ergab sich die Unwirksamkeit des vom Rechtsanwalt nach der Urteilsverkündung erklärten Rechtsmittelverzichts aus **§ 302 Abs. 2 StPO**, wonach der Verteidiger (auch) zum Verzicht auf Rechtsmittel einer ausdrücklichen Ermächtigung bedarf (vgl. *M-G/S* § 302 Rn. 30). Da dem bereits erstinstanzlich tätigen Verteidiger das Mandat hier aber nicht erst zur Durchführung des Rechtsmittelverfahrens erteilt worden war, hätte sich die Ermächtigung auf ein bestimmtes Rechtsmittel beziehen müssen (vgl. *M-G/S* § 302 Rn. 32), woran es der im Aufgabentext enthaltenen allgemeinen Strafprozessvollmacht fehlte, in der zudem ausdrücklich nur von der „Einlegung von Rechtsmitteln" die Rede war.

76a Etwas versteckter war das Thema des § 302 Abs. 2 StPO in einer anderen Examensklausur untergebracht. Der Angeklagte hatte seinen Verteidiger zunächst ausdrücklich aufgefordert, die zulässig eingelegte Revision zurückzunehmen. Am folgenden Tag hatte er es sich jedoch anders überlegt und dem Verteidiger um 12.00 Uhr – genau zu der Zeit, als eine Kanzleimitarbeiterin das Rücknahmeschreiben persönlich zum Gericht brachte – telefonisch mitgeteilt, es solle „an der Revision festgehalten" werden. Die anschließend sofort kontaktierte Mitarbeiterin erklärte dem Verteidiger um 12.12 Uhr, das Rücknahmeschreiben zwei Minuten zuvor bei Gericht abgegeben zu haben. Der anschließend eilig um 13.00 Uhr an das Gericht gefaxte Widerruf der Revisionsrücknahme ging deshalb zwar ins Leere (vgl. *M-G/S* § 302 Rn. 21). Die Ermächtigung nach § 302 Abs. 2 StPO selbst wird allerdings bereits in dem Augenblick wirksam widerrufen, in dem der Angeklagte eine entsprechende Erklärung mündlich oder fernmündlich dem Gericht oder dem Verteidiger gegenüber abgibt (vgl. *M-G/S* § 302 Rn. 34). Ein solcher – nicht notwendig ausdrücklicher und formlos möglicher – Ermächtigungswiderruf lag hier hinreichend deutlich in der um 12.00 Uhr erfolgten telefonischen Äußerung des Angeklagten gegenüber seinem Verteidiger. Wirksam im Verhältnis zum Gericht war er, weil die Revisionsrücknahme erst 10 Minuten später um 12.10 Uhr bei Gericht einging (vgl. *M-G/S* § 302 Rn. 35).

77 **Inhaltlich** setzt die Wirksamkeit des Rechtsmittelverzichts voraus, dass sich der Erklärende der **Tragweite seiner Erklärung bewusst** ist. Vor diesem Hintergrund wird eine Unwirksamkeit des Verzichts insbesondere in dem Fall angenommen, dass der entgegen § 140 Abs. 1 oder Abs. 2 StPO unverteidigte Angeklagte[26] den Rechtsmittelverzicht in unmittelbarem Anschluss an die Urteilsverkündung erklärt hat (vgl. *M-G/S* § 302 Rn. 23, 25a). Dies ist in Klausurfällen schon mehrfach in der Weise umgesetzt worden, dass der Angeklagte ohne Verteidiger zu einer Freiheitsstrafe von einem Jahr oder mehr verurteilt worden war oder der Pflichtverteidiger den Sitzungssaal – etwa „wegen eines dringenden Telefonats" – schon vor Ende der Hauptverhandlung verlassen hatte.

77a Der vom Angeklagten im Anschluss an die Urteilsverkündung erklärte Rechtsmittelverzicht kann sich unter diesem Gesichtspunkt aber auch dann als unwirksam erweisen, wenn der Verteidiger hierbei zugegen ist. In einem ganz neuen Klausurfall hatte der Angeklagte auf die entsprechende Frage des Vorsitzenden mitgeteilt, das Urteil annehmen zu wollen, wor-

26 Vgl. dazu unten Rn. 209 ff.

aufhin jedoch der Verteidiger sogleich äußerte, vor der Abgabe einer endgültigen Erklärung mit seinem Mandanten sprechen zu wollen. Mit Blick auf die Anwesenheit des zum Schutz des Angeklagten – auch vor unüberlegten und voreiligen Erklärungen – eingeschalteten Verteidigers ist die Wirksamkeit eines Rechtsmittelverzichts solange zu verneinen, wie der Angeklagte oder sein Verteidiger zu erkennen geben, die Frage eines Rechtsmittelverzichts miteinander erörtern zu wollen (vgl. *M-G/S* § 302 Rn. 25).

Das Bewusstsein für die Tragweite seines Verzichts kann dem Angeklagten schließlich auch **78** fehlen, wenn dieser lediglich auf Grund einer objektiv unrichtigen Erklärung des Gerichts zustande gekommen ist (vgl. *M-G/S* § 302 Rn. 25). In einem hierzu gebildeten Klausurfall hatte der Angeklagte seinen Rechtsmittelverzicht erst erklärt, nachdem der Vorsitzende ihn darauf hingewiesen hatte, dass die Ausführungen zur Strafzumessung in einem nicht rechtskräftigen Urteil „strenger abgefasst werden müssten", was „eine bedingte Entlassung (§ 57 StGB) so gut wie unmöglich" mache. Der so erwirkte Rechtsmittelverzicht war mit Blick auf die aus doppeltem Grund unzutreffende richterliche Auskunft unwirksam: Zum einen regelt der vom Gericht in Bezug genommene § 267 Abs. 3 S. 1, Abs. 4 StPO nur den Umfang, nicht aber den Inhalt der Gründe eines nicht rechtskräftigen Urteils. Zum anderen ergibt sich unmittelbar aus § 57 Abs. 1 S. 2 StGB, dass bei der Entscheidung über die Reststrafenaussetzung nicht nur die im Urteil zum Ausdruck gekommenen Umstände zu berücksichtigen sind. Dass der Angeklagte seinen Verteidiger im Glauben an die Wirksamkeit des Rechtsmittelverzichts erst nach Ablauf der Wochenfrist des § 341 Abs. 1 StPO aufgesucht und Rechtsmittelauftrag erteilt hatte, stand der Zulässigkeit der Revision nicht entgegen: Das Fristversäumnis war durch ein Verschulden des Gerichts verursacht, so dass er nach § 44 StPO **Wiedereinsetzung in den vorigen Stand** beanspruchen konnte (vgl. *M-G/S* § 302 Rn. 26).

C. Begründetheit der Revision

I. Allgemeines

1. Die Revision ist begründet, wenn eine von Amts wegen zu prüfende Verfahrensvoraussetzung fehlt oder das Urteil nach § 337 StPO auf einer verfahrens- oder sachlichrechtlichen „Verletzung des Gesetzes“ beruht, die der Revisionsführer – was allerdings in der hier ausschließlich thematisierten Klausuraufgabenstellung keine Rolle spielt – in nach §§ 344, 345 StPO zulässiger Weise gerügt hat. Wenn auch unter einem „Gesetz“ i.S. des § 337 StPO nach der Legaldefinition des § 7 EGStPO „jede Rechtsnorm“ zu verstehen ist und damit insbesondere sämtliche Verfassungen, Gesetze und Rechtsverordnungen des Bundes und der Länder umfasst sind, wird es in Klausuren so gut wie ausschließlich um Verstöße gegen Normen der StPO, des GVG sowie des StGB gehen. **79**

2. In den von den Prüfungsämtern zu den einzelnen Revisionsklausuren herausgegebenen Prüfervermerken hat sich eingebürgert, nach den ohnehin vorrangig zu begutachtenden Verfahrensvoraussetzungen zunächst den verfahrensrechtlichen Bereich – hier die absoluten vor den relativen Revisionsgründen – und erst dann die sachlichrechtlichen Fragen abzuhandeln. Da im Übrigen auch die Revisionsgerichte selbst ihre Entscheidung durch Beratung und Abstimmung in dieser Reihenfolge finden (vgl. *M-G/S* § 351 Rn. 7), wird der Prüfling gut daran tun, die eigene Darstellung entsprechend **aufzubauen**. Dass die Revisionsgerichte von der Prüfung der Sachrüge absehen können, wenn bereits eine Verfahrensrüge durchgreift, oder umgekehrt im Fall des Durchgreifens der Sachrüge die Verfahrensrügen nicht zu bescheiden brauchen (vgl. *M-G/S* § 352 Rn. 11 f.), spielt für den Prüfling, der aus Prüfungszwecken immer zu einer vollständigen Auseinandersetzung mit den sich ergebenden Rechtsfragen gehalten ist, naturgemäß keine Rolle. **80**

II. Vorliegen von Verfahrensvoraussetzungen

1. Allgemeines

a) Die Begriffe der **Verfahrensvoraussetzung** bzw. des **Verfahrenshindernisses** sind in der StPO nicht definiert, das Gesetz spricht in diesem Zusammenhang ausschließlich von „Verfahrenshindernissen“ – so zum Beispiel in §§ 206a Abs. 1, 260 Abs. 3 StPO. Nach überwiegender Auffassung **bedeuten beide Begriffe dasselbe** – das Verfahrenshindernis umschreibt die „Voraussetzung“ lediglich negativ. Das Fehlen einer so verstandenen Verfahrensvoraussetzung steht der Sachentscheidung des Tatgerichts entgegen. Die fehlende Sachentscheidungsbefugnis begründet die Revision, ohne dass es der Prüfung eines Beruhens i.S. des § 337 Abs. 1 StPO bedarf. **81**

82 b) Die Verfahrensvoraussetzungen sind **von Amts wegen** und **in jeder Lage des Verfahrens** zu berücksichtigen. Stellt sich im Revisionsverfahren ein vom Tatgericht übersehenes Verfahrenshindernis heraus, das **nicht zu beheben ist** und sich auf das ganze Verfahren bezieht, so stellt das Revisionsgericht dieses unter Aufhebung des angefochtenen Urteils insgesamt ein – und zwar unter den Voraussetzungen des § 349 Abs. 4 StPO ohne Hauptverhandlung durch Beschluss bzw. bei Durchführung einer Revisionshauptverhandlung gemäß § 354 Abs. 1 StPO durch Urteil.[27] Kann die fehlende Verfahrensvoraussetzung **noch geschaffen werden**, wird das Verfahren nicht eingestellt, sondern die Sache nach § 354 Abs. 2 StPO bzw. § 355 StPO zurückverwiesen (vgl. *M-G/S* § 354 Rn. 6).

83 Ebenso von Amts wegen wird bei Revisionen gegen Berufungsurteile im Übrigen auch die Zulässigkeit der Berufung geprüft. Fehlt diese – sind also etwa Form oder Frist des § 314 StPO nicht eingehalten gewesen –, so wird das Berufungsurteil aufgehoben und die Berufung als unzulässig verworfen (vgl. *M-G/S* § 352 Rn. 3).

84 c) Bezieht sich die fehlende – und im Revisionsverfahren nicht mehr herbeizuführende – Verfahrensvoraussetzung nur auf eine von mehreren Taten i.S. des **§ 53 StGB**, wie dies etwa bei Eintritt der Strafverfolgungsverjährung der Fall sein kann, stellt das Revisionsgericht das Verfahren nur im Hinblick auf diese Tat ein. Betrifft ein solches Verfahrenshindernis dagegen eine Straftat, die mit anderen i.S. des **§ 52 StGB** in Idealkonkurrenz steht, so wird dem ohne Einstellungsbeschluss Rechnung getragen (vgl. *M-G/S* § 206a Rn. 4 f.).[28]

85 d) Der Umfang der Information, die die Prüfungsämter zu den – vom Revisionsgericht unter Benutzung aller verfügbaren Erkenntnisquellen im **Freibeweisverfahren** zu prüfenden (vgl. *M-G/S* § 337 Rn. 6; § 244 Rn. 9) – tatsächlichen Anknüpfungspunkten der Verfahrensvoraussetzungen in einer Klausuraufgabe vermitteln können, ist naturgemäß relativ begrenzt. Viele der existierenden Verfahrensvoraussetzungen spielen daher von vornherein keine Rolle – hierzu zählen insbesondere Fragen von Immunität, Amnestie und auslieferungsrechtlichen Beschränkungen. Die demgegenüber bedeutsamen Verfahrensvoraussetzungen sind nachfolgend im Einzelnen erörtert. Informationen über ihre **tatsächlichen Anknüpfungspunkte** können in allen Teilen der Klausuraufgabe enthalten sein – so kann sich etwa die Bejahung des besonderen öffentlichen Interesses der Strafverfolgungsbehörde i.R. des § 230 Abs. 1 StGB aus einer entsprechenden Mitteilung in der Anklageschrift, aus einer Äußerung des Staatsanwalts in der Hauptverhandlung oder aber aus einer entsprechenden Feststellung im angefochtenen Urteil ergeben. Tatsächliche Zweifel über das Vorliegen der Verfahrensvoraussetzungen, die schon als solche zur Verfahrenseinstellung führen müssten (vgl. *M-G/S* § 206a Rn. 7), dürften sich in diesem Rahmen angesichts der Tendenz der Prüfungsämter, Unklarheiten im faktischen Bereich zu vermeiden, nicht ergeben.

27 Nach anderer – bei *M-G/S* § 349 Rn. 29a zitierter – Auffassung soll das Revisionsgericht allerdings auch bei übersehenen Verfahrenshindernissen ohne Aufhebung des angefochtenen Urteils nach § 206a Abs. 1 StPO (und somit zugleich ohne das i.R. des § 349 Abs. 4 StPO bestehende Erfordernis zur einstimmigen Entscheidung) bzw. nach § 260 Abs. 3 StPO vorzugehen haben.

28 Zur Formulierung der Revisionsanträge in diesen Fällen vgl. unten Rn. 637 ff.

e) In Revisionsklausuren ist auf Verfahrensvoraussetzungen aber natürlich nur dann einzugehen, wenn an ihrem Vorliegen ernsthafte rechtliche Zweifel bestehen. Die nachfolgende vollständige Darstellung aller in diesem Rahmen klausurrelevanten Einzelheiten sollte dem Prüfling nicht den Blick darauf verstellen, dass dies in vielen Klausuren nicht der Fall ist. **86**

2. Sachliche Zuständigkeit

a) Die sachliche Zuständigkeit betrifft grundsätzlich die Verteilung der Strafsachen nach Art und Schwere unter den erstinstanzlichen, unterschiedlich besetzten Gerichten verschiedener Ordnung (vgl. *M-G/S* vor § 1 Rn. 2). Die Einzelheiten der unübersichtlichen gesetzlichen Zuständigkeitsverteilung zwischen Amtsgericht (Strafrichter und Schöffengericht), Landgericht (große Strafkammer) und Oberlandesgericht in den §§ 24, 25, 28, 74 und 120 GVG brauchen hier nicht vollständig dargestellt zu werden, da einige der dort geregelten Besonderheiten – wie etwa die der Verhängung von Maßregeln nach §§ 63 und 66 StGB oder der Entscheidung über Staatsschutzsachen – keine Klausurrelevanz haben. Folgende Zusammenhänge müssen jedoch für die erfolgreiche Bewältigung der insoweit in Klausuren zu erwartenden Probleme bekannt sein: **87**

aa) Zunächst wird von den Prüfungsämtern gerne die Beschränkung des Strafrichters auf die Entscheidung „bei **Vergehen**" (§ 25 GVG) thematisiert – Verbrechen (§ 12 Abs. 1 StGB) darf er also nicht aburteilen. Ob er das getan hat, beurteilt sich **auf Grund der Urteilsfeststellungen nach objektiven Gesichtspunkten** (vgl. *M-G/S* § 338 Rn. 32). Seine Strafgewalt hat der Strafrichter also nur dann überschritten, wenn die Verurteilung wegen des Verbrechens durch die Feststellungen des angefochtenen Urteils gedeckt ist. Belegen die Feststellungen umgekehrt – und auch das ist mehrfach vorgekommen – den Schuldspruch wegen Verbrechens gerade nicht, so war das Amtsgericht nicht sachlich unzuständig. Die eigene rechtliche Bewertung des Tatgerichts ist insoweit also nicht maßgeblich. Aufbautechnisch kann in diesen Fällen entweder die eigentlich in den sachlichrechtlichen Abschnitt gehörende Überprüfung der tatrichterlichen Gesetzesanwendung hinsichtlich des in Rede stehenden Verbrechens (aber nur insoweit!) in die sachliche Zuständigkeit vorgezogen, oder aber an dieser Stelle auf die Prüfung des Verbrechens im sachlichrechtlichen Teil der Klausurlösung verwiesen werden – aus Prüfersicht bestehen insoweit keine Präferenzen. Derartige Klausurfälle sind im Übrigen regelmäßig so konstruiert, dass der im Hinblick auf das Verbrechen nach §§ 140 Abs. 1 Nr. 2, 141 Abs. 2 StPO notwendige Verteidiger fehlt und damit gleichzeitig ein absoluter Revisionsgrund nach § 338 Nr. 5 StPO vorliegt.[29] Alternativ kann in dieser Situation auch der nach § 265 Abs. 1 StPO erforderliche Hinweis auf die mögliche Verurteilung wegen des (nicht angeklagten) Verbrechens unterblieben sein.[30] **88**

In einem Klausurfall waren die beschriebenen Zusammenhänge in eine Revision gegen ein Berufungsurteil eingekleidet, was die Sache zusätzlich verkomplizierte. Das Landgericht hat- **89**

29 Vgl. dazu unten Rn. 210.
30 Vgl. dazu unten Rn. 497.

te die Berufung der Staatsanwaltschaft gegen ein auf Verurteilung wegen Diebstahls lautendes Urteil des Amtsgerichts – Strafrichter – verworfen; die Feststellungen des angefochtenen Berufungsurteils belegten jedoch ein Verbrechen des schweren Bandendiebstahls gemäß § 244a Abs. 1 StGB. Richtigerweise hätte das Berufungsgericht somit – da „das Gericht des ersten Rechtszuges mit Unrecht seine Zuständigkeit angenommen“ hatte – die Sache unter Aufhebung des Strafrichterurteils an das zuständige Schöffengericht verweisen müssen (§ 328 Abs. 2 StPO). Für die zu prüfende Revision bedeutete dieser von Amts wegen zu beachtende Verstoß gegen § 328 Abs. 2 StPO, dass – neben der Aufhebung des erst- und zweitinstanzlichen Urteils – gem. § 355 StPO die Verweisung der Sache an das zuständige Gericht zu beantragen war (vgl. *M-G/S* § 328 Rn. 14). Obwohl das Prüfungsamt die Problematik im Aufgabentext dadurch andeutete, dass es den Staatsanwalt im Plädoyer der Berufungshauptverhandlung einen dem § 328 Abs. 2 StPO entsprechenden Antrag stellen ließ, erkannte keiner der von mir zensierten Prüflinge diese Verfahrensvorschrift.

90 bb) Daneben wird die sachliche Zuständigkeit in Examensklausuren regelmäßig mit Blick auf die **Straferwartung** thematisiert. Fast immer geht es dabei um Fälle unterschrittener Straferwartung – es hat also das bei Erwartung einer höheren Strafe als zwei Jahre Freiheitsstrafe zuständige Schöffengericht (§ 25 Nr. 2, 28 GVG) im Klausurfall eine solche von zwei Jahren oder weniger oder das bei Erwartung einer höheren Strafe als vier Jahre Freiheitsstrafe zuständige Landgericht (§ 74 Abs. 1 S. 2 GVG) eine solche von vier Jahren oder weniger verhängt. Wie aus § 269 StPO folgt, kann zwar mit der Revision grundsätzlich nicht geltend gemacht werden, dass ein **Gericht niederer Ordnung** sachlich zuständig gewesen wäre – die größere sachliche Zuständigkeit schließt die geringere aus Gründen der Prozesswirtschaftlichkeit und zur Verfahrensbeschleunigung ein (vgl. *M-G/S* § 269 Rn. 1). Mit Blick auf Art. 101 Abs. 1 S. 2 GG besteht eine Ausnahme jedoch für den Fall, dass der Angeklagte auf Grund objektiver **Willkür** seinem gesetzlichen Richter entzogen wird (vgl. *M-G/S* § 269 Rn. 8 sowie § 338 Rn. 32). Maßgeblich für die Beurteilung der an die Straferwartung anknüpfenden Zuständigkeit ist die bei zutreffender rechtlicher Würdigung des angeklagten Sachverhalts im Augenblick der Eröffnung des Hauptverfahrens zu erwartende Strafe.[31] Im Rahmen dieser nur in groben Kategorien möglichen Prognose wird es in der Klausur vor allem auf das Vorliegen von Vorstrafen und die Schwere der Tatfolgen ankommen.

91 Im einem hierzu gebildeten Klausurfall hatte das Schöffengericht den Angeklagten zu einer Gesamtfreiheitsstrafe von sechs Monaten verurteilt. Diese auffällige Unterschreitung der Zweijahresgrenze des § 25 Nr. 2 GVG war deshalb unter keinem Gesichtspunkt mehr vertretbar – also willkürlich (vgl. *M-G/S* § 16 GVG Rn. 6) –, weil bei richtiger Beurteilung des angeklagten Sachverhalts nur Straftaten mit Strafobergrenze von fünf Jahren in Rede standen, der Angeklagte nicht vorbestraft war und der verursachte Gesamtschaden bei nur gut 500 Euro lag. In einem anderen Klausurfall hatte das Landgericht die Vierjahresgrenze des § 74 Abs. 1 S. 2 GVG zwar ebenso um anderthalb Jahre unterschritten und zweieinhalb Jahre gegen den nicht vorbestraften Angeklagten verhängt. Da dieser durch seine gefährliche Körperverletzung – Strafobergrenze zehn Jahre (§ 224 Abs. 1 StGB) – beim Opfer aber einen Nasenbein- und Kieferbruch verursacht hatte, war die Prognose einer vier Jahre übersteigenden Freiheitsstrafe jedenfalls nicht völlig haltlos. Zu bejahen war eine willkürliche Zuständigkeitsannahme dagegen wiederum in dem Klausurfall, in dem die Vorsitzende erklärt hatte, das – wegen einfacher Körperverletzung und Diebstahl von 250 Euro gegen einen kaum

---

31 Vgl. *BGH* 1 StR 504/00.

vorbestraften Angeklagten geführte – Verfahren solle vor dem Schöffengericht laufen, da ihre „Jahresstatistik zu wenig Eingänge“ aufweise.

Es gibt aber auch – seltenere – Klausurfälle, in denen die gesetzlich limitierte Straferwartung durch den Rechtsfolgenausspruch des angefochtenen Urteils überschritten wird – und zwar bei Urteilen des Strafrichters. Wenngleich dieser der Einschränkung des § 25 Nr. 2 GVG unterliegt, hat er in der Hauptverhandlung doch die volle Rechtsfolgenkompetenz des Amtsgerichts – darf also Freiheitsstrafen von bis zu vier Jahren verhängen (vgl. *M-G/S* § 25 GVG Rn. 4). Wegen Art. 101 Abs. 1 S. 2 GG ist er bei Überschreitung der Zweijahresgrenze allerdings dann sachlich unzuständig, wenn seine Erwartung, die Zweijahresgrenze des § 25 Nr. 2 GVG nicht zu überschreiten, willkürlich erscheint.[32] **92**

Dies war auch in einem Klausurfall mit interessant gebildeter Variante zu bejahen. Der Strafrichter hatte für eine einfache Körperverletzung zwar nur eine Geldstrafe verhängt – sich also in den Grenzen des § 25 Nr. 2 GVG gehalten –, dabei aber übersehen, dass der Angeklagte die Tat begangen hatte, bevor er in anderer Sache rechtskräftig zu einer zweijährigen Bewährungsstrafe verurteilt worden war. Unter den Voraussetzungen des § 55 Abs. 1 S. 1 StGB wäre daher eine nachträgliche Gesamtstrafe zu bilden gewesen[33], die die Zweijahresgrenze wegen § 54 Abs. 1 S. 2 StGB zwingend hätte überschreiten müssen. Da dies zum Zeitpunkt der Eröffnungsentscheidung ohne weiteres erkennbar war, hatte der Strafrichter seine sachliche Zuständigkeit willkürlich angenommen. **93**

cc) **Überschreitet** das Gericht seine Strafgewalt, so hebt das Revisionsgericht das Urteil bei zulässig eingelegter und begründeter Revision von Amts wegen auf und verweist die Sache nach § 355 StPO an das zuständige Gericht. Die sachliche Zuständigkeit fällt damit **nicht unter § 338 Nr. 4 StPO**, auch wenn der Wortlaut der Vorschrift etwas anderes auszudrücken scheint (vgl. *M-G/S* § 338 Rn. 32). Anders verhält es sich allerdings mit der Zuständigkeit der in § 74e GVG genannten *besonderen Strafkammern* (Schwurgericht, Wirtschaftsstrafkammer und Staatsschutzkammer) sowie der – in Klausuren wenig relevanten – örtlichen Zuständigkeit. Diese sind i.R. der Verfahrensvoraussetzungen nur vorübergehend von Bedeutung, da das Gericht sie nur bis zur Eröffnung des Hauptverfahrens von Amts wegen prüft, §§ 6a S. 1, 16 S. 1 StPO. Im Revisionsverfahren ist eine sich in diesem Zusammenhang ergebende Unzuständigkeit daher nur auf besondere Rüge als absoluter Revisionsgrund nach § 338 Nr. 4 StPO beachtlich.[34] **94-95**

b) Ausnahmsweise kann die sachliche Zuständigkeit in manchen Klausuren aber auch in der Weise betroffen sein, dass das Tatgericht zwar die Grenzen seiner Strafgewalt, nicht aber den im GVG vorgeschriebenen **Instanzenzug** beachtet hat. **96**

In einem hierzu gebildeten Klausurfall hatte das Amtsgericht den Einspruch des Angeklagten gegen einen Strafbefehl nach §§ 412, 329 Abs. 1 StPO verworfen, da der Angeklagte nach Auffassung des Amtsgerichts ohne genügende Entschuldigung zur auf seinen Einspruch anberaumten Hauptverhandlung ausgeblieben war. Da sich im Berufungsverfahren allerdings ergeben hatte, dass der Angeklagte zu dieser Hauptverhandlung nicht ordnungsgemäß geladen worden war, hob das Landgericht das amtsgerichtliche Urteil in dem nunmehr mit der **97**

32 Vgl. *BayObLG* NStZ 1985, 470, 471.
33 Vgl. dazu im Einzelnen unten Rn. 586 ff.
34 Vgl. dazu unten Rn. 171 ff.

Revision angefochtenen Berufungsurteil auf und traf in der Sache selbst – und hierin lag das Problem – eine eigene Entscheidung. Auch wenn das Berufungsgericht zu dieser Verfahrensweise nach § 328 Abs. 1 StPO zwar grundsätzlich verpflichtet war, bestand hier jedoch die Besonderheit, dass die amtsgerichtliche Entscheidung als bloßes Prozessurteil nach § 412 StPO keine Sachentscheidung zum eigentlichen Anklagevorwurf enthielt. Aus § 411 Abs. 1 S. 2 StPO ergibt sich aber, dass die Sachverhandlung über einen zulässigen Einspruch beim Amtsgericht durchzuführen ist. Daher maßt sich die nach § 76 Abs. 1 S. 1 GVG nur für Berufungsverhandlungen zuständige kleine Strafkammer, die bei dieser Verfahrenslage i.R. einer quasi-erstinstanzlichen Verhandlung in der Sache selbst entscheidet, eine sachliche Zuständigkeit an, die nicht ihr, sondern vielmehr dem Amtsgericht zugewiesen ist.[35] Bei zulässig erhobener und begründeter Revision hebt das Revisionsgericht das Berufungsurteil hier daher von Amts wegen auf und verweist die Sache nach § 355 StPO an das Amtsgericht zurück.

3. Strafantrag und besonderes öffentliches Interesse an der Strafverfolgung

98 a) aa) Das Vorliegen eines wirksamen **Strafantrags** – also des hinreichend deutlichen Begehrens eines strafrechtlichen Einschreitens wegen einer bestimmten Handlung, das insbesondere auch in einem als „Strafanzeige" bezeichneten Schreiben gesehen werden kann (vgl. *Fischer* § 77 Rn. 24) – ist bei nur auf Antrag verfolgbaren Straftaten eine von Amts wegen zu berücksichtigende Verfahrensvoraussetzung. Praktisch bedeutsam sind hier Hausfriedensbruch (§ 123 Abs. 2 StGB), Beleidigung (§ 194 StGB), vorsätzliche und fahrlässige Körperverletzung (§ 230 StGB), Diebstahl und Unterschlagung geringwertiger Sachen (§ 248a StGB[36]), Diebstahl und Unterschlagung i.R. bestimmter persönlicher Beziehungen (§ 247 StGB[37]) – wichtig hier der verletzte Angehörige sowie die häusliche Gemeinschaft zwischen Verletztem und Täter – sowie Sachbeschädigung (§ 303c StGB). Erfolgt die Verurteilung in der Klausuraufgabe wegen einer dieser Straftatbestände, so muss diese Verfahrensvoraussetzung zumindest gedanklich immer überprüft werden. Das Revisionsgericht selbst tut dies auf Grund eigener Sachuntersuchung unter Benutzung aller verfügbaren Erkenntnisquellen im **Freibeweisverfahren** (vgl. *M-G/S* § 337 Rn. 6) – also insbesondere durch Suche nach dem in den Akten befindlichen Strafantrag. Da der Inhalt der eigentlichen Akte in der Revisionsklausur jedoch nicht bekannt ist – bestenfalls liegt hier neben Protokoll und Urteil noch die Anklageschrift vor – werden sich Erkenntnisse über Vorliegen oder Nichtvorliegen eines Strafantrags hier in der Regel aus den Aussagen der antragsberechtigten Zeugen in der Hauptverhandlung gewinnen lassen. Mitunter heißt es auch einfach im Hauptverhandlungsprotokoll, dass der betreffende Strafantrag „verlesen wurde". Denkbar ist auch, dass der Antragsberechtigte den Strafantrag überhaupt erst in der Hauptverhandlung stellt – hier wird allerdings regelmäßig die dreimonatige Antragsfrist des § 77b Abs. 1 S. 1 StGB abgelaufen sein, die nach Abs. 2 S. 1 der Vorschrift mit Ablauf des Tages beginnt, an dem der Antragsberechtigte von der Tat und der Person des Täter Kenntnis erlangt.

---

35 Vgl. LR-*Gössel* § 412 Rn. 48; *BGHSt* 36, 139, 142.

36 Sowie die sich auf die Vorschrift beziehenden §§ 248c Abs. 3, 257 Abs. 4 S. 2, 259 Abs. 2, 263 Abs. 4, 265a Abs. 3, 266 Abs. 2, 266b Abs. 2 StGB.

37 Sowie die sich auf die Vorschrift beziehenden §§ 248c Abs. 3, 259 Abs. 2, 263 Abs. 4, 265a Abs. 3, 266 Abs. 2 StGB.

bb) Nach § 158 Abs. 2 StPO ist der Strafantrag schriftlich zu stellen, bei der Staatsanwaltschaft oder dem Gericht kann er auch zu Protokoll angebracht werden. Nach überwiegender Auffassung erfordert die Schriftform hier die Unterschrift des Antragstellers, damit sich Gericht und Strafverfolgungsbehörden Klarheit über dessen Identität verschaffen können (vgl. *M-G/S* § 158 Rn. 11). **98a**

In einem zu diesem Themenkreis gebildeten, ganz neuen Klausurfall hatte die Geschädigte ihre Strafanzeige im Internet über das Portal „online-strafanzeige.de" an die Polizei übermittelt und dabei im Textfeld zur Tatbeschreibung auch einen Strafantrag gestellt. Dieses elektronische Dokument genügte dem Schriftformerfordernis des § 158 Abs. 2 StPO jedoch deshalb nicht, weil ihm die dazu nach § 32a Abs. 3 StPO vorausgesetzte Signatur der verantwortenden Person fehlte. **98b**

cc) Beachtet werden sollte, dass in bestimmten Fällen andere Personen als der nach § 77 Abs. 1 StGB grundsätzlich berechtigte Verletzte ein Strafantragsrecht haben (vgl. dazu im Einzelnen *Fischer* § 77 Rn. 3) – klausurrelevant ist hier das **Antragsrecht des Dienstvorgesetzten** nach §§ 194 Abs. 3 S. 1, 230 Abs. 2 S. 1 StGB bei Beleidigungs- und Körperverletzungstaten insbesondere gegen Polizeibeamte. Praktisch bedeutsam ist daneben auch die **Vertretung Minderjähriger** bei der Antragstellung nach § 77 Abs. 3 StGB (vgl. *Fischer* § 77 Rn. 11 ff.) – es empfiehlt sich also, das Alter des Antragsberechtigten im Auge zu behalten. **99**

In einem Klausurfall ging es insoweit allerdings um einen Strafantrag, den der für die Aufgabenkreise Gesundheits- und Vermögenssorge bestellte Betreuer der Geschädigten (vgl. § 1896 Abs. 2 S. 1 BGB) i.R. der §§ 263a Abs. 2, 263 Abs. 4, 247 StGB wegen eigenmächtiger Geldabhebungen gegen deren Schwiegersohn gestellt hatte. Der Betreuer kann einen gemäß § 77 Abs. 3 StGB wirksamen Strafantrag jedoch nur innerhalb seines Aufgabenkreises stellen. Die Frage, ob ein Strafantrag nach § 247 StGB gestellt werden soll, ist aber – wenngleich sie auch Vermögensinteressen berührt – entscheidend vom Gesichtspunkt des Wohles der Familie zu beurteilen und daher als höchstpersönliches Recht Angelegenheit der Personenfürsorge (vgl. *Fischer* § 77 Rn. 14a). Da sich die Befugnis des Betreuers hierauf nicht erstreckte, war das Tatgericht insoweit also nicht sachentscheidungsbefugt. **99a**

dd) Gedacht werden sollte auch an die gemäß § 77d Abs. 1 S. 2 StGB bis zum rechtskräftigen Abschluss des Strafverfahrens mögliche **Rücknahme** des Strafantrags. Die an keine besondere Form gebundene Erklärung muss inhaltlich lediglich zweifelsfrei erkennen lassen, dass der Antragsteller die Verfolgung nicht mehr will (vgl. *Fischer* § 77d Rn. 3) – was die Problematik natürlich gut getarnt in Examensklausuren unterbringen lässt. Dies tat das Prüfungsamt zuletzt – und von vielen Prüflingen unbemerkt – in der Weise, dass es den Antragsteller in der Hauptverhandlung erklären ließ, er wolle nicht, „dass die Sache weitere Kreise" ziehe, für ihn sei „der Fall erledigt". **99b**

ee) Von Bedeutung ist der Strafantrag als Verfahrensvoraussetzung natürlich nur insoweit, als das Tatgericht überhaupt zu einer Sachentscheidung gelangt. Gleichwohl haben Prüflinge in Examensklausuren schon das Vorliegen eines Strafantrages problematisiert, obwohl das Verfahren mit Blick auf die betreffende Tat in der Hauptverhandlung nach § 154 Abs. 2 StPO eingestellt worden war! **99c**

b) Bei Fehlen eines Strafantrags ist sodann ggf. zu prüfen, ob die Strafverfolgungsbehörde das **besondere öffentliche Interesse** an der Strafverfolgung bejaht hat. Wichtig **100** ist in diesem Zusammenhang zunächst, dass die Bejahung eines besonderen öffentlichen Interesses den Strafantrag nicht bei allen Antragsdelikten ersetzt. Wenig positiv fällt daher auf, wer das besondere öffentliche Interesse beispielsweise i.R. einer Verurteilung wegen Beleidigung nach § 185 StGB erörtert. Auch ist nicht allen Prüflingen bewusst, dass „Strafverfolgungsbehörde" i.S. der entsprechenden Vorschriften immer nur die zuständige Staatsanwaltschaft ist und sich Erörterungen über die tatrichterliche Beurteilung des öffentlichen Interesses schon von daher verbieten (vgl. *Fischer* § 230 Rn. 3). Ob die Staatsanwaltschaft das besondere öffentliche Interesse bejaht hat, wird sich – wenn es darauf ankommt – in der Regel aus der dann im Aufgabentext enthaltenen Anklageschrift ergeben. Die Staatsanwaltschaft kann diese Erklärung aber auch noch in der Hauptverhandlung – und sogar noch im Revisionsverfahren – abgeben (vgl. *Fischer* § 230 Rn. 4).

101-102 Mitunter wird sich in den einschlägigen Fällen das Fehlen einer ausdrücklichen Bejahung des besonderen öffentlichen Interesses ergeben und zu überlegen sein, ob die Staatsanwaltschaft ein solches **konkludent** zum Ausdruck gebracht hat. Das besondere öffentliche Interesse an der Strafverfolgung kann nämlich schlüssig dadurch erklärt werden, dass zum Beispiel ein Antragsdelikt angeklagt wird oder aber i.R. des staatsanwaltschaftlichen Schlussvortrags vom angeklagten Offizialdelikt abgerückt und eine Verurteilung wegen des Antragsdelikts beantragt wird (vgl. *Fischer* § 230 Rn. 4; § 303c Rn. 8). Die Erhebung einer Anklage unter einem anderen Gesichtspunkt als dem des Antragsdelikts enthält für sich allein andererseits aber noch keine entsprechende schlüssige Erklärung der Staatsanwaltschaft (vgl. *Fischer* § 230 Rn. 5).

4. Anklage und Eröffnungsbeschluss

103 a) Das Vorliegen einer wirksamen Anklage nach § 200 StPO ist zusammen mit dem auf sie bezogenen wirksamen Eröffnungsbeschluss nach § 203 StPO Prozessvoraussetzung, deren Fehlen im Revisionsverfahren zwingend zur Einstellung des Verfahrens führt (vgl. *M-G/S* § 203 Rn. 4). Thematisiert werden in diesem Zusammenhang überwiegend Fragen der Informations- und der Umgrenzungsfunktion der Anklage. Sich in diesem Rahmen ergebende Mängel der Anklageschrift sind **zugleich** Mängel des Eröffnungsbeschlusses, da erstere durch Zulassung integrierender Bestandteil des Eröffnungsbeschlusses wird. Umgekehrt kann Letzterer auch bei ordnungsgemäß erhobener Anklage wegen **eigener schwerer formeller Mängel** unwirksam sein.

104 b) Die **Anklageschrift** unterrichtet den Angeklagten über den gegen ihn erhobenen Vorwurf. Durch welche Angaben diese sog. **Informationsfunktion** zu erfüllen ist, ergibt sich aus § 200 StPO. In diesem Zusammenhang auftretende Mängel sind zum Beispiel das Fehlen der gesetzlichen Merkmale der Straftat, der anzuwendenden Strafvorschriften, der Beweismittel, des Ermittlungsergebnisses oder sonstige auf diese Anklageteile bezogene Ungenauigkeiten. Derartige Mängel, die die sogleich beschriebene Umgrenzungsfunktion der Anklage nicht berühren, sondern ausschließlich ihre Informationsaufgabe betreffen, machen Anklage und Eröffnungsbeschluss grundsätzlich nicht unwirksam und führen deswegen auch nicht zu einem Verfahrenshindernis (vgl. *M-G/S* § 200 Rn. 27).

In einem entsprechenden Klausurfall war in der Anklageschrift bei den gesetzlichen Merkmalen die erste Alternative des § 259 Abs. 1 StGB („sich verschaffen") angegeben, während die Konkretisierung der Anklage dessen zweite Alternative („absetzen") belegte. **105**

c) Revisible Rechtsfehler können sich dagegen aus der **Umgrenzungsfunktion** der Anklage ergeben, nach der die zugelassene Anklageschrift den Gegenstand des Hauptverfahrens – „die Tat, die ihm zur Last gelegt wird" (§ 200 Abs. 1 S. 1 StPO) – in persönlicher und sachlicher Hinsicht bezeichnet (vgl. *M-G/S* § 200 Rn. 2). In Klausuren wird die Umgrenzungsfunktion unter zwei Gesichtspunkten bedeutsam: **106**

aa) Von vornherein an einer wirksamen Anklage fehlt es, wenn diese ihre Umgrenzungsfunktion nicht erfüllt, weil der Angeschuldigte oder die ihm zur Last gelegte Tat darin **nicht so genau identifiziert** sind, dass der angeklagte Vorfall gegenüber anderen Geschehnissen unverwechselbar ist (vgl. *M-G/S* § 200 Rn. 26). Praktisch bedeutsam ist vor allem der letztgenannte Aspekt: Eine nach Ort und Zeit völlig unbestimmte und auch im Übrigen nicht ausreichend konkretisierte Handlung kann nicht Grundlage für einen Schuldspruch sein (vgl. *M-G/S* § 264 Rn. 2). Dabei muss die Tatschilderung umso konkreter sein, je größer die allgemeine Möglichkeit ist, dass der Angeschuldigte verwechselbare weitere Straftaten gleicher Art verübt hat (vgl. *M-G/S* § 200 Rn. 7). Wird die Anklageschrift diesen Anforderungen nicht gerecht, kann der funktionelle Mangel allerdings durch entsprechende Klarstellung im Eröffnungsbeschluss oder in der Hauptverhandlung behoben werden (vgl. *M-G/S* § 200 Rn. 26). **107**

Interessant ist, dass eine im Anklagesatz (§ 200 Abs. 1 S. 1 StPO) zur Tatschilderung nicht ausreichend konkretisierte Anklage ihre Umgrenzungsfunktion noch dadurch erfüllen kann, dass der Angeklagte den Tatvorwurf dem wesentlichen Ergebnis der Ermittlungen (§ 200 Abs. 2 S. 1 StPO) entnehmen kann. Auch wenn dann die Verfahrensvoraussetzung einer wirksamen Anklage zu bejahen ist, kann diese Situation in einen Verstoß gegen die Verfahrensvorschrift des § 243 Abs. 3 S. 1 StPO münden: Da nach dieser Norm in der Hauptverhandlung nur der Anklagesatz zu verlesen ist – nicht also das Ermittlungsergebnis –, werden Schöffen und Öffentlichkeit entgegen des Zwecks des § 243 Abs. 3 S. 1 StPO daran gehindert, ihr Augenmerk während der ganzen Verhandlung auf die Umstände zu richten, auf die es in tatsächlicher und rechtlicher Hinsicht ankommt.[38] **108**

bb) Wesentlich häufiger geht es in Klausuren in diesem Zusammenhang aber darum, dass der Angeklagte (auch) wegen einer Tat verurteilt worden ist, auf die sich die zugelassene (und hinreichend umgrenzte) Anklage **nicht erstreckte**. In diesem Fall ist das Gericht nur bei **wirksamer Erhebung einer Nachtragsanklage** und deren **formell ordnungsgemäßer Einbeziehung** nach § 266 Abs. 1 StPO sachentscheidungsbefugt. Fehlt es daran, ist das Urteil (insoweit) aufzuheben und das Verfahren einzustellen.[39] Die Nachholung der Nachtragsanklage ist in der Revisionsinstanz naturgemäß nicht möglich. **109**

(1) Ausgangspunkt dieser Problematik ist § 264 Abs. 1 StPO, wonach Gegenstand der Urteilsfindung (nur) „die in der Anklage bezeichnete Tat" sein kann. Zur **„Tat" im strafprozessualen Sinn** gehört – ohne Rücksicht darauf, ob sachlichrechtlich Tateinheit oder Tatmehrheit vorliegt – das gesamte Verhalten des Täters, soweit es nach na- **110**

38 Vgl. *BGH* NStZ 2006, 649, 650 sowie unten Rn. 315.
39 Zur Formulierung des Revisionsantrags in diesem Fall vgl. unten Rn. 638 f.

türlicher Auffassung einen einheitlichen Lebensvorgang darstellt (vgl. *M-G/S* § 264 Rn. 2). Entscheidend ist, ob die zu Grunde liegenden Vorkommnisse unter Berücksichtigung ihrer strafrechtlichen Bedeutung auch innerlich derart miteinander verknüpft sind, dass der Unrechts- und Schuldgehalt der einen nicht ohne die Umstände, die zu der anderen Handlung geführt haben, richtig gewürdigt werden kann und die getrennte Aburteilung in verschiedenen Verfahren einen einheitlichen Lebensvorgang unnatürlich aufspalten würde (vgl. *M-G/S* § 264 Rn. 3). Unter dieser Voraussetzung kann das Gericht auch erst in der Hauptverhandlung bekannt werdende Teile der Tat in seine Untersuchung einbeziehen (vgl. *M-G/S* § 264 Rn. 9), selbst wenn diese in größerem zeitlichen Abstand von dem in der Anklage angenommenen Zeitpunkt stehen sollten (vgl. *M-G/S* § 264 Rn. 2). Die vorausgesetzte innere Verknüpfung muss sich jedoch aus den Ereignissen selbst ergeben, wird also nicht allein dadurch begründet, dass eine Handlung – etwa zum besseren Verständnis der gesamten Umstände – in der Anklageschrift lediglich erwähnt wird (vgl. *M-G/S* § 264 Rn. 3). Umgekehrt steht der Annahme einer Tat im prozessualen Sinne in diesem Sinne nicht entgegen, dass ein Teil des Geschehens in der Anklage nicht erwähnt ist.

111 (2) Für die in der Klausursituation zu beurteilenden Sachverhalte werden sich mit den vorgenannten Obersätzen in jedem Einzelfall vertretbare Ergebnisse zur Klärung der „Umgrenzung" der angeklagten Tat finden lassen. Subsumtionsfähige Umstände können dabei insbesondere das Fehlen oder Vorliegen eines zeitlichen oder räumlichen Zusammenhangs sowie die Identität oder Verschiedenheit der angegriffenen Rechtsgüter bzw. der handelnden Personen sein. Hilfestellung mag zudem der Umstand bieten, dass sachlichrechtlich selbständige Taten regelmäßig auch prozessual selbständig sind, während einheitliche Handlungen i.S. des § 52 StGB immer auch eine einheitliche Tat i.S. des § 264 StPO darstellen (vgl. *M-G/S* § 264 Rn. 6). Im Übrigen zeigt die Erfahrung, dass von den Prüfern hier selten die eine oder andere Lösung als zwingend richtig angesehen, sondern mit entsprechender Begründung regelmäßig auch die jeweils entgegengesetzte Meinung zumindest als vertretbar akzeptiert wird.

112 Im Klausurgutachten sollte die vorbezeichnete Problematik aber nur angesprochen werden, wenn die Überschreitung der durch die zugelassene Anklage gesetzten Grenze ernsthaft in Betracht kommt. Dies ist nicht schon der Fall, wenn sich innerhalb des angeklagten Geschehens lediglich die Tatmodalitäten ändern, das Tatgericht also etwa bei Anklage wegen vorsätzlicher Körperverletzung auf Grund der Beweisaufnahme zu der Feststellung gelangt, dass der Angeklagte bei den in Rede stehenden Fußtritten schwere Arbeitsschuhe trug, und ihn nach § 224 Abs. 1 Nr. 2 StGB verurteilt. In dieser Situation ist im Klausurgutachten allerdings ein möglicher Verstoß gegen § 265 Abs. 1 StPO im Auge zu behalten, wonach der Angeklagte ohne vorherigen Hinweis auf die Veränderung des rechtlichen Gesichtspunkts nicht auf Grund eines anderen als des in der zugelassenen Anklage angeführten Strafgesetzes verurteilt werden darf.[40]

---

40 Vgl. dazu unten Rn. 497 ff.

(3) In manchen Klausuraufgaben stellt sich die Frage der Überschreitung der Grenzen des § 264 Abs. 1 StPO nicht „stillschweigend" – die Problematik ist vielmehr ausdrücklich i.R. einer **Nachtragsanklage** thematisiert. Wirksam erhoben ist eine solche nur, wenn sie den oben[41] beschriebenen Mindestanforderungen entspricht und eine ggf. schriftlich gefertigte Nachtragsanklage vom Staatsanwalt mündlich in der Hauptverhandlung vorgetragen ist (vgl. *M-G/S* § 266 Rn. 5 f.). Die Einbeziehung selbst ist dann nach § 266 Abs. 1 StPO nur mit der eindeutig und ausdrücklich erklärten persönlichen Zustimmung des Angeklagten möglich, der das bloße Unterlassen eines Widerspruchs oder die sachliche Einlassung auf die Nachtragsanklage nicht gleichsteht (vgl. *M-G/S* § 266 Rn. 11). Auf Seiten des Gerichtes bedarf es nach § 266 Abs. 1 StPO grundsätzlich eines Einbeziehungsbeschlusses – eine Anordnung allein des Vorsitzenden reicht insoweit nicht aus. Ein solcher Beschluss ist allerdings ausnahmsweise nicht erforderlich, wenn das Gericht allen Verfahrensbeteiligten auf sonstige Weise deutlich gemacht hat, dass und in welchem Umfang die weitere Tat Gegenstand des Verfahrens wird (vgl. *M-G/S* § 266 Rn. 15) – etwa durch gerichtliche Verlesung der schriftlichen Nachtragsanklage oder die Weiterverhandlung ausschließlich über den Vorwurf der Nachtragsanklage nach Einstellung des Verfahrens im Übrigen. **113**

In einem hierzu gebildeten Klausurfall fehlte es gleich an zwei der genannten Einbeziehungsvoraussetzungen: Der Staatsanwalt hatte eine im Einzelnen protokollierte Nachtragsanklage mündlich erhoben (vgl. § 266 Abs. 2 S. 1 StPO), die – nachdem der Angeklagte und sein Verteidiger auf Befragung „keine Erklärung" abgegeben hatten – „auf Anordnung der Kammervorsitzenden" in das vorliegende Verfahren einbezogen wurde. Das revisible Fehlen der Zustimmung des Angeklagten (vgl. *M-G/S* § 266 Rn. 24) wurde – da es sich bei dieser um eine wesentliche Förmlichkeit der Verhandlung i.S. des § 273 Abs. 1 StPO handelt (vgl. *M-G/S* § 266 Rn. 13) – i.R. des § 274 S. 1 StPO bewiesen. Entsprechendes galt für das daneben vorliegende – und ebenso zur Verfahrenseinstellung führende – Fehlen eines Einbeziehungsbeschlusses (vgl. *M-G/S* § 266 Rn. 17, 20), das auch nicht durch eine der vorgenannten Ausnahmekonstellationen gerechtfertigt war. **114**

(4) Das Zusammenspiel der §§ 264, 265, 266 StPO wirft erfahrungsgemäß Fragen zum **Klausuraufbau** auf, da es – jeweils in Abhängigkeit vom Ergebnis zu § 264 Abs. 1 StPO – entweder an einer (Nachtrags-)Anklage und damit an einer Verfahrensvoraussetzung fehlt oder aber möglicherweise der nach § 265 Abs. 1 StPO erforderliche Hinweis unterblieben ist und damit ein Verfahrensfehler vorliegt. Zwingend unter dem Gesichtspunkt der fehlenden (Nachtrags-)Anklage i.R. der Verfahrensvoraussetzungen ist die Problematik des § 264 StPO zu erörtern, wenn der Prüfling die Grenzen der angeklagten strafprozessualen Tat durch die Verurteilung überschritten sieht. Ist dies nicht der Fall und stattdessen die gerichtliche Hinweispflicht missachtet worden, dürfte es zur Vermeidung von Bezugnahmen innerhalb des Klausurgutachtens übersichtlicher sein, die Frage des § 264 Abs. 1 StPO erstmalig i.R. des Verfahrensfehlers nach § 265 Abs. 1 StPO anzusprechen. **115**

(5) Erwähnenswert ist in diesem Zusammenhang im Übrigen auch die umgekehrte Konstellation, in der das Tatgericht die Tat entgegen der ebenfalls aus § 264 StPO resultierenden **Kognitionspflicht** nicht unter allen tatsächlichen und rechtlichen Ge- **116**

41 Rn. 107.

sichtspunkten erschöpfend abgeurteilt hat. Allerdings kann dies von der Staatsanwaltschaft – der Angeklagte selbst ist insoweit nicht beschwert – schon mit der Sachrüge beanstandet werden (vgl. *M-G/S* § 264 Rn. 12).

117 In einer hierzu gebildeten Klausur war der entsprechende Rechtsfehler so dargestellt, dass das Amtsgericht eine Verkehrsunfallflucht, die mit der gleichfalls angeklagten Trunkenheitsfahrt eine Tat im prozessualen Sinne darstellte, durch Beschluss abtrennte – der Verteidiger hatte einen auf diesen Anklagevorwurf bezogenen Beweisantrag gestellt – und sodann zu einer Verurteilung (nur) aus § 316 StGB gelangte.

118 d) Über die vorbezeichneten Fälle hinaus kann sich das Fehlen einer Verfahrensvoraussetzung hier auch daraus ergeben, dass der **Eröffnungsbeschluss** unter **eigenen schweren formellen Mängeln** leidet (vgl. *M-G/S* § 207 Rn. 11). In Klausuren sind Probleme an dieser Stelle grundsätzlich nicht zu erwarten. Üblicherweise findet sich – sollte der Eröffnungsbeschluss nicht ausnahmsweise selbst in ordnungsgemäßer Form im Aufgabentext enthalten sein – im Hauptverhandlungsprotokoll der einfache Hinweis, dass die Anklage durch Beschluss des Tatgerichts zur Hauptverhandlung zugelassen wurde. Für das Klausurgutachten ist dann ohne weiteres von der Wirksamkeit des Eröffnungsbeschlusses auszugehen.

119 Da das Gesetz die Unterzeichnung von Beschlüssen – anders als nach § 275 Abs. 2 S. 1 StPO bei Urteilen[42] – nicht vorschreibt, ist die handschriftliche Unterzeichnung des Eröffnungsbeschlusses für seine Wirksamkeit nicht unbedingt erforderlich. Bei ihrem Fehlen muss allerdings feststehen, dass es sich nicht um einen bloßen Entwurf handelt, sondern das Schriftstück mit Wissen und Wollen des Verfassers in den Geschäftsverkehr gelangt ist (vgl. *M-G/S* Einl. Rn. 128; § 207 Rn. 11). Dies kann sich zum Beispiel daraus ergeben, dass der Richter parallel zum nicht unterzeichneten Eröffnungsbeschluss eine Verfügung unterschreibt, in der er die Zustellung des ausgefertigten Eröffnungsbeschlusses anordnet. Entsprechendes gilt im Übrigen für die nicht unterschriebene Anklageschrift, bei der die Unterschrift unter einer auf sie Bezug nehmenden Abschlussverfügung oder – wie in einem Klausurfall – ihre nachträgliche Unterzeichnung in der Hauptverhandlung belegen, dass sie mit Wissen und Willen des Verfassers zu den Akten gebracht worden ist (vgl. *M-G/S* § 200 Rn. 27).

119a In einem anderen Klausurfall fehlte dem (ausnahmsweise mit abgedruckten) Eröffnungsbeschluss die Unterschrift (nur) einer der beteiligten Richter. Auch in einer solchen Situation muss erkennbar sein, dass die Entscheidung gleichwohl in der gesetzlich vorgeschriebenen Besetzung getroffen worden ist (vgl. *M-G/S* vor § 33 Rn. 6). Dies war mit Blick auf eine im Aufgabentext dargestellte dienstliche Äußerung der Fall, nach der alle drei Berufsrichter die Eröffnung des Hauptverfahrens mündlich beraten und sodann beschlossen hatten.

120 Ausnahmsweise ist es in Klausurfällen auch schon vorgekommen, dass das Gericht den bislang fehlenden Eröffnungsbeschluss ausweislich des Sitzungsprotokolls erst zu Beginn der Hauptverhandlung **nachholte**. Ein solches Vorgehen wird in der neueren Rechtsprechung als zulässig angesehen (vgl. *M-G/S* § 203 Rn. 4). Denn zum einen spielt der Zeitpunkt des Eröffnungsbeschlusses für die Festlegung des Verfahrensgegenstandes keine Rolle, zum anderen stehen schutzwürdige Belange des Angeklagten einer solchen Verfahrensweise nicht entgegen, da dieser über die gegen ihn gerichteten Vorwürfe seit der Zustellung der Anklage (§ 201 Abs. 1 StPO) informiert ist und bei einer erst in der Hauptverhandlung beschlossenen Eröffnung – worauf er nach den Grundsätzen des fairen Verfahrens hinzuweisen ist – gemäß § 217 Abs. 2 StPO deren Aussetzung verlangen kann.[43] Verzichtet der Angeklagte nach ent-

---

42 Vgl. dazu unten Rn. 238a.
43 Vgl. *BGHSt* 29, 224, 230.

sprechendem Hinweis gemäß § 217 Abs. 3 StPO auf die Einhaltung der Ladungsfrist – was im Übrigen auch stillschweigend möglich ist (vgl. *M-G/S* § 217 Rn. 10) –, kann die Hauptverhandlung sofort weitergeführt werden.

Da allerdings eine große Strafkammer über die Eröffnung des Hauptverfahrens auch dann mit drei Berufsrichtern zu entscheiden hat, wenn die Hauptverhandlung später in einer gemäß § 76 Abs. 2 GVG auf zwei Berufsrichter und zwei Schöffen reduzierten Besetzung stattfindet (vgl. *M-G/S* § 76 GVG Rn. 8), kann ein Beschluss nach § 203 StPO – was schon häufiger in Examensklausuren thematisiert wurde – in dieser Besetzung nicht wirksam gefasst werden. Die Beteiligung der Schöffen ist nach §§ 30 Abs. 2, 76 Abs. 1 S. 2 GVG ausgeschlossen, da das bloße zeitliche Zusammentreffen der die Eröffnung nachholenden Entscheidung mit der Hauptverhandlung nichts daran ändert, dass diese nicht „während" (§ 30 Abs. 1 GVG), sondern „außerhalb der Hauptverhandlung" (§§ 30 Abs. 2, 76 Abs. 1 S. 2 GBG) zu treffen ist. **120a**

In einem *BGH* 2 StR 45/14 nachgebildeten – sehr anspruchsvollen – Klausurfall hatte die Strafkammer Eröffnung und (reduzierte) Besetzung nach § 76 Abs. 2 S. 4 GVG regulär außerhalb der Hauptverhandlung beschlossen. In der Hauptverhandlung wurde das Hauptverfahren dann hinsichtlich einer zwischenzeitlich eingegangenen weiteren Anklage in der Besetzung mit zwei Berufsrichtern und zwei Schöffen eröffnet sowie die Verbindung beider Verfahren und die Besetzung nach § 76 Abs. 2 S. 4 GVG beschlossen. Hier war nicht nur die Eröffnungs- (s.o.), sondern obendrein auch die Besetzungsentscheidung unwirksam. Denn letztere ist „bei der Eröffnung des Hauptverfahrens" (§ 76 Abs. 2 S. 1 GVG) – und damit ebenso in der Besetzung nach § 76 Abs. 1 GVG mit drei Berufsrichtern – zu treffen. Mangels wirksamer Reduzierung nach § 76 Abs. 2 S. 4 GVG hätte die Strafkammer also in der Besetzung mit drei Berufsrichtern und zwei Schöffen nach § 76 Abs. 1 S. 1 GVG verhandeln müssen, sodass auch der absolute Revisionsgrund des § 338 Nr. 1 StPO[44] vorlag. Die ursprünglich hinsichtlich des ersten Verfahrens ordnungsgemäß beschlossene Besetzungsentscheidung nach § 76 Abs. 2 S. 4 GVG war überholt, da die Verfahrensverbindung den Umfang und die Schwierigkeit der Sache i.S. des § 76 Abs. 2 S. 3 Nr. 3 GVG verändert hatten. **120b**

5. Strafklageverbrauch und anderweitige Rechtshängigkeit

a) Auch das Verbot des Art. 103 Abs. 3 GG, nach dem niemand wegen derselben Tat mehrmals bestraft werden darf („ne bis in idem"), begründet ein Verfahrenshindernis. Der Einleitung oder Fortführung des Verfahrens kann daher entgegenstehen, dass die **Strafklage** in einem anderen Verfahren durch formell rechtskräftiges Urteil, rechtskräftigen Strafbefehl (§ 410 Abs. 3 StPO) oder – in bestimmtem Umfang – durch unanfechtbare Beschlüsse nach §§ 153 Abs. 2, 153a Abs. 2, 153b und § 206a StPO bzw. staatsanwaltliche Einstellung nach § 153a Abs. 1 S. 5 StPO bereits **verbraucht** worden ist (vgl. *M-G/S* Einl. Rn. 145). **121**

b) Weil schon die doppelte Anhängigkeit derselben Sache bei verschiedenen Gerichten zu der durch Art. 103 Abs. 3 GG verbotenen Doppelbestrafung führen kann, ist auch die **anderweitige Rechtshängigkeit** bereits ein von Amts wegen zu beachtendes Verfahrenshindernis (vgl. *M-G/S* Einl. Rn. 145). Rechtshängigkeit tritt mit Erlass des Eröffnungsbeschlusses nach § 207 StPO oder mit dem Verfahrensereignis ein, das der Eröffnung bei den besonderen Verfahrensarten entspricht – so im Strafbefehlsverfahren etwa dem Erlass des Strafbefehls nach § 408 Abs. 3 S. 1 StPO (vgl. *M-G/S* § 156 Rn. 1; vor § 407 Rn. 3). **122**

44 Vgl. dazu im Einzelnen unten Rn. 148 ff.

123 In einem einschlägigen Klausurfall trat der Amtsrichter, nachdem der Angeklagte nach Abschluss der Urteilsverkündung sofort mündlich Revision einlegt und ergänzende Erklärungen zur Sache abgegeben hatte, „nochmals in die Hauptverhandlung ein“ und ging dabei rechtsirrig davon aus, das bereits unabänderbar existierende Urteil auf diesem Wege durch ein anschließend verkündetes zweites Urteil ersetzen zu können.[45] Zwar war das zuerst verkündete Urteil nicht rechtskräftig und das Verfahrenshindernis des Strafklageverbrauchs damit noch nicht eingetreten. Aus dem oben genannten Grund stand der weiteren Hauptverhandlung mit anschließender (zweiter) Verurteilung aber insgesamt das Verfahrenshindernis der anderweitigen Rechtshängigkeit entgegen.

124 c) Zum **Umfang** der sich so möglicherweise ergebenden Sperrwirkung kann – da der Tatbegriff des Art. 103 Abs. 3 GG dem des § 264 Abs. 1 StPO grundsätzlich entspricht (vgl. *M-G/S* § 264 Rn. 1) – auf die vorstehenden Ausführungen zu § 264 StPO[46] verwiesen werden.

125 In einem dazu gebildeten Klausurfall war der Angeklagte wegen Verkaufs eines Tütchens Marihuana rechtskräftig zu einer Geldstrafe verurteilt worden. Dass er den Käufer eine halbe Stunde nach diesem Geschäft durch Einsatz eines Messers zur Kaufpreiszahlung veranlasste, führte zur Verurteilung wegen schwerer räuberischer Erpressung im nunmehr mit der Revision angefochtenen zweiten Urteil. Als „Vollstreckung” der aus dem (nichtigen) Rechtsgeschäft stammenden Forderung war die Erpressungshandlung allerdings so eng mit dem Verkauf verknüpft, dass die getrennte Aburteilung in verschiedenen Verfahren einen einheitlichen Lebensvorgang unnatürlich aufspaltete (vgl. *M-G/S* § 264 Rn. 3). Wegen Betroffenseins „derselben Tat” stand der Aburteilung des nachfolgenden Geschehens damit ein aus Art. 103 Abs. 3 GG resultierendes Verfahrenshindernis entgegen.

125a d) Neuerdings sind in diesem Zusammenhang im Examen auch entlegenere Vorschriften vorgekommen. Zu nennen ist zum einen der einfach zu handhabende § 84 Abs. 2 S. 1 OWiG, nach dem das rechtskräftige Urteil über die Tat als Ordnungswidrigkeit auch ihrer Verfolgung als Straftat entgegensteht; die Ahndung der betreffenden Tat als Ordnungswidrigkeit lediglich durch behördlichen Bußgeldbescheid – so der einschlägige Klausurfall, in dem es um einen neben dem Parkverstoß verwirklichten Missbrauch von Ausweispapieren nach § 281 StGB ging – verbraucht die Strafklage also nicht. Zu anderen ist es jüngst um Art. 54 des Schengener Durchführungsübereinkommens (SDÜ) gegangen. Danach darf, wer durch eine Vertragspartei rechtskräftig abgeurteilt worden ist, durch eine andere Vertragspartei wegen derselben Tat nicht verfolgt werden.

125b In einem *EuGH* NJW 2016, 2939 nachgebildeten, anspruchsvollen Klausurfall war das gegen den Beschuldigten wegen derselben Tat in Polen geführte Ermittlungsverfahren – der in Rede stehende Autodiebstahl war von einem Deutschen auf polnischem Staatsgebiet begangen worden (vgl. § 7 Abs. 2 Nr. 1 StGB) – von der dortigen Staatsanwaltschaft mangels hinreichenden Tatverdachts endgültig und bindend eingestellt worden. Auf derartige Entscheidungen einer in der betreffenden nationalen Rechtsordnung zuständigen Behörde ist Art. 54 SDÜ zwar grundsätzlich anwendbar, auch wenn diese ohne Mitwirkung eines Gerichts und nicht in Form eines Urteils ergehen. Allerdings ist Art. 54 SDÜ im Lichte des (seinerzeit im Aufgabentext abgedruckten) Art. 3 Abs. 2 des EU-Vertrages auszulegen, nach dem die Union nicht nur den freien Personenverkehr, sondern auch die Verhütung und Bekämpfung

---

45 Es handelte sich um den bereits oben unter Rn. 8 geschilderten Klausurfall.
46 Rn. 110.

der Kriminalität gewährleisten will. Diesem Zweck liefe es zuwider, eine Verfahrenseinstellung, der keine eingehenderen Ermittlungen und damit keine sachliche Prüfung zu Grunde liegen, als Entscheidung i.S. des Art. 54 SDÜ anzusehen, die der Strafverfolgung in dem anderen Vertragsstaat entgegensteht (vgl. auch *M-G/S* Einl. Rn. 177a). Da die polnische Staatsanwaltschaft im Klausurfall mit Blick auf das Schweigen des Beschuldigten und die ungenauen schriftlichen Angaben des Geschädigten von vornherein von weiteren Ermittlungen abgesehen hatte, war hier also ein Verfahrenshindernis aus Art. 54 SDÜ zu verneinen.

6. Strafverfolgungsverjährung

a) Die Strafverfolgungsverjährung des § 78 Abs. 1 S. 1 StGB, die die Ahndung der Straftat sowie die Anordnung von Maßnahmen nach § 11 Abs. 1 Nr. 8 StGB ausschließt, hat in Revisionsexamensklausuren bislang kaum eine Bedeutung gehabt. Dies überrascht, weil sie durch entsprechende Wahl des Tatdatums äußerst einfach zu konstruieren und aus Prüfersicht auch dadurch interessant ist, dass dieses Verfahrenshindernis nicht durch irgendein die Aufmerksamkeit auf sich ziehendes Prozessgeschehen eintritt. Die Strafverfolgungsverjährung sollte daher in jeder Klausur im Auge behalten werden. Anlass zu ihrer konkreten Prüfung besteht im Klausurfall immer dann, wenn der zu beurteilende Sachverhalt **länger als drei Jahre zurückliegt** – der nach § 78 Abs. 3 Nr. 5 StGB kürzesten aller Verjährungsfristen, von der wegen ihrer geringen Strafobergrenze (Freiheitsstrafe bis zu einem Jahr) immerhin so prüfungsrelevante Strafgesetze wie die der §§ 123, 136, 185 Hs. 1, 241, 265a, 316, 323c StGB und 21 StVG betroffen sind. Auch im Fall der Tateinheit laufen die sich aus § 78 Abs. 3 StGB ergebenden Verjährungsfristen im Übrigen für jedes Delikt gesondert (vgl. *Fischer* § 78a Rn. 5). 126

b) Sollte sich in der Klausur tatsächlich einmal das Überschreiten der maßgeblichen Verjährungsfrist ergeben, wird die Möglichkeit eines **Ruhens** oder einer **Unterbrechung** der Verjährung nach §§ 78b und 78c StGB zu prüfen sein. Zu achten ist auch auf **§ 78b Abs. 3 StGB**: Wird im Klausurfall das Berufungsurteil einer kleinen Strafkammer angefochten, so muss bei der Prüfung der Verjährungsfrist wegen der sich aus dieser Vorschrift möglicherweise ergebenden Ablaufhemmung auf das Datum der erstinstanzlichen Entscheidung geachtet werden. 127

Hat die kleine Strafkammer den Angeklagten im Klausurfall also durch Entscheidung vom 1. April 2015 wegen einer am 1. April 2011 begangenen Beleidigung verurteilt, nachdem das Amtsgericht ihn durch Urteil vom 31. März 2014 zunächst freigesprochen hatte, so war die Verjährung nach § 78b Abs. 3 StGB bis zum rechtskräftigen Abschluss des Verfahrens gehemmt, da die dreijährige Verjährungsfrist des § 78 Abs. 3 Nr. 5 StGB zum Zeitpunkt der erstinstanzlichen Entscheidung noch nicht (ganz) abgelaufen war. Der landgerichtlichen Entscheidung stand ein Verfahrenshindernis damit nicht entgegen. 128

7. Verschlechterungsverbot

a) Der Verstoß gegen das Verschlechterungsverbot des § 331 Abs. 1 StPO kann in der Revisionsklausur überhaupt nur dann Bedeutung gewinnen, wenn darin ein **zweitinstanzliches Urteil angefochten** sein sollte. Nach § 331 Abs. 1 StPO darf das Berufungsgericht die erstinstanzliche Entscheidung des Amtsgerichts dann nicht in Art und Höhe der Rechtsfolgen zum Nachteil des Angeklagten ändern, wenn (insbeson- 129 dere) nur dieser selbst Berufung eingelegt hatte. Das Verschlechterungsverbot begründet eine einseitige, nur zu Gunsten des Angeklagten wirksame **Rechtskraft**, die als Verfahrenshindernis von Amts wegen zu berücksichtigen ist (vgl. *M-G/S* § 358 Rn. 13). Stets sollte daher der Tenor des Berufungsurteils mit demjenigen der erstinstanzlichen Entscheidung abgeglichen werden – in einem jüngeren Klausurfall wäre dann die ansonsten recht unauffällige, nachträgliche Anordnung der Einziehung des Tatwerkzeugs (vgl. *M-G/S* § 331 Rn. 21) ohne weiteres entdeckt worden.

130 b) Zur **Examenswahrscheinlichkeit** dieser Problematik gelten die vorangegangenen Hinweise zur Strafverfolgungsverjährung entsprechend. Schwierige Detailfragen, wie sie sich in der Praxis bei zweitinstanzlicher Abänderung von Strafart oder -höhe ergeben können, sind in der Prüfung allerdings nicht zu erwarten. Besonders hingewiesen sei jedoch darauf, dass zwar eine erstinstanzlich verhängte Geldstrafe vom Berufungsgericht nicht durch eine Freiheitsstrafe ersetzt werden darf, an die Stelle einer Freiheitsstrafe aber eine Geldstrafe in beliebiger Höhe treten kann (vgl. *M-G/S* § 331 Rn. 13).

131 Hat die kleine Strafkammer – was auch in der tatrichterlichen Praxis nicht selten der Fall ist – die Voraussetzungen des § 47 Abs. 1 StGB im Klausurfall anders als das Amtsgericht beurteilt, so wäre allerdings gegen § 331 Abs. 1 StPO verstoßen, wenn das Landgericht etwa anstelle der erstinstanzlich verhängten dreimonatigen Freiheitsstrafe auf eine Geldstrafe von mehr als 90 Tagessätzen (vgl. § 47 Abs. 2 S. 2 Hs. 2 StGB) erkannt hätte. Beim Austausch mit einer Freiheitsstrafe darf nämlich die Zahl der Tagessätze der Geldstrafe die frühere Freiheitsstrafe nicht übersteigen (vgl. *M-G/S* § 331 Rn. 13).

III. Verfahrensrechtliche Gesetzesverletzungen

1. Allgemeines

132 a) Dem **Verfahrensrecht** gehören alle Vorschriften an, die den Weg bestimmen, auf dem das Gericht zur Urteilsfindung berufen und gelangt ist (vgl. *M-G/S* § 337 Rn. 8). Auch wenn der Standort der Norm für diese Einordnung keine Rolle spielt, geht es in Examensklausuren fast ausschließlich um Vorschriften der StPO und – seltener – des GVG. **Verletzt** ist das Verfahrensrecht, wenn eine gesetzlich vorgeschriebene Handlung unterblieben ist, wenn sie fehlerhaft vorgenommen worden ist oder wenn eine vom Tatgericht vorgenommene Handlung unzulässig war (vgl. *M-G/S* § 337 Rn. 9).

133 b) Damit der Revisionsführer einen solchen Verfahrensfehler rügen kann, muss er durch ihn **beschwert** sein – der Verfahrensfehler muss den Revisionsführer also in seinen Rechten oder schutzwürdigen Interessen unmittelbar beeinträchtigen (vgl. *M-G/S* vor § 296 Rn. 9). Dies ist zu verneinen, wenn sich der Verfahrensverstoß – wie beim Angeklagten etwa im Fall einer verfahrensfehlerhaften Einstellung oder Beschränkung nach §§ 154 Abs. 2, 154a Abs. 2 StPO – nur zu seinem Vorteil auswirkt oder aber der Verfahrensmangel lediglich andere Verfahrensbeteiligte betrifft – wenn also etwa im Fall der notwendigen Verteidigung nach § 140 StPO aus Sicht des revisionsführenden Angeklagten in der Hauptverhandlung nur der Verteidiger eines Mitangeklagten fehlt (vgl. *M-G/S* § 338 Rn. 4).

Allerdings ist in diesem Zusammenhang zu beachten, dass auch eine **mittelbare Beschwer** zur Geltendmachung des betreffenden Verfahrensverstoßes berechtigt (vgl. *M-G/S* § 337 Rn. 18). Unmittelbar werden in entsprechenden Klausuraufgaben die rechtlichen Interessen eines Mitangeklagten betroffen sein. Dies kann beispielsweise in der Weise der Fall sein, dass dessen – auch den Revisionsführer belastendes – Geständnis im Hinblick auf ein bestimmtes Beweisverwertungsverbot nicht hätte verwertet werden dürfen, dass dessen Angehörige, deren Aussagen auch den Revisionsführer belasten, nicht nach § 52 Abs. 3 S. 1 StPO belehrt wurden oder dass dessen Beweisantrag, der auch die gleichartigen Interessen des Revisionsführers betrifft, rechtsfehlerhaft behandelt wurde.[47] **134**

c) Verstöße gegen das Verfahrensrecht können in der Revision überdies nur Bedeutung gewinnen, wenn sie **bewiesen** sind, d.h. zur vollen Überzeugung des Revisionsgerichts feststehen. Zweifel an dem Verfahrensverstoß wirken also nicht zu Gunsten des Revisionsführers (vgl. *M-G/S* § 337 Rn. 12). In Klausuraufgaben wird die Geltendmachung eines Verfahrensfehlers allerdings nicht an dessen fehlender Beweisbarkeit scheitern – erwartet werden hier regelmäßig jedoch Angaben zur genauen Art des Nachweises. Dieser kann entweder durch das Sitzungsprotokoll oder freibeweislich erfolgen. Welche der beiden Beweisgrundlagen in Betracht kommt, hängt vom Charakter des konkreten Verfahrensfehlers ab. **135**

aa) (1) Die Nichtbeachtung einer wesentlichen Förmlichkeit i.S. des § 273 Abs. 1 StPO kann nach § 274 S. 1 StPO ausschließlich durch das **Sitzungsprotokoll** bewiesen werden, dem insoweit **absolute positive und negative Beweiskraft** zukommt. Die im Protokoll beurkundeten wesentlichen Förmlichkeiten der Hauptverhandlung gelten also als geschehen, selbst wenn sie sich nicht ereignet haben – umgekehrt gelten die im Protokoll nicht beurkundeten wesentlichen Förmlichkeiten als nicht geschehen, selbst wenn sie tatsächlich stattgefunden haben sollten (vgl. *M-G/S* § 274 Rn. 13 f.). Ob sich der in Betracht kommende Verfahrensmangel auf eine wesentliche Förmlichkeit i.S. des § 273 Abs. 1 StPO bezieht, kann im Bedarfsfall der umfassenden Aufzählung bei *Meyer-Goßner/Schmitt* § 273 Rn. 7 f. entnommen werden. Ist dies – wie beim Gros der klausurrelevanten Verfahrensfehler – der Fall, empfiehlt es sich, ausdrücklich auf die gesetzliche Beweisregel des § 274 S. 1 StPO hinzuweisen. **136**

(2) Die Beweiskraft des Protokolls **entfällt** allerdings, wenn dieses an bestimmten inhaltlichen Mängeln wie offensichtlichen Lücken, Unklarheiten oder Widersprüchen leidet (vgl. *M-G/S* § 274 Rn. 17). Seine Beweiskraft kann das Protokoll ferner verlieren, wenn eine Urkundsperson oder beide seinen Inhalt nachträglich für unrichtig erklären oder jedenfalls durch eine nachträgliche Erklärung von ihm abrücken (vgl. *M-G/S* § 274 Rn. 16). **137**

In einem Klausurfall, in dem das Protokoll zum letzten Wort des Angeklagten schwieg, war sich der Vorsitzende – die Protokollführerin hatte insoweit keine Erinnerung mehr – ausweislich eines im Aufgabentext enthaltenen Vermerkes sicher, dieses gewährt zu haben. Da die entsprechende Verfahrensrüge zum Begutachtungszeitpunkt noch nicht erhoben war, beseitigte schon diese einseitige Erklärung einer der Urkundspersonen die (negative) Beweis- **138**

47 Zu einem entsprechenden Klausurfall vgl. unten Rn. 352.

kraft des Protokolls (vgl. *M-G/S* § 274 Rn. 16). Ein Verstoß gegen § 258 Abs. 2 Hs. 2 StPO war also zu verneinen. Da sich überdies auch der Angeklagte und sein Verteidiger an die Gewährung des letzten Wortes sicher erinnerten, hätte der Erhebung der Verfahrensrüge ohnehin das **allgemeine Missbrauchsverbot** entgegengestanden (vgl. *M-G/S* Einl. Rn. 111; § 274 Rn. 21). Ein missbräuchliches Verhalten wird auch nicht dadurch ausgeschlossen, dass die Erhebung einer bewusst wahrheitswidrigen Verfahrensrüge auf die absolute Beweiskraft des – als fehlerhaft erkannten – Protokolls gestützt werden kann, da die Behauptung eines Verfahrensfehlers von seinem Beweis streng zu trennen ist.[48]

139 (3) Im Einzelfall kann der Inhalt der fertig gestellten Sitzungsniederschrift – wenn beide Urkundspersonen von deren Unrichtigkeit überzeugt waren – durch eine **Protokollberichtigung** verändert worden sein. Klausurrelevant wird diese Thematik in der Regel nur in der Weise, dass durch die Berichtigung einer bereits zulässig erhobenen Verfahrensrüge die Tatsachengrundlage entzogen wird. Nach bisheriger, ganz einhelliger Rechtsprechung war eine Protokollberichtigung in dieser Situation für das Revisionsgericht unbeachtlich **(„Verbot der Rügeverkümmerung“)**. Der Große Senat des *BGH* hat diese Rechtsprechung nunmehr – nicht zuletzt im Hinblick auf die „veränderte Einstellung der Strafverteidiger zu der Praxis, auf unwahres Vorbringen Verfahrensrügen zu stützen“[49] – aufgegeben. Nach dieser Entscheidung haben die Urkundspersonen allerdings vor der beabsichtigten Protokollberichtigung zunächst den Beschwerdeführer anzuhören und – falls dieser substantiiert widerspricht – erforderlichenfalls weitere Verfahrensbeteiligte zu befragen (vgl. *M-G/S* § 271 Rn. 26 f.).

140 In einem hierzu gebildeten Klausurfall war dieses Berichtigungsverfahren ganz offensichtlich nicht eingehalten. Richter und Protokollführer hatten das Protokoll dahin berichtigt, dass dem Angeklagten das letzte Wort in Wirklichkeit erteilt worden sei. Da dies aber unmittelbar nach Eingang der Rüge der Verletzung des § 258 Abs. 2 Hs. 2 StPO[50] – und damit ohne Anhörung des Beschwerdeführers – geschah, war dem Revisionsverfahren das Protokoll in seiner ursprünglichen Fassung mit der daraus resultierenden negativen Beweiskraft (vgl. *M-G/S* § 258 Rn. 31) zu Grunde zu legen.

140a In einem weiteren zu diesem Thema gestellten Klausurfall hatte der Strafrichter den Verteidiger zwar in einem Telefonat darüber informiert, das Protokoll im Hinblick auf die vergessene Feststellung über seine Kenntnisnahme vom Wortlaut der im Selbstleseverfahren eingeführten Urkunde (§ 249 Abs. 2 S. 3 StPO) berichtigen zu wollen. Eine Protokollberichtigung mit der Folge einer „Rügeverkümmerung“ war hier aber nicht möglich, weil der zu protokollierende Verfahrensvorgang der *Feststellung* über die Kenntnisnahme in der Hauptverhandlung tatsächlich nicht stattgefunden hatte – das Protokoll also inhaltlich richtig war (vgl. *M-G/S* § 271 Rn. 26b). Eine gleichwohl erfolgte „Berichtigung“ der Sitzungsniederschrift hätte der Geltendmachung der Verletzung des § 249 Abs. 2 S. 3 StPO (vgl. *M-G/S* § 249 Rn. 31) somit nicht entgegengestanden.

141 bb) Von § 273 Abs. 1 StPO nicht betroffene Verfahrensvorgänge werden im **Freibeweis** geklärt. Auch wenn in diesem Rahmen alle Mittel zugelassen sind, die – wie etwa dienstliche Äußerungen – zu einer Überzeugungsbildung beitragen können, wird es

---

48 Vgl. *BGH* 3 StR 284/05.
49 NJW 2007, 2419, 2422.
50 Dass diese Rüge „unter Beachtung der Vorgaben des § 344 Abs. 2 S. 2 StPO“ erhoben worden war, konnte nach einem Hinweis des Prüfungsamtes unterstellt werden; vgl. dazu oben Rn. 4 ff.

in der Klausur mangels anderer Erkenntnismöglichkeiten auch hier regelmäßig auf das Sitzungsprotokoll ankommen, das auch außerhalb des Bereiches des § 273 Abs. 1 StPO als Beweismittel verwertbar ist (vgl. *M-G/S* § 274 Rn. 8). In Einzelfällen können sich Verfahrensfehler allerdings auch aus den schriftlichen Urteilsgründen ergeben, wie möglicherweise etwa im Fall des Tat- oder Teilnahmeverdachts gegen einen – dann entgegen § 60 Nr. 2 StPO – vereidigten Zeugen oder im Fall eines übergangenen Hilfsbeweisantrags. In nicht wenigen Fällen enthalten Klausuraufgaben schließlich außerhalb von Hauptverhandlungsprotokoll oder Urteilsgründen das Verfahren betreffende Informationen, die – wenn sie sich nicht auf wesentliche Förmlichkeiten des § 273 Abs. 1 StPO beziehen – zur Begründung entsprechender Verfahrensfehler herangezogen werden können.

Denkbar wäre in diesem Zusammenhang beispielsweise, dass die Verteidigerin des Angeklagten in einem der Klausuraufgabe beigefügten Vermerk niederlegt, ein von ihr gestellter Beweisantrag sei durch einen Beschluss abgelehnt worden, den der Vorsitzende des Schöffengerichts nicht mit den Schöffen beraten habe. Da die Beratung des Gerichts nicht zu den wesentlichen Förmlichkeiten des § 273 Abs. 1 StPO gehört (vgl. *M-G/S* § 273 Rn. 8), wäre der – sich nicht aus dem Protokoll ergebende – Verstoß gegen § 30 Abs. 1 GVG dem Freibeweis zugänglich. Der Prüfling könnte daher in seiner Klausurlösung darauf hinweisen, dass der Nachweis der unterbliebenen Beratung im Revisionsverfahren etwa durch Einholung dienstlicher Erklärungen des Vorsitzenden oder des Sitzungsstaatsanwalts geführt werden könnte. **142**

d) Ein Verfahrensfehler kann im Revisionsverfahren grundsätzlich nur geltend gemacht werden, wenn der Revisionsführer vom **Zwischenrechtsbehelf** des § 238 Abs. 2 StPO Gebrauch gemacht hat. Nach dieser Vorschrift entscheidet das Gericht, wenn eine Sachleitungsanordnung des Vorsitzenden von dem dadurch betroffenen Prozessbeteiligten als unzulässig beanstandet worden ist. Zweck des § 238 Abs. 2 StPO ist es, die Gesamtverantwortung des Spruchkörpers für die Rechtsförmigkeit der Verhandlung zu aktivieren und diesem die Möglichkeit zu eröffnen, Fehler des Vorsitzenden zu korrigieren und Revisionen zu vermeiden. Dieser Zweck würde verfehlt, wenn es im Belieben eines Verfahrensbeteiligten stünde, eine als unzulässig erachtete Maßnahme des Vorsitzenden entweder nach § 238 Abs. 2 StPO zu beseitigen oder aber später in der Revision zu rügen. Ohne Beanstandung i.R. des Zwischenrechtsbehelfs ist die betreffende Verfahrensrüge daher grundsätzlich **verwirkt**. **143**

Vor diesem Hintergrund begründet die Fehlerhaftigkeit eines nach § 238 Abs. 2 StPO ergangenen Beschlusses die Revision für sich allein ebenso wenig wie sein – jüngst im Examen vorgekommenes – Unterbleiben. Auch im letzteren Fall wäre also vorrangig die Anordnung des Vorsitzenden zu prüfen (vgl. *M-G/S* § 238 Rn. 23); die unterbliebene Entscheidung nach § 238 Abs. 2 StPO würde dann – da der Revisionsführer seine Mitwirkungspflicht durch die Beanstandung erfüllt hätte – im Gutachten lediglich dazu führen, eine Verwirkung der Rüge verneinen. **143a**

Die Rügemöglichkeit wird in Klausurfällen allerdings eher selten an § 238 Abs. 2 StPO scheitern, obwohl grundsätzlich keine Maßnahmen des Vorsitzenden von der Beanstandung nach § 238 Abs. 2 StPO ausgeschlossen sind und sogar Anordnungen des Strafrichters, der ja von vornherein alleine zur Entscheidung berufen ist, zur Vermeidung des Rügeverlusts beanstandet werden müssen (vgl. *M-G/S* § 238 Rn. 13, 18). Der Anwendungsbereich der Vorschrift ist nämlich in den zahlreichen Situationen **144** nicht berührt, in denen entweder das Gericht von vornherein durch Beschluss entschieden hat, der Angeklagte ohne Verteidiger aufgetreten ist, der Rechtsfehler im – möglicherweise nur irrtümlich erfolgten – Unterlassen einer prozessual gebotenen Maßnahme gelegen oder der Vorsitzende sich über Verfahrensvorschriften hinweggesetzt hat, die keinerlei Entscheidungsspielraum zulassen (vgl. *M-G/S* § 238 Rn. 22).

145 Entscheidungsspielraum liegt vor, wenn der Anordnung des Vorsitzenden eine strafprozessuale Regelung zu Grunde liegt, die ihm für die Feststellung der tatbestandlichen Voraussetzungen einen Beurteilungsspielraum eröffnet oder auf der Rechtsfolgenseite Ermessen einräumt. Ersteres war mit Blick auf § 52 Abs. 1 Nr. 1 StPO in einer Klausuraufgabe der Fall, in der der Vorsitzende das von einer Zeugin behauptete Verlöbnis mit dem Angeklagten nach näherer Befragung „nicht anerkannt" und sie – vom Verteidiger unwidersprochen – zur Aussage in der Sache veranlasst hatte. Da das Verlöbnis ein allein vom Willen der Betroffenen abhängiges und an keine Form gebundenes Rechtsverhältnis ist, unterliegt seine Feststellung als Maßnahme der Verhandlungsleitung der wertenden Beurteilung des Vorsitzenden nach Maßgabe der Umstände des Einzelfalls. Zum Erhalt der auf § 52 Abs. 1 Nr. 1 StPO gestützten Verfahrensrüge hätte der verteidigte Angeklagte das Vorgehen des Vorsitzenden deshalb nach § 238 Abs. 2 StPO beanstanden müssen (vgl. *M-G/S* § 52 Rn. 4, 33).[51] Entsprechendes galt mit Blick auf das auf der Rechtsfolgenseite des § 177 S. 1 GVG bestehende Ermessen („*können aus dem Sitzungszimmer entfernt ... werden*") in dem Klausurfall, in dem der Vorsitzende einen zeitungslesenden Zuschauer des Sitzungssaales verwies.[52]

2. Absolute Revisionsgründe

a) Allgemeines

146 Nach § 338 StPO ist das Urteil in bestimmten Fällen der Verletzung zwingender Grundnormen des Strafprozessrechts „stets als auf einer Verletzung des Gesetzes beruhend anzusehen". Lediglich ein **ursächlicher Zusammenhang** zwischen dem Verstoß gegen die in § 338 StPO jeweils in Bezug genommene Verfahrensbestimmung und dem angefochtenen Urteil wird damit **vermutet**. § 338 StPO ist also **keine Verfahrensvorschrift**, gegen die das Tatgericht selbständig verstoßen könnte (vgl. *M-G/S* § 338 Rn. 1).

147 Diesem nicht immer sauber dargestellten Zusammenhang wird in der Klausurlösung am einfachsten dadurch Rechnung getragen, dass die Darstellung auch eines absoluten Revisionsgrundes immer mit der Prüfung der von § 338 StPO in Bezug genommen Verfahrensvorschrift beginnt und die gesetzliche Vermutung des § 338 StPO erst anschließend i.R. des nach § 337 Abs. 1 StPO grundsätzlich vorausgesetzten Beruhens angesprochen wird. Dass auch im Fall des § 338 StPO ausnahmsweise von der Urteilsaufhebung abgesehen werden kann, wenn das Beruhen **denkgesetzlich ausgeschlossen** ist (vgl. *M-G/S* § 338 Rn. 2), sollte, da die gesetzliche Beruhensvermutung – wie zum Beispiel in § 338 Nr. 7 StPO zeigt – in manchen Fällen ohnehin auf eine reine Fiktion hinausläuft, bei der Klausurlösung nicht zu voreiligen Schlüssen verleiten. Einen dem revisionsführenden Angeklagten nachteiligen Einfluss des Verfahrensfehlers auf das Urteil hat der *BGH* beispielsweise in dem Fall für denkgesetzlich

51 Ein weiterer Klausurfall zur Thematik ist unten unter Rn. 296a beschrieben.
52 Es handelte sich um den unten unter Rn. 233 geschilderten Klausurfall.

ausgeschlossen gehalten, in dem während der Abwesenheit des notwendigen Verteidigers (§ 338 Nr. 5 StPO) nur der Strafregisterauszug des Angeklagten verlesen wurde, den das Gericht aber lediglich strafmildernd i.R. der Strafzumessung berücksichtigt hatte.[53]

b) Vorschriftswidrige Besetzung (§ 338 Nr. 1 StPO)

aa) Der absolute Revisionsgrund des § 338 Nr. 1 StPO liegt vor, wenn das erkennende Gericht nicht vorschriftsmäßig besetzt war. Die Vorschrift sichert das **Recht auf den gesetzlichen Richter** (vgl. *M-G/S* § 338 Rn. 6). Unter diesem ist diejenige Gerichtsbesetzung zu verstehen, in der das erkennende Gericht nach durch im Voraus generell festgelegter Regelung – ausdrückliche gesetzliche Bestimmungen im GVG und DRiG i.V. mit dem jeweiligen Geschäftsverteilungsplan – in der Sache zu verhandeln und zu entscheiden hat.[54] Besetzungsmängel können sich vor diesem Hintergrund aus einer Vielzahl von Gründen ergeben, die in der Klausur jedoch nur teilweise von Bedeutung sind. **148**

bb) Beim Einstieg in die Thematik muss zunächst auf die **Rügepräklusion** des § 338 Nr. 1 Hs. 2 StPO geachtet werden, die immer dann in Betracht kommt, wenn „nach § 222a die Mitteilung der Besetzung vorgeschrieben" ist. Bei erstinstanzlicher Hauptverhandlung vor dem Landgericht – das Oberlandesgericht spielt in der Klausur keine Rolle – kann die Revision auf eine vorschriftswidrige Besetzung also nur gestützt werden, wenn einer der Ausnahmegründe der lit. a) bis d) vorliegt. **149**

Schulmäßig durchdekliniert – und zu verneinen – waren diese in folgendem Klausurfall: Noch vor Vernehmung des ersten Angeklagten zur Person – und damit „zu Beginn der Hauptverhandlung" i. S. des § 222a Abs. 1 S. 1 StPO (vgl. *M-G/S* § 222a Rn. 5) – fand sich im Protokoll die ordnungsgemäße Mitteilung der Besetzung der Strafkammer; die „Vorschriften über die Mitteilung" (= § 222a Abs. 1 StPO) waren also nicht „verletzt" (lit. a). Erst im Verlaufe der Beweisaufnahme – also lange nach „der Vernehmung des ersten Angeklagten zur Sache in der Hauptverhandlung" (§ 222b Abs. 1 S. 1 StPO) und damit nicht „rechtzeitig" (lit. b) – war von dem Verteidiger ein Besetzungseinwand erhoben werden. Anträge auf Unterbrechung der Hauptverhandlung nach § 222a Abs. 2 StPO waren nach ausdrücklichem Protokollvermerk auf die Besetzungsmitteilung nicht gestellt worden, so dass auch der nächste Ausnahmegrund (lit. c) nicht in Betracht kam. Für den – auch in der Wirklichkeit kaum je vorkommenden – Fall der Entscheidung in unrichtiger Besetzung (lit. d) fehlte es schließlich an einem Beschluss, in dem die Unrichtigkeit der Besetzung festgestellt worden war. Sämtliche dieser Umstände waren als wesentliche Förmlichkeiten i.S. des § 273 Abs. 1 StPO i.R. der positiven bzw. negativen Beweiskraft des Hauptverhandlungsprotokolls nach § 274 S. 1 StPO bewiesen (vgl. *M-G/S* § 222a Rn. 4, 18 und § 222b Rn. 5). **150**

cc) Die Vorschriftswidrigkeit der Besetzung selbst lässt sich in Klausuren einteilen in die **Fallgruppen** (1) der fehlerhaften Mitwirkung einzelner Richter, (2) der gesetzwidrigen Heranziehung von Schöffen, (3) der Mängel der Besetzung aus persönlichen Gründen, (4) der Mängel der Geschäftsverteilung und (5) der Nichtbeachtung der vorgeschriebenen Richterzahl, wobei es im Einzelfall zu Überschneidungen kommen mag. **151**

---

53 Vgl. *BGHR* StPO § 338 Beruhen 1 (Gründe).
54 Vgl. KK-*Gericke* § 338 Rn. 18.

152 (1) In einem zur Fallgruppe der **fehlerhaften Mitwirkung einzelner Richter** gebildeten Klausurfall war der nach dem Geschäftsverteilungsplan eigentlich berufene – und durch seinen Vertreter ersetzte – Beisitzer nach Mitteilung des Vorsitzenden „zu einem Festakt zur Einführung des mit ihm befreundeten neuen Präsidenten der Industrie- und Handelskammer eingeladen". Eine für den Vertretungsfall vorausgesetzte Verhinderung des an sich zuständigen Richters liegt allerdings nur vor, wenn dieser aus tatsächlichen oder rechtlichen Gründen außerstande ist, die ihm nach dem Geschäftsverteilungsplan obliegende konkrete Aufgabe wahrzunehmen (vgl. *M-G/S* § 21f GVG Rn. 4). Ein hier allenfalls in Betracht kommender tatsächlicher Hinderungsgrund wiederum liegt insbesondere im Fall von Urlaub, Krankheit, Abordnung, Unerreichbarkeit, Arbeitsüberlastung oder bestimmten dienstlich übertragenen Obliegenheiten vor (vgl. *M-G/S* § 21f GVG Rn. 5). Eine nur gesellschaftliche Verpflichtung genügt demgegenüber nicht, um die – hier damit fehlerhaft angenommene – Verhinderung an der Erfüllung von Dienstgeschäften zu bewirken.

152a In einem *BGH* 3 StR 544/15 nachgebildeten Klausurfall wurde der – hier angesichts der tatbestandlich vorausgesetzten Verhandlung „von längerer Dauer" überraschende – Ergänzungsrichter (§ 192 Abs. 2 GVG) thematisiert. Der Vorsitzende des Schwurgerichts hatte zu Beginn des zweiten Verhandlungstages mitgeteilt, dass eine beisitzende Richterin an der weiteren Mitwirkung in der Hauptverhandlung gehindert sei, weil ihr wegen einer Schwangerschaftskomplikation aus medizinischen Gründen zunächst für die Dauer von zwei Wochen ein Beschäftigungsverbot ausgesprochen worden und zudem nicht absehbar sei, ob sie innerhalb der nächsten zwei Monate wieder dienstfähig sein werde. Er stellte deshalb den Verhinderungsfall und den Eintritt des – auch am ersten Verhandlungstag schon anwesenden (vgl. *M-G/S* § 226 Rn. 5) – Ergänzungsrichters fest. Da die Hauptverhandlung aber nur bis zu maximal drei Wochen hätte unterbrochen werden können (§ 229 Abs. 1 StPO), war eine willkürliche Verkennung des Rechtsbegriffs der Verhinderung (vgl. *M-G/S* § 192 GVG Rn. 7) mit Blick auf die unsichere Rückkehrprognose und den in Haftsachen geltenden Beschleunigungsgrundsatz zu verneinen.

153 (2) Große Bedeutung hat in Examensklausuren die Fallgruppe der **gesetzeswidrigen Heranziehung von Schöffen**. Häufiger ist es hier um die Entbindung des Schöffen wegen „eingetretener Hinderungsgründe" (§ 54 Abs. 1 S. 1 GVG; ggf. i.V. mit § 77 Abs. 1 GVG) gegangen – und zwar in Form der **Unzumutbarkeit** der Dienstleistung nach S. 2 der Vorschrift. Ein *BGH* 2 StR 76/14 nachgebildeter Klausurfall drehte sich dabei um **berufliche Umstände**, die die Unzumutbarkeit nur ausnahmsweise begründen. Der Kammervorsitzende hatte den Schöffen – einen selbständigen Gerüstbauer – von der Dienstleistung entbunden, nachdem dieser ihm telefonisch mitgeteilt hatte, seine Firma sei während der Sommerferien durch Urlaube verschiedener Arbeiter so ausgedünnt, dass er nicht entbehrlich und seine Vertretung nicht möglich sei. Allein anhand dieser pauschalen Angaben war der Vorsitzende jedoch nicht in die Lage versetzt, in der gebotenen Weise sorgfältig zu prüfen, ob die beruflichen Geschäfte des Schöffen seine Anwesenheit in der Firma an dem (nur) einen Hauptverhandlungstag erforderten, eine Vertretung in den von ihm wahrgenommenen Tätigkeiten tatsächlich nicht möglich war und ansonsten nicht hinnehmbar erheblicher Schaden für ihn bzw. seine Firma entstanden wäre (vgl. *M-G/S* § 54 GVG Rn. 6). Da zur Wahrung des Rechts auf den gesetzlichen Richter ein strenger Maßstab anzulegen ist, wären Nachforschungen zur Klärung der Zumutbarkeit geboten gewesen (vgl. *M-G/S* § 54 GVG Rn. 6a). Dass diese unterblieben, verletzte das Recht auf den gesetzlichen Richter in nicht mehr verständlicher Weise. Es lag damit ein Fall der willkürlichen Richterentziehung vor, der hier allein der Besetzungsrüge wegen §§ 54 Abs. 3 S. 1 GVG, 336 S. 2 StPO zum Erfolg verhelfen kann (vgl. *M-G/S* § 54 GVG Rn. 10).

153a Als nicht willkürlich erwies sich hingegen in einem *BGH* 3 StR 149/07 nachgebildeten Klausurfall die Entbindung einer Schöffin, die ihr zweijähriges Kleinkind zu beaufsichtigen hatte, da sich ihr Ehemann auf Geschäftsreise befand und die Babysitterin kurzfristig erkrankt war.

Dass ihr die Dienstleistung bei gleichzeitiger Betreuung ihres Kindes durch einen Gerichtswachtmeister – so die von der Verteidigerin in der rechtzeitigen Besetzungsrüge vorgeschlagene Vorgehensweise – nicht i.S. des § 54 Abs. 1 S. 2 GVG zugemutet werden konnte, erschien im Hinblick auf das Alter des Kindes und die über zweieinhalbstündige Dauer der Hauptverhandlung jedenfalls nicht als völlig haltlos.[55]

Derselbe Klausurfall verlagerte sich anschließend von § 54 Abs. 1 GVG auf dessen Abs. 2, **153b** wonach der Verhinderung eines (Hilfs-)Schöffen dessen Unerreichbarkeit gleichsteht (S. 1). Es war nämlich der somit an sich berufene Hilfsschöffe trotz ordnungsgemäßer Ladung nicht erschienen, sodass der Vorsitzende – was die Verteidigerin ebenfalls rechtzeitig gerügt hatte – an seiner Stelle den dann tatsächlich an der Sitzung teilnehmenden weiteren Hilfsschöffen heranzog. Dieses Vorgehen war von § 54 Abs. 2 S. 2 GVG gestützt und damit ebenso wenig willkürlich: Nachdem die Kammer den ersten Hilfsschöffen vor Benachrichtigung des weiteren Hilfsschöffen ausweislich des Zurückweisungsbeschlusses dreimal telefonisch nicht erreicht hatte, waren ausreichende Anstrengungen unternommen worden, um annehmen zu dürfen, das Erscheinen des ersten Hilfsschöffen könne ohne erhebliche Verzögerung des Sitzungsbeginnes voraussichtlich nicht herbeigeführt werden (vgl. *M-G/S* § 54 GVG Rn. 7 f.).

In einem weiteren, ganz neuen Klausurfall hatte der Vorsitzende des Schöffengerichts die **154** Zuziehung eines Ergänzungsschöffen für die eintägige Hauptverhandlung angeordnet, obwohl die gesetzliche Voraussetzung der „Verhandlung von längerer Dauer" (§ 192 Abs. 2 und 3 GVG) ganz offenbar nicht erfüllt war. Als „erkennendes Gericht" i.S. des § 338 Nr. 1 StPO ist aber ausschließlich die Gerichtsbesetzung anzusehen, die das mit der Revision angefochtene Urteil gefällt hat. Auf Besetzungsmängel bei einem bis zur Urteilsfindung nicht eingetretenen Ergänzungsrichter ist der absolute Revisionsgrund daher nicht anwendbar.[56] Aus demselben Grund spielte auch keine Rolle, dass es sich bei diesem Ergänzungsschöffen gleichzeitig um den ehemaligen Schwager des Angeklagten handelte (vgl. §§ 22 Nr. 3, 31 Abs. 1, 338 Nr. 2 StPO).

Schließlich sind in dieser Fallgruppe mehrfach auch neu gewählte und erstmalig mitwirkende **154a** Schöffen versehentlich erst nach Vernehmung des Angeklagten zu seinen persönlichen Verhältnissen – und damit nicht „vor der ersten Dienstleistung" i.S. des § 45 Abs. 2 S. 1 DRiG – vereidigt wurden. Die Gerichte waren damit bis zu diesem Zeitpunkt nicht ordnungsgemäß besetzt (vgl. *M-G/S* § 338 Rn. 9).

(3) Ein **Mangel in der Person des Richters** war einmal in der Weise angesprochen, dass der **155** Angeklagte sich gegenüber seinem Verteidiger darüber gewundert hatte, dass eine so junge und unerfahren wirkende Richterin auf Probe den Vorsitz des Schöffengerichts habe führen können. Über den Hinweis auf § 22 Abs. 5 GVG unter dem Stichwort „Richter auf Probe" im Sachverzeichnis des *Meyer-Goßner/Schmitt* ließ sich im Handumdrehen die maßgebliche Vorschrift des § 29 Abs. 1 S. 2 GVG ermitteln, nach der ein Richter auf Probe (nur) im ersten Jahr nach seiner Ernennung nicht Vorsitzender des Schöffengerichts sein darf. Aus dem Aufgabentext ergab sich aber, dass die Richterin gut anderthalb Jahre vor der Hauptverhandlung ernannt worden war.

Als möglicher Mangel in der Person eines Schöffen war in einem nächsten Klausurfall der **155a** Umstand zu erörtern, dass gegen diesen ein Strafverfahren wegen vorsätzlicher Trunkenheit im Straßenverkehr lief. Nach § 32 Nr. 2 GVG sind Personen unfähig zum Amt eines Schöffen, gegen die ein Ermittlungsverfahren wegen einer Tat schwebt, die den Verlust der Fähigkeit

55 Noch etwas deutlicher der 3. Strafsenat in dem zu Grunde liegenden Beschluss: „*Damit belegt die Verteidigerin nicht eine willkürliche Richterentziehung, sondern nur einen bemerkenswerten Mangel an Verständnis für die Nöte der Mutter und die Bedürfnisse des Kindes.*"

56 Vgl. *BGH* 5 StR 130/01.

zur Bekleidung öffentlicher Ämter zur Folge haben kann. Der damit in Bezug genommene § 45 Abs. 1 StGB setzt wiederum die Verurteilung wegen eines Verbrechens zu einer Freiheitsstrafe von mindestens einem Jahr voraus. Diese Folge konnte das gegen den Schöffen geführte Strafverfahren jedoch schon deshalb abstrakt (vgl. *M-G/S* § 32 GVG Rn. 5) nicht haben, weil mit § 316 StGB ein bloßes Vergehen im Raum stand.

155b In einem *KG* NStZ-RR 2013, 156 nachgebildeten Klausurfall hatte die Verteidigerin die Besetzung des Gerichts mit Blick auf das Hidschab-Kopftuch einer Schöffin beanstandet und diese „als unfähig zur Bekleidung des Schöffenamtes, jedenfalls aber als ungeeignet" angesehen. Mit dieser Wortwahl hatte das Prüfungsamt dem aufmerksamen Prüfling einen hilfreichen Hinweis auf die maßgeblichen Vorschriften der §§ 32-34 GVG und ihre Überschriften „Unfähigkeit zum Schöffenamt", „Ungeeignete Schöffen" und „Weitere ungeeignete Schöffen" gegeben. Das Tragen religiös begründeter Kleidung wie etwa eines Hidschab-Kopftuches begründet i.R. des § 32 GVG jedoch nicht die Unfähigkeit, das Schöffenamt zu bekleiden. Dass der Gesetzgeber entsprechend gekleidete Personen nicht grundsätzlich vom Schöffenamt ausschließen will, ergibt sich auch aus § 34 Nr. 6 GVG, der Religionsdienern, die ja ebenfalls aufgrund religiöser Vorschriften häufig eine bestimmte Art von Bekleidung tragen und in dieser u.U. an einer gerichtlichen Hauptverhandlung teilnehmen, gerade nicht die Fähigkeit, sondern nur die – mit § 338 Nr. 1 StPO nicht zusammenhängende (vgl. *M-G/S* § 34 GVG Rn. 16) – Geeignetheit zum Schöffenamt abspricht (vgl. *M-G/S* § 52 GVG Rn. 1).

156 (4) In einem ganz neuen Klausurfall ging es um die Befugnis des amtsgerichtlichen Präsidiums zur Änderung des **Geschäftsverteilungsplans**. Die nach dem ursprünglichen Geschäftsverteilungsplan vorgesehenen Richter – ein Strafrichter bzw. dessen Vertreter – waren erkrankt und das Präsidium hatte den die Verhandlung führenden Richter am Morgen des Sitzungstages eilig zum Vertreter bestellt. Nach § 21e Abs. 3 S. 1 GVG darf die Geschäftsverteilung allerdings im Laufe des Geschäftsjahres nur geändert werden, wenn dies (u.a.) infolge dauernder Verhinderung einzelner Richter nötig wird. Diese – eng auszulegende und streng anzuwendende (vgl. *M-G/S* § 21e GVG Rn. 13) – Vorschrift setzt einen längeren, mehrmonatigen oder nicht absehbaren Zeitraum voraus (vgl. *M-G/S* § 21e GVG Rn. 15). Aus dem Aufgabentext ergab sich demgegenüber jedoch, dass die nach dem ursprünglichen Geschäftsverteilungsplan berufenen Richter bereits am Folgetag wieder dienstfähig waren. Wegen Verstoßes gegen § 21e Abs. 3 S. 1 GVG lag also der absolute Revisionsgrund nach § 338 Nr. 1 StPO vor (vgl. *M-G/S* § 338 Rn. 7) – eine Rügepräklusion kam nicht in Betracht, da die Hauptverhandlung im ersten Rechtszug vor dem Amtsgericht stattgefunden hatte (§§ 338 Nr. 1 Hs. 2, 222a Abs. 1 StPO).

157 (5) Relevant kann in diesem Zusammenhang schließlich auch die **Nichtbeachtung der vorgeschriebenen Richterzahl** werden. Nach § 76 Abs. 2 S. 4 GVG ist die große Strafkammer in der Hauptverhandlung grundsätzlich mit zwei Berufsrichtern besetzt. Von den hierzu bestimmten Ausnahmen des Abs. 2 S. 3 Nr. 1–3 der Norm wird es in Klausuren vorrangig auf diejenige der Nr. 1 ankommen, wonach eine Besetzung mit drei Berufsrichtern zu beschließen ist, wenn die große Strafkammer als Schwurgericht zuständig ist. Dies hatte das Schwurgericht in einem Klausurfall verkannt und nach entsprechender Beschlussfassung in reduzierter – und damit i.S. des § 338 Nr. 1 StPO vorschriftswidriger (vgl. *M-G/S* § 338 Rn. 6) – Besetzung mit zwei Berufsrichtern verhandelt. Da der Revisionsführer in der Hauptverhandlung aber keinen Besetzungseinwand erhoben hatte, war diese Rüge entsprechend § 338 Nr. 1 Hs. 2 i.V. mit § 222b StPO präkludiert – und zwar unabhängig davon, ob die Gerichtsbesetzung nach § 222a StPO mitgeteilt worden war oder nicht (vgl. *M-G/S* § 222b Rn. 3a).

c) Mitwirkung eines ausgeschlossenen Richters (§ 338 Nr. 2 StPO)

Dass ein kraft Gesetzes von der Ausübung des Richteramtes ausgeschlossener Richter oder Schöffe bei dem Urteil mitgewirkt hat, kommt – da die Ausschließungsgründe der insoweit maßgeblichen §§ 22, 23 StPO rechtlich wenig Problematisches bieten – in Klausuren so gut wie nicht vor.[57] Es reicht daher aus, sich dieses absoluten Revisionsgrundes bewusst zu sein und den Text der genannten Vorschriften zu vergegenwärtigen. **158**

d) Mitwirkung eines abgelehnten Richters (§ 338 Nr. 3 StPO)

aa) Ein weiterer absoluter Revisionsgrund kann in Klausuren darin liegen, dass bei dem angefochtenen Urteil ein wegen Besorgnis der Befangenheit abgelehnter Richter oder Schöffe mitgewirkt hat und das Ablehnungsgesuch mit Unrecht verworfen worden ist. Die in § 338 Nr. 3 StPO genannte Variante des entgegen eines begründet erklärten Ablehnungsgesuches mitwirkenden Richters oder Schöffen spielt in Klausuren keine Rolle. Die Rüge des § 338 Nr. 3 StPO ist – wie aus § 28 Abs. 2 StPO folgt – ihrer Natur nach eine sofortige Beschwerde, so dass das Revisionsgericht die angefochtene Entscheidung auch in tatsächlicher Hinsicht prüft und sein eigenes Ermessen an die Stelle des tatgerichtlichen Ermessens setzen darf (vgl. *M-G/S* § 338 Rn. 27). **159**

bb) „Mit Unrecht verworfen" war das als unzulässig oder unbegründet verworfene Ablehnungsgesuch nach früherer Rechtsprechung nur, wenn es sachlich begründet war, wobei es insbesondere nicht darauf ankam, ob es **irrtümlich als unzulässig behandelt** worden war. Im Anschluss an die Rechtsprechung des *BVerfG*[58] wird der absolute Revisionsgrund des § 338 Nr. 3 StPO vom *BGH* nunmehr auch bejaht, wenn das Tatgericht durch willkürliche Bejahung der Voraussetzungen des § 26a Abs. 1 StPO oder durch (willkürliche) Missachtung der Zuständigkeitsvorschrift des § 27 Abs. 1 StPO in falscher Besetzung über das Ablehnungsgesuch entschieden (vgl. dazu §§ 26a Abs. 2 S. 1, 27 StPO) und dadurch das Recht auf den gesetzlichen Richter nach Art. 101 Abs. 1 S. 2 GG verletzt hat (vgl. *M-G/S* § 338 Rn. 28). Willkür bei der Anwendung des § 26a Abs. 1 StPO kommt insbesondere in Betracht, wenn der abgelehnte Richter sein eigenes Verhalten wertend beurteilt, sich also inhaltlich mit den Gründen seiner beanstandeten Prozesshandlung auseinandersetzt und gleichsam zum „Richter in eigener Sache" macht. **160**

Dieser Umschwung in der Rechtsprechung hat für die Klausurbearbeitung große Bedeutung. Die in älteren Examensklausuren vorgekommenen Befangenheitsanträge wurden vom abgelehnten Richter nämlich ausnahmslos i.R. des § 26a Abs. 2 S. 1 StPO selbst als unzulässig verworfen – und zwar meist wegen Verschleppungsabsicht nach dessen Nr. 3, etwa weil „die beanstandete Äußerung des Vorsitzenden eine offensichtlich belanglose und damit zulässige Äußerung i.R. der Verhandlungsleitung" gewesen sei. Da es nach früherer Rechtsprechung i.R. des § 338 Nr. 3 StPO nur auf **161**

57 Auch im oben unter Rn. 154 genannten Klausurfall fehlte es an einer „Mitwirkung" des von § 22 Nr. 3 StPO betroffenen Ergänzungsschöffen.
58 *BVerfG* NJW 2005, 3410, 3413 f.

die sachliche Begründetheit des Ablehnungsgesuchs ankam, spielte die – in den betreffenden Klausurfällen stets aus der Luft gegriffene – Bejahung des § 26a Abs. 1 StPO bislang keine Rolle. Nach neuer Rechtsprechung ist der absolute Revisionsgrund des § 338 Nr. 3 StPO bei Vorgehen nach § 26a Abs. 2 S. 1 StPO dagegen nur dann nicht gegeben, wenn sich bei ausschließlich formaler Prüfung ohne wertende Beurteilung des beanstandeten tatrichterlichen Verhaltens willkürfrei eine der Varianten des § 26a Abs. 1 StPO bejahen lässt.

162 In einem Klausurfall hatte der Verteidiger die Strafrichterin (erst) nach Belehrung gemäß § 243 Abs. 5 S. 1 StPO mit der Begründung abgelehnt, dass diese seinen Mandanten als Ermittlungsrichterin in Untersuchungshaft genommen habe; da sie in diesem Rahmen den dringenden Tatverdacht bejaht habe, sei aus Sicht des Angeklagten ausgeschlossen, dass sie jetzt anders urteilen werde. Zwar erwies sich die anschließende Antragsverwerfung wegen fehlender Glaubhaftmachung (§ 26a Abs. 1 Nr. 2 Alt. 2 StPO) als grob fehlerhaft, da der Ablehnungsgrund gerichtsbekannt war (vgl. *M-G/S* § 26a Rn. 4b). Innerhalb des § 26a Abs. 1 StPO dürfen die Verwerfungsgründe aber ausgetauscht werden (vgl. *M-G/S* § 26a Rn. 11) und das Ablehnungsgesuch konnte aus anderen Gründen als unzulässig zurückgewiesen werden: Zum einen war die Ablehnung i.S. des § 26a Abs. 1 Nr. 1 StPO verspätet, da sie nicht bis zum Beginn der Vernehmung des Angeklagten über seine persönlichen Verhältnisse erfolgt war, § 25 Abs. 1 S. 1 StPO. Zum anderen war die Antragsbegründung – was dem gänzlichen Fehlen eines Ablehnungsgrundes i.S. des § 26a Abs. 1 Nr. 2 Alt. 1 StPO gleichsteht – aus zwingenden Gründen zur Rechtfertigung des Ablehnungsgesuchs völlig ungeeignet. Völlige Ungeeignetheit in diesem Sinne wird insbesondere in Fällen der prozessordnungsgemäßen Mitwirkung des abgelehnten Richters an einer Vorentscheidung angenommen. Über einen mit dieser Begründung gestellten Befangenheitsantrag darf der abgelehnte Richter ohne Verletzung von Art. 101 Abs. 1 S. 2 GG selbst entscheiden, da ihm dies i.R. einer bloß formalen Prüfung und losgelöst von den konkreten Umständen des Einzelfalls möglich ist – er also nicht zum „Richter in eigener Sache" wird (vgl. *M-G/S* § 26a Rn. 4a).

163 cc) In jüngerer Zeit werden die Ablehnungsgesuche in den Klausuren allerdings häufig von dem nach § 27 StPO zuständigen Gericht – und damit ohne Beteiligung des abgelehnten Richters – „als unbegründet zurückgewiesen". In dieser Konstellation geht es – sollte nicht ausnahmsweise einmal einer der auch hier vom Revisionsgericht zu prüfenden Unzulässigkeitsgründe des § 26a Abs. 1 StPO einschlägig sein – zentral um die Prüfung der sachlichen Begründetheit des Ablehnungsgesuchs. Diese setzt für den Fall der **Besorgnis der Befangenheit** nach § 24 Abs. 1 und 2 StPO voraus, dass ein Grund vorliegt, der das Misstrauen gegen die Unparteilichkeit eines Richters zu rechtfertigen geeignet ist. Dies wiederum ist der Fall, wenn der Ablehnende bei verständiger Würdigung des ihm bekannten Sachverhalts Grund zu der Annahme hatte, der abgelehnte Richter habe ihm gegenüber eine innere Haltung eingenommen, die seine Unparteilichkeit oder Unvoreingenommenheit störend beeinflussen konnte (vgl. *M-G/S* § 24 Rn. 8). Unter diesem Obersatz hat sich eine unübersichtliche Kasuistik entwickelt, aus der sich verallgemeinerungsfähige Grundsätze kaum ableiten lassen (vgl. *M-G/S* § 24 Rn. 8). Besonders schillernde Einzelfälle – etwa der „Facebook-Richter"[59], die „SMS-Richterin"[60] oder die StA-Schokoladennikoläuse[61] – sind in der jüngeren Vergangenheit von den Prüfungsämtern bereitwillig aufgegriffen

59 *BGH* 3 StR 482/15.
60 *BGH* 2 StR 228/14.
61 *LG Koblenz* NJW 2013, 801.

worden. Es mag sich also lohnen, aktuelle Veröffentlichungen aus diesem Bereich ins Visier zu nehmen.

Die ansonsten vorkommenden, weniger kuriosen (Alltags-)Fälle lassen sich gut unter Rückgriff auf die im *Meyer-Goßner/Schmitt* dargestellten Fallgruppen lösen. So rechtfertigt die Ablehnung insbesondere ein **Verhalten des Richters vor oder während der Hauptverhandlung**, aus dem hervorgeht, dass er von der Schuld des Angeklagten bereits endgültig überzeugt ist (vgl. *M-G/S* § 24 Rn. 15). Dies war unproblematisch zu bejahen, als der Vorsitzenden dem Angeklagten in einem Klausurfall noch vor Vernehmung des ersten Zeugen empfahl, „lieber die Wahrheit auszuspucken, statt sich hinter dummen Ausflüchten zu verstecken", was er hier erzähle, glaube ihm doch „kein Mensch" – in einem ähnlichen Klausurfall äußerte der Vorsitzende nach Aufforderung zum Geständnis, „das Ganze" werde bei Anreise der Zeugen sonst „deutlich teurer". Auch in einem anderen Klausurfall rechtfertigte die Verhandlungsführung des Vorsitzenden das Misstrauen in dessen Unvoreingenommenheit: Ausweislich des Hauptverhandlungsprotokolls hatte er auf einen Beweisantrag des Verteidigers mit den Worten: „Schon wieder so ein überflüssiger Beweisantrag!" reagiert und damit in grob unsachlicher Weise seinen Unmut geäußert. Da es sich dabei um den ersten Beweisantrag des Verteidigers in der Hauptverhandlung überhaupt gehandelt hatte und sich sonstige den Gang der Hauptverhandlung unnötig erschwerende Handlungen von Angeklagtem und Verteidiger aus dem Protokoll nicht ergeben hatten, war die bezeichnete Äußerung keine nach der Sachlage noch verständliche Unmutsäußerung, die i.R. des § 24 Abs. 2 StPO nicht zu beanstanden gewesen wäre (zur Abgrenzung vgl. *M-G/S* § 24 Rn. 17 und 18). **164**

Persönliche Beziehungen des Richters zu Angeklagten oder Zeugen können die Ablehnung im Falle enger Freundschaft rechtfertigen (vgl. *M-G/S* § 24 Rn. 11). Eine solche war von vornherein in dem Klausurfall zu verneinen, in dem das Ablehnungsgesuch auf die Mitgliedschaft von Richter und geschädigtem Zeugen in demselben, 350 Mitglieder umfassenden Verein gestützt war und beide sich nach der dem Aufgabentext beigefügten dienstlichen Äußerung des Richters (vgl. § 26 Abs. 3 StPO) nur einmal i.R. einer Diskussionsveranstaltung unterhalten hatten. In derartigen Fällen ist der Richter „infolge der für seinen Beruf notwendigen Selbstdisziplin und inneren Ausgeglichenheit"[62] vor der Gefahr unsachlicher Erwägungen bewahrt. Dementsprechend können dann natürlich auch Spannungen zwischen Richter und anderen Verfahrensbeteiligten die Ablehnung nur ganz ausnahmsweise begründen (vgl. *M-G/S* § 24 Rn. 11). Zu verneinen war eine Besorgnis der Befangenheit deshalb in dem Klausurfall, in dem der angeklagte Rechtsanwalt den Vorsitzenden wegen eines zehn Jahre zurückliegenden Bagatellstreits um eine Behinderung im Straßenverkehr abgelehnt hatte, zumal dieser in seiner dienstlichen Äußerung erklärt hatte, die Angelegenheit „längst vergeben und vergessen" zu haben. **165**

Um die Mitwirkung des erkennenden Richters an **Zwischenentscheidungen in dem anhängigen Verfahren** ging es in einem anderen Klausurfall. Der vom Angeklagten in der Hauptverhandlung abgelehnte Vorsitzende hatte den Haftgrund der Verdunklungsgefahr (§ 112 Abs. 2 Nr. 3b StPO) in einem zuvor erlassenen Haftbefehl mit der Begründung bejaht, der (spätere) Angeklagte sei „in der haftrichterlichen Vernehmung derart konfrontativ aufgetreten", dass auch eine „konfrontative Kontaktaufnahme" mit der Geschädigten und deren unlautere Beeinflussung zu erwarten sei. Diese Begründung erwies sich als rechtsfehlerhaft, da ein konfrontatives Auftreten bei Vernehmungen für sich alleine noch nicht – wie für die Verdunkelungsfahr vorausgesetzt (vgl. *M-G/S* § 112 Rn. 29) – als prozessordnungswidrig anzusehen ist und zudem keine bestimmten Tatsachen (vgl. *M-G/S* § 112 Rn. 28) existierten, die eine Verknüpfung zwischen konfrontativem Verhalten vor dem Richter und der großen Wahrscheinlichkeit (vgl. *M-G/S* § 112 Rn. 27) von Verdunklungshandlungen gegenüber der Zeugin getragen hätten. Eine schlicht verfahrensfehlerhafte Zwischenentscheidung rechtfertigt **166**

62 *LG Bonn* NJW 1966, 160, 161.

die Richterablehnung allerdings noch nicht – die getroffene Entscheidung bzw. ihre Begründung muss vielmehr völlig abwegig sein oder sogar den Anschein der Willkür erwecken (vgl. *M-G/S* § 24 Rn. 14a), was für die vorliegende Art der Reaktion auf zulässiges Prozessverhalten gut zu bejahen war (vgl. *M-G/S* § 24 Rn. 14b).

166a dd) Wichtig kann in diesem Zusammenhang neuerdings die Vorschrift des § **29 Abs. 2 StPO** werden, wonach die Entscheidung über das Ablehnungsgesuch in der Hauptverhandlung (nur) unter bestimmten Voraussetzungen zurückgestellt werden kann. In einem einschlägigen Klausurfall hatte der am ersten Tag der zweitägigen Hauptverhandlung abgelehnte Strafrichter noch mehrere Zeugen vernommen – das Ablehnungsgesuch wurde anschließend im Laufe der einwöchigen Unterbrechungspause (zutreffend) von seinem Vertreter zurückgewiesen. Die Fortsetzung der Hauptverhandlung erwies sich hier als verfahrensfehlerhaft, da die Zurückstellung der Entscheidung über die Ablehnung nach § 29 Abs. 2 S. 1 StPO der Vermeidung von Verfahrensverzögerungen dient, also nicht gilt, wenn über die Ablehnung – wie hier – innerhalb einer ohnehin vorgesehenen Unterbrechung entschieden werden kann (vgl. *M-G/S* § 29 Rn. 10). Auf diesem bloß formalen Verstoß – einem relativen Revisionsgrund – beruhte das Urteil jedoch nicht, da es ohne ihn nicht anders ausgefallen wäre: derselbe – nach dem zutreffenden Ergebnis als unbefangen anzusehende – Strafrichter hätte die Zeugen dann eben erst nach Verwerfung des Ablehnungsgesuchs vernommen (vgl. *M-G/S* § 29 Rn. 16).

167 ee) Erwähnt sei in diesem Zusammenhang auch die in einem Klausurfall vorgekommene Verwerfung eines gegen einen **Zeugen** (!) gerichteten Befangenheitsantrags. Darin konnte ein Rechtsfehler schon deshalb nicht liegen, weil das Gesetz die Ablehnung eines Zeugen wegen Besorgnis der Befangenheit überhaupt nicht kennt. Vorschriften über die Ablehnung existieren nur für Richter, Schöffen, Urkundsbeamte und Sachverständige (§§ 24, 31, 74 StPO). Die Berücksichtigung einer möglichen Voreingenommenheit eines Zeugen ist dagegen Aufgabe der richterlichen Beweiswürdigung.

168 ff) In manchen Klausurfällen ist es auch schon um die **Ablehnung eines Sachverständigen** gegangen, die nach § 74 Abs. 1 S. 1 StPO aus denselben Gründen erfolgen kann, die zur Ablehnung eines Richters berechtigen. In einem dieser Fälle war der Ablehnungsantrag darauf gestützt worden, dass der Sachverständige in einer Fachzeitschrift Untersuchungen zu Fragen der „Schuldfähigkeit bei Tötungsdelikten nach vorangegangenen Beziehungskonflikten" – genau darum ging es bei seinem Gutachtenauftrag – veröffentlicht hatte. Wissenschaftliche Veröffentlichungen im Zusammenhang mit dem Gutachtenauftrag rechtfertigen aber verständigerweise kein Misstrauen gegen die Unparteilichkeit des Sachverständigen, solange dieser bei der Entwicklung seiner wissenschaftlichen Meinung keine Initiative für oder gegen den Angeklagten ergreift (vgl. *M-G/S* § 74 Rn. 4, 7). Dass das Tatgericht dem Ablehnungsantrag zu Unrecht stattgegeben hatte, führte allerdings nicht zum Erfolg der Revision. Ist nämlich – und so ging der Klausurfall weiter – zum Beweisthema ein anderer Sachverständiger gehört worden, so beruht das Urteil auf dem Rechtsfehler in der Regel nicht (vgl. *M-G/S* § 74 Rn. 21). Auf das Beruhen kommt es hier an, da Rechtsfehler bei Ablehnung eines Sachverständigen von § 338 Nr. 3 StPO nicht umfasst sind („Richter oder Schöffe").

168a In einem ganz neuen Klausurfall hatte der Verteidiger einen in der Hauptverhandlung vernommenen DNA-Sachverständigen abgelehnt, weil dieser als Beamter des Landeskriminalamtes i.R. des § 161 Abs. 1 StPO der Staatsanwaltschaft gegenüber weisungsgebunden sei. Richtig ist zwar, dass der damit in Bezug genommene § 22 Nr. 4 StPO, der hier kein Ausschließungs-, sondern nur Ablehnungsgrund ist (vgl. *M-G/S* § 74 Rn. 3), auch für „Polizeibeamte" gilt – allerdings nur, wenn diese an den Ermittlungen teilgenommen haben. Bei Beamten der kriminalwissenschaftlichen, technischen und chemischen Untersuchungsämter der Polizei ist dies nicht der Fall, da sie mit Ermittlungsaufgaben nicht betraut und in einer organisatorisch von der Ermittlungsbehörde getrennten Dienststelle der Polizei tätig sind (vgl. *M-G/S* § 74 Rn. 3 sowie etwa § 13 Abs. 2 Nr. 3, Abs. 3 Polizeiorganisationsgesetz NRW). Ihre wissenschaftliche Tätigkeit unterstützt zwar die Arbeit der Strafverfolgungsbehörden, ist aber selbst nicht strafverfolgender Art.

gg) Für die Ausschließung ebenso wie für die **Ablehnung eines Staatsanwalts** gibt es in der StPO keine rechtliche Grundlage. Da die §§ 22 ff. StPO nach herrschender Meinung nicht entsprechend anwendbar sind, haben die Prozessbeteiligten kein Recht auf Ablehnung eines ausgeschlossenen oder befangenen Staatsanwalts. Es ist jedoch mit dem Gebot eines rechtsstaatlichen Verfahrens nicht vereinbar, dass im Verfahren ein Staatsanwalt mitwirkt, der als Richter gem. §§ 22, 23 StPO kraft Gesetzes ausgeschlossen wäre. Die bei unzulässiger Mitwirkung eines „ausgeschlossenen" Staatsanwalts in der Hauptverhandlung deshalb mögliche Revision ist i.R. des § 337 StPO aber nur begründet, wenn nicht auszuschließen ist, dass das Urteil auf der Mitwirkung dieses Staatsanwalts beruht (vgl. *M-G/S* vor § 22 Rn. 3, 6, 7). 169

In einem Klausurfall hatte der später u.a. wegen Meineids verurteilte Angeklagte den Sitzungsstaatsanwalt, der im Ursprungsverfahren noch als Richter fungiert und ihm den in Rede stehenden Eid abgenommen hatte, (erfolglos) als befangen abgelehnt. Ein Verstoß gegen das Gebot des „fair trial" ließ sich hier mit Blick auf den Ausschlussgrund des § 22 Nr. 4 StPO damit begründen, dass der (jetzige) Staatsanwalt bei der Vereidigung sowohl ein Zeugnisverweigerungsrecht als auch ein Eidesverbot übersehen hatte.[63] Die möglicherweise vorhandene innere Bindung des Staatsanwalts an sein damaliges Vorgehen ließ eine eingeschränkte Unterstützung des Tatrichters im Bemühen um die richtige Rechtsanwendung befürchten. Das Beruhen des Urteils auf der somit unzulässigen Mitwirkung des Staatsanwalts ergab sich daraus, dass der Angeklagte sich erst geständig gezeigt hatte, nachdem der Staatsanwalt für diesen Fall die Beantragung einer milden Strafe in Aussicht gestellt hatte. In einem kurz zuvor gelaufenen Klausurfall war der Staatsanwalt Ehemann der bei der in Rede stehenden Verkehrsunfallflucht geschädigten Lehrerin, so dass von ihm nicht erwartet werden konnte, sich von deren Interessen gedanklich zu lösen und den Fall offen zu prüfen (vgl. § 22 Nr. 2 StPO). Das Beruhen des Urteils auf der auch hier unzulässigen Mitwirkung des Staatsanwalts konnte mit Hinweis darauf bejaht werden, dass das Gericht seinem Antrag in Schuld- und Rechtsfolgenausspruch exakt gefolgt war. 170

e) Unzuständigkeit des Gerichts (§ 338 Nr. 4 StPO)

aa) Nach § 338 Nr. 4 StPO beruht das angefochtene Urteil stets auf einer Verletzung des Gesetzes, wenn das Gericht seine Zuständigkeit mit Unrecht angenommen hat. Die Vorschrift betrifft die **örtliche** Zuständigkeit sowie die Zuständigkeit der in § 74e GVG genannten **besonderen Strafkammern** (Schwurgericht, Wirtschaftsstrafkammer und Staatsschutzkammer). Für die nach § 6 StPO in jeder Lage des Verfahrens zu prüfende sachliche Zuständigkeit hat sie keine Bedeutung (vgl. *M-G/S* § 338 Rn. 32). Von Amts wegen – und damit als Verfahrensvoraussetzung – prüft das Gericht die Zuständigkeit besonderer Strafkammern sowie die örtliche Zuständigkeit nach §§ 6a, 16 StPO nur bis zur Eröffnung des Hauptverfahrens; anschließend ist eine entsprechende Unzuständigkeit nur auf – zeitlich ebenso begrenzt möglichen – Einwand des Angeklagten beachtlich. Nach Eröffnung des Hauptverfahrens – und damit naturgemäß auch zum Begutachtungszeitpunkt in der Revisionsklausur – handelt es sich insoweit also nicht mehr um Verfahrensvoraussetzungen. 171

63 Es handelte sich um den unten unter Rn. 551 geschilderten Klausurfall.

172 bb) Wird der absolute Revisionsgrund des § 338 Nr. 4 StPO in Klausuren thematisiert, so stehen dabei regelmäßig die **Rügepräklusionen** der §§ 6a S. 3, 16 S. 3 StPO im Mittelpunkt. Danach kann der Angeklagte den Einwand der Zuständigkeit einer der in § 74e GVG genannten besonderen Strafkammern bzw. den Einwand der örtlichen Unzuständigkeit des befassten Gerichtes nur bis zum Beginn seiner Vernehmung zur Sache in der Hauptverhandlung geltend machen.

173 So verurteilte in einem Klausurfall eine große Strafkammer den Angeklagten wegen eines nach § 74 Abs. 2 Nr. 13 GVG in die Zuständigkeit des Schwurgerichts fallenden Raubes mit Todesfolge. Da dies in der Hauptverhandlung nicht gerügt wurde – negative Beweiskraft des Protokolls (vgl. *M-G/S* § 6a Rn. 11) –, war dieser Verfahrensfehler nicht mehr revisibel. Dies galt selbst im Hinblick darauf, dass sich Anhaltspunkte für eine Strafbarkeit aus § 251 StGB überhaupt erst im Laufe der Beweisaufnahme – und damit zeitlich erst nach der die Präklusion bewirkenden Vernehmung des Angeklagten zur Sache – ergeben hatten. Auch diese Konstellation ändert nämlich nichts an dem Zweck des § 6a S. 3 StPO, aus Gründen der Verfahrensvereinfachung zu verhindern, dass eine Strafsache noch im Laufe der Hauptverhandlung verwiesen werden muss (vgl. *M-G/S* § 6a Rn. 1). Ob allgemeine Strafkammer oder Schwurgericht entschieden haben, ist im Zweifelsfall im Übrigen auch am Aktenzeichen („Kls“ im ersten, „Ks“ im zweiten Fall) zu erkennen. Dass an der Entscheidung im Gegensatz zur obligatorischen Besetzung des Schwurgerichtes (§ 76 Abs. 1 und 2 GVG) nur zwei Berufsrichter beteiligt waren, führte nicht zu einer „nicht vorschriftsmäßigen Besetzung“ i.S. des § 338 Nr. 1 StPO, da diese Vorschrift nicht die Rüge umfasst, der erkennende Spruchkörper sei im Ganzen auf Grund der §§ 74 Abs. 2, 74a, 74c GVG zur Behandlung der Sache nicht zuständig gewesen.[64] Besonders aufmerksame Prüflinge erkannten hier im Zusammenhang mit dem am Ende des Klausurgutachtens zu formulierenden Revisionsantrag schließlich, dass das Verfahren – das Urteil war im Klausurfall aus anderen Gründen aufzuheben – nunmehr analog § 355 StPO an das tatsächlich zuständige Schwurgericht zurückzuverweisen war (vgl. *M-G/S* § 355 Rn. 1).[65]

174 cc) In selteneren Fällen kann in diesem Rahmen aber auch die Nichtbeachtung der Zuständigkeit der **Jugendgerichte** thematisiert sein, die vom Revisionsgericht ebenso auf die Rüge nach § 338 Nr. 4 StPO geprüft wird (vgl. *M-G/S* § 338 Rn. 34). Da eine dem § 6a S. 3 StPO entsprechende Vorschrift im Verhältnis zwischen Erwachsenen- und Jugendgericht nicht existiert, kommt eine Rügepräklusion hier nicht in Betracht. Wichtig ist, dass Jugendgerichte nach §§ 33 Abs. 1, 107 JGG über Verfehlungen Jugendlicher und Heranwachsender entscheiden – also über rechtswidrige Taten (§ 12 StGB) aller **zur Tatzeit noch nicht 21-jähriger Personen** (§ 1 Abs. 2 JGG). Da sich diese Problematik höchst unauffällig (nur) an das Alter des Angeklagten anknüpft, empfiehlt es sich, dieses in jeder Klausur ganz bewusst zu überprüfen.

175 In einem Klausurfall ergab sich so, dass einer der beiden – von der großen Strafkammer verurteilten – Angeklagten zur Tatzeit erst 19 Jahre alt war und für ihn als Heranwachsenden deshalb gemäß §§ 1 Abs. 2, 33 Abs. 1, 107 JGG ohne weiteres die Zuständigkeit des Jugendgerichts bestand. Schwieriger zu erkennen war, dass der absolute Revisionsgrund des § 338 Nr. 4 StPO mit Blick auf §§ 103 Abs. 1, Abs. 2 S. 1 JGG auch für den anderen, erwachsenen Angeklagten bestand, obwohl die große Strafkammer als allgemeines Gericht ohne die Verbindung mit dem Verfahren gegen den Heranwachsenden für seine Aburteilung zuständig gewesen wäre (vgl. *M-G/S* § 338 Rn. 34).

---

64 Vgl. KK-*Gericke* § 338 Rn. 17.

65 Vgl. dazu im Einzelnen unten Rn. 640 f.

In einem älteren Klausurfall war von der Verteidigerin zu Beginn der Hauptverhandlung gegen eine erwachsene Angeklagte, der Taten nach § 225 StGB gegen ihre zweijährige Tochter vorgeworfen wurden, allerdings umgekehrt die Zuständigkeit des mit der Sache befassten Jugendgerichts beanstandet worden. Maßgeblich kam es hier auf § 26 GVG an, der in sog. Jugendschutzsachen – also insbesondere solchen Straftaten, durch die ein Kind oder Jugendlicher verletzt oder unmittelbar gefährdet wird (Abs. 1) – eine Doppelzuständigkeit schafft und die Befassung des Jugendgerichts gestattet, wenn dies aus besonderen Gründen (Abs. 2) zweckmäßig erscheint. Aus der dem § 269 StPO vergleichbaren Regelung des § 47a S. 1 JGG ergibt sich allerdings, dass das Vorliegen der Voraussetzungen des § 26 Abs. 2 GVG nach Eröffnung des Hauptverfahrens nicht mehr geprüft wird und die Revision auf eine Verletzung dieser Vorschrift nur gestützt werden kann, wenn das Gericht willkürlich verfahren und daher gegen Art. 101 Abs. 1 S. 2 GG verstoßen hat (vgl. *M-G/S* § 26 GVG Rn. 6). Dies konnte im genannten Klausurfall jedoch im Hinblick darauf verneint werden, dass es – wenngleich das zweijährige Mädchen sicherlich nicht als Zeugin in Betracht kam (§ 26 Abs. 2 Alt. 1 GVG) – zur Beurteilung der in Rede stehenden „erheblichen Schädigung der körperlichen oder seelischen Entwicklung“ des Kindes (§ 225 Abs. 3 Nr. 2 StGB) möglicherweise auf die besondere Sachkunde und Erfahrung des Jugendschutzgerichts (vgl. *M-G/S* § 26 GVG Rn. 4) ankam – die Bejahung der Zweckmäßigkeit der dortigen Verhandlung aus „sonstigen Gründen“ (§ 26 Abs. 2 S. 2 GVG) also nicht völlig haltlos erschien. **175a**

f) Vorschriftswidrige Abwesenheit von Verfahrensbeteiligten (§ 338 Nr. 5 StPO)

aa) Allgemeines

Ein weiterer absoluter Revisionsgrund kann nach § 338 Nr. 5 StPO darin liegen, dass die Hauptverhandlung in Abwesenheit der Staatsanwaltschaft oder einer Person, deren Anwesenheit das Gesetz vorschreibt, stattgefunden hat. Auch wenn zu diesen Personen der Urkundsbeamte der Geschäftsstelle (§ 226 StPO) sowie unter den Voraussetzungen des § 185 GVG der Dolmetscher[66] zählen, wird es in Klausurfällen in diesem Rahmen fast ausschließlich auf die Abwesenheit des Angeklagten und des Verteidigers ankommen. **176**

Eine seltene Ausnahme betraf in einem Klausurfall die Staatsanwaltschaft. Ein Referendar hatte als Zuschauer in einer Hauptverhandlung des Schöffengerichts gesessen und auf seinen Einsatz als StA-Sitzungsvertreter in einer anschließend terminierten Strafrichtersache gewartet. Als der für die Verhandlung des Schöffengerichts eingeteilte Staatsanwalt nicht erschien, drückte ihm der Vorsitzende die Akte in die Hand und forderte ihn mit den Worten „Sie schaffen das schon“ zur Vertretung der Staatsanwaltschaft in der Schöffengerichtssache auf. Da Referendaren die Wahrnehmung der Aufgaben eines Amts- oder Staatsanwalts nach § 142 Abs. 3 GVG aber durch den Leiter der Staatsanwaltschaft oder einen von diesem beauftragten Staatsanwalt – also nicht durch einen Richter – übertragen wird (vgl. *M-G/S* § 142 GVG Rn. 14), war die Staatsanwaltschaft hier entgegen § 226 Abs. 1 StPO abwesend. **176a**

Allerdings begründet nur die Abwesenheit bei einem **wesentlichen Teil der Hauptverhandlung** die Revision, da § 338 StPO nicht anwendbar ist, wenn das Beruhen des Urteils auf dem Mangel denkgesetzlich ausgeschlossen ist (vgl. *M-G/S* § 338 Rn. 36). Auch wenn die Prüfung des § 338 Nr. 5 StPO somit ohne die Klärung dieser Voraussetzung nicht vollständig ist, setzen sich die meisten Referendarinnen und Referen- **177**

66 Zu bei Erforderlichkeit eines Dolmetschers in der Hauptverhandlung denkbaren Rechtsfehlern vgl. zusammenhängend unten Rn. 512 ff.

dare mit ihr im Klausurgutachten nicht auseinander. Dabei kann der umfassenden Aufzählung bei *Meyer-Goßner/Schmitt* (§ 338 Rn. 37 f.) in der Klausursituation ganz unproblematisch entnommen werden, welche Teile der Hauptverhandlung als wesentlich bzw. als nicht wesentlich angesehen werden.

178 Im Übrigen scheitert der Revisionsgrund des § 338 Nr. 5 StPO bisweilen sogar schon an dieser Voraussetzung. So betraf das verspätete Erscheinen der nach § 185 GVG an sich erforderlichen Dolmetscherin in einem Klausurfall nur die bis dahin erfolgten Belehrungen von Zeugen und Sachverständigen und damit keinen wesentlichen Teil der Hauptverhandlung (vgl. *M-G/S* § 338 Rn. 38). Ähnlich war es in einem anderen Klausurfall, in dem der notwendige Verteidiger den Sitzungssaal nach Verlesung der Urteilsformel wegen eines „auswärtigen Termins" verlassen hatte. Da die mündliche Eröffnung der i.R. des § 267 StPO ohnehin schriftlich darzulegenden Urteilsgründe überwiegend als nicht wesentlicher Teil der Hauptverhandlung angesehen wird (vgl. *M-G/S* § 338 Rn. 38), konnte die Revision auch hier nicht auf die Abwesenheit „einer Person, deren Anwesenheit das Gesetz vorschreibt", gestützt werden.

179 In einem anderen Klausurfall, in dem die Pflichtverteidigerin den Sitzungssaal wegen eines dringenden Telefonanrufs (nur) während der Vernehmung eines Zeugen zur Person verlassen hatte, war diese Voraussetzung des § 338 Nr. 5 StPO entgegen erstem Anschein nicht zu verneinen. Die am Anfang der Zeugenvernehmung stehende Feststellung der Personalien wird nämlich deshalb als wesentlicher Teil der Hauptverhandlung angesehen, weil sie den Beteiligten eine verlässliche Grundlage für die Beurteilung der Glaubwürdigkeit des Zeugen schaffen soll (vgl. *M-G/S* § 338 Rn. 37, § 68 Rn. 1). Entsprechendes galt in einem weiteren Klausurfall für die Abwesenheit des Pflichtverteidigers (nur) während des Schlussvortrags des Verteidigers eines Mitangeklagten (vgl. *M-G/S* § 338 Rn. 37), da dessen Plädoyer wegen des engen zeitlichen und räumlichen Zusammenhangs der den beiden Angeklagten zur Last gelegten Taten auch die Verteidigungsinteressen des kurzfristig unverteidigten Angeklagten berührte.

bb) Abwesenheit des Angeklagten

180 (1) Die erste wichtige Konstellation i.R. des § 338 Nr. 5 StPO ist die Abwesenheit des Angeklagten selbst. Diese verstößt gegen die **Grundregel des § 230 Abs. 1 StPO**, nach der die Hauptverhandlung gegen einen ausgebliebenen Angeklagten nicht stattfindet. In Prüfungsarbeiten betrifft die Abwesenheit des Angeklagten in der Regel nur einen Teil der Hauptverhandlung. Bezieht sich die Abwesenheit auf die Urteilsverkündung, muss § 341 Abs. 2 StPO im Auge behalten werden, wonach auch die Revisionseinlegungsfrist in diesen Fällen grundsätzlich erst mit der Urteilszustellung zu laufen beginnt.

181 (2) Problematisch kann in diesem Zusammenhang schon die Frage der Anwesenheit des Angeklagten sein. Die nach § 230 Abs. 1 StPO vorgeschriebene Anwesenheit während der Hauptverhandlung umfasst nämlich neben der körperlichen Gegenwart des Angeklagten auch dessen **Verhandlungsfähigkeit**. Nur wenn der Angeklagte dauernd verhandlungsunfähig ist, fehlt es insoweit schon an einer Verfahrensvoraussetzung (vgl. *M-G/S* § 338 Rn. 40).

182 Einstieg in die entsprechende Problematik war in einem Klausurfall der Umstand, dass das Sitzungsprotokoll bei Verhandlung von 9.30 Uhr bis 15.45 Uhr keinerlei Sitzungspausen auswies. Der Angeklagte, dem der psychiatrische Sachverständige i.R. eines zur Klärung der

Schuldfähigkeit in der Hauptverhandlung erstatteten Gutachtens eine „Störung der Konzentrationsfähigkeit“ attestiert hatte, wollte nach seiner Verurteilung nun geltend machen, dass er der mehr als sechsstündigen Verhandlung jedenfalls in den Nachmittagsstunden nicht mehr in vollem Umfang habe folgen können. Ausgehend von dem Umstand, dass der damit in Rede stehenden eingeschränkten Verhandlungsfähigkeit durch eine angepasste Verhandlungsführung – insbesondere also durch Pausen und Unterbrechungen – begegnet werden konnte (vgl. *M-G/S* Einl. Rn. 97), stand die Frage nach dem Beweis des Verfahrensmangels im Vordergrund. Aus einer dem Klausurtext beigefügten dienstlichen Äußerung des Kammervorsitzenden ergab sich nämlich, dass am besagten Verhandlungstag – abweichend vom insoweit versehentlich unvollständigen Protokoll – etwa vier kürzere Pausen von ca. 10 Minuten und eine 45-minütige Mittagspause eingelegt worden waren. Da es sich bei der Einlegung von Sitzungspausen nicht um wesentliche Förmlichkeiten i.S. des § 273 Abs. 1 StPO handelt (vgl. *M-G/S* § 273 Rn. 8) und die negative Beweiskraft des Hauptverhandlungsprotokolls nach § 274 S. 1 StPO damit insoweit nicht galt, konnte die dienstliche Äußerung vom Revisionsgericht freibeweislich berücksichtigt – und damit ein Verstoß gegen § 230 StPO verneint – werden.

(3) In der Regel geht es in einschlägigen Klausurfällen jedoch um **Ausnahmen** vom 183
Grundsatz des § 230 StPO, die sich im Wesentlichen in den §§ 231 Abs. 2 ff., 247 StPO finden und von denen wiederum insbesondere die §§ 231 Abs. 2, 231b Abs. 1 und 247 StPO relevant sind.

(a) Als „Rechtfertigungsgrund“ für die Abwesenheit des Angeklagten ist zunächst 184
§ 231 Abs. 2 StPO wichtig. Danach kann die Hauptverhandlung in Abwesenheit des Angeklagten zu Ende geführt werden, wenn dieser sich entfernt oder nach einer Unterbrechung ausbleibt, nachdem er über die Anklage schon vernommen war und das Gericht seine weitere Anwesenheit nicht für erforderlich hält. Immer geht es in den einschlägigen Fällen um die Frage, ob der Angeklagte sich – wie von der Rechtsprechung über den Wortlaut der Vorschrift vorausgesetzt – **„eigenmächtig“** entfernt hat, also seiner Anwesenheitspflicht ohne Rechtfertigungs- oder Entschuldigungsgründe wissentlich nicht genügte (vgl. *M-G/S* § 231 Rn. 10). Eine solche Eigenmächtigkeit muss dem Angeklagten, der sein Fernbleiben selbst nicht zu entschuldigen braucht, nachgewiesen werden (vgl. *M-G/S* § 231 Rn. 12 f.).

In einem hierzu gebildeten Klausurfall hatte der selbst nicht mehr erschienene Angeklagte 185
bei Fortsetzung einer unterbrochenen Hauptverhandlung über seinen Verteidiger erklären lassen, dass er „dieses Theater“ nicht länger mitspielen wolle und das Gericht deshalb „entweder ohne ihn weiter verhandeln oder ihn eben verhaften“ solle, woraufhin die Kammer die Verhandlung nach – nicht zwingend erforderlicher (vgl. *M-G/S* § 231 Rn. 22) – Beschlussfassung gemäß § 231 Abs. 2 StPO ohne ihn zu Ende führte. Zwar hatte das Tatgericht vor diesem Hintergrund allen Grund gehabt, von einer Eigenmächtigkeit i.S. des § 231 Abs. 2 StPO auszugehen, zumal der Angeklagte ausweislich des Sitzungsprotokolls vor der Unterbrechung noch ausdrücklich auf diese mögliche Folge seines eventuellen Ausbleibens hingewiesen worden war – was im Übrigen der Annahme einer die Eigenmächtigkeit ausschließenden stillschweigenden Billigung des Gerichts (vgl. *M-G/S* § 231 Rn. 11) entgegenstand. Aus einem im Klausurtext enthaltenen Vermerk des Verteidigers über ein später mit dem Angeklagten geführtes Telefonat ergab sich dann aber, dass der Angeklagte, der sich – entgegen seiner anderslautenden Ankündigung – doch noch zur weiteren Teilnahme an der Hauptverhandlung entschlossen hatte, auf der Taxifahrt zum Gericht bei einem Verkehrsunfall einen Schlüsselbeinbruch erlitten hatte und deshalb bis zum späten Abend im Krankenhaus behandelt worden war. Hier kam es darauf an, dass die – somit fehlende – Eigenmächtigkeit des Angeklagten auch im Zeitpunkt der Revisionsentscheidung nachgewiesen sein muss, die Unkenntnis

des Tatgerichts der Berücksichtigung des insofern maßgeblichen Sachverhalts im Revisionsverfahren also nicht entgegensteht. Da das Revisionsgericht die Frage der Eigenmächtigkeit im Freibeweis selbständig nachprüft (vgl. *M-G/S* § 231 Rn. 25), konnte in diesem Rahmen schließlich auch das dem Verteidiger vom Angeklagten über die Krankenhausbehandlung überreichte Attest berücksichtigt werden.

186 In einem ähnlichen Klausurfall hatte der Angeklagte ausweislich des Sitzungsprotokolls während der Urteilsberatung der Strafkammer in seiner Haftzelle einen Selbstmordversuch begangen, woraufhin er intensivmedizinisch versorgt wurde und das Gericht das Urteil nach Beschlussfassung gemäß § 231 Abs. 2 StPO in seiner Abwesenheit verkündete. Da einem eigenmächtigen Ausbleiben gleichsteht, dass der zur Sache vernommene Angeklagte sich – etwa durch Selbstmordversuch oder Alkoholintoxikation – in einen seine Verhandlungsfähigkeit ausschließenden Zustand versetzt[67] (vgl. *M-G/S* § 231 Rn. 17), war hier ein absoluter Revisionsgrund aus § 338 Nr. 5 StPO zu verneinen.

187 In einem anderen Klausurfall hatte die Angeklagte, die „schon zuvor unter heftigem Schluchzen in Tränen ausgebrochen" war, die Vernehmung einer Kinderärztin mit Hinweis darauf unterbrochen, dass ihr „schwindelig und übel" sei und sie das Gefühl habe, „ihr Kreislauf versage jeden Moment – sie müsse an die frische Luft". Als die Angeklagte daraufhin den Sitzungssaal verließ, setzte das Gericht die Verhandlung in ihrer Abwesenheit fort, da ihr „Unwohlsein vornehmlich auf einer psychischen Erregung" beruhe, „in die sie sich hineingesteigert" habe. Da die Angeklagte nach einer halben Stunde erholt in den Sitzungssaal zurückgekehrt war, musste hier klargestellt werden, dass die von ihr zu Protokoll erklärten körperlichen Beschwerden trotz ihrer relativ kurzen Dauer als Erkrankung – und nicht lediglich als unbedeutende Unpässlichkeit – anzusehen waren und damit der für § 231 Abs. 2 StPO zu fordernden Eigenmächtigkeit entgegenstanden (vgl. *M-G/S* § 231 Rn. 15). Anhaltspunkte dafür, dass sich die Angeklagte wissentlich in diesen krankhaften Zustand hineingesteigert hatte – was einem eigenmächtigen Entfernen gleichgestanden hätte (vgl. *M-G/S* § 231 Rn. 17) –, konnten im Hinblick darauf verneint werden, dass die beschriebenen Symptome plausible und nahe liegende Folge der emotionalen Belastung für die Angeklagte waren: die Kinderärztin hatte gerade eingehend die erheblichen Kopfverletzungen der zweijährigen Tochter der Angeklagten geschildert, wegen derer diese i.R. des § 225 StGB angeklagt war.

188 In einem weiteren Klausurfall war das Ausbleiben des Angeklagten in der Fortsetzungsverhandlung unproblematisch als „eigenmächtig" anzusehen, da dieser dem Gericht bei seinem späteren Erscheinen sogar noch selbstbewusst ins Protokoll diktiert hatte, „nein, ich habe nicht verschlafen, es war mir einfach zu früh". Allerdings musste hier zusätzlich darauf hingewiesen werden, dass auch der erforderliche Nachweis ordnungsgemäßer Ladung (vgl. *M-G/S* § 231 Rn. 14) erbracht werden konnte: zum Fortsetzungstermin brauchte nämlich nicht förmlich geladen zu werden, es genügte die erfolgte mündliche Bekanntmachung des neuen Termins bei der Unterbrechung der Hauptverhandlung (vgl. *M-G/S* § 229 Rn. 12).

189 (b) Weiterhin kann die Abwesenheit des Angeklagten durch **§ 231b Abs. 1 StPO** gerechtfertigt sein. Danach kann das Gericht, wenn es einen Beschluss nach § 177 GVG wegen ordnungswidrigen Benehmens des Angeklagten gefasst hat, in Abwesenheit des Angeklagten verhandeln, wenn dessen weitere Anwesenheit nicht unerlässlich ist, die Befürchtung einer schwerwiegenden Beeinträchtigung des Ablaufs der Hauptverhandlung durch dessen Verhalten besteht und dem Angeklagten Gelegenheit zur Äußerung zu der Anklage gegeben worden ist (vgl. im Einzelnen *M-G/S* § 231b Rn. 4–8).

---

67 Zum Zusammenhang zwischen Anwesenheit und Verhandlungsfähigkeit vgl. schon oben Rn. 181.

In einem hierzu gebildeten Klausurfall war der Angeklagte während des Plädoyers des Staatsanwaltes durch nicht weiter begründeten Kammerbeschluss wegen „ungebührlichen Verhaltens vorübergehend bis zur Urteilsverkündung aus dem Sitzungssaal verwiesen" worden. Von den Voraussetzungen der Abwesenheitsverhandlung nach § 231b StPO, deren Nichtvorliegen mit der Revision nach § 338 Nr. 5 StPO geltend gemacht werden kann (vgl. *M-G/S* § 231b Rn. 12), war hier insbesondere der Beschluss nach § 177 GVG zu erörtern. Ein „ordnungswidriges Benehmen" ergab sich hier aus mehrfach vorangegangenen Ermahnungen des Angeklagten durch den Vorsitzenden wegen lauter und teilweise beleidigender Zwischenrufe. Da diese in der Sitzungsniederschrift deutlich protokolliert waren, schadete auch die fehlende Begründung des „ungebührlichen Verhaltens" im eigentlichen Ausschließungsbeschluss nicht (vgl. *M-G/S* § 182 GVG Rn. 4). Für das Vorgehen nach § 231b Abs. 1 StPO war im Übrigen auch ein gesonderter Beschluss nicht erforderlich, da das Gericht durch Fortsetzung der Hauptverhandlung nach dem Erlass des Beschlusses nach § 177 GVG und der Entfernung des Angeklagten hinreichend deutlich machte, dass es dessen Anwesenheit für die weitere Hauptverhandlung nicht für unerlässlich hielt (vgl. *M-G/S* § 231b Rn. 9). **190**

Im Zusammenhang mit § 231b StPO standen auch zwei weitere, fast identische Klausurfälle, in denen der Angeklagte – wie sich aus dem Hauptverhandlungsprotokoll ergab – nach Verlesung der Urteilsformel während der Verkündung der Urteilsgründe trotz Ermahnung mehrfach durch Zwischenrufe störte und daraufhin „auf Anordnung des Vorsitzenden" aus dem Sitzungssaal entfernt wurde. Auch wenn dieser Ausschluss durch § 231b StPO schon deshalb nicht gedeckt sein konnte, weil es an einer Beschlussfassung der Strafkammer nach § 177 S. 2 GVG fehlte, war die rechtsfehlerhafte Abwesenheit des Angeklagten nicht revisibel, weil sie mit der mündlichen Eröffnung der Urteilsgründe keinen wesentlichen Teil der Hauptverhandlung betraf (vgl. *M-G/S* § 338 Rn. 38).[68] **191**

In manchen Klausurfällen darf der Angeklagte (auch) bei Abwesenheitsverhandlung gemäß § 231b StPO nach einiger Zeit wieder an der Hauptverhandlung teilnehmen. Hier muss im Auge behalten werden, dass ihn das Gericht gemäß § 231b Abs. 2 StPO i.V. mit § 231a Abs. 2 StPO vom wesentlichen Inhalt dessen zu unterrichtet hat, was in seiner Abwesenheit verhandelt worden ist. Insoweit gelten die unten[69] gemachten Ausführungen zu § 247 S. 4 StPO sinngemäß. Wird der Angeklagte aber – wie in Klausuren ebenso schon thematisiert – erst zur Erteilung der Rechtsmittelbelehrung wieder zugelassen, kommt ein Verstoß gegen § 231b Abs. 2 StPO nicht in Betracht, da die Belehrungspflicht des in Bezug genommenen § 231a Abs. 2 StPO nur besteht, „solange mit der Verkündung des Urteils noch nicht begonnen worden ist". **192**

(c) Weitere Ausnahmen von der grundsätzlichen Anwesenheitspflicht des Angeklagten lässt **§ 247 StPO** im Interesse der Sachaufklärung sowie des Schutzes von Zeugen und des Angeklagten selbst zu. **193**

Der Prüfling sollte jedoch im Auge behalten, dass es in den einschlägigen Fällen mitunter auf die inhaltlichen Voraussetzungen des § 247 StPO von vornherein nicht ankommt. So hatten die Eltern eines neunjährigen Zeugen laut Hauptverhandlungsprotokoll eines Klausurfalls erklärt, dass ihr Sohn wegen des in Rede stehenden Todes seiner Großmutter unter massiven Schlaf- und Essstörungen sowie unter Alpträumen gelitten habe, so dass sie mit dessen Vernehmung nur bei Entfernung des Angeklagten aus dem Sitzungssaal einverstanden seien. Der Angeklagte verließ den Sitzungssaal daraufhin ohne gerichtliche Veranlassung von sich aus und wurde erst nach Abschluss der Vernehmung des Kindes wieder hereingerufen. Zwar bestanden hier gewisse Hinweise dafür, dass bei Vernehmung in Gegenwart des Angeklagten „ein erheblicher Nachteil für das Wohl des Zeugen" i.S. des § 247 S. 2 StPO zu befürchten **194**

68 Vgl. dazu auch oben Rn. 177 f.
69 Rn. 203 f.

war. Ob die im Protokoll enthaltene Erklärung der Eltern aber tatsächlich zur Annahme einer Gefährdung des Kindeswohles ausreichte, konnte jedoch dahinstehen, da die Verhandlung in Abwesenheit des Angeklagten jedenfalls aus formellen Gründen rechtsfehlerhaft war. Der vorübergehende Ausschluss des Angeklagten ist nämlich durch Gerichtsbeschluss – also nicht durch Verfügung des Vorsitzenden allein – anzuordnen, wobei aus dem Beschluss hervorgehen muss, für welchen Teil der Hauptverhandlung der Angeklagte sich entfernen muss, welchen Fall des § 247 StPO das Gericht für gegeben hält und welche konkreten Anhaltspunkte für die entsprechende Befürchtung bestehen (vgl. *M-G/S* § 247 Rn. 14). Ein Verstoß gegen § 247 StPO lag deshalb auch in den Klausurfällen vor, in denen das Gericht den Ausschluss des Angeklagten zwar durch Beschluss nach § 247 StPO angeordnet, diesen aber entweder gar nicht oder nur durch Wiederholung des Gesetzeswortlautes begründet hatte. Auf eine Substantiierung der Beschlussbegründung kann nämlich nur dann verzichtet werden, wenn – etwa auf Grund der in den Urteilsfeststellungen enthaltenen Informationen – vom Revisionsgericht mit Sicherheit festgestellt werden kann, dass die sachlichen Voraussetzungen des § 247 StPO vorlagen und vom Gericht nicht verkannt wurden (vgl. *M-G/S* § 247 Rn. 19). Da das Recht auf Teilnahme an der Hauptverhandlung im Hinblick auf seine Bedeutung für die Wahrheitsfindung und den Schutz des Angeklagten (Art. 103 Abs. 1 GG) unverzichtbar ist und nur in den gesetzlich vorgesehenen Fällen eingeschränkt werden kann, entbindet in diesen Fällen schließlich auch das Einverständnis der Beteiligten – und insbesondere das des Angeklagten selbst – nicht von der Pflicht zu Beschlussfassung und -begründung (vgl. *M-G/S* § 247 Rn. 14).

195 (aa) Inhaltlich kommt es i.R. des § 247 StPO in Klausuren zunächst auf dessen S. 1 an, wonach der Angeklagte während einer Vernehmung aus dem Sitzungszimmer entfernt werden kann, wenn zu befürchten ist, ein Mitangeklagter oder – praktisch bedeutsamer – ein Zeuge werde bei Vernehmung in Gegenwart des Angeklagten nicht die Wahrheit sagen. Hierzu muss eine konkrete **Gefahr für die Wahrheitsfindung** bestehen, zu deren Abwendung die zeitweise Entfernung des Angeklagten notwendig und unvermeidbar erscheint. Der bloße Wunsch des Zeugen oder Mitangeklagten, in Abwesenheit des Angeklagten auszusagen, ist hier ebenso wenig maßgeblich wie dessen Bereitschaft, sich in Gegenwart des Angeklagten zu äußern (vgl. *M-G/S* § 247 Rn. 3, 5).

196 Rechtlich nicht zu beanstanden war vor diesem Hintergrund der in einem einschlägigen Klausurfall auf § 247 S. 1 StPO gestützte Ausschluss des Angeklagten, den die Strafkammer – nach entsprechenden Angaben des Zeugen – im Beschluss darauf gestützt hatte, dieser Zeuge habe „glaubhaft bekundet“, eine vollständige Aussage in Anwesenheit des Angeklagten auf Grund einer „psychischen Barriere“ nicht machen zu können, da er ansonsten eine „Denunzierung im gemeinsamen Bekanntenkreis“ durch den Angeklagten sowie die eigene „soziale Isolation“ zu befürchten habe. Auf derselben Linie lag ein Klausurfall, in dem das Landgericht die Voraussetzungen des § 247 S. 1 StPO auf die Angaben des Zeugen gestützt hatte, er habe Angst vor dem Angeklagten und wolle in dessen Anwesenheit lieber nichts sagen, da dieser ihn angerufen und gesagt habe, er werde „heftig was auf's Maul“ bekommen, wenn er ihn „vor Gericht in die Pfanne“ haue. In beiden Fällen war eine Gefahr für die Wahrheitsfindung jedenfalls im Hinblick darauf hinreichend konkret dargetan, dass die Voraussetzungen des § 247 S. 1 StPO ohnehin nicht engherzig anzuwenden sind (vgl. *M-G/S* § 247 Rn. 3).

197 Ebenso rechtsfehlerfrei war die Ausschließung des Angeklagten in dem Klausurfall, in dem dessen geschiedene Ehefrau bei ihrer Vernehmung zur Person ankündigte, bei Vernehmung in Gegenwart des Angeklagten von ihrem Zeugnisverweigerungsrecht Gebrauch zu machen. Auch in dieser Situation wird nämlich eine Gefahr für die Wahrheitsfindung i.S. des § 247 S. 1 StPO gesehen (vgl. *M-G/S* § 247 Rn. 4). In einem anderen Klausurfall war diese Problematik in der Weise variiert, dass der betreffende Zeuge zwar kein Zeugnisverweigerungsrecht nach § 52 Abs. 1 StPO, sondern ein – sich grundsätzlich nur auf die Beantwortung einzelner Fragen erstreckendes – Auskunftsverweigerungsrecht nach § 55 Abs. 1 StPO hatte. Hier galt es aber zu erkennen, dass der Zeuge mit der Antwort auf jede Frage zum Tatgeschehen seine eigene Verwicklung in das in Rede stehende Geschehen hätte offenlegen müssen, sein Auskunftsverweigerungsrecht ihn also berechtigte, die Aussage in vollem Umfang zu verweigern (vgl. *M-G/S* § 55 Rn. 2). Vor diesem Hintergrund bestand also auch i.R. des § 55 Abs. 1 StPO ausnahmsweise eine Gefahr für die Wahrheitsfindung i.S. des § 247 S. 1 StPO.

(bb) Als Ausschlussgrund klausurrelevant ist weiterhin die zweite Variante des § 247 **198**
S. 2 StPO. Danach kann der Angeklagte bei der Vernehmung eines erwachsenen Zeugen aus dem Sitzungszimmer entfernt werden, wenn seine Gegenwart bei dem Zeugen die dringende **Gefahr eines schwerwiegenden Gesundheitsnachteils** begründet. Der Gesundheitsnachteil braucht zwar nur vorübergehend, muss aber schwerwiegend sein. In Betracht kommen hier im Wesentlichen nur schwere psychische Beeinträchtigungen; geringfügige Beeinträchtigungen des Wohlbefindens reichen nicht aus. Auch genügt die bloße Möglichkeit einer schwerwiegenden Gesundheitsgefährdung nicht; vielmehr muss eine auf tatsächliche Umstände gestützte hohe Wahrscheinlichkeit für den Gesundheitsnachteil des Zeugen vorliegen (vgl. *M-G/S* § 247 Rn. 12).

Diese Voraussetzungen waren in folgendem Klausurfall nicht erfüllt: Die vom Angeklagten **199**
überfallene Zeugin hatte erklärt, in dessen Gegenwart nicht aussagen zu wollen, da sie vor dem Hintergrund des Tatgeschehens „Angst" habe – bedroht worden sei sie allerdings nicht. Die Strafkammer hatte den Angeklagten daraufhin durch Beschluss nach § 247 S. 2 StPO ausgeschlossen: Es sei zu befürchten, „dass für die psychische Gesundheit der Zeugin schwere Nachteile drohen", wenn sie in Anwesenheit des Angeklagten aussagen müsse, „da sie auf Grund des Tatgeschehens unter Ängsten" leide. Diese Beschlussbegründung belegte die Voraussetzungen des § 247 S. 2 StPO nicht, da sich aus ihr nicht ergab, um welche Ängste es sich genau handelte und ob sie über geringfügige und damit noch hinnehmbare Beeinträchtigungen des Wohlbefindens hinausgingen. Da die somit rechtsfehlerhafte Abwesenheit des Angeklagten die Beweisaufnahme und damit einen wesentlichen Teil der Hauptverhandlung betraf, lag der absolute Revisionsgrund des § 338 Nr. 5 StPO vor.

(cc) Genau im Auge zu behalten ist jedoch, dass der Angeklagte in den Fällen des **200**
§ 247 S. 1 und 2 StPO nur während der Vernehmung des Zeugen bzw. Mitangeklagten sowie der damit in enger Beziehung stehenden Verfahrensvorgänge ausgeschlossen werden darf. Andere Beweisvorgänge mit **selbständiger verfahrensrechtlicher Bedeutung** sind während der Abwesenheit des Angeklagten untersagt und müssen ggf. in Gegenwart des Angeklagten wiederholt werden. Das gilt insbesondere für die Vernehmung weiterer Zeugen, für die Verlesung von Urkunden und für Augenscheinseinnahmen (vgl. *M-G/S* § 247 Rn. 6–9).

Konstellationen derartig „eingeschobener" Beweiserhebungen sind in Prüfungsaufgaben **201**
leicht zu integrieren und damit klausurträchtig. In einem hierzu gebildeten Klausurfall hatte das Gericht im Laufe der in Abwesenheit des Angeklagten durchgeführten Zeugenvernehmung verschiedene Asservate – die bei der Tat verwendete Pistole sowie Lichtbilder der Verletzungen der Zeugin – in Augenschein genommen und der Zeugin „vorgehalten", nach Rückkehr des Angeklagten aber nur die Lichtbilder erneut in Augenschein genommen. In einem anderen Klausurfall war der Angeklagte erst wieder in den Sitzungssaal gerufen worden, nachdem auch über die Entlassung einer Zeugin verhandelt, diese entlassen und damit eine effektive Ausübung seines Fragerechts verhindert worden war. Der genaue Rechtsfehler besteht in solchen Fall darin, dass der betreffende Verfahrensvorgang wegen seiner selbst-

ständigen verfahrensrechtlichen Bedeutung von dem Ausschluss nach § 247 StPO nicht gedeckt und insoweit gegen § 230 Abs. 1 StPO verstoßen ist.

202 Allerdings ist § 338 Nr. 5 StPO nicht ausnahmslos einschlägig, wenn während der Abwesenheit des Angeklagten über die eigentliche Vernehmung hinaus weitere Verfahrensvorgänge erledigt werden. So hatte die Verteidigerin die in Abwesenheit des Angeklagten vernommene Zeugin in einem Klausurfall wegen „Befangenheit" abgelehnt. Diesen Antrag hatte die Kammer zurückgewiesen, bevor der Angeklagte wieder in den Sitzungssaal geführt wurde. Auch wenn dieser Vorgang selbständige verfahrensrechtliche Bedeutung hatte, war ein Beruhen des Urteils auf diesem Mangel denkgesetzlich ausgeschlossen, da die Ablehnung eines Zeugen wegen Befangenheit gesetzlich nicht vorgesehen ist.[70] Auch für den Fall der in Abwesenheit des Angeklagten erfolgten Verhandlung über die Vereidigung eines Zeugen ist § 338 Nr. 5 StPO nicht gegeben, da dieser Verfahrensvorgang nach Wegfall der Regelvereidigung[71] grundsätzlich nicht mehr als wesentlicher Teil der Hauptverhandlung angesehen wird (vgl. *M-G/S* § 247 Rn. 20b).

203 (dd) Wichtig im Zusammenhang mit § 247 StPO ist schließlich auch dessen S. 4, wonach der Vorsitzende den Angeklagten, sobald dieser wieder anwesend ist, von dem wesentlichen Inhalt dessen zu **unterrichten** hat, was während seiner Abwesenheit ausgesagt oder sonst verhandelt worden ist. Da sich auch ein Verstoß gegen diese Verfahrensvorschrift mühelos in entsprechende Klausuraufgaben integrieren lässt, sollte im Fall der Thematisierung des § 247 StPO die Unterrichtung des Angeklagten immer im Auge behalten werden. In der Regel wird es hier um das vollständige Unterlassen der Unterrichtung gehen. Ein solches wird, da es sich bei der Unterrichtung nach § 247 S. 4 StPO um eine wesentliche Förmlichkeit i.S. des § 273 Abs. 1 StPO handelt (vgl. *M-G/S* § 247 Rn. 17), in den einschlägigen Fällen i.R. des § 274 S. 1 StPO durch das Schweigen des Protokolls bewiesen.

204 Beachtet werden muss auch, dass es sich bei einem Verstoß gegen § 247 S. 4 StPO – da es hier nicht mehr unmittelbar um die Abwesenheit des Angeklagten geht – lediglich um einen **relativen Revisionsgrund** handelt. Dies ist gerade in den Klausurfällen von Bedeutung, in denen sich an die Erörterung der Ausschlussgründe des § 247 S. 1 und 2 StPO auch noch eine solche des § 247 S. 4 StPO anschließt. Hier müssen beide verfahrensrechtlichen Aspekte getrennt behandelt und i.R. des § 247 S. 4 StPO ggf. zusätzlich das Beruhen des Urteils auf der Gesetzesverletzung geklärt werden. Diese Voraussetzung des § 337 Abs. 1 StPO wird sich in Klausuren jedoch regelmäßig mit Hinweis darauf bejahen lassen, dass sich der Angeklagte wegen des Unterrichtungsmangels nicht vollständig sachgerecht verteidigen konnte.

cc) Abwesenheit des notwendigen Verteidigers

205 (1) Die Abwesenheit eines Wahl- oder Pflichtverteidigers ist nur bei notwendiger Verteidigung nach § 140 StPO ein zwingender Aufhebungsgrund. Regelmäßig geht es hier um die Abwesenheit des Verteidigers des revisionsführenden Angeklagten – mangels Beschwer kann das Fehlen des Verteidigers eines Mitangeklagten nicht gerügt werden (vgl. *M-G/S* § 338 Rn. 4, 41)[72]. Der Verfahrensfehler kann hier darin liegen,

70 Vgl. dazu oben Rn. 167.
71 Vgl. dazu unten Rn. 295.
72 Vgl. dazu auch schon oben Rn. 133.

dass das Gericht dem unverteidigten Angeklagten trotz der von vornherein vorliegenden Voraussetzungen des § 140 Abs. 1 und 2 StPO keinen Pflichtverteidiger bestellt (§ 141 Abs. 1 StPO), dass es bei einer sich erst im Laufe der Hauptverhandlung ergebenden notwendigen Verteidigung ohne Bestellung eines Pflichtverteidigers weiterverhandelt (§ 141 Abs. 2 StPO), oder aber dass im Fall der notwendigen Verteidigung (weiter-)verhandelt wird, obwohl der bereits gewählte oder bestellte Verteidiger in der Hauptverhandlung ausbleibt, sich entfernt oder sich weigert, die Verhandlung zu führen (§ 145 Abs. 1 S. 1 StPO).

Um das Verhältnis zwischen § 145 Abs. 1 S. 1 und S. 2 StPO ging es in einem Klausurfall, in **206**
dem die Pflichtverteidigerin am zweiten von drei Hauptverhandlungstagen krankheitsbedingt nicht erschienen und durch einen bei Gericht anwesenden, spontan eingesprungenen Rechtsanwalt ersetzt worden war, der die Verteidigung nach nur 20-minütiger Rücksprache mit dem Angeklagten und ohne Studium der umfangreichen Akte (drei Bände und zwei Anlageordner) übernahm. § 145 Abs. 1 S. 2 StPO sieht vor, dass das Gericht bei Ausbleiben des Verteidigers anstelle der in S. 1 vorgesehenen Bestellung eines anderen Verteidigers auch eine Aussetzung der Verhandlung beschließen kann. Die Wahl hat das Gericht nach pflichtgemäßem Ermessen zu treffen, wobei es sich am Zweck des § 145 StPO zu orientieren hat, der nicht primär der Verfahrenssicherung dient, sondern das Recht des Angeklagten auf eine effektive und angemessene Verteidigung wahren soll (vgl. *M-G/S* § 145 Rn. 2, 9). Hier lag allein schon angesichts von Vorbereitungszeit und Aktenumfang auf der Hand, dass eine Information des neuen Verteidigers, die ihn nur annähernd auf den Stand des Verfahrens hätte bringen können, nicht erfolgt sein konnte. Das Gericht war daher i.R. seiner Fürsorgepflicht unabhängig von der offensichtlich anderen Einschätzung des neuen Verteidigers gehalten, die Hauptverhandlung auszusetzen und mit der eingearbeiteten Pflichtverteidigerin fortzusetzen. Mit Blick auf deren überlegene Sachkenntnis war ohne weiteres auch das Beruhen des Urteils auf dem Verstoß gegen § 145 Abs. 1 S. 2 StPO – einem bloß relativen Revisionsgrund – zu bejahen.

Klausurträchtig sind die Fälle der Abwesenheit des notwendigen Verteidigers, weil **207**
sie die in Prüfungen zunehmend geforderte Sachbearbeitung aus anwaltlicher Sicht besonders gut darstellen lassen, indem zum Beispiel der erstinstanzlich ohne Verteidiger verurteilte Angeklagte innerhalb der noch laufenden Rechtsmittelfrist bei seinem Rechtsanwalt erscheint und diesen um Überprüfung der Erfolgsaussichten einer Revision bittet.

Die Abwesenheit des notwendigen Verteidigers tritt im Regelfall im Hauptverhandlungspro- **208**
tokoll offen zu Tage, das insoweit i.R. des § 274 S. 1 StPO negative Beweiskraft besitzt (vgl. *M-G/S* § 273 Rn. 7). In einem Klausurfall war der notwendige Verteidiger jedoch dadurch **„versteckt"** abwesend, dass er – auf eigenen Beweisantrag – als Zeuge vernommen wurde. Da der Anwalt aber während seiner Vernehmung als Zeuge seine Funktion als Verteidiger nicht gleichzeitig wahrnehmen kann, hätte dem Angeklagten für diesen Zeitraum ein anderer Verteidiger beigeordnet werden müssen (vgl. *M-G/S* vor § 48 Rn. 18), was jedoch rechtsfehlerhaft unterblieb. Ebenso kann sich der absolute Revisionsgrund des § 338 Nr. 5 StPO natürlich auch bei der Zeugenvernehmung aller anderen Prozessbeteiligten ergeben, die gesetzlich zur Anwesenheit verpflichtet sind.

(2) Der Katalog des § 140 StPO ist in Klausuren bei Fehlen eines Verteidigers zu- **209**
mindest gedanklich immer vollständig durchzuprüfen. Nicht selten wird sich dabei herausstellen, dass die Voraussetzungen der Vorschrift gleich mehrfach vorlagen – die einschlägigen Varianten des § 140 StPO sind im Gutachten dann **allesamt** darzulegen. Neben den unproblematischen Varianten der im ersten Rechtszug vor dem Landge-

richt stattfindenden Hauptverhandlung und der gegen den Angeklagten vollstreckten Untersuchungshaft (§ 140 Abs. 1 Nr. 1 und Nr. 4 StPO) sind die folgenden vier Konstellationen von besonderer Prüfungsbedeutung:

210 (a) Häufiges Klausurproblem ist zunächst § 140 Abs. 1 Nr. 2 StPO – regelmäßig in Anknüpfung an die bereits oben dargestellte Problematik der sachlichen Zuständigkeit.[73] Danach ist die Mitwirkung eines Verteidigers notwendig, wenn dem Angeklagten ein Verbrechen zur Last gelegt wird. „Zur Last gelegt" ist ein Verbrechen i.S. dieser Vorschrift aber nur, wenn die Tat entweder in der Anklage, dem Eröffnungsbeschluss, einer Nachtragsanklage oder aber spätestens in einem rechtlichen Hinweis nach § 265 Abs. 1 StPO als Verbrechen bewertet worden ist (sog. **formalisierte „Zur Last-Legung"**; vgl. *M-G/S* § 140 Rn. 12). Dieser Zusammenhang kann in Klausuraufgaben interessant in der Weise eingearbeitet sein, dass die sachlichrechtliche Überprüfung der Urteilsfeststellungen eine Strafbarkeit wegen Verbrechens ergibt, die das Tatgericht selbst jedoch gar nicht erkannt hatte. Ist ein solches Verbrechen – wie in derartigen Examensklausuren eigentlich immer – nicht im formalisierten Sinne „zur Last gelegt", liegt ein Fall der notwendigen Verteidigung nach § 140 Abs. 1 Nr. 2 StPO also gleichwohl nicht vor.

211 (b) Weiterhin ergeben sich Fälle der notwendigen Verteidigung in Klausuren häufig auch im Hinblick auf die **„Schwere der Tat"** i.S. des § 140 Abs. 2 S. 1 StPO. Diese beurteilt sich vor allem nach der zu erwartenden Rechtsfolgenentscheidung, wobei eine Straferwartung von **einem Jahr Freiheitsstrafe** – auch wenn es sich insoweit nicht um eine starre Grenze handelt – in der Regel Anlass zur Beiordnung eines Verteidigers geben sollte. Dies gilt auch, wenn die Strafe zur Bewährung ausgesetzt oder diese Strafhöhe erst durch die Bildung einer Gesamtstrafe erreicht wird (vgl. *M-G/S* § 140 Rn. 23). In der Klausursituation sollte vor diesem Hintergrund ein absoluter Revisionsgrund nach §§ 140 Abs. 2 S. 1, 338 Nr. 5 StPO bejaht werden, wenn das Tatgericht den Angeklagten ohne Teilnahme eines (Pflicht-)Verteidigers an der Hauptverhandlung zu einer Freiheitsstrafe von einem Jahr oder mehr verurteilt hat. Da zur Beurteilung der Schwere der Tat allerdings auch sonstige schwerwiegende Nachteile, die der Angeklagte infolge der Verurteilung hinzunehmen hat, zu berücksichtigen sind, kann im Einzelfall auch bei Verurteilung zu einer ein Jahr unterschreitenden Freiheitsstrafe einmal Anlass zur Beiordnung eines Verteidigers bestehen. Praktisch hochrelevant – und auch in Klausuraufgaben einfach zu integrieren – ist insoweit der wegen der neuen Verurteilung in einem anderen Verfahren zu erwartende Bewährungswiderruf (vgl. *M-G/S* § 140 Rn. 25).

212 In Klausuren lohnt sich daher ein Blick auf die im Hauptverhandlungsprotokoll bzw. in den schriftlichen Urteilsgründen enthaltene Vorstrafenliste. Der Widerruf einer sich daraus ergebenden Strafaussetzung steht nach § 56f Abs. 1 S. 1 Nr. 1 StGB an, wenn der Verurteilte in der Bewährungszeit eine neue Straftat begeht und dadurch zeigt, dass sich die der Strafaussetzung zugrundeliegende Erwartung nicht erfüllt hat. Da die Bewährungszeit nach § 56a Abs. 2 S. 1 StGB erst mit der Rechtskraft der Entscheidung über die Strafaussetzung beginnt, ist auch auf die Mitteilung dieses Zeitpunktes in der Vorstrafenliste zu achten, anhand dessen dann auch das Ende der Bewährungszeit bestimmt werden kann. Allerdings kann der Wider-

73 Vgl. dazu oben Rn. 89.

ruf in diesen Fällen nach § 56f Abs. 1 S. 2 StGB auch dann erfolgen, wenn die durch das angefochtene Urteil abgeurteilte Straftat in der Zeit zwischen der Entscheidung über die Strafaussetzung und deren Rechtskraft begangen worden ist. Weiterhin ist zu beachten, dass bei Nachverurteilung zu einer nochmals zur Bewährung ausgesetzten Freiheitsstrafe häufig bloße Maßnahmen nach § 56f Abs. 2 StGB – insbesondere die Verlängerung der Bewährungszeit – ausreichen, die Mitwirkung eines Verteidigers wegen der „Schwere der Tat" unter diesem Gesichtspunkt also nicht geboten erscheint. Ein Fall der notwendigen Verteidigung wegen der „Schwere der Tat" müsste demgegenüber aber beispielsweise bejaht werden, wenn der Angeklagte im angefochtenen Urteil vom 1. April 2015 wegen eines am 1. Dezember 2014 begangenen Diebstahls zu einer sechsmonatigen Freiheitsstrafe verurteilt wurde, nachdem er erst am 1. Juli 2014 – rechtskräftig seit demselben Tag – wegen Diebstahls zu einer Freiheitsstrafe von einem Jahr mit Strafaussetzung zur Bewährung – Bewährungszeit drei Jahre – verurteilt wurde. In diesem Fall wäre der Widerruf absehbare Auswirkung der Rechtsfolgenentscheidung im angefochtenen Urteil und würde dieser das nach § 140 Abs. 2 S. 1 StGB erforderliche Gewicht verleihen, ohne dass es insoweit noch auf die Schwierigkeit der Sach- und Rechtslage ankäme.

(c) Ein Fall der notwendigen Verteidigung kann sich weiterhin auch unter dem **213**
Gesichtspunkt der **„Schwierigkeit der Rechtslage"** i.S. des § 140 Abs. 2 S. 1 StPO ergeben. Diese Variante ist aus naheliegenden Gründen klausurträchtig: Sollten in der betreffenden Klausur i.R. der sachlichrechtlichen Gesetzesanwendung auch anspruchsvolle Probleme des materiellen Strafrechts thematisiert sein, so hat dies natürlich mittelbar Auswirkungen auch auf eine Verfahrensnorm mit entsprechenden Eingangsmerkmalen. Von daher ist ein Abgleich zwischen verfahrens- und materiellrechtlicher Lage an dieser Stelle immer ratsam.

So ging es in einem hierzu einschlägigen Klausurfall sachlichrechtlich um die zeitweise um- **214**
strittene Auslegung des Tatbestandsmerkmals „unter Mitwirkung eines anderen Bandenmitglieds" i.S. des § 244 Abs. 1 Nr. 2 StGB. Großen Eindruck machen konnte hier, wer diese Rechtsfrage unter Hinweis auf die – etwa ein Jahr vor Ausgabe der Examensklausur ergangene – Entscheidung des Großen Senates für Strafsachen in *BGHSt* 46, 321 als höchstrichterlich geklärt erkannte (vgl. *Fischer* § 244 Rn. 42) und deshalb ihre Schwierigkeit – und damit einen Fall der notwendigen Verteidigung gemäß § 140 Abs. 2 S. 1 StPO – jedenfalls aus diesem Grunde verneinte.

(d) Mitunter stellt sich in Klausuren die Frage, ob sich ein ausländischer Angeklagter **215**
wegen sprachlicher Verständigungsschwierigkeiten i.S. des § 140 Abs. 2 S. 1 StPO **„nicht selbst verteidigen kann"**. Da Verständigungsschwierigkeiten als solche aber allein durch die Hinzuziehung eines Dolmetschers überwunden werden und die Beiordnung eines Verteidigers an ihnen nichts ändert, wird sich ein Fall der notwendigen Verteidigung hier regelmäßig nicht bejahen lassen.[74] Etwas anderes kann nur gelten, wenn der Fall in tatsächlicher oder rechtlicher Hinsicht Schwierigkeiten von Gewicht aufweist, die auch unter Beteiligung eines Dolmetschers nicht ohne weiteres ausräumbar erscheinen (vgl. *M-G/S* § 140 Rn. 30a). Der Sache nach geht es dann aber nicht mehr um eine Unfähigkeit der Selbstverteidigung, sondern eine möglicherweise i.S. des § 140 Abs. 2 S. 1 StPO „schwierige" Sach- oder Rechtslage.

(3) Da das Institut der notwendigen Verteidigung das rechtsstaatliche Interesse an **216**
einem prozessordnungsgemäßen Strafverfahren und einer wirksamen Verteidigung

74 Vgl. *BGH* NJW 2001, 309.

des Angeklagten sichert (vgl. *M-G/S* § 140 Rn. 1), steht die Anwesenheit des Verteidigers schließlich nicht zur Disposition des Angeklagten. Dieser kann daher nicht auf die Einhaltung der §§ 140, 141 Abs. 2, 145 Abs. 1 StPO **verzichten**. Ebenso unverzichtbar ist im Übrigen auch die Beachtung aller anderen Vorschriften, aus deren Verletzung sich zwingende Aufhebungsgründe nach § 338 Nr. 1 bis 6 StPO ergeben (vgl. *M-G/S* § 337 Rn. 44).

217 Auf diesen Zusammenhang kam es in dem Klausurfall an, in dem der Wahlverteidiger den Sitzungssaal während einer vor der großen Strafkammer stattfindenden Hauptverhandlung ausweislich des Protokolls „mit Einverständnis des Angeklagten" für zehn Minuten verließ, um in einer Zivilprozesssache einen Antrag zu stellen. Da es sich bei der währenddessen durchgeführten Vernehmung des Angeklagten über seine persönlichen Verhältnisse um einen wesentlichen Teil der Hauptverhandlung handelte (vgl. *M-G/S* § 338 Rn. 37), lag hier der absolute Revisionsgrund der §§ 140 Abs. 1 Nr. 1, 145 Abs. 1, 338 Nr. 5 StPO vor.

218 (4) In einer ganz neuen Klausur hatte der Pflichtverteidiger den Sitzungssaal wegen eines dringenden Telefonats verlassen und so fast 20 Minuten der Hauptverhandlung verpasst, obwohl die Vorsitzende ihn zuvor eindeutig auf seine Pflicht zum Verbleib im Sitzungssaal hingewiesen und zugleich angeboten hatte, die Sitzung in wenigen Minuten nach Beendigung der gerade durchgeführten Zeugenvernehmung für das Telefonat zu unterbrechen. Die damit angesprochene Frage der **Verwirkung** des Rügerechts war aus doppeltem Grund zu verneinen: Zum einen kann dem Angeklagten ein möglicherweise arglistiges Verhalten des Verteidigers nicht entgegengehalten werden, wenn er an diesem nicht beteiligt ist. Zum anderen ist die Vorschrift des § 140 StPO nicht verzichtbar (s.o.) und damit grundsätzlich zu wichtig, als dass ein arglistiges Verhalten dem Angeklagten das Rügerecht nehmen könnte (vgl. *M-G/S* § 337 Rn. 47).

219 (5) Hinzuweisen ist in diesem Zusammenhang auch auf Fälle der Abwesenheit eines nicht i.S. des § 140 StPO notwendigen Verteidigers, aus denen sich im Einzelfall revisible Verstöße gegen das Gebot einer rechtsstaatlichen, fairen Verfahrensführung ergeben können. Das daraus resultierende Recht des Angeklagten, sich in einem Strafverfahren von einem Rechtsanwalt seines Vertrauens verteidigen zu lassen, führt zunächst dazu, dass das Gericht bei **Verspätung des Wahlverteidigers** eine angemessene Zeit – im Allgemeinen werden hier 15 Minuten ausreichen – zu warten hat. Eine längere Wartezeit ist erforderlich, wenn das Gericht weiß, dass der Verteidiger auf dem Weg zu ihm ist oder im Hause noch einen anderen Termin wahrnimmt (vgl. *M-G/S* § 228 Rn. 11).

220 Auf diese Konstellation war ein Klausurfall zugeschnitten, in dem der Angeklagte das Gericht zu Beginn der Hauptverhandlung gebeten hatte, auf seine sich „auf Grund einer Terminkollision" verspätende Wahlverteidigerin zu warten. Die Vorsitzende hatte die Verhandlung daraufhin ohne weiteres mit Hinweis darauf fortgesetzt, dass „auf Grund ihres gedrängten Terminkalenders eine Verschiebung des Verhandlungstermins nicht möglich" sei. Ein Verstoß gegen das Gebot des fairen Verfahrens konnte hier schon deshalb bejaht werden, weil das Gericht seine Entscheidung zur Fortsetzung der Verhandlung einseitig auf die eigenen Interessen gestützt und noch nicht einmal versucht hatte, die für eine eventuelle Wartepflicht maßgebliche Dauer der zu erwartenden Verspätung in Erfahrung zu bringen. Tatsächlich war die Verteidigerin dann auch bereits etwa 40 Minuten später erschienen. Auf diesem – **relativen** – **Revisionsgrund** beruhte[75] das Urteil auch, da dieses bei Anwesenheit der Ver-

75 Vgl. dazu im Einzelnen Rn. 249 ff.

teidigerin während der anschließenden Vernehmung des Angeklagten und zweier Zeugen möglicherweise anders ausgefallen wäre.

Bei einer gänzlichen **Verhinderung des Wahlverteidigers** kann – in Abweichung von der Regel des § 228 Abs. 2 StPO – der Grundsatz des fairen Verfahrens eine Unterbrechung der Hauptverhandlung gebieten, wobei es entscheidend auf die Bedeutung der Sache, die Schwierigkeit der Sach- und Rechtslage, die Fähigkeit des Angeklagten, sich selbst zu verteidigen, sowie den Anlass, die Vorhersehbarkeit und die voraussichtliche Dauer der Verhinderung ankommt[76] (vgl. *M-G/S* § 228 Rn. 10). **221**

In einem hierzu gebildeten Klausurfall stellte das Hauptverhandlungsprotokoll – nachdem die Sitzung für etwa vier Stunden unterbrochen worden war – nur die Anwesenheit des Staatsanwalts, der Urkundsbeamtin der Geschäftsstelle, der beiden Angeklagten und des Verteidigers des Mitangeklagten fest. Nachdem zunächst ein absoluter Revisionsgrund gemäß §§ 338 Nr. 5, 140 StPO zu erörtern und in diesem Zusammenhang die „Schwere der Tat“ und die „Schwierigkeit der Sach- und Rechtslage“ i.S. des § 140 Abs. 2 StPO zu verneinen waren, hätte es klausurtaktisch nahegelegen, die hier entwickelten Argumente auch für die sich somit anschließende Prüfung eines Verstoßes gegen das Gebot des fairen Verfahrens zu verwenden. Der Klausurtext stellte allerdings an anderer Stelle ausdrücklich klar, dass der Verteidiger des revisionsführenden Angeklagten der Hauptverhandlung tatsächlich ununterbrochen beigewohnt hatte. Da Angaben über die Anwesenheit des Verteidigers nur im Fall des – hier nicht einschlägigen – § 140 StPO zu den wesentlichen Förmlichkeiten i.S. des § 273 Abs. 1 StPO zählen (vgl. *M-G/S* § 273 Rn. 7), stand dessen Abwesenheit nicht i.R. des § 274 S. 1 StPO durch das Schweigen des Protokolls fest (vgl. *M-G/S* § 274 Rn. 8). Die Anwesenheit des Verteidigers war damit freibeweislich[77] zu klären und ein Verstoß gegen das Gebot des fairen Verfahrens schon deshalb zu verneinen. **222**

g) Ungesetzliche Beschränkung der Öffentlichkeit (§ 338 Nr. 6 StPO)

aa) Nach § 169 S. 1 GVG ist die Verhandlung vor dem erkennenden Gericht in vollem Umfang öffentlich durchzuführen. Diese Öffentlichkeit bedeutet grundsätzlich, dass jedermann aus dem Publikum ohne Rücksicht auf seine Gesinnung oder seine Zugehörigkeit zu einer bestimmten Bevölkerungsgruppe sich ohne besondere Schwierigkeiten Kenntnis von Ort und Zeit der Verhandlung verschaffen kann und ihm i.R. der tatsächlichen Gegebenheiten der Zutritt eröffnet wird (vgl. *M-G/S* § 169 GVG Rn. 3). Zur Wahrung der Öffentlichkeit ist erforderlich, dass im Sitzungssaal Zuhörer in einer Anzahl Platz finden, die sie als Repräsentanten einer keiner besonderen Auswahl unterliegenden Öffentlichkeit erscheinen lässt (vgl. *M-G/S* § 169 GVG Rn. 4) – was im (Klausur-)Fall eines Sitzungszimmers mit einem einzigen Zuhörerplatz zu verneinen war. **223**

Eine ungesetzliche Beschränkung der Öffentlichkeit kann auch in einem **faktischen Ausschluss** eines einzelnen Zuschauers liegen und ist dann nicht unbedingt auf den ersten Blick als Problem zu erkennen. In einem *BGH* StV 2002, 6 nachgebildeten Klausurfall ergab sich aus dem Hauptverhandlungsprotokoll, dass sich ein Zeuge aus Angst vor dem im Zuschauerraum sitzenden Bruder des Angeklagten „in seinem Aussageverhalten eingeschränkt“ sah, woraufhin der Vorsitzende den Bruder – da dieser als Zeuge in Betracht komme – zum Verlassen des Sitzungssaales aufforderte. Nachdem der Verteidiger dieser Verfügung widerspro- **224**

76 Vgl. KK-*Gmel* § 228 Rn. 11.
77 Vgl. dazu oben Rn. 141.

chen hatte, da der Bruder „unter keinem sinnvollen Gesichtspunkt als Zeuge in Betracht komme“, wurde die Anordnung des Vorsitzenden i.R. des § 238 Abs. 2 StPO durch Gerichtsbeschluss mit der Begründung bestätigt, dass der Bruder dazu vernommen werden solle, ob er in irgendeiner Weise auf den in Rede stehenden Zeugen Einfluss genommen habe. Ausgangspunkt der Überlegungen musste hier sein, dass die (auch zwangsweise) Entfernung eines Zuhörers aus dem Sitzungssaal nicht gegen § 169 GVG verstößt, wenn dessen Vernehmung vom Gericht für erforderlich gehalten werden darf (vgl. *M-G/S* § 58 Rn. 5). Bei der Entscheidung dieser Frage steht dem Gericht ein Beurteilungsspielraum zu, der nur überschritten wird, wenn der Ausschluss des Zuhörers auf sachwidrigen Erwägungen beruht. Eine sachwidrige Erwägung liegt vor, wenn die spätere Vernehmung als Zeuge nur als bloßer Vorwand dazu erscheint, einen unliebsamen Zuhörer aus dem Sitzungssaal zu entfernen.[78] So aber lag der Fall hier, da das vom Gericht genannte Beweisthema vor dem Hintergrund willkürlich erschien, dass Anhaltspunkte für eine Einflussnahme durch den Bruder nicht ersichtlich waren und dessen Vernehmung überhaupt erst nach der beschriebenen Äußerung des Zeugen zur Sprache gekommen war.

225 Auch in folgendem Klausurfall war die Öffentlichkeit unzulässig faktisch ausgeschlossen: Da die Ehefrau des Angeklagten von ihrem Zeugnisverweigerungsrecht Gebrauch machen wollte, sie auf Nachfrage aber ihre Aussagebereitschaft bei geräumtem Sitzungssaal signalisierte, bat der Vorsitzende sämtliche Zuhörer, „den Saal freiwillig zu verlassen“, zwangsweise Maßnahmen könne er diesbezüglich jedoch nicht ergreifen. Da die Zuhörer daraufhin – erwartungsgemäß – den Sitzungssaal verließen, fand die anschließende Vernehmung der Zeugin unter faktischem Ausschluss der Öffentlichkeit statt. Zwar mag die Öffentlichkeit nicht unzulässig beschränkt sein, wenn einzelne Zuhörer der Bitte des Vorsitzenden, den Saal zu verlassen, freiwillig Folge leisten. Allerdings darf der Vorsitzende eine solche Bitte nicht an alle Anwesenden richten, weil dies zu einer Umgehung des Öffentlichkeitsgrundsatzes führen würde (vgl. *M-G/S* § 338 Rn. 48). Jedenfalls auf Grund der hoheitlichen Autorität des Gerichtes wird hier der psychische Druck für den einzelnen, auf den rechtlich möglichen Verbleib im Sitzungssaal zu verzichten, so groß sein, dass faktisch derselbe Zwang zum Verlassen des Gerichtssaales wie bei förmlichen Ausschluss der Öffentlichkeit besteht.

226
-227 In einem anderen Klausurfall betraf der unzulässige faktische Ausschluss eine einzelne Zuhörerin. Diese wurde von der Vorsitzenden gebeten, zur Vermeidung eines formellen Ausschlusses entweder ihr Kopftuch abzunehmen oder den Sitzungssaal zu verlassen. Ihre Entscheidung für die zweite Variante konnte angesichts des in Aussicht gestellten Ausschließungsbeschlusses nur als unfreiwillige Beugung unter die Autorität der Richterin verstanden werden. Da schon daraus die unzulässige Beschränkung der Öffentlichkeit folgte, kam es nicht mehr darauf an, dass eine i.R. der §§ 175, 176 GVG relevante Störung der Hauptverhandlung mit Blick auf Art. 4 GG gar nicht vorliegt, wenn das Aufbehalten eines Kopftuchs ausschließlich aus religiösen Gründen erfolgt.[79]

228 bb) Auch wenn die Informationsmöglichkeit der Öffentlichkeit nicht notwendigerweise durch einen **Aushang** am Sitzungssaal sichergestellt werden muss, so sind besondere Hinweise auf den Ort der Hauptverhandlung jedenfalls aber dann erforderlich, wenn die Hauptverhandlung nicht in den gewohnten Räumen stattfindet (vgl. *M-G/S* § 169 GVG Rn. 4a).

229 Hiergegen war in einem Klausurfall verstoßen, in dem ein verspätet zur Inaugenscheinnahme des Tatortes erschienener Zeuge dem Gericht vor Ort mitteilte, er habe den Gerichtssaal verschlossen vorgefunden und „erst auf mehrmalige Nachfrage bei der Geschäftsstelle er-

78 Vgl. *BGH* NStZ 2001, 163.
79 Vgl. *BVerfG* NJW 2007, 56.

fahren, dass das Gericht zu einem Ortstermin aufgebrochen sei". Aus dieser im Hauptverhandlungsprotokoll enthaltenen Information konnte i.R. des insoweit maßgeblichen Freibeweises[80] geschlossen werden, dass der erforderliche Aushang entweder gar nicht vorhanden oder zumindest nicht deutlich genug aufgehängt worden war.

In der Praxis ist es üblich, auch bei Hauptverhandlungen innerhalb des Gerichtsgebäudes vor dem Sitzungssaal Terminzettel auszuhängen. Die darin enthaltene Information muss dann in jedem Fall mit den tatsächlichen Abläufen übereinstimmen. **230**

Dies wiederum war in einem Klausurfall nicht beachtet, in dem der – verspätet erschienene – Angeklagte das Gericht nach seiner Vernehmung über die persönlichen Verhältnisse darauf hingewiesen hatte, dass der Sitzungszettel vor dem Gerichtssaal den Beginn der – tatsächlich auf 9.00 Uhr terminierten – Hauptverhandlung für 11.30 Uhr ankündige und er selbst daher auch eine Viertelstunde zu spät gekommen sei. Das Gericht ließ den Terminzettel daraufhin um 9.45 Uhr berichtigen. Bis zu diesem Zeitpunkt hätten sich allerdings mögliche Prozessbesucher, die sich an besagtem Terminzettel orientierten, dazu veranlasst sehen können, den Gerichtssaal tatsächlich erst um 11.30 Uhr aufzusuchen. Ähnlich war es in einem *OLG Celle* NStZ 2012, 654 nachgebildeten Klausurfall, in dem die Amtsrichterin versäumte, den vor dem Sitzungssaal leuchtenden Hinweis „nicht öffentlich", auf den sie vom Verteidiger gleich zu Beginn der Sitzung hingewiesen worden war, abzuschalten. Bei derartigen Informationsfehlern setzt die Bejahung eines Verstoßes gegen § 169 GVG nach überzeugender Auffassung des *OLG Celle* nicht voraus, dass sich tatsächlich einzelne Besucher von der Teilnahme an der Sitzung abhalten lassen. Die gegenteilige Auffassung (vgl. *M-G/S* § 338 Rn. 50a) ist nämlich mit dem Institut der absoluten Revisionsgründe nicht vereinbar, das gerade darauf Rücksicht nimmt, dass hier der Nachweis des Beruhens trotz der Schwere des betreffenden Rechtsverstoßes nur schwer geführt werden kann (vgl. *M-G/S* § 338 Rn. 1). **231**

Allerdings führt nicht jeder Informationsfehler auf einem Terminzettel zu einem Verstoß gegen § 169 S. 1 GVG. In einem Klausurfall war der Sitzungssaal gewechselt worden, ohne dass die Sitzungsrolle des ursprünglichen Raumes einen entsprechenden Hinweis enthielt oder aber am neuen ein Terminzettel angebracht worden war. Da es sich jedoch um ein sehr kleines Amtsgericht mit lediglich drei Sitzungssälen handelte und der nach dem Wechsel genutzte Raum unmittelbar neben dem ursprünglich vorgesehenen lag, hätten sich mögliche Zuhörer – notfalls durch Unterstützung des Gerichtspersonals – ohne besondere Schwierigkeiten vom Ort der Sitzung Kenntnis verschaffen können. **231a**

cc) Revisibel ist ein Verstoß gegen § 169 S. 1 GVG allerdings nur dann, wenn er auf einem **Verschulden des Gerichts** beruht. § 338 Nr. 6 StPO findet Anwendung, wenn das Gericht oder der Vorsitzende durch fehlerhafte Annahme eines Ausschlussgrundes (vgl. §§ 171a–173, 175, 177 GVG) oder durch Nichtbeachtung des Verfahrens für die Ausschließung (§ 174 GVG) eine die Öffentlichkeit unzulässig beschränkende Anordnung getroffen hat. **232**

Um die Entfernung einer einzelnen Person nach § 177 GVG ging es in einem neueren Klausurfall. Ein zeitunglesender Zuhörer, der auf Befragen mitgeteilt hatte, „er werde in Ruhe den Sportteil zu Ende lesen", war durch Anordnung des Vorsitzenden (§ 177 S. 2 Alt. 1 GVG) wegen „Ungebühr" des Sitzungssaales verwiesen worden. Dass zeitunglesende oder essende Zuhörer ungebührlich handeln und damit die Ordnung der Sitzung gefährden (vgl. *M-G/S* § 176 GVG Rn. 4), ist jedenfalls in älteren Entscheidungen mit Blick auf die im offensichtlichen Desinteresse an der Verhandlung zum Ausdruck kommende Missachtung des Gerichts noch angenommen worden (vgl. *M-G/S* § 178 Rn. 3). Der Entfernung nach § 177 S. 1 GVG **233**

80 Vgl. dazu oben Rn. 141.

muss jedoch eine zur Aufrechterhaltung der Ordnung getroffene verständliche und verstandene Anordnung vorausgehen (vgl. *M-G/S* § 177 GVG Rn. 7), an der es hier fehlte. Eine derart gesetzwidrige Entfernung einzelner als Repräsentanten der Öffentlichkeit anzusehender Personen stellt über § 169 GVG hinaus eine unzulässige Beschränkung der Öffentlichkeit dar (vgl. *M-G/S* § 338 Rn. 48). Allerdings hatte der – verteidigte – Angeklagte die Maßnahme des Vorsitzenden nicht beanstandet und damit sein Rügerecht verwirkt. Denn auch Maßnahmen der Sitzungspolizei unterliegen – weil sie den Grundsatz der Öffentlichkeit berühren – der Prüfung nach § 238 Abs. 2 StPO[81] (vgl. *M-G/S* § 238 Rn. 13).

234 Daneben ist § 338 Nr. 6 StPO gegeben, wenn das Gericht eine ihm bekannte Beschränkung der Öffentlichkeit nicht beseitigt hat oder aber eine ihm unbekannte Beschränkung bei Anwendung der gebotenen Sorgfalt hätte bemerken und beseitigen können. Das Verschulden untergeordneter Beamter begründet die Revision in diesem Rahmen dagegen nicht. Das Gericht hat ihnen gegenüber allerdings eine **Aufsichtspflicht**, deren gröbliche Vernachlässigung ihm als eigenes Verschulden zuzurechnen ist. Die Anforderungen an die gerichtliche Aufsichtspflicht dürfen jedoch nicht überspannt werden (vgl. *M-G/S* § 338 Rn. 49 f.).

235 In zwei insoweit identischen Klausurfällen teilte ein Wachtmeister der verhandelnden Strafkammer am Ende der Beweisaufnahme mit, „dass die Eingangstür des Gerichtsgebäudes entgegen der ausdrücklich anderslautenden Anordnung des Vorsitzenden versehentlich von 16:30 Uhr bis 16:45 Uhr verschlossen worden sei", er die Tür aber sofort wieder geöffnet habe, nachdem er den Verschluss bemerkt habe. Das Verschließen der Gerichtstür bewirkte hier zwar einen Ausschluss der Öffentlichkeit. Dem naheliegenden Umstand, dass die Haupttür nach Ende der allgemeinen Geschäftszeit abgeschlossen werden könnte, hatte der Vorsitzende jedoch mit seiner Anordnung die gehörige Aufmerksamkeit gewidmet. Das Verschulden der Wachtmeister war dem Gericht vor diesem Hintergrund nicht zuzurechnen, so dass der absolute Revisionsgrund des § 338 Nr. 6 StPO nicht vorlag.

236 dd) Zu beachten ist jedoch, dass die Öffentlichkeitsmaxime – wie schon § 169 S. 2 GVG zeigt – **nicht schrankenlos** gilt. So findet die Öffentlichkeit ihre Grenze naturgemäß dort, wo die örtlichen Gegebenheiten dazu führen, dass nur ein Teil der Zuschauer eingelassen werden kann. In Klausuren geht es in diesem Zusammenhang allerdings in erster Linie um die Fälle, in denen die Hauptverhandlung teilweise außerhalb des Gerichtsgebäudes stattfindet und der Anwesenheit von Zuhörern **rechtliche Hindernisse** entgegenstehen.

237 So fand in einem Klausurfall ein Teil der Hauptverhandlung zwecks Inaugenscheinnahme des Tatorts in einer Privatwohnung statt, die dort lebenden Tatopfer wollten der Öffentlichkeit aber „keinesfalls den Zutritt gestatten". Weiter hieß es im Hauptverhandlungsprotokoll, dass die Inaugenscheinnahme „unter Ausschluss der Öffentlichkeit" stattfand und den erscheinenden Zuschauern und Pressevertretern der Zutritt zur Wohnung verwehrt worden sei. Tatsächlich handelte es sich dabei aber gar nicht um einen Ausschluss der Öffentlichkeit, der schon begrifflich nur dort stattfinden kann, wo die Öffentlichkeit überhaupt möglich ist. Hier aber stand Art. 13 Abs. 1 GG der Wahrung des Öffentlichkeitsgrundsatzes in der Privatwohnung von vornherein entgegen – strafprozessuale Eingriffsgrundlagen existieren insoweit im Hinblick Art. 13 Abs. 7 GG nicht. Wegen des somit bestehenden rechtlichen Hindernisses bedurfte es in dieser Situation konsequenterweise auch keines Gerichtsbeschlusses

81 Vgl. dazu im Einzelnen oben Rn. 143 ff.

nach § 174 Abs. 1 S. 2 GVG,[82] dessen Fehlen ansonsten schon für sich alleine die Revision begründet (vgl. *M-G/S* § 338 Rn. 48).

ee) Ein anderer Klausurfall knüpfte an § 169 S. 2 GVG an, wonach Ton- und Fernseh-Rundfunkaufnahmen sowie Ton- und Filmaufnahmen zum Zwecke der öffentlichen Vorführung oder Veröffentlichung ihres Inhalts unzulässig sind. Das Gericht hatte einen von der Staatsanwaltschaft zu Beginn der Beweisaufnahme gestellten Antrag, die Hauptverhandlung auf Tonband aufzunehmen, mit Blick auf die durch ein solches Vorgehen nicht auszuschließende Änderung im Aussageverhalten der Prozessbeteiligten abgelehnt. Ob – wegen des lediglich internen Zwecks nicht dem Verbot des § 169 S. 2 GVG unterfallende – Tonaufnahmen zuzulassen sind, obliegt dem pflichtgemäßen Ermessen des Tatrichters. Dieser kann bei seiner Entscheidung – wie vorliegend – auf die in der Form bestehende Gefahr für die Wahrheitsfindung abstellen, dass die beim Zeugen ohnehin regelmäßig vorhandene Anspannung durch das Bewusstsein von der wörtlichen Aufzeichnung seiner Aussage noch verstärkt werden mag, etwa weil er die buchstabentreue und vom Gesamtbild der Vernehmung losgelöste Analyse seiner Angaben befürchtet[83] (vgl. *M-G/S* § 169 GVG Rn. 11 f.). **237a**

h) Verspätete oder fehlende Urteilsbegründung (§ 338 Nr. 7 StPO)

aa) Nach § 338 Nr. 7 StPO beruht das Urteil stets auf einer Verletzung des Gesetzes, wenn es keine Entscheidungsgründe enthält oder diese – und hier liegt die eigentliche Klausurbedeutung der Vorschrift – nicht innerhalb des sich aus § 275 Abs. 1 S. 2 und 4 StPO ergebenden Zeitraums zu den Akten gebracht worden sind. **„Zu den Akten gebracht"** ist das Urteil, wenn es jedenfalls in der Weise auf den Weg zur Geschäftsstelle gebracht worden ist, dass es – mit allen erforderlichen richterlichen Unterschriften – im Dienstzimmer an dafür vorgesehener Stelle zum Abtragen bereitgelegt wird, was vom Revisionsgericht i.R. des Freibeweisverfahrens ggf. durch Einholung einer entsprechenden dienstlichen Äußerung des betreffenden Richters überprüft wird (vgl. *M-G/S* § 275 Rn. 7). Nach § 275 Abs. 1 S. 2 StPO muss dies **spätestens fünf Wochen** nach der Verkündung geschehen sein – die gesetzliche Fristverlängerung des § 275 Abs. 1 S. 2 Hs. 2 StPO im Falle mehr als dreitägiger Hauptverhandlungen spielt in Klausuren keine Rolle. Die Fristüberschreitung kann sich ganz unauffällig aus dem auf der ersten Seite der Urteilsausfertigung angebrachten Eingangsvermerk der Geschäftsstelle ergeben, der deshalb routinemäßig mit dem dem Aufgabentext beigefügten Kalender abgeglichen werden sollte. In diesem Rahmen ist dann schon die auch hier geltende gesetzliche Fristverlängerung des § 43 Abs. 2 StPO abgefragt worden (vgl. *M-G/S* § 275 Rn. 8). **238**

Das Urteil muss zur Wahrung der Fünfwochenfrist alle erforderlichen richterlichen Unterschriften enthalten. Anders als bei (Eröffnungs-)Beschlüssen, deren Unterzeichnung gesetzlich nicht vorgesehen ist[84], reicht die in einem Klausurfall vorgekommene bloße Unterschrift des Vorsitzenden unter der Zustellungsanordnung auf der Rückseite des Urteils nicht aus. Das in § 275 Abs. 2 S. 1 StPO formulierte Gebot lässt es nicht zu, die den Urteilstext abschließende Unterschrift durch eine an anderer Stelle der Akte befindliche richterliche Unterschrift zu ersetzten. Durch die unter die Zustellverfügung gesetzte Unterschrift übernimmt der Richter nämlich nicht zweifelsfrei die Verantwortung für den Inhalt des Urteils und dessen Übereinstimmung mit dem Beratungsergebnis (vgl. *M-G/S* § 275 Rn. 19). **238a**

---

82 Vgl. *BGH* NJW 1994, 2773.
83 Vgl. *OLG Düsseldorf* NJW 1990, 2898, 2899.
84 Vgl. dazu oben Rn. 119.

238b Innerhalb des § 275 StPO wird darüber hinaus entweder die Fristüberschreitung nach Abs. 1 S. 4 StPO oder aber die Unterschriftsverhinderung nach Abs. 2 S. 2 StPO thematisiert.

239 (1) Ein **„im Einzelfall nicht voraussehbarer unabwendbarer Umstand"** i.S. des § 275 Abs. 1 S. 4 StPO, der die Überschreitung der Frist des § 275 Abs. 1 S. 2 StPO ausnahmsweise rechtfertigt, ist klassischerweise die Erkrankung des einzigen Berufsrichters des jeweiligen Spruchkörpers (vgl. *M-G/S* § 275 Rn. 13). Im betreffenden Klausurfall ergab sich aus einem gemäß § 275 Abs. 1 S. 5 StPO auf der ersten Seite der schriftlichen Urteilsgründe angebrachten Vermerk der Geschäftsstelle, dass die Fünfwochenfrist um drei Tage überschritten war – nach Fristablauf am 13. März war das schriftliche Urteil danach erst am 16. März auf der Geschäftsstelle eingegangen. Aus einer dem Klausurtext gleichfalls beigefügten dienstlichen Äußerung ergab sich allerdings, dass der Vorsitzende der in Rede stehenden kleinen Strafkammer in der Zeit vom 13. bis zum 15. März dienstunfähig erkrankt war. Da das Urteil aber schon am Tag nach seinem anschließenden Dienstantritt – und damit mit größtmöglicher Beschleunigung nach Wegfall des Hindernisses (vgl. *M-G/S* § 275 Rn. 16) – zu den Akten gelangte, war die Fristüberschreitung i.S. des § 275 Abs. 1 S. 4 StPO zulässig.

240 Um den Ausfall des Berichterstatters eines Kollegialgerichts ging es in einem *BGH* NStZ-RR 2014, 87 nachgebildeten Klausurfall, in dem die große Strafkammer die Urteilsabsetzungsfrist um zwei Tage überschritten hatte. Die Beisitzerin hatte in einem Vermerk zwei Tage vor Fristablauf niedergelegt, der Kammervorsitzende – Berichterstatter – sei zwei Wochen vor Fristablauf „wegen einer nicht vorhersehbaren schweren Erkrankung stationär im Krankenhaus aufgenommen" worden und es sei „heute" bekannt geworden, „dass seine Erkrankung einen längerfristigen Aufenthalt im Krankenhaus" erfordere. Auf diese Feststellung durfte sie sich indes nicht beschränken, da *alle berufsrichterlichen Mitglieder* des Spruchkörpers *für* die *Einhaltung der Frist* nach § 275 Abs. 1 S. 2 StPO *verantwortlich* sind. Beim Ausfall des Berichterstatters muss deshalb notfalls ein *anderer* erkennender Berufsrichter das *Urteil abfassen*, sofern ihm dies möglich und zumutbar ist (vgl. *M-G/S* § 275 Rn. 15). Dies war im Klausurfall nicht nur mit Blick auf das nicht sonderlich umfangreiche und schwierige Urteil, sondern auch deshalb zu bejahen, weil die Beisitzerin schon mit Beginn des Krankenhausaufenthalts ihres Kollegen Anlass hatte, die rechtzeitige Fertigstellung des Urteils im Auge zu halten. Die Fristüberschreitung war also nicht nach § 275 Abs. 1 S. 4 StPO gerechtfertigt.

241 Dasselbe Ergebnis hatte ein *OLG Koblenz* StV 2009, 11 nachgebildeter Klausurfall. Der Vorsitzende des Schöffengerichts hatte seinen dreiwöchigen Jahresurlaub zweieinhalb Wochen vor Ablauf der Absetzungsfrist angetreten; erst am Tag vor Urlaubsantritt war er aber wegen „hoher Arbeitsbelastung" dazu gekommen, das angefochtene Urteil zu diktieren und das Tonband auf der Geschäftsstelle abzugeben. Drei Tage nach Fristablauf war das Urteil dann geschrieben. Umstände, die die Organisation des Gerichts betreffen, rechtfertigen die Fristüberschreitung jedoch nicht, insbesondere nicht die allgemeine Arbeitsüberlastung des Richters, der Geschäftsstelle oder der Kanzlei (vgl. *M-G/S* § 275 Rn. 14). Dass der Richter anschließend in seinem Urlaub eine Woche vor Ablauf der Frist für mehrere Wochen erkrankte, rechtfertigte ihre Überschreitung ebenso wenig. Aus einem Aktenvermerk der Geschäftsstelle ergab sich nämlich, dass die Niederschrift des Urteils „aufgrund Urlaubs" des Vorsitzenden erst am betreffenden Tag gefertigt worden war – die Erkrankung hatte sich für die Fristüberschreitung also nicht ursächlich ausgewirkt.

242 (2) Die Frist des § 275 Abs. 1 S. 2 StPO kann allerdings nur eingehalten werden, wenn das Urteil in vollständiger Form zu den Akten gebracht worden ist, was wiederum die **Unterschriften** aller Berufsrichter oder die Ersetzung einzelner Unterschriften durch einen in zulässiger Weise innerhalb der Frist des § 275 Abs. 1 S. 2 StPO angebrachten **Verhinderungsvermerk nach § 275 Abs. 2 S. 2 StPO** voraussetzt (vgl. *M-G/S* § 275 Rn. 3 und 4). In einem hierzu gebildeten Klausurfall war das Kammerurteil ausweislich des Eingangsvermerks nach § 275 Abs. 1 S. 5 StPO zwar innerhalb der Fünfwochenfrist zu den Akten gelangt, dabei aber nur vom Vorsitzenden und einem der beiden Beisitzer unterschrieben worden – für den zweiten Beisitzer hatte der Vorsitzende nach § 275 Abs. 2 S. 2 StPO vermerkt, dass „Richter am Landgericht Mayer aus unbekannten Gründen ortsabwesend und damit an der Unterschriftsleistung verhindert" sei. Aus einer ebenfalls im Aufgabentext enthaltenen dienstlichen Äußerung des Landgerichtspräsidenten ergab sich, dass der Beisitzer die sitzungsfreien Tage vor dem maßgeblichen Fristablauf zu einem „Aufenthalt in Berlin" genutzt habe, ohne dass ihm Erholungsurlaub bewilligt oder die Gerichtsverwaltung sonst in irgendeiner Weise unterrichtet worden sei. Da es sich bei der Urteilsunterschrift für den sich nicht im Urlaub befindlichen Richter (vgl. *M-G/S* § 275 Rn. 22) jedoch um ein unaufschiebbares Dienstgeschäft handelt, für das dieser sich bereithalten muss[85], war der betreffende Beisitzer nicht i.S. des § 275 Abs. 2 S. 2 StPO verhindert, die Frist des § 275 Abs. 1 S. 2 StPO mangels Vollständigkeit des Urteils also nicht eingehalten. Eine recht einfach zu handhabende Variante derselben Problematik lag in einer späteren Klausur darin, dass der Strafkammervorsitzende das Urteil für den seinerzeit beisitzenden Proberichter unterschrieben hatte, weil dieser – so der Inhalt des Verhinderungsvermerks – „vor Absetzung des Urteils in den staatsanwaltschaftlichen Dienst gewechselt" sei. Wird aber ein Richter auf Probe zur Staatsanwaltschaft versetzt, so bleibt er Richter (vgl. §§ 12, 13, 19a Abs. 3 DRiG) und kann Urteile, an denen er mitgewirkt hat, noch unterschreiben (vgl. *M-G/S* § 275 Rn. 23 a.E.). Auch hier lag damit der absolute Revisionsgrund der §§ 275 Abs. 1 S. 2, 338 Nr. 7 StPO vor. Entsprechendes galt in einem ganz neuen Klausurfall, in dem der erkennende Richter – ein Strafrichter beim Amtsgericht – aus dem Justizdienst ausgeschieden und der entsprechende Verhinderungsvermerk von seinem Nachfolger gefertigt und unterschrieben worden war. Die Verhinderung kann allerdings nur von einem Richter feststellt werden, der selbst an der Hauptverhandlung mitgewirkt hat (vgl. *M-G/S* § 275 Rn. 20a).

In einem *BGH* NStZ-RR 1999, 46 nachgebildeten Klausurfall war die zweite Beisitzerin nach Verkündung des angefochtenen Urteils an ein über 200 km entferntes anderes Gericht abgeordnet worden. Der Vorsitzende konnte das Urteil wegen eines nach der Hauptverhandlung angetretenen mehrwöchigen Urlaubs des Berichterstatters erst am letzten Tag der Fünfwochenfrist unterschreiben. Dass er die zweite Beisitzerin zu diesem Zeitpunkt als an der Unterschriftsleistung tatsächlich verhindert ansah und unter dem Urteil einen entsprechenden Vermerk nach § 275 Abs. 2 S. 2 StPO anbrachte, erwies sich jedenfalls im Hinblick auf die große Entfernung zu deren neuem Dienstort als rechtsfehlerfrei. Anders sah die Sache in einer drei Monate später gelaufenen Examensklausur aus: Auch hier war die beisitzende Proberichterin wenige Tage nach der Hauptverhandlung an ein Gericht in einer Nachbarstadt abgeordnet worden. Nach Fertigung des Urteilsentwurfs durch den Vorsitzenden hatte sie diesem zwei Wochen vor Ablauf der Frist des § 275 Abs. 1 S. 2 StPO auf telefonische Anfrage mitgeteilt, infolge Arbeitsüberlastung in ihrem neuen Dezernat zur Lektüre des Urteils und dessen fristgerechter Unterschrift nicht in der Lage zu sein. Auch wenn die Überlastung mit anderen Dienstgeschäften grundsätzlich einen Verhinderungsgrund darstellen kann (vgl. *M-G/S* § 275 Rn. 22), hat *BGH* NStZ 2011, 358 es in einer dem Klausurfall nahezu identischen Konstellation jedoch als „schlechterdings unvorstellbar" angesehen, dass der betreffende Richter zwei Wochen vor Ablauf der Urteilsabsetzungsfrist „in dem gesamten Zeitraum gegenüber seiner Pflicht zur Mitwirkung an der Urteilsabfassung vorrangige Dienstgeschäfte wahrzunehmen hatte". Der Mangel der fehlenden Unterschrift wurde anschließend auch nicht dadurch geheilt, dass die Proberichterin der Fassung der Urteilsgründe einige Tage nach Fristablauf telefonisch zustimmte (vgl. *M-G/S* § 275 Rn. 6). **242a**

bb) Der absolute Revisionsgrund des § 338 Nr. 7 StPO ist in Klausuren allerdings überhaupt nur dann zu erörtern, wenn der Text der Klausuraufgabe – was ganz überwiegend nicht der Fall ist – entsprechende tatsächliche Anknüpfungspunkte bietet. Ist **243**

85 Vgl. *BGHSt* 28, 194, 195.

also etwa auf dem Urteil dessen Eingang auf der Geschäftsstelle nach § 275 Abs. 1 S. 5 StPO vermerkt worden, so sollte dieses Datum in jedem Fall unter Berücksichtigung des § 43 StPO sauber mit der Frist des § 275 Abs. 1 S. 2 StPO abgeglichen werden.

244 cc) Besonders hingewiesen sei auf ein in diesem Rahmen nicht selten vorkommendes Missverständnis mancher Prüflinge: Aus dem Umstand, dass die Urteilsgründe des Klausurtextes die Unterschrift des (Berufs-)Richters nur in gedruckter – und nicht handschriftlicher – Form enthalten, wird zum Teil geschlossen, das Urteil sei nicht i.S. des § 275 Abs. 2 S. 1 StPO unterschrieben worden und deshalb nicht rechtzeitig zu den Akten gelangt. Hierbei wird jedoch verkannt, dass von Urteilen lediglich eine sogenannte Ausfertigung zugestellt wird, also eine Abschrift mit dem Ausfertigungsvermerk der Geschäftsstelle, der vom Urkundsbeamten unterschrieben und mit dem Dienstsiegel versehen wird. Die von den Richtern unterschriebene Urschrift des Urteils bleibt in den Akten (vgl. *M-G/S* § 37 Rn. 1; § 275 Rn. 27).

245 dd) Eine sehr interessante – und nicht leicht zu erkennende – Variante eines Verstoßes gegen § 275 Abs. 1 S. 2 StPO enthielt schließlich der Klausurfall, in dem der Amtsrichter nach Abschluss der Urteilsverkündung auf Grund mündlicher Revisionseinlegung sowie ergänzender Erklärungen des Angeklagten rechtsfehlerhaft nochmals in die Hauptverhandlung eintrat.[86] Da er rechtsirrig davon ausging, das bereits unabänderbar existierende Urteil auf diesem Wege durch ein anschließend verkündetes zweites Urteil ersetzen zu können, war mit der Verfassung schriftlicher Urteilsgründe für das erste Urteil an sich von vornherein nicht zu rechnen. Gleichwohl konnte der Prüfling hier mit dem Rat beeindrucken, diese Verfahrensrüge sicherheitshalber erst nach Ablauf der Frist des § 275 Abs. 1 S. 2 StPO zu erheben. Zusätzlich konnte darauf hingewiesen werden, dass komplett fehlende Urteilsgründe überdies auch schon auf die allgemeine Sachrüge zur Urteilsaufhebung führen, da dem Revisionsgericht in diesem Fall jede Grundlage für eine sachlichrechtliche Prüfung fehlt (vgl. *M-G/S* § 338 Rn. 52).

i) Unzulässige Beschränkung der Verteidigung (§ 338 Nr. 8 StPO)

246 aa) „Unzulässig beschränkt“ i.S. des § 338 Nr. 8 StPO ist die Verteidigung zunächst bei Verletzung einer ihrer Sicherung dienenden besonderen Verfahrensvorschrift. Da aber auch in diesen Fällen eine konkret-kausale Beziehung zwischen Verfahrensfehler und Urteil bestehen muss (vgl. *M-G/S* § 338 Rn. 59) – das Urteil also praktisch auf dem Fehler zu beruhen hat –, bringt die Rüge des § 338 Nr. 8 StPO hier **keine Vorteile**. Zur Vermeidung von Unklarheiten, die hier in Klausuren in diesem Zusammenhang erfahrungsgemäß entstehen, sollten Verstöße gegen die in Betracht kommenden konkreten Verfahrensnormen **ausschließlich** i.R. des § 337 StPO geprüft werden.

247 bb) Praktische Bedeutung gewinnt § 338 Nr. 8 StPO dagegen als **Auffangnorm** dort, wo das Gesetz gegen Verletzungen des sich aus allgemeinen Verfahrensgrundsätzen ergebenden Rechts auf Verteidigung keine ausdrückliche Vorsorge getroffen hat.[87] In Klausuren wird es hier in erster Linie um die aus dem Rechtsstaatsprinzip resultierende **Fürsorgepflicht** des Gerichts gehen, die sich insbesondere in der Pflicht zu

86 Es handelte sich um den bereits oben unter Rn. 8 geschilderten Klausurfall.
87 Vgl. KK-*Gericke* § 338 Rn. 100.

besonderen Hinweisen oder zur Gewährung einer angemessenen Vorbereitung auf veränderte Prozesslagen äußern kann. Zu beachten ist jedoch, dass ein durch einen Rechtsanwalt verteidigter Angeklagter naturgemäß weniger gerichtlicher Fürsorge bedarf als der auf sich allein gestellte, rechtsunkundige Angeklagte (vgl. *M-G/S* Einl. Rn. 157).

In einem hierzu gebildeten Klausurfall war der Antrag des Verteidigers, das Plädoyer des Staatsanwaltes zur Vorbereitung auf den eigenen Schlussvortrag auf einem mitgebrachten Tonbandgerät aufnehmen zu dürfen, abgelehnt worden. Da aber selbst bei einer hier in Rede stehenden mehrtägigen Schwurgerichtssache der wortgetreue Rückgriff auf den Schlussvortrag der Staatsanwaltschaft für eine effektive Verteidigung nicht erforderlich erscheint, ergaben sich rechtliche Bedenken unter dem Gesichtspunkt der gerichtlichen Fürsorgepflicht nicht. Überdies fehlte es im genannten Fall an dem nach § 338 Nr. 8 StPO zwingend erforderlichen Gerichtsbeschluss (vgl. *M-G/S* § 338 Rn. 60), da die Ablehnung des Antrages nach dem Sitzungsprotokoll nur durch „Anordnung des Vorsitzenden" erfolgt war. **248**

3. Relative Revisionsgründe

a) Allgemeines

aa) Außerhalb des Katalogs des § 338 StPO muss das nach § 337 Abs. 1 StPO vorausgesetzte **Beruhen** des Urteils auf dem jeweils ermittelten Verfahrensfehler im Einzelfall festgestellt werden – nur hierin liegt der Unterschied zwischen „absoluten" und „relativen" Revisionsgründen. Das Urteil beruht auf einem Verfahrensfehler, wenn ein rechtsfehlerfreies Verfahren **möglicherweise** zu einem anderen Ergebnis geführt hätte. Der ursächliche Zusammenhang braucht also nicht erwiesen zu sein – es genügt, dass er nicht auszuschließen ist (vgl. *M-G/S* § 337 Rn. 37 f.). Dieser Zusammenhang ist im Klausurgutachten allerdings entgegen weit verbreiteter Annahme nicht immer schon mit dem Hinweis belegt, dass das betreffende Beweismittel in der zusammenfassenden Aufzählung der benutzten Beweisquellen in der Beweiswürdigung der schriftlichen Urteilsgründe erwähnt ist (vgl. *M-G/S* § 337 Rn. 38). **249**

Wurde beispielsweise der gesondert verfolgte und daher als Zeuge vernommene Mittäter des Angeklagten entgegen § 60 Nr. 2 StPO vereidigt, so muss zur Bejahung der Voraussetzungen des § 337 Abs. 1 StPO vielmehr konkret darauf hingewiesen werden, dass das Gericht der Aussage eines vereidigten Zeugen meist größere Glaubhaftigkeit beimisst als der eines anderen (vgl. *M-G/S* § 60 Rn. 34), der betreffende Zeuge bei rechtsfehlerfreier Nichtvereidigung also eventuell als weniger glaubwürdig angesehen worden und das Urteil demzufolge möglicherweise anders ausgefallen wäre. **250**

bb) An einem Beruhen des Urteils auf einem bestimmten Verfahrensverstoß fehlt es allerdings, wenn das Verfahren **nach einer anderen Vorschrift rechtmäßig** ist (vgl. *M-G/S* § 337 Rn. 38). So hat der BGH beispielsweise das Beruhen eines Urteils auf einer rechtsfehlerhaft auf § 253 Abs. 1 StPO gestützten Verlesung eines Vernehmungsprotokolls mit der Begründung verneint, dass dieses rechtsfehlerfrei nach § 251 StPO hätte verlesen werden dürfen.[88] Derartige Zusammenhänge sind prüfungstechnisch deshalb relevant, weil sich so die Begutachtung zweier verschiedener Verfahrensvorschriften auf interessante Weise miteinander verknüpfen lässt. **251**

88 Vgl. *BGH* MDR/H 1983, 624 (2 StR 744/82).

252 Thematisiert wurde dies in Klausurfällen zum Beispiel i.R. des § 61 StPO a.F.: Das Gericht hatte nach § 61 Nr. 3 StPO a.F. von der seinerzeit zwingenden Vereidigung abgesehen, da es der Aussage der Zeugin „keine wesentliche Bedeutung" beimessen wollte, ihre Schilderung in der Beweiswürdigung der schriftlichen Urteilsgründe dann aber rechtsfehlerhaft doch in einem wesentlichen Punkt herangezogen worden war. Da es sich bei der Zeugin allerdings um die Tante des Verletzten – also dessen „Angehörige" – handelte, hätte das Gericht nach § 61 Nr. 2 StPO a.F. rechtsfehlerfrei von der Vereidigung absehen können. Auch im Zusammenhang mit Hilfsbeweisanträgen[89] kommt ein solches **„rechtmäßiges Alternativverhalten"** in Betracht. So war das Gericht in einem Klausurfall beispielsweise rechtsfehlerhaft von der „völligen Ungeeignetheit" eines Beweismittels nach § 244 Abs. 3 S. 2 StPO ausgegangen – aus bestimmten Gründen hätte der in Rede stehende Hilfsbeweisantrag aber als unzulässig i.S. des § 244 Abs. 3 S. 1 StPO abgelehnt werden können.[90]

253 cc) Auch die rechtzeitige **Heilung** eines Verfahrensverstoßes schließt das Beruhen aus. Ihre konkrete Ausgestaltung hängt von der Art des Verfahrensfehlers ab und kann zum Beispiel in der Nachholung der fehlerhaft unterlassenen Verfahrenshandlung oder der Wiederholung eines fehlerhaft vorgenommenen Verfahrensvorgangs in einwandfreier Form liegen (vgl. *M-G/S* § 337 Rn. 39). In Klausurfällen wird dieser Zusammenhang naturgemäß nicht sehr häufig abgefragt, da der betreffende Verfahrensfehler – um dessen Auffindung durch den Prüfling es ja in der Regel geht – dabei zwangsläufig im Hauptverhandlungsprotokoll offengelegt werden müsste.[91]

b) Einzelne relative Revisionsgründe

254 Mit allen theoretisch denkbaren relativen Revisionsgründen brauchen sich Referendarinnen und Referendare auch i.R. einer sorgfältigen Examensvorbereitung nicht zu befassen. Revisionsrechtliche Detailfragen, deren Beantwortung wirkliches Expertenwissen voraussetzt, sind noch niemals Gegenstand von Revisionsklausuren gewesen. Stattdessen belegt eine Rückschau auf die Prüfungsinhalte der vergangenen Jahre, dass auch in diesem Zusammenhang im Großen und Ganzen eine Fokussierung auf Standardthemen praktiziert wird. Im Folgenden werden die in Revisionsexamensklausuren seit 1994 thematisierten Verfahrensnormen, die fast ausschließlich aus StPO und GVG stammen, in numerischer Reihenfolge dargestellt.

aa) Rollenvertauschung (§ 2 Abs. 2 StPO)

255 Ein Mitangeklagter kann in dem gegen ihn selbst und einen anderen Angeklagten gerichteten Verfahren solange nicht Zeuge sein, wie beide Personen in einem gemeinsamen, nach den §§ 2 ff., 237 StPO miteinander verbunden Verfahren verfolgt werden. Da mit dem Wegfall der prozessualen Gemeinsamkeit allerdings auch dieses Hindernis entfällt, kann der vormals Mitangeklagte durch eine Abtrennung des gegen ihn gerichteten Verfahrens zum Zeugen im Verfahren gegen den anderen Angeklagten gemacht werden (sog. **„Rollenvertauschung"**). Nach § 2 Abs. 2 StPO darf das Gericht die Trennung verbundener Strafsachen aber nur **„aus Gründen der Zweckmäßigkeit"** anordnen. Als zweckmäßig wird die (vorübergehende) Abtrennung in diesen Kons-

89 Vgl. dazu im Einzelnen unten Rn. 344 f.
90 Es handelte sich um den unten unter Rn. 345 geschilderten Klausurfall.
91 Einer der seltenen Klausurfälle ist unten unter Rn. 311 beschrieben.

tellationen grundsätzlich nur dann erachtet, wenn durch die Abtrennung die Zeugenvernehmung des bisherigen Mitangeklagten zu den nur den anderen Angeklagten betreffenden Anklagepunkten ermöglicht werden soll. Mit der Abtrennung darf hingegen nicht das Ziel verfolgt werden, einen Mitangeklagten zu demselben Tatgeschehen, das auch ihm selbst zur Last gelegt wird, als Zeugen zu hören (vgl. *M-G/S* vor § 48 Rn. 21 f.). Die Intention, der Aussage eines solchen Mitangeklagten durch seine Anhörung als „Zeugen" größeres Gewicht zu verleihen, stellt keinen Zweckmäßigkeitsgrund i.S. des § 2 Abs. 2 StPO dar.[92] Vielmehr ist ein solches Vorgehen ermessensmissbräuchlich, da auf diesem Weg die Verfahrensregel umgangen wird, dass ein Angeklagter in dem gegen ihn selbst gerichteten Strafverfahren nicht als Zeuge über seine eigene Straftat gehört werden darf (vgl. *M-G/S* vor § 48 Rn. 22). Auf einem derartigen Verstoß gegen § 2 Abs. 2 StPO wird eine auf die Aussage des bisherigen Mitangeklagten gestützte Verurteilung regelmäßig auch beruhen, da nicht sicher ist, ob dieser den Angeklagten in seiner alten Rolle als Mitangeklagter ebenso wie jetzt als Zeuge belastet hätte.[93]

In einem zu dieser Problematik gebildeten Klausurfall ergab sich aus einer im Sitzungsprotokoll enthaltenen Mitteilung des Vorsitzenden, dass das Gericht das Verfahren gegen den Angeklagten nach Eröffnung eines zunächst auch einen Mittäter betreffenden gemeinsamen Hauptverfahrens abgetrennt hatte, da der Angeklagte zu diesem Zeitpunkt flüchtig war. In dem nunmehr ausschließlich gegen den Angeklagten gerichteten Verfahren vernahm das Amtsgericht den inzwischen gefassten Mittäter, der seinerseits bereits (nicht rechtskräftig) abgeurteilt worden war, als Zeuge und stützte seine Überzeugung von der Täterschaft des Angeklagten im angefochtenen Urteil auf dessen Aussage. Auch wenn die Aussage des Mittäters eine ihm selbst zur Last gelegte Tat betraf, war die Abtrennung hier ausnahmsweise vor dem Hintergrund zweckmäßig i.S. des § 2 Abs. 2 StPO, dass sie ausschließlich der beschleunigten Aburteilung des geständigen Mittäters diente, die bei Aufrechterhaltung der Verfahrensverbindung auf Grund der fluchtbedingten Abwesenheit nicht möglich gewesen wäre.[94] Kommt nämlich nach der Prozesslage und den Intentionen des Tatgerichts eine Umgehung der oben genannten Verfahrensregel nicht in Betracht, so besteht kein Anlass, die gesetzlich vorgesehene Möglichkeit der Trennung verbundener Strafsachen einzuschränken.[95] Hätten derartige Zweckmäßigkeitsgründe in dieser Klausurkonstellation nicht bestanden, wäre die Revisibilität des Verstoßes gegen § 2 Abs. 2 StPO im Übrigen nicht daran gescheitert, dass dieser sich nicht in der Hauptverhandlung selbst ereignete: Der Beurteilung des Revisionsgerichts unterliegen nämlich auch gerichtliche Entscheidungen vor und außerhalb der Hauptverhandlung, auf denen das Urteil beruht (§ 336 S. 1 StPO) und die weder gesetzlich für unanfechtbar erklärt noch mit der sofortigen Beschwerde anfechtbar sind (§ 336 S. 2 StPO – Gegenbeispiel etwa der nach § 210 Abs. 1 StPO für den Angeklagten unanfechtbare und für die Staatsanwaltschaft nach § 210 Abs. 2 StPO mit der sofortigen Beschwerde anfechtbare Eröffnungsbeschluss). **256**

92 Vgl. *BGH* MDR/D 1971, 897 (5 StR 640/70).
93 Vgl. *BGH* MDR/D 1977, 639 (5 StR 65/77).
94 Vgl. LR-*Ignor/Bertheau* vor § 48 Rn. 34.
95 Vgl. *BGH* NJW 1985, 1175.

bb) Verwertungsverbote im Zusammenhang mit §§ 52 und 252 StPO

(1) § 52 Abs. 3 S. 1, Abs. 2 StPO

257 (a) Nach § 52 Abs. 3 S. 1 StPO sind die in § 52 Abs. 1 StPO genannten Angehörigen sowie die nach Maßgabe des § 52 Abs. 2 StPO zur Entscheidung über die Ausübung des Zeugnisverweigerungsrechts befugten Vertreter vor jeder Vernehmung über ihr Zeugnisverweigerungsrecht zu belehren. Diese Belehrung kann rechtsfehlerhaft nicht nur in der Hauptverhandlung selbst, sondern entgegen §§ 161a Abs. 1 S. 2, 163 Abs. 3 S. 1 StPO auch schon im Ermittlungsverfahren unterblieben sein. Eine auf diesem Weg in der Hauptverhandlung oder im Ermittlungsverfahren vom weigerungsberechtigten Zeugen ohne Belehrung erlangte Aussage darf **in keiner Weise verwertet** werden. Ist der Belehrungsfehler dem **Tatgericht** unterlaufen, darf es also auf die unmittelbar in der Hauptverhandlung gemachte Aussage des betreffenden Zeugen i.R. der Beweiswürdigung nicht zurückgreifen – im Klausurgutachten ist die Problematik dann unter dem Gesichtspunkt des § 52 Abs. 3 S. 1 StPO selbst zu erörtern. Ist diese Vorschrift dagegen schon im **Ermittlungsverfahren** nicht beachtet worden, darf die betreffende Aussage vom Tatgericht insbesondere nicht über eine Vernehmung des Verhörsbeamten oder eine Verlesung des Vernehmungsprotokolls verwertet werden (vgl. *M-G/S* § 52 Rn. 32). Ist dies im Klausurfall gleichwohl geschehen, ist der darin liegende Verstoß gegen das aus § 52 Abs. 3 S. 1 StPO resultierende Beweisverwertungsverbot i.R. des § 261 StPO darzustellen.[96]

258 Zu beachten ist in diesem Zusammenhang, dass Zeugen, die auf ihr Weigerungsrecht verzichten und zur Sache aussagen, diesen Verzicht nach § 52 Abs. 3 S. 2 StPO während der Vernehmung **widerrufen** können. In dieser Situation kann der Teil der Aussage, der vor dem Widerruf getätigt wurde, verwertet werden (vgl. *M-G/S* § 52 Rn. 22). Dieser Zusammenhang war in dem Klausurfall klarzustellen, in dem die Verlobte des Angeklagten in der Hauptverhandlung nach ordnungsgemäßer Belehrung gemäß § 52 Abs. 3 S. 1 StPO zwar zunächst ausgesagt hatte, ihre Aussage dann aber plötzlich mit dem Hinweis abbrach, „jetzt gar nichts mehr“ sagen zu wollen, und das Gericht in der Beweiswürdigung des angefochtenen Urteils auf ihre bis dahin gemachte Aussage zurückgriff.

259 (b) (aa) Die Frage einer Belehrungspflicht aus § 52 Abs. 3 S. 1 StPO ist in Klausuren immer dann zu erörtern, wenn der Zeuge bei seiner Vernehmung zur Person Angaben macht, die irgendein **Angehörigenverhältnis** des § 52 Abs. 1 StPO belegen. Schwierigkeiten können an dieser Stelle entstehen, wenn der genaue Grad der in § 52 Abs. 1 Nr. 3 StPO genannten und nach §§ 1589, 1590 BGB zu beurteilenden Angehörigenverhältnisse zu ermitteln ist: Für Verwandte und Verschwägerte in gerader Linie besteht das Weigerungsrecht ungeachtet des Grades der Verwandtschaft. In gerader Linie sind Personen verwandt, „deren eine von der anderen abstammt“ (§ 1589 S. 1 BGB), in gerader Linie verschwägert sind in gerader Linie mit einem Ehegatten verwandte Personen mit dessen Ehegatten (vgl. § 1590 Abs. 1 S. 1 BGB) – weigerungsberechtigt sind in diesem Rahmen also insbesondere noch Urgroßeltern oder Urenkel des Angeklagten bzw. noch Urgroßeltern oder Urenkel des Ehegatten des Angeklagten. Verwandt in der (überhaupt erst mit dem zweiten Grad beginnenden) Seitenlinie sind mit dem Angeklagten im zweiten Grad dessen Geschwister und im

96 Vgl. dazu unten Rn. 419 ff.

dritten Grad dessen Neffen und Nichten. In der Seitenlinie im zweiten Grad verschwägert sind mit dem Angeklagten überhaupt nur die Geschwister seines Ehegatten.

Gibt der Zeuge im Klausurfall also an, „Cousin" des Angeklagten zu sein, so sollte die Frage eines aus einem Verstoß gegen § 52 Abs. 3 S. 1 StPO resultierenden Verwertungsverbotes kurz mit dem Hinweis darauf verneint werden, dass dieser als mit dem Angeklagten in der Seitenlinie im vierten Grad Verwandter von § 52 Abs. 1 Nr. 3 StPO nicht mehr erfasst ist. Entsprechend war in einem Klausurfall, in dem der Zeuge angab, „Neffe der geschiedenen Ehefrau des Angeklagten" zu sein, darauf hinzuweisen, dass dieser – auch wenn die Scheidung der Ehe ein Zeugnisverweigerungsrecht nicht berührt – mit dem Angeklagten in der Seitenlinie lediglich im dritten Grad verschwägert und damit ebenso wenig von § 52 Abs. 1 Nr. 3 StPO umfasst war. **260**

(bb) Grundsätzlich können Zeugen in abstrakter Form vor Feststellung der persönlichen Verhältnisse über ihr Weigerungsrecht belehrt werden. Ausnahmsweise ist eine solche Belehrung aber unzureichend, wenn der Zeuge irrtümlich davon ausgeht, er sei mit dem Angeklagten nicht verwandt oder verschwägert (vgl. *M-G/S* § 52 Rn. 29). **261**

Hierauf war ein *BGH* NStZ 2006, 647 nachgebildeter Klausurfall zugeschnitten, in dem der Zeuge erklärt hatte, „mit der Angeklagten nicht verwandt und nicht verschwägert" zu sein, diese sei „nur" seine Stiefmutter. Als in gerader Linie mit dem Ehegatten der Angeklagten verwandte Person war der Zeuge tatsächlich aber mit der Angeklagten in gerader Linie verschwägert – befand sich also über sein Zeugnisverweigerungsrecht im Irrtum. Die zu Beginn der Hauptverhandlung erfolgte Belehrung, er habe ein Zeugnisverweigerungsrecht, „falls" er zu den in § 52 Abs. 1 StPO bezeichneten Angehörigen der Angeklagten gehöre, erwies sich daher als nicht so klar und sachgemäß, dass der Zeuge das Für und Wider seiner Entscheidung hätte abwägen können. Zur Verwertbarkeit seiner Aussage hätte es daher der ergänzenden Belehrung über das in Wirklichkeit bestehende Zeugnisverweigerungsrecht bedurft (vgl. *M-G/S* § 52 Rn. 29). **262**

(cc) Verkennt umgekehrt das Gericht die Voraussetzungen des § 52 Abs. 1 Nr. 3 StPO und belehrt den Zeugen fehlerhaft über ein gar nicht bestehendes Zeugnisverweigerungsrecht, wäre § 245 Abs. 1 S. 1 StPO verletzt, wenn der Zeuge vom Gericht vorgeladen war und er die Aussage im Anschluss an die fehlerhafte Belehrung verweigert. War der Zeuge in dieser Situation nicht i.S. des § 245 Abs. 1 S. 1 StPO „vorgeladen", müsste ein Verstoß gegen die Aufklärungspflicht nach § 244 Abs. 2 StPO geprüft werden[97] (vgl. *M-G/S* § 52 Rn. 35). **263**

Derselbe Rechtsfehler kann im Klausurfall im Übrigen auch in eine Zeugnisweigerung einer mit dem Angeklagten nur scheinbar verlobten Person (vgl. § 52 Abs. 1 Nr. 1 StPO) gekleidet sein. Wegen Verstoßes gegen die guten Sitten sind nämlich solche Eheversprechen unwirksam, die bei noch bestehendem anderweitigem Verlöbnis oder noch bestehender bzw. nicht rechtskräftig geschiedener Ehe erklärt worden sind (vgl. *M-G/S* § 52 Rn. 4). Auf derartige aus Prüfersicht hochinteressante Umstände, die sich in Aufgabentexten mühelos etwa i.R. der eigenen Angaben des Angeklagten unterbringen lassen, sollte bei prozessualer Beteiligung eines „Verlobten" immer geachtet werden. **264**

97 Dieselben Grundsätze gelten im Übrigen ebenso in den – auch schon vorgekommenen – Fällen der fehlerhaft erfolgten Belehrung über ein in Wirklichkeit nicht bestehendes Zeugnis- bzw. Aussageverweigerungsrecht nach §§ 53, 55 StPO; vgl. *M-G/S* § 53 Rn. 50 und § 55 Rn. 18.

265 (c) Geht es im Klausurfall um minderjährige Angehörige, die als Zeugen zur Aussage bereit sind, ist auf § 52 Abs. 2 S. 1 StPO zu achten, wonach in diesem Fall auch der **gesetzliche Vertreter** der Vernehmung zustimmen muss, wenn der Minderjährige von der Bedeutung des Zeugnisverweigerungsrechts wegen mangelnder Verstandesreife keine genügende Vorstellung hat – die in dieser Vorschrift ebenfalls genannte Betreuung wegen psychischer Krankheit oder geistiger bzw. seelischer Behinderung hat in Klausuren keine Bedeutung.

266 Im hierzu gebildeten Klausurfall war der aussagebereite Neffe des Angeklagten, auf dessen Tatschilderung die Strafkammer später ihre Überzeugung von der Schuld des Angeklagten stützte, gerade einmal sechs Jahre jung. Da die Rechtsprechung aber noch bei siebenjährigen Zeugen in der Regel vom Fehlen der notwendigen Verstandesreife ausgeht (vgl. *M-G/S* § 52 Rn. 18), hätten die gesetzlichen Vertreter der Vernehmung zustimmen und demnach gemäß § 52 Abs. 3 S. 1 StPO belehrt werden müssen. Das Fehlen von Belehrung und Zustimmung – wesentlicher Förmlichkeiten i.S. des § 273 Abs. 1 StPO (vgl. *M-G/S* § 273 Rn. 7) – ergab sich gemäß § 274 S. 1 StPO unwiderlegbar aus dem Schweigen des Protokolls. Die Zeugenaussage hätte wegen des aus dem Verstoß gegen § 52 Abs. 3 S. 1 StPO resultierenden Beweisverwertungsverbots vom Tatgericht also nicht herangezogen werden dürfen. Auf das in derartigen Fällen zudem zu beachtende Vereidigungsverbot gemäß § 60 Nr. 1 StPO sei bereits in diesem Zusammenhang hingewiesen.[98]

267 In einem anderen Klausurfall war der Zeuge zwar schon acht Jahre – im Zweifel aber noch immer von seiner mangelnden Verstandesreife auszugehen (vgl. *M-G/S* § 52 Rn. 18 a.E.). Allerdings kam hier hinzu, dass der Angeklagte sein sorge- und damit vertretungsberechtigter Vater war, so dass nach § 52 Abs. 2 S. 2 Hs. 2 StPO nicht seine – nicht beschuldigte – Mutter, sondern ein Ergänzungspfleger über die Ausübung des Zeugnisverweigerungsrechts zu entscheiden gehabt hätte (vgl. *M-G/S* § 52 Rn. 20).

268 (d) Das Weigerungsrecht – und damit die Belehrungspflicht aus § 52 Abs. 3 S. 1 StPO – kann im Einzelfall allerdings auch für solche Zeugen bestehen, die **selbst gar nicht Angehörige** des Angeklagten i.S. des § 52 Abs. 1 StPO sind. Diese Konstellation ist prüfungstechnisch deshalb besonders interessant, weil sie – da kein bestimmtes prozessuales Geschehen auf sie hindeutet – ohne gewisse Vorkenntnisse nicht ohne weiteres erkannt wird. Ist der Zeuge Angehöriger einer Person, die in irgendeinem Verfahrensabschnitt einmal wegen derselben prozessualen Tat in einem einheitlichen Verfahren gemeinsam mit dem jetzigen Angeklagten verfolgt worden war, so kann dieser Zeuge die Aussage auch im nunmehr ausschließlich gegen den jetzigen Angeklagten gerichteten Hauptverfahren in vollem Umfang verweigern, wenn die Aussage auch den dem Zeugen angehörigen Mitbeschuldigten betrifft. Die Einheitlichkeit des Verfahrens kann schon im Ermittlungsverfahren bestanden haben; der dem Zeugen angehörige Mitbeschuldigte kann durch Einstellung aus dem Verfahren ausgeschieden sein oder das gegen ihn gerichtete Verfahren – wie regelmäßig in Klausuren – abgetrennt worden sein. Hintergrund dieser Rechtsprechung ist, dass die in § 52 StPO statuierte Rücksicht auf die Zwangslage des Zeugen, durch die Pflicht zur wahrheitsgemäßen Aussage ggf. einem Angehörigen zu schaden, von der Verfahrenstrennung nicht berührt wird. Wichtig ist jedoch, dass das Zeugnisverweigerungsrecht in diesen Fällen erlischt, wenn der dem Zeugen angehörige Mitbeschuldigte **verstorben** ist

98 Vgl. dazu unten Rn. 303.

oder das gegen ihn gerichtete Verfahren **rechtskräftig abgeschlossen** wurde (zum gesamten Komplex vgl. *M-G/S* § 52 Rn. 11 f.).

Beide vorgenannten Ausnahmekonstellationen sind in Examensprüfungen schon thematisiert worden. So war in einem Klausurfall das Strafverfahren gegen den Angeklagten und dessen Mittäter bis zur Anklageerhebung ursprünglich gemeinsam geführt worden. In der Hauptverhandlung des nunmehr ausschließlich gegen den Angeklagten gerichteten Verfahrens hatte der Vorsitzende darauf hingewiesen, dass der nach Verfahrensabtrennung gesondert verfolgte Mittäter zwischenzeitlich rechtskräftig verurteilt sei. Die anschließend vernommene Ehefrau dieses Mittäters brauchte hier ausnahmsweise nicht mehr nach § 52 Abs. 3 S. 1 StPO belehrt zu werden, da das zum Angeklagten „geknüpfte Band" nach der rechtskräftigen Aburteilung ihres Ehemannes so schwach geworden war, dass es den empfindlichen Eingriff, den die Zeugnisverweigerung in das Verfahren gegen den Angeklagten bedeutet hätte, nicht mehr rechtfertigte.[99] **269**

Erst recht galt diese Erwägung in dem Klausurfall, in dem sich aus dem Ermittlungsergebnis der dem Aufgabentext beigefügten Anklageschrift ergab, dass gegen den Ehemann der betreffenden Zeugin zwar „ebenfalls i.R. dieses Ermittlungsverfahrens ermittelt" worden sei, dieser zwischenzeitlich aber verstorben sei. Hier bestand nämlich noch nicht einmal die – theoretische – Möglichkeit eines Wiederaufnahmeverfahrens zu Ungunsten des verstorbenen Ehemannes (vgl. § 371 Abs. 1 StPO).[100] Da das Tatgericht diesen Zusammenhang jedoch verkannte und die vorgeladene Zeugin auf die fehlerhaft erfolgte Belehrung nach § 52 Abs. 3 S. 1 StPO zur Sache schwieg, war auch hier gegen § 245 Abs. 1 S. 1 StPO verstoßen. Dass diese Zeugin – so eine weitere Besonderheit des beschriebenen Klausurfalls – wegen auf sie selbst bezogener Verfolgungsgefahr nach § 55 Abs. 1 StPO das Recht hatte, die Aussage in vollem Umfang zu verweigern (vgl. *M-G/S* § 55 Rn. 2), stand dem Beruhen des Urteils auf dieser Gesetzesverletzung nicht entgegen. Es war nämlich nicht auszuschließen, dass die Zeugin nach Belehrung gemäß § 55 Abs. 2 StPO den Angeklagten entlastende Angaben gemacht hätte, ohne sich dabei selbst zu belasten.[101] **270**

(e) Da es sich bei der Belehrung nach § 52 Abs. 3 S. 1 StPO um eine „wesentliche Förmlichkeit" i.S. des § 273 Abs. 1 StPO handelt, ergibt sich deren Unterlassen nach § 274 S. 1 StPO zwingend aus der **negativen Beweiskraft** des Hauptverhandlungsprotokolls. Dass sie vorgenommen wurde, wird in Klausuren zum Teil mit dem auch in der Praxis verwendeten – und nicht ganz genauen – Protokollvermerk „besonders belehrt" i.R. der Vernehmung des Zeugen zur Person gekennzeichnet. Das **Beruhen** des Urteils auf der unterlassenen Belehrung nach § 52 Abs. 3 S. 1 StPO ist ausgeschlossen, wenn der Fehler rechtzeitig geheilt worden ist,[102] wenn der Zeuge seine Rechte gekannt hat oder wenn sicher ist, dass er auch nach Belehrung ausgesagt hätte (vgl. *M-G/S* § 52 Rn. 34). Des **Zwischenrechtsbehelfs** des § 238 Abs. 2 StPO bedarf es in diesen Fällen nicht, da der Rechtsfehler in dem Unterlassen einer gesetzlich gebotenen Handlung liegt.[103] **271**

99 Vgl. *BGH* NJW 1992, 1116, 1117.
100 Vgl. *BGH* NJW 1992, 1118.
101 Vgl. *BGH* MDR 1983, 92.
102 Vgl. dazu oben Rn. 253.
103 Vgl. dazu oben Rn. 144.

(2) § 252 StPO

272 (a) Klausurtechnisch noch wichtiger ist die die §§ 52 ff. StPO ergänzende Vorschrift des § 252 StPO. Danach darf die Aussage eines vor der Hauptverhandlung vernommenen Zeugen, der erst in der Hauptverhandlung von seinem Zeugnisverweigerungsrecht Gebrauch macht, nicht verlesen werden. Die praktische Bedeutung der Vorschrift liegt allerdings darin, dass sie über ihren Wortlaut hinaus ein **allgemeines Verwertungsverbot** enthält, das – da die Vorschrift sonst leerliefe – in diesem Fall auch jede andere Verwertung der bei einer nichtrichterlichen Vernehmung gemachten Aussage ausschließt. Insbesondere darf also die frühere Aussage des von seinem Schweigerecht Gebrauch machenden Zeugen nicht durch Vernehmung einer nichtrichterlichen Verhörsperson in die Verhandlung eingeführt werden oder diese Aussage einem Zeugen oder dem Angeklagten selbst vorgehalten werden (vgl. *Meyer-Goßner/Schmitt* § 252 Rn. 12 f.).

273 (aa) Mitunter ist der entsprechende Verstoß gegen § 252 StPO aber nicht ohne weiteres zu erkennen. In einem *OLG Hamm* NStZ 2003, 107 nachgebildeten Klausurfall hatte die Strafkammer zwar davon abgesehen, den Polizeibeamten, der den jetzt das Zeugnis verweigernden Schwager des Angeklagten im Ermittlungsverfahren verhört hatte, als Zeugen zu vernehmen. Die vom Schwager vor der Polizei gemachten Angaben, die den Angeklagten – erwartungsgemäß – belasteten, waren jedoch umfassend in einem daraufhin erlassenen Haftbefehl wiedergegeben worden. Diesen Haftbefehl wiederum führte die Kammer durch – nach § 249 Abs. 1 StPO an sich zulässige – Verlesung in die Hauptverhandlung ein und stütze ihre Überzeugung in den Urteilsgründen schließlich maßgeblich auf die Aussage des Schwagers. Auch eine solche **mittelbare Verwertung** war allerdings vom Verbot des § 252 StPO erfasst. In einem jüngeren Klausurfall war derselbe Zusammenhang in der Weise variiert, dass der in der Hauptverhandlung bestreitende Angeklagte ausweislich eines an den Ermittlungsrichter gerichteten und zulässig nach § 249 Abs. 1 StPO verlesenen Briefes (vgl. *M-G/S* § 249 Rn. 13) gestanden hatte, „die Geschichte" stimme so, „wie sie der Schwager ausgesagt" habe. Auch wenn sich das Tatgericht in seiner Urteilsbegründung später unmittelbar auf dieses Geständnis stützte, musste es zu dessen Auslegung gleichwohl auf die den Angeklagten detailliert belastende polizeiliche Aussage des in der Hauptverhandlung schweigenden Schwagers zurückgreifen, die – wie im vorbezeichneten Klausurfall – ebenso im gemäß § 249 Abs. 1 StPO verlesenen Haftbefehl wiedergegeben war. Auf diesem Weg war damit auch diese Aussage des Angehörigen unter Verstoß gegen § 252 StPO mittelbar verwertet worden – wenngleich über ein zusätzliches Bindeglied.

274 (bb) Ebenso ist schon fraglich gewesen, ob der weigerungsberechtigte Zeuge überhaupt „von seinem Recht, das Zeugnis zu verweigern", Gebrauch gemacht hat. Zweifel können hier entstehen, wenn der Zeuge nicht nur Angehöriger i.S. des § 52 StPO ist, sondern gleichzeitig die Voraussetzungen des Auskunftsverweigerungsrechts nach § 55 StPO vorliegen. Da beide Weigerungsrechte auf wesentlich voneinander abweichenden gesetzgeberischen Gründen beruhen, bestehen sie in dieser Konstellation nebeneinander (vgl. *M-G/S* § 55 Rn. 1). Da § 252 StPO im Falle bloßer Auskunftsverweigerung allerdings keine Anwendung findet (vgl. *M-G/S* § 252 Rn. 5), muss hier geklärt werden, von welchem der beiden Rechte der Zeuge Gebrauch machen will. In einem hierzu gebildeten Klausurfall hatte das Tatgericht der Schwester der Angeklagten die Belehrungen nach § 52 Abs. 3 S. 1 StPO und – im Hinblick auf ihren inzwischen beteiligungsverdächtigen Ehemann – nach § 55 Abs. 2 StPO (ungeschickterweise) in unmittelbaren Anschluss aneinander erteilt, die anschließende Erklärung der Zeugin, sie werde zur Vermeidung „weiterer Spannungen in der Familie" nicht aussagen, als Auskunftsverweigerung nach § 55 StPO gewertet und die sodann erfolgte Aussage des Verhörsbeamten über den Inhalt ihrer polizeilichen Vernehmung zur Überführung der An-

geklagten herangezogen. Da zur „Familie“ aber auch ihre angeklagte Schwester zählte und – entgegen der grundsätzlichen Regelung des § 55 StPO – die Auskunft nicht nur auf einzelne Fragen, sondern in vollem Umfang verweigert wurde, war von einer Geltendmachung des Rechtes aus § 52 Abs. 1 Nr. 3 StPO auszugehen – im Ergebnis also ein Verstoß gegen das aus § 252 StPO resultierende Verwertungsverbot zu bejahen.

(b) Der Begriff der „Aussage eines vor der Hauptverhandlung **vernommenen** Zeugen“ i.S. des § 252 StPO ist weit zu verstehen und umfasst nach Sinn und Zweck der Vorschrift alles, was der weigerungsberechtigte Zeuge früher in förmlichen Vernehmungen oder bloß vernehmungsähnlichen Situationen – in welchem Straf- oder Zivilverfahren auch immer – erklärt hat. Entscheidend ist, dass der Vernehmende der Auskunftsperson in amtlicher Funktion gegenübertritt und in dieser Eigenschaft von ihr Auskunft verlangt hat (vgl. *M-G/S* § 136a Rn. 4). **275**

Vor diesem Hintergrund fallen nur solche Äußerungen nicht unter § 252 StPO, die der Zeuge vor oder außerhalb einer Vernehmung ohne Bewusstsein ihrer späteren Verwendungsmöglichkeit **„aus freien Stücken“** gemacht hat (vgl. *M-G/S* § 252 Rn. 8) – also ohne hierzu durch irgendeine amtliche Befragung veranlasst worden zu sein. § 252 StPO will dem angehörigen Zeugen nämlich nur diejenigen seelischen Konflikte ersparen, die ihm aus der Wahrnehmung und Erfüllung der staatlichen Zeugenpflicht erwachsen. In den hier einschlägigen Situationen – etwa der freiwilligen Strafanzeige oder dem an die Polizei gerichteten Hilfeersuchen – besteht eine derartige Konfliktlage aber gerade nicht. **276**

„Klassische“ Klausurprotagonistin ist insoweit die mit dem späteren Angeklagten zerstrittene Ehefrau oder Verlobte, die diesen gegenüber der Polizei zunächst von sich aus belastet, in der Hauptverhandlung dann aber von ihrem Zeugnisverweigerungsrecht Gebrauch macht. „Aus freien Stücken“ außerhalb einer Vernehmung geschah eine solche Belastung zum Beispiel in dem Klausurfall, in dem der als Zeuge vernommene Polizeibeamte aussagte, die Verlobte des Angeklagten habe auf der Dienststelle angerufen und „unaufgefordert“ mitgeteilt, „jetzt die Wahrheit über den Vorfall erzählen“ zu wollen, wobei er sich anschließend nur Notizen über ihre Schilderungen gemacht und mit der Verlobten sodann einen Vernehmungstermin vereinbart habe, zu dem diese dann allerdings schon nicht mehr erschienen sei. In einem anderen Klausurfall bezeugte ein Polizeibeamter in der Hauptverhandlung, die Ehefrau des Angeklagten habe „einfach angerufen und erzählt“ – und zwar die zur Verurteilung nach § 21 StVG führenden Einzelheiten; „konkrete Fragen“ habe er ihr dabei nicht gestellt. Ähnlich war die Situation in dem Klausurfall, in dem – wie sich wieder aus der Zeugenaussage der betreffenden Polizisten ergab – eine Zeugin ihren angetrunkenen Ehemann bei einer Verkehrskontrolle schützte, indem sie sich nach spontaner Übernahme des Fahrersitzes zunächst selbst als Fahrerin ausgab, den Polizeibeamten auf dem Weg zur Blutprobenentnahme dann aber „plötzlich ungefragt“ ihren später auf das Zeugnis der Polizisten wegen Trunkenheit im Verkehr verurteilten Ehemann als wirklichen Fahrer benannte. In all diesen Fällen war der zu erörternde Verstoß gegen § 252 StPO im Hinblick auf die bezeichnete Ausnahmekonstellation zu verneinen. **277**

In einem *OLG Hamm* NStZ 2012, 53 nachgebildeten Klausurfall hatte die von ihren später angeklagten Brüdern festgehaltene Zeugin in einem unbeobachteten Moment den polizeilichen Notruf erreichen können. Dass der den Notruf entgegennehmende – und in der Hauptverhandlung nach ihrer Zeugnisverweigerung als Zeuge gehörte – Polizeibeamte sie gefragt hatte, ob sie verletzt und alleine sei, machte das Telefonat nicht zu einer Vernehmung i.S. des § 252 StPO. Dem Polizisten kam es nämlich bei seinen kurzen Fragen ersichtlich nur darauf an, abzuklären, ob ein Notfall vorlag und eine behördliche Hilfeleistung erforderlich war. **277a**

Auf eine vom Willen der Strafverfolgung getragene Abfragung von Einzelheiten zum Tatgeschehen ging es ihm gerade nicht (vgl. *M-G/S* § 252 Rn. 8).

278 (c) Als praktisch enorm wichtige Ausnahme vom Beweisverbot des § 252 StPO darf allerdings der frühere Vernehmungs**richter**, wenn er den weigerungsberechtigten Zeugen nach § 52 Abs. 3 S. 1 StPO belehrt oder dieser das Angehörigenverhältnis verschwiegen hatte, seinerseits als Zeuge über den Inhalt der Zeugenaussage vernommen werden (vgl. hierzu im Einzelnen *M-G/S* § 252 Rn. 13 ff.). Die Ausnahme wird vom BGH in ständiger Rechtsprechung damit gerechtfertigt, dass das öffentliche Interesse an einer effektiven Strafrechtspflege angesichts des bewussten Verzichts auf die Ausübung des Zeugnisverweigerungsrechts, den der Zeuge in der verfahrensrechtlich hervorgehobenen Situation einer richterlichen Vernehmung erklärt hat, von größerer Bedeutung sei als sein Interesse, sich die Entscheidung über die Ausübung des Zeugnisverweigerungsrechts bis zur späteren Hauptverhandlung erhalten zu können.[104] Die frühere Aussage darf aber nur durch Vernehmung des Richters, nicht jedoch – was in Klausuren auch schon vorgekommen ist – durch Verlesung des richterlichen Vernehmungsprotokolls eingeführt werden (vgl. *M-G/S* § 252 Rn. 1).

279 (d) Auf der anderen Seite unterfallen dem Verwertungsverbot auch manche Auskünfte, die gar nicht durch „amtliche" Verhörspersonen und damit nicht i.R. eigentlicher Vernehmungen erlangt worden sind.

280 (aa) Dies betrifft zunächst Zeugenaussagen, die der **Verteidiger** des Angeklagten selbst außerhalb der Hauptverhandlung protokolliert hat – eine Konstellation, die ohne entsprechende Vorkenntnisse im Klausurfall sicherlich schwer zu erkennen ist.

281 In einem *BGH* NJW 2000, 1277 nachgebildeten Fall – der im Übrigen erst etwa drei Jahre nach seiner Veröffentlichung Examenswirklichkeit wurde[105] – beantragte der Verteidiger die Verlesung des von ihm selbst „niedergeschriebenen Protokolls über die Erklärungen" der in der Hauptverhandlung dann das Zeugnis verweigernden Schwester des Angeklagten, die vorgerichtlich auf eigene Veranlassung bei ihm erschienen war und nach Hinweis auf ihr Zeugnisverweigerungsrecht Angaben zu einem Alibi ihrer Schwester gemacht hatte. Obwohl mangels amtlicher Funktion des Verteidigers keine „Vernehmung" vorlag, wird dem Rechtsgedanken des § 252 StPO gleichwohl Geltung verschafft: Wenn schon eine vor den zur Objektivität verpflichteten Strafverfolgungsorganen gemachte Aussage unter den vorliegenden Umständen unverwertbar ist, muss dies erst recht für die Verwertung des „Protokolls" eines einseitig die Interessen des Beschuldigten wahrnehmenden Anwalts gelten. Um eine verwertbare Äußerung „aus freien Stücken" handelte es sich hier übrigens deshalb nicht, weil die Aussage der Zeugin gezielt für das Strafverfahren herbeigeführt worden war und diese damit gerade nicht ohne Bewusstsein der Verwendungsmöglichkeit im späteren Verfahren erfolgte. Der vom Verteidiger zur Verlesung des „Protokolls" gestellte Beweisantrag war im Klausurfall damit wegen der sich aus § 252 StPO ergebenden Unzulässigkeit der Beweiserhebung i.S. des § 244 Abs. 3 S. 1 StPO abzulehnen.

---

104 Vgl. *BGHSt* 45, 342, 346.

105 Eine im Jahr 1996 gestellte Examensklausur wurde sogar aus einer 1985 veröffentlichten Entscheidung des *BGH* (JZ 1985, 1085) entwickelt. Auch wenn sich sicherlich belegen lässt, dass manche Klausurfälle tatsächlich aus aktuellen obergerichtlichen Entscheidungen entwickelt wurden, dürfte der aufgezeigte Zusammenhang die andernorts häufig dringlich ausgesprochene Empfehlung, diese Entscheidungen zur Examensvorbereitung zu studieren, relativieren.

(bb) Sinn und Zweck des § 252 StPO gebieten es auch, Mitteilungen eines nach § 52 Abs. 1 StPO weigerungsberechtigten Zeugen gegenüber einem **Sachverständigen** über sogenannte Zusatztatsachen – also das Gutachten vorbereitende Anknüpfungstatsachen, zu deren Ermittlung und Wahrnehmung keine besondere Sachkunde erforderlich ist (vgl. *M-G/S* § 79 Rn. 11) – nicht zu verwerten (vgl. *M-G/S* § 252 Rn. 10). **282**

In einer einschlägigen Klausur hatte der sich in der Hauptverhandlung auf sein Zeugnisverweigerungsrecht berufende Schwager des Angeklagten dem Sachverständigen gegenüber außerhalb der Hauptverhandlung bestimmte Angaben gemacht, die dieser für technische Rückschlüsse auf die gutachterlich zu klärende Fahrzeuggeschwindigkeit verwertet und die anschließend auch das Gericht i.R. seiner Beweiswürdigung herangezogen hatte. Im Ergebnis kam es in diesem Fall gleichwohl nicht zur Bejahung eines Verstoßes gegen das in § 252 StPO bestimmte Beweisverbot: Der Vorsitzende hatte den Schwager des Angeklagten, nachdem dieser von seinem Zeugnisverweigerungsrecht Gebrauch gemacht hatte, nämlich ausdrücklich auf das aus diesem Umstand resultierende Verwertungsverbot hingewiesen, woraufhin der Schwager erklärt hatte, mit der Verwertung seiner Äußerungen gegenüber dem Sachverständigen einverstanden zu sein, „so lange er nur selbst nicht noch einmal etwas sagen müsse“. Damit hatte er die Verwertung seiner Aussage wirksam **gestattet** (vgl. *M-G/S* § 252 Rn. 16a). **283**

(e) Von § 252 StPO umfasst ist auch die Konstellation, dass der weigerungsberechtigte Zeuge früher im betreffenden Zusammenhang **selbst Beschuldigter** in demselben oder einem anderen Verfahren war. Seine damalige Einlassung ist nicht nur dann unverwertbar, wenn er jetzt als ein in der Hauptverhandlung anwesender Zeuge nach § 52 Abs. 1 StPO die Aussage verweigert. Auch wenn ein solcher Zeuge in der Hauptverhandlung gar nicht anwesend ist und sich deshalb auf sein ihm zwischenzeitlich erwachsenes Weigerungsrecht gar nicht berufen kann, ist die früher gemachte Aussage unverwertbar. § 252 StPO will nämlich den Zeugen, der zur Verweigerung des Zeugnisses berechtigt ist, auch davor schützen, dass er gegen *seinen Willen* zur Überführung des Angeklagten beitragen muss.[106] Genau dies wäre aber der Fall, wenn das jetzige Tatgericht in irgendeiner Form auf eine Aussage zurückgreifen könnte, die der Beschuldigte als Zeuge – also ohne die Notwendigkeit der Selbstverteidigung – möglicherweise gar nicht gemacht hätte. Im Unterschied zur oben[107] beschriebenen Konstellation darf in diesem Rahmen daher auch der damals vernehmende Richter nicht über den Inhalt der Beschuldigtenvernehmung gehört oder dessen richterliches Protokoll nach § 251 StPO verlesen werden (vgl. *M-G/S* § 252 Rn. 11). **284**

Diese Zusammenhänge haben in Revisionsklausuren große Bedeutung. Immer ist hier darauf zu achten, dass der aufzuspürende Rechtsfehler in einem Verstoß gegen das aus § 252 StPO resultierende Verwertungsverbot liegt. Demgegenüber leiten die Prüflinge ein Verwertungsverbot in den einschlägigen Klausurkonstellationen häufig fehlerhaft daraus ab, dass der jetzige Zeuge bei seiner damaligen (richterlichen oder nichtrichterlichen) Vernehmung nicht gemäß § 52 Abs. 3 S. 1 StPO belehrt wurde. Eine solche Belehrung konnte zum früheren Zeitpunkt aber naturgemäß nicht vorgenommen werden, da der betreffende Angehörige damals eben nicht Zeuge, sondern Beschuldigter war. **285**

---

106 Vgl. *BGH* NJW 1997, 1790, 1792.
107 Rn. 278.

286 Hier gilt aber wiederum eine wichtige **Ausnahme**: Müsste sich der damalige Mitbeschuldigte nunmehr eigentlich in demselben Hauptverfahren verantworten und geschieht dies nur deshalb nicht, weil er sich dem Verfahren durch Flucht entzog, so kann die Niederschrift über seine Vernehmung als Beschuldigter nach § 251 Abs. 1 Nr. 3 StPO verlesen und verwertet werden (vgl. *M-G/S* § 252 Rn. 11).

287 Im entsprechenden Klausurfall hatte die Staatsanwaltschaft ursprünglich gegen den jetzigen Angeklagten und seinen Bruder gemeinsame Anklage erhoben. Da der Bruder aber nach Eröffnung des Hauptverfahrens geflohen war, war das gegen ihn gerichtete Verfahren abgetrennt worden. Das richterliche Geständnis des Bruders konnte hier ausnahmsweise gemäß § 251 Abs. 1 Nr. 3 StPO verlesen werden, da der Bruder die Stellung des weigerungsberechtigten Zeugen überhaupt nur durch die Flucht und die dadurch erzwungene Abtrennung erlangte hatte. Dieses pflichtwidrige Verhalten darf zum völligen Verlust des Bruders als Beweismittel nicht führen, da es dem Bruder sonst ermöglicht würde, sich in unzulässiger Weise zum „Herrn des Verfahrens" zu machen.[108]

288 (f) Im Übrigen ist gleichgültig, ob das Angehörigenverhältnis des § 52 Abs. 1 StPO **vor oder** – wie im Fall zum Beispiel des zwischenzeitlichen Verlöbnisses – **nach** der früheren Vernehmung entstanden ist. Zu beachten ist jedoch, dass ein Verwertungsverbot dann nicht besteht, wenn der Angehörige, ohne die nachträgliche Aussageverweigerung erklärt zu haben, **verstorben** ist (vgl. *M-G/S* § 252 Rn. 2). Da diese Voraussetzung in einem hierzu gebildeten Klausurfall vorlag, konnte die Aussage der betroffenen Verlobten des Angeklagten ohne Verstoß gegen § 252 StPO gemäß § 251 Abs. 1 Nr. 3 StPO verlesen und der tatrichterlichen Beweiswürdigung rechtsfehlerfrei zu Grunde gelegt werden.

288a (g) § 252 StPO ist auch auf den Fall der §§ 53, 53a StPO anwendbar – anders als bei § 52 StPO muss das Zeugnisverweigerungsrecht dann allerdings schon zum Zeitpunkt der früheren Vernehmung bestanden haben. Waren der **Berufsgeheimnisträger** oder seine Hilfsperson nach §§ 53 Abs. 2 S. 1, 53a Abs. 2 StPO von der Schweigepflicht entbunden, besteht jedoch kein Verwertungsverbot (vgl. *M-G/S* § 252 Rn. 3).

288b Dies war in einem *BGH* NStZ 2012, 281 nachgebildeten Klausurfall in der Weise umgesetzt, dass der vom Angeklagten verletzte Schwager den ihn deshalb behandelnden Arzt von der Schweigepflicht entbunden hatte und dieser polizeilich über den Inhalt des ihm bei der Behandlung vom Schwager Anvertrauten vernommen worden war. In der Hauptverhandlung widerrief nun der Schwager die Entbindung des Arztes, dieser machte von seinem Schweigerecht Gebrauch und die Vernehmungsbeamtin wurde zum Inhalt der polizeilichen Vernehmung des Arztes vernommen, den das Gericht zur Verurteilung des Angeklagten heranzog. Gegen das aus § 252 StPO resultierende Verwertungsverbot war hier nicht verstoßen, da der dazu vorauszusetzende Pflichtenwiderstreit zwischen Wahrheits- und Schweigepflicht nicht bestand, weil der Arzt zum Zeitpunkt der polizeilichen Vernehmung von der Schweigepflicht befreit war.

cc) §§ 54, 55, 57 StPO

289 Verstöße eines als Zeugen vernommenen öffentlichen Bediensteten gegen die für ihn geltende und von § 54 StPO auf das Strafverfahren übertragene Verschwiegenheitspflicht, die unterbliebene Belehrung eines Zeugen über sein Auskunftsverweige-

108 Vgl. *BGHSt* 27, 139, 141 f.

rungsrecht bei Verfolgungsgefahr (§ 55 Abs. 2 StPO) sowie die unterbliebene Ermahnung zur Wahrheit und Eidesbelehrung (§ 57 StPO) sind für den Angeklagten **nicht revisibel**. Nach der sog. **„Rechtskreistheorie"** des *BGH* besteht nämlich kein allgemeines Recht der Verfahrensbeteiligten, jedes prozessordnungswidrige Verhalten des Gerichtes mit der Revision zu rügen. Maßgeblich ist vielmehr, ob die Verletzung der einschlägigen Vorschrift den Rechtskreis des Rechtsmittelführers wesentlich berührt,[109] was in Bezug auf die vorgenannten Normen nicht der Fall ist. Dieser Zusammenhang wird regelmäßig in Examensklausuren thematisiert.

(1) So sagte ein Richter in einem Klausurfall als Zeuge aus, ohne dass sich das Hauptverhandlungsprotokoll zu der landesrechtlich erforderlichen Aussagegenehmigung (z.B. § 79 Abs. 2 LBG BW) äußerte. Das daraus nach **§ 54 StPO** resultierende Beweiserhebungsverbot (vgl. *M-G/S* § 54 Rn. 2) führte – da die Vorschrift nur öffentliche Geheimhaltungsinteressen schützt – allerdings nicht zu einem Beweisverwertungsverbot (vgl. *M-G/S* § 54 Rn. 32). Entsprechendes galt übrigens in einem anderen Klausurfall, in dem ebenfalls ein Richter als Zeuge ausgesagt hatte – hier allerdings unter Verstoß gegen das Beratungsgeheimnis des § 43 DRiG. Das sich aus dieser Vorschrift ergebende Beweisthemaverbot (vgl. *M-G/S* Einl. Rn. 52) führte angesichts des ebenso ausschließlich im öffentlichen Interesse liegenden Normzwecks – Schutz der richterlichen Unabhängigkeit und der Autorität richterlicher Entscheidungen – ebenso wenig zu einem Beweisverwertungsverbot (vgl. *M-G/S* Einl. Rn. 55a; § 337 Rn. 19). **290**

(2) (a) Zu **§ 55 Abs. 2 StPO** werden die Klausurfälle so konstruiert, dass die in der Sitzungsniederschrift protokollierten Angaben des eigentlich weigerungsberechtigten Zeugen dessen eigene Strafbarkeit – in der Regel wegen mittäterschaftlicher Tatbegehung – belegen. Üblicherweise teilen diese Zeugen dann auch gleich noch Einzelheiten zum gegen sie selbst in dieser Sache geführten Ermittlungs- oder Hauptverfahren mit, die dann entweder vom Sitzungsvertreter der Staatsanwaltschaft oder aber durch unmittelbaren Rückgriff auf die den Zeugen betreffenden Strafakten bestätigt werden. Auch wenn die – vom Tatgericht in diesen Klausurfällen immer verkannte – Erforderlichkeit der Belehrung nach § 55 Abs. 2 StPO damit klar auf der Hand liegt, ist die Revision des Angeklagten hierdurch nicht begründet. Da § 55 StPO ausschließlich dem Schutz des Zeugen dient, dem die seelische Zwangslage, sich selbst oder einen Angehörigen zu belasten, erspart werden soll, ist der Rechtskreis des Angeklagten hier nicht berührt (vgl. *M-G/S* § 55 Rn. 17). **291**

(b) Im Ausnahmefall liegen die Voraussetzungen des § 55 Abs. 1 StPO in den einschlägigen Klausuren im Ergebnis allerdings nicht vor. Der Zeuge braucht nämlich von vornherein nicht nach § 55 Abs. 1 StPO belehrt zu werden, wenn eine Verfolgungsgefahr für ihn zweifelsfrei ausgeschlossen ist. Dies lässt sich in Klausuraufgaben am leichtesten in der Form darstellen, dass der Zeuge in dem in Rede stehenden Zusammenhang bereits rechtskräftig abgeurteilt wurde (vgl. *M-G/S* § 55 Rn. 8), was sich in einem Klausurfall wiederum aus einer vom Sitzungsvertreter der Staatsanwaltschaft bestätigten Mitteilung des Zeugen selbst ergab. Einer Verfolgungsgefahr steht allerdings nicht entgegen, dass das im Hinblick auf eine mögliche Tatbeteiligung des Zeugen zunächst geführte Ermittlungsverfahren – was sich im betreffenden Klausurfall aus dem Ermittlungsergebnis der Anklageschrift ergab – nach § 170 Abs. 2 StPO eingestellt worden war, da eine solche Einstellung die Strafklage nicht verbraucht und das Verfahren sogar bei gleicher Sach- und Rechtslage wieder aufgenommen werden kann (vgl. *M-G/S* § 170 Rn. 9). Entsprechendes galt in dem Klausurfall, in dem der Zeuge gegen ein ihn selbst wegen mittäterschaftlicher Tatbegehung betreffendes Urteil fristgemäß Revision eingelegt hatte. Hier war nämlich nicht auszuschließen, dass eine ihn selbst belastende Zeugenaussage nach eventueller Aufhebung und Zurückverweisung durch das **292**

---

109 Vgl. *BGHSt* 11, 213, 214 f.

Revisionsgericht möglicherweise im gegen ihn selbst geführten Strafverfahren – so zum Beispiel i.R. des § 254 StPO – verwertet werden würde.

293 Diese im Hinblick auf die Rechtskreistheorie für die Erfolgsaussichten der Revision an sich bedeutungslosen Zusammenhänge sollten – da sie äußerst kurz dargestellt werden können – aus prüfungstaktischen Gründen ausnahmsweise in die Klausurlösung mit aufgenommen werden. Zu beachten hat der Prüfling in diesem Zusammenhang auch, dass ein nach § 55 Abs. 2 StPO wegen eigener Beteiligung an der in Rede stehenden Tat zu belehrender Zeuge nach § 60 Nr. 2 StPO zudem nicht vereidigt werden darf, was in den betreffenden Klausurfällen häufig als zusätzlicher Rechtsfehler eingebaut ist.[110]

294 (3) Die nach **§ 57 StPO** erforderliche Ermahnung und Belehrung der Zeugen erfolgt üblicherweise gleich zu Beginn der Hauptverhandlung nach der Präsenzfeststellung des § 243 Abs. 1 S. 2 StPO. In den Hauptverhandlungsprotokollen der Klausuraufgaben, für die häufig die amtlichen Formulare verwendet werden, finden sich die entsprechenden Vermerke daher regelmäßig schon an dieser Stelle. Da manche Prüflinge die Belehrung in dieser Situation allerdings vergeblich ausschließlich unmittelbar bei der Vernehmung des Zeugen suchen, wird ein – für den Angeklagten ohnehin nicht revisibler (vgl. *M-G/S* § 57 Rn. 7) – Verstoß gegen § 57 StPO nicht selten fehlerhaft bejaht.[111]

dd) Zeugenvereidigung (§ 59 StPO)

295 (1) Durch das zum 1. September 2004 in Kraft getretene 1. Justizmodernisierungsgesetz ist die bis dahin für Zeugen geltende **Regelvereidigung abgeschafft** worden. Nach der neuen Fassung des § 59 Abs. 1 S. 1 StPO muss die Vereidigung unterbleiben, wenn diese Vorschrift sie nicht im Hinblick auf die ausschlaggebende Bedeutung der betreffenden Aussage oder die Herbeiführung einer wahren Aussage zulässt. Aber auch das Vorliegen einer dieser beiden Voraussetzungen gestattet allein noch keine Ausnahme von dem grundsätzlichen Vereidigungsverbot – das Gericht muss die Vereidigung überdies für notwendig halten.

296 Mit der Umkehrung des gesetzlichen Regel-Ausnahmeverhältnisses werden die revisionsrechtlichen Angriffsflächen nicht nur in der tatrichterlichen Praxis minimiert – auch in der Examenswirklichkeit haben mit § 59 StPO zusammenhängende Verfahrensfehler, die zu Zeiten der Regelvereidigung noch herausragende Bedeutung hatten, weitgehend an Bedeutung verloren. Auch wenn nach dem Wortlaut des § 59 Abs. 1 S. 1 StPO „das Gericht" entscheidet, hat sich durch die Gesetzesänderung nichts an dem Recht des Vorsitzenden geändert, vorab alleine über die Vereidigungsfrage zu entscheiden. Der Vorsitzende kann allerdings auch vorziehen, sogleich das Gericht durch Beschluss entscheiden zu lassen (vgl. *M-G/S* § 59 Rn. 9).

296a Tut er das nicht, sondern entscheidet über die Frage der Vereidigung selbst, so ist grundsätzlich die Anrufung des Gerichts (§ 238 Abs. 2 StPO) notwendig, um die Ermessensentscheidung überhaupt mit der Revision angreifen zu können (vgl. *M-G/S* § 59 Rn. 10). Dies spielte in einem jüngeren Klausurfall eine Rolle, in dem „auf Anordnung der Vorsitzenden" gleich dreimal kurz hintereinander gemäß § 59 StPO von der Vereidigung einzelner Zeugen abge-

110 Vgl. dazu unten Rn. 304 f.

111 Ein entsprechender Klausurfehler ist manchem Prüfling übrigens ebenso schon im Zusammenhang mit § 55 Abs. 2 StPO unterlaufen, da auch die danach erforderliche Belehrung – wenngleich dies grundsätzlich wenig zweckmäßig erscheint – zulässigerweise gleich zu Beginn der Hauptverhandlung erfolgen kann (vgl. *M-G/S* § 55 Rn. 14).

sehen worden war, ohne dass der verteidigte Angeklagte reagiert hätte. Die von ihm später in einem Vermerk seines neuen Verteidigers ausdrücklich beanstandete Nichtvereidigung dieser Zeugen konnte die Revision daher nicht begründen.[112]

(2) Im Fall der **Nichtvereidigung** sind Rechtsfehler vor dem neuen gesetzlichen Hintergrund nur noch ganz eingeschränkt möglich. Zu unterscheiden sind zwei Konstellationen: **297**

(a) Hat das Tatgericht durch Vorabentscheidung des Vorsitzenden oder Beschluss von der Vereidigung **ausdrücklich abgesehen**, wird auf die beiden Vereidigungsvoraussetzungen des § 59 Abs. 1 S. 1 StPO inhaltlich nicht einzugehen sein. Die Vereidigung ist nämlich auch bei deren tatsächlichem Vorliegen nicht zwingend vorgeschrieben, der Richter entscheidet vielmehr nach seinem Ermessen. Da das Tatgericht die Nichtvereidigung als gesetzlichen Regelfall allerdings nicht begründen muss (vgl. *M-G/S* § 59 Rn. 11), ist diese Ermessensentscheidung wegen fehlender Nachprüfungsgrundlage praktisch nicht revisibel (vgl. *M-G/S* § 59 Rn. 13). **298**

(b) Ist eine Entscheidung über die Vereidigung vom Tatgericht allerdings überhaupt **nicht getroffen** worden, so kann dies grundsätzlich die Revision begründen. Bewiesen wird ein solcher Rechtsfehler durch das Schweigen des Hauptverhandlungsprotokolls, da die Entscheidung über die Nichtvereidigung selbst angesichts ihres Regelcharakters überwiegend als wesentliche Förmlichkeit nach § 274 S. 1 StPO angesehen wird (vgl. *M-G/S* § 59 Rn. 12). Das Urteil **beruht** auf diesem Verfahrensfehler jedoch nur, wenn es bei einer ordnungsgemäßen Entscheidung zu einer Vereidigung des Zeugen gekommen und zudem nicht auszuschließen wäre, dass der Zeuge in diesem Falle andere, wesentliche Angaben gemacht hätte.[113] Aus der Klausuraufgabe werden sich aber bereits kaum einmal Anhaltspunkte dafür ergeben, dass das Gericht die Vereidigung wegen der ausschlaggebenden Bedeutung der betreffenden Aussage oder zur Herbeiführung einer wahren Aussage für notwendig gehalten haben könnte. **299**

(3) Ist der Zeuge **vereidigt** worden, so ist die Revision auch dann nicht begründet, wenn die Voraussetzungen des § 59 Abs. 1 S. 1 StPO in Wirklichkeit nicht vorlagen. Denn zum einen fehlt dem Revisionsgericht wegen der dem Tatgericht nach § 59 Abs. 1 S. 2 StPO erlassenen Begründung auch hier die Grundlage für eine Überprüfung der Ermessensentscheidung. Zum anderen kann das Urteil **nicht darauf beruhen**, dass das Gericht die Wahrheit mit einem stärkeren Mittel erforscht hat, als das Gesetz dies vorsieht.[114] Die Vereidigungsvoraussetzungen des § 59 Abs. 1 S. 1 StPO sind also auch in dieser Konstellation nicht zu problematisieren. **300**

(4) In einem Klausurfall war die Aussage einer Zeugin, die nach dem Inhalt des Hauptverhandlungsprotokolls unvereidigt geblieben war, in den schriftlichen Gründen des angefochtenen Urteils als beeidet angesehen worden. Da eine Vereidigung i.R. der absoluten Beweiskraft des Protokolls als nicht erfolgt zu gelten hatte (vgl. *M-G/S* § 59 Rn. 12), waren auf diesem Weg Umstände zur Urteilsgrundlage gemacht worden, die nicht zum „Inbegriff der Hauptverhandlung" i.S. des § 261 StPO gehörten.[115] Auf diesem Verfahrensfehler beruhte **301**

112 Vgl. dazu im Einzelnen oben Rn. 143 ff.
113 Vgl. *BGH* NStZ 2006, 114.
114 Vgl. *OLG Köln* JMBlNW 1958, 179 zu § 62 StPO a.F.
115 Vgl. *BGH* StV 1999, 137.

das Urteil auch, da das Amtsgericht seine Überzeugung von der Täterschaft des Angeklagten maßgeblich auf die „eidlichen" Bekundungen dieser Zeugin gestützt hatte.

ee) Vereidigungsverbote (§ 60 StPO)

302 (1) Höchst klausurrelevante Rechtsfehler können sich bei Vereidigung eines Zeugen allerdings im Zusammenhang mit § 60 StPO ergeben. Da die Eingangsvoraussetzungen einer Eidesunfähigkeit nach § 60 Nr. 1 Unterfall 2 StPO (mangelnde Verstandesreife, psychische Krankheit bzw. geistige oder seelische Behinderung) in einer Klausuraufgabe kaum sinnvoll darzulegen sind, finden sich in den einschlägigen Examensarbeiten auch ausschließlich Fälle der Eidesunmündigkeit nach § 60 Nr. 1 Unterfall 1 StPO sowie des Tat- oder Teilnahmeverdachts nach § 60 Nr. 2 StPO.

303 (2) Nach § 60 Nr. 1 Unterfall 1 StPO darf ein Zeuge, der zum Zeitpunkt seiner Vernehmung das **18. Lebensjahr noch nicht vollendet** hat, nicht vereidigt werden. In der Klausur ist daher in jedem Fall, in dem ein Zeuge vereidigt wird, auf dessen **Alter zu achten**, zu dem das Hauptverhandlungsprotokoll Angaben i.R. der Vernehmung zur Person (§ 68 Abs. 1 StPO) enthält. In diesem Zusammenhang sei nochmals in Erinnerung gerufen, dass der Prüfling im Hinblick auf eine möglicherweise übersehene Zuständigkeit eines Jugendgerichts immer auch das Alter des Angeklagten selbst im Auge zu halten hat, das sich im Sitzungsprotokoll aus der Vernehmung über die persönlichen Verhältnisse (§ 243 Abs. 2 S. 2 StPO) ergibt.[116]

304 (3) (a) Dem Vereidigungsverbot des **§ 60 Nr. 2 StPO** unterfallen zunächst solche Zeugen, die wegen Beteiligung an der den Gegenstand der Untersuchung bildenden Tat – also der **„Tat" i.S. des § 264 StPO** – bereits **verurteilt** worden sind. Die „Beteiligung" i.S. des § 60 Nr. 2 StPO ist nicht auf die Teilnahmeformen der §§ 25 ff. StGB beschränkt, sondern meint ganz umfassend die Mitwirkung in strafbarer Weise und in derselben Richtung wie der Angeklagte (vgl. *M-G/S* § 60 Rn. 12), wobei die Vorschrift der Beteiligung die Begünstigung, Strafvereitelung und Hehlerei gleichstellt. Auch schon im Vorfeld einer Verurteilung greift das Vereidigungsverbot, wenn der Zeuge im vorbezeichneten Rahmen **„verdächtig"** ist, wozu ein entfernter – nicht jedoch bloß theoretischer – Verdacht ausreicht. Selbst der Umstand, dass der Zeuge in dem ihn betreffenden Verfahren schon freigesprochen oder ein solches bereits eingestellt worden ist, steht diesem Verdacht nicht notwendig entgegen (vgl. *M-G/S* § 60 Rn. 23 f.).

305 Die tatsächlichen Anknüpfungspunkte für die Problematik des § 60 Nr. 2 StPO, die häufig „Nebenfolge" von prüfungstechnisch eigentlich im Vordergrund stehenden materiell-rechtlichen Fragen ist, ergeben sich regelmäßig aus den im Sitzungsprotokoll beurkundeten Aussagen der betreffenden Zeugen selbst. So teilte in diesem Rahmen ein – später rechtsfehlerhaft vereidigter – Zeuge in einem Klausurfall Einzelheiten zu Tatplan und -ausführung eines gemeinsam mit dem Angeklagten begangenen Banküberfalls mit, für den er bereits zu einer Freiheitsstrafe verurteilt worden war. Dass er gegen dieses Urteil – wie auch eine anschließende teilweise Verlesung der den Zeugen betreffenden Strafakte ergab – Revision eingelegt hatte, stand der Anwendung des § 60 Nr. 2 StPO nicht entgegen, da die Rechtskraft der Verurteilung wegen Tatbeteiligung in diesem Rahmen nicht vorausgesetzt ist (vgl. *M-G/S* § 60

116 Vgl. dazu oben Rn. 174.

Rn. 25). Ähnlich war die Situation in einem Klausurfall, in dem der – später ebenso verbotswidrig vereidigte – Zeuge offenherzig Einzelheiten zum Erwerb eines Fernsehgeräts vom Angeklagten mitteilte, wegen dessen Diebstahl dieser angeklagt war: Es sei „in gewissen Kreisen bekannt", dass er „heiße Ware ankaufe und auch weiterveräußere". Bei einigen Prüflingen möglicherweise noch vorhandene letzte Zweifel an den Voraussetzungen eines Hehlereiverdachts i.S. des § 60 Nr. 2 StPO wurden hier dadurch ausgeräumt, dass der Sitzungsvertreter der Staatsanwaltschaft die Angaben des Zeugen unter Hinweis auf das gegen ihn gerichteten Ermittlungsverfahrens bestätigte. Darauf, dass in den hier einschlägigen Klausurfällen regelmäßig auch das Belehrungsgebot des § 55 Abs. 2 StPO missachtet worden ist, war bereits im Zusammenhang mit dieser Vorschrift hingewiesen worden.[117]

(b) Wichtig ist allerdings, dass sich der Zeuge – soweit i.R. des § 60 Nr. 2 StPO insbesondere eine Begünstigung oder Strafvereitelung in Rede steht – grundsätzlich **außerhalb der Hauptverhandlung** strafbar gemacht haben muss. Der Zeuge, der sich bereits vor der Vernehmung, nach der er vereidigt werden soll, wegen Strafvereitelung, Falschaussage usw. strafbar gemacht hat, befindet sich in einer Zwangslage, entweder eine Straftat offenbaren zu müssen oder einen Meineid zu leisten. Der sich aus dieser Lage ergebenden Meineidsgefahr trägt die Vorschrift des § 60 Nr. 2 StPO Rechnung, indem sie die Vereidigung untersagt.[118] Der bei einer gegenwärtigen Vernehmung gegen einen Zeugen gerichtete Verdacht, er sage aktuell falsch aus, um den Angeklagten sachlich zu begünstigen oder der Bestrafung zu entziehen, hindert die Vereidigung daher mangels entsprechender Konfliktsituation nicht (vgl. *M-G/S* § 60 Rn. 20). **306**

Dieser Zusammenhang wurde in dem Klausurfall abgefragt, in dem der Angeklagte ausweislich des Hauptverhandlungsprotokolls „Auf Vorhalt, unter Hinweis auf eine mögliche Strafbarkeit wegen Strafvereitlung und uneidlicher Falschaussage" erklärte, bei seiner Aussage zu bleiben. Der damit geäußerte Verdacht des Strafrichters stand der anschließend erfolgten Vereidigung des Zeugen unter dem Gesichtspunkt des § 60 Nr. 2 StPO somit nicht entgegen. **307**

(4) Auf einem Verstoß gegen § 60 Nr. 1 Unterfall 1 StPO oder § 60 Nr. 2 StPO wird das Urteil in der Regel **beruhen**, da das Gericht der Aussage eines vereidigten Zeugen meist größere Glaubhaftigkeit beimisst als der eines anderen. Dies verhält sich natürlich ausnahmsweise anders, wenn sich aus der schriftlichen Beweiswürdigung des angefochtenen Urteils ergibt, dass schon der beeideten Aussage nicht geglaubt wurde (vgl. *M-G/S* § 60 Rn. 34). Entsprechendes gilt, wenn das Gericht den Vereidigungsfehler nachträglich erkannt und die betreffende Aussage im Urteil nur als uneidliche gewertet hat. Im Fall des § 60 Nr. 2 StPO beruht das Urteil aber selbst bei nachträglicher Korrektur auf dem Verstoß gegen diese Vorschrift, wenn das Gericht es unterlassen hat, die Verfahrensbeteiligten noch in der Hauptverhandlung auf die beabsichtigte Würdigung als uneidliche Aussage **hinzuweisen** (vgl. *M-G/S* § 60 Rn. 30). Die **Heilung** des Verfahrensverstoßes erfolgt hier also nur durch die anderweitige Würdigung i.V. mit einem entsprechenden Hinweis an die Verfahrensbeteiligten. Es kann nämlich regelmäßig nicht ausgeschlossen werden, dass die Verteidigung – etwa im Glauben an den für sie aus der Vereidigung resultierenden höheren Beweiswert der betreffenden Aussage – wegen des unterlassenen Hinweises von der **308**

---

117 Vgl. dazu oben Rn. 293.
118 Vgl. *BGHSt* 34, 68, 69.

Stellung weiterer (Beweis-)Anträge abgesehen hat, die das Urteil noch zu seinen Gunsten hätten beeinflussen können.[119]

309 (5) Geht die rechtsfehlerhafte Vereidigung auf eine Vorabentscheidung des Vorsitzenden zurück, so ist die Rüge des Verstoßes gegen § 60 StPO – da er eine von Amts wegen zu beachtende unverzichtbare Verfahrensvorgabe enthält[120] – nicht dadurch verwirkt, dass der Revisionsführer keine Entscheidung des Gerichts nach § 238 Abs. 2 StPO herbeigeführt hat (vgl. *M-G/S* § 60 Rn. 31).

ff) Belehrung über das Eidesverweigerungsrecht (§ 61 StPO)

310 Nach § 61 StPO haben die in § 52 Abs. 1 StPO bezeichneten Angehörigen des Angeklagten ein Eidesverweigerungsrecht und sind darüber zu belehren. Verfahrensfehler durch Unterlassen dieser Belehrung, die i.R. des § 274 S. 1 StPO durch das Schweigen des Sitzungsprotokolls unwiderlegbar bewiesen sind (vgl. *M-G/S* § 273 Rn. 7), haben mit dem Wegfall der Regelvereidigung in Klausurfällen an Bedeutung verloren. Gleichwohl sollten sie nach wie vor bei jeder Vereidigung eines Zeugen im Auge behalten werden. In der Regel wird sich bei einem entsprechenden Belehrungsmangel nicht ausschließen lassen, dass das Gericht die Glaubwürdigkeit des betreffenden Zeugen anders beurteilt hätte, wenn dieser den Eid nach Belehrung abgelehnt hätte – das Urteil also auf dem Belehrungsfehler beruht (vgl. *M-G/S* § 61 Rn. 3).

311 Etwas anderes galt allerdings in dem Klausurfall, in dem zwar die Ehefrau des Angeklagten zunächst ohne jede Belehrung vereidigt worden war, der Vorsitzende im weiteren Verlauf der Beweisaufnahme dann aber erklärt hatte, das Gericht werde die Aussage dieser Zeugin als uneidliche Aussage würdigen, da er vergessen habe, die Zeugin über ihr Eidesverweigerungsrecht zu belehren und diese nun nicht mehr an der Gerichtsstelle anwesend sei. Dementsprechend war in der Beweiswürdigung der schriftlichen Urteilsgründe von der „uneidlichen Aussage" dieser Zeugin die Rede. Hier hätte das Urteil bei richtiger Anwendung des Gesetzes natürlich nicht anders ausfallen können (vgl. *M-G/S* § 61 Rn. 3). Wie im vorbezeichneten Fall der entgegen § 60 Nr. 2 StPO erfolgten Vereidigung wird allerdings auch der Verstoß gegen § 61 StPO nur dann durch die anderweitige Würdigung **geheilt**, wenn den Prozessbeteiligten zusätzlich ein entsprechender **Hinweis** erteilt worden war und sie sich so auf die geänderte Verfahrenslage einrichten konnten. Da ein solcher Hinweis im beschriebenen Klausurfall erteilt worden war, beruhte das Urteil nicht auf der unterbliebenen Belehrung nach § 61 StPO.

gg) Höchstdauer der Unterbrechung einer Hauptverhandlung (§ 229 StPO)

312 Die Unterbrechung – also der sich in den zeitlichen Grenzen des § 229 StPO haltende verhandlungsfreie Zeitraum zwischen zwei Sitzungen einer Hauptverhandlung (vgl. *M-G/S* § 228 Rn. 2) – ist seltener Gegenstand von Examensklausuren und sollte immer dann angesprochen werden, wenn die Hauptverhandlung an mehr als einem einzigen Tag stattgefunden hat. Die Höchstdauer der Unterbrechung beträgt nach § 229 Abs. 1 StPO grundsätzlich drei Wochen. Nach § 229 Abs. 4 S. 1 StPO muss daher eine völlig neue Hauptverhandlung mit dem in § 243 StPO beschriebenen Ablauf stattfin-

119 Vgl. dazu im Einzelnen LR-*Ignor/Bertheau* § 60 Rn. 36.
120 Vgl. dazu oben Rn. 144.

den, wenn der Fortsetzungstermin nicht **spätestens am 22. Tag nach der letzten Sitzung**[121] stattfindet – die für mindestens zehntägige Hauptverhandlungen geltenden Sonderregeln des § 229 Abs. 2 und 3 StPO haben in Klausuren keine Bedeutung. Da der Konzentrationsgrundsatz des § 229 StPO die Abschwächung des lebendigen Eindruckes der mündlichen Verhandlung verhindern soll, die mit einer verfahrensfehlerhaften Fristüberschreitung zwangsläufig verbunden ist, wird das Urteil in der Regel auf einer solchen beruhen (vgl. *M-G/S* § 229 Rn. 1, 15).

Die Dreiwochenfrist wird aber nur durch Verhandlung zur Sache gewahrt – nicht jedoch **313**
durch einen bloßen „Schiebetermin", der allein der Einhaltung der Unterbrechungsfrist dient (vgl. *M-G/S* § 229 Rn. 11). Dieser Zusammenhang wurde in einem exakt *BGH* NStZ 2014, 220 nachgebildeten Klausurfall abgefragt, in dem im Folgetermin genau drei Wochen nach Prozessauftakt lediglich „die Möglichkeit der Anwendung der §§ 230, 231 StPO" erörtert wurden – der Angeklagte selbst war zu diesem Termin nicht erschienen. Als „fortgesetzt" i.S. des § 229 Abs. 4 S. 1 StPO gilt eine Hauptverhandlung, wenn zur Sache verhandelt und das Verfahren gefördert wird. Auch die alleinige Befassung mit Verfahrensfragen kann ausreichend sein, sofern es dabei um den Fortgang der Sachverhaltsaufklärung geht. Dies war im Klausurfall zu bejahen, da die Erörterung der §§ 230, 231 StPO zu dem Ergebnis führte, dass die in dem Termin vorgesehene Beweisaufnahme – also die Sachverhaltsaufklärung – zu unterbleiben hatte.

Klausurtechnisch ist auch die dem § 43 Abs. 2 StPO entsprechende Regel des § 229 Abs. 4 **313a**
S. 2 StPO interessant: Fällt der 22. Tag z.B. auf einen Samstag, könnte die Hauptverhandlung jedenfalls am folgenden Montag fortgesetzt werden – im Falle des Karfreitages als 22. Tag bräuchte wegen Ostermontag als „allgemeinem Feiertag" sogar erst am folgenden Dienstag fortgesetzt werden. In diesem Zusammenhang ebenso klausurrelevant ist die sich an anderer Stelle der StPO befindliche Regel des § 268 Abs. 3 S. 2: Wird das Urteil – aus welchen Gründen auch immer – nicht im Anschluss an die Beratung verkündet, so gilt für eine Unterbrechung eine verkürzte Frist von nur elf Tagen!

hh) Gang der Hauptverhandlung (§ 243 StPO)

Von den in § 243 StPO in eine bestimmte Reihenfolge gestellten Verfahrensvorgän- **314**
gen spielen in Revisionsklausuren diejenigen der Absätze 3 und 4 eine Rolle.

(1) Jede Klausuraufgabe sollte zunächst standardmäßig darauf überprüft werden, ob **315**
gemäß § 243 Abs. 3 S. 1 StPO der **Anklagesatz** nach der Vernehmung des Angeklagten zur Person und vor seiner Vernehmung zur Sache **verlesen** wurde. Auf die Verlesung kann – da die StPO eine solche Verfahrensvereinfachung nicht vorsieht – nicht verzichtet werden (vgl. *M-G/S* § 243 Rn. 13). Durch die – ebenso schon vorgekommene – Anordnung des Selbstleseverfahrens nach § 249 Abs. 2 StPO kann die Verlesung der Anklage nicht ersetzt werden, da die Anklage Grundlage der Hauptverhandlung und nicht Gegenstand der Beweisaufnahme ist.[122] Da es sich bei der Anklageverlesung um eine wesentliche Förmlichkeit i.S. des § 273 Abs. 1 StPO handelt (vgl. *M-G/S* § 243 Rn. 18), wird ihr Unterlassen i.R. des § 274 S. 1 StPO unwiderlegbar durch das Schweigen des Sitzungsprotokolls bewiesen. Gerade weil kein besonderes prozessuales Geschehen auf ihn hindeutet, ist auch ein solcher Verfahrensfehler aus Prüfersicht

121 Vgl. *BGH* 3 StR 235/16; fehlerhaft stellen *BGH* 3 StR 408/13 und 1 StR 590/15 auf den 23. Tag ab.
122 Vgl. *BGH* NJW 2011, 1687, 1688.

besonders interessant. Auf dem Unterlassen der Verlesung des Anklagesatzes beruht das Urteil nur dann nicht, wenn die Sach- und Rechtslage einfach ist oder die Prozessbeteiligten auf andere Weise zweifelsfrei über den Gegenstand des Verfahrens unterrichtet worden sind (vgl. *M-G/S* § 243 Rn. 38), wovon in Klausurfällen selten auszugehen sein wird. Im Gegenteil wird sich hier häufig darauf hinweisen lassen, dass insbesondere eventuell beteiligte Schöffen ausschließlich durch die Verlesung des Anklagesatzes Kenntnis vom Verfahrensgegenstand erlangen.

315a Im (exotischen) Fall des **beschleunigten Verfahrens** der §§ 417 ff. StPO, in dem es gem. § 418 Abs. 1 S. 1, Abs. 3 S. 1 StPO weder einer Anklageschrift noch eines Eröffnungsbeschlusses bedarf, kann die Verlesung der Anklageschrift durch mündliche Erhebung der Anklage ersetzt sein. In diesem Fall schreibt § 418 Abs. 3 S. 2 StPO vor, dass der wesentliche Inhalt der Anklage – dazu gehört stets der den Anforderungen des § 200 Abs. 1 S. 1 StPO entsprechende (abstrakte und konkrete) Anklagesatz – als wesentliche Förmlichkeit i.S. der §§ 273 Abs. 1, 274 S. 1 StPO in das Sitzungsprotokoll aufzunehmen ist. Die schriftliche Fixierung des Inhalts der mündlichen Anklageerhebung ist zwingend erforderlich, weil für eine spätere Überprüfung festgehalten sein muss, welche Tat dem Angeklagten konkret vorgeworfen wurde. Dies war im Hauptverhandlungsprotokoll eines Klausurfalls nicht bedacht, in dem es insoweit nur hieß, dass der Staatsanwalt „den Anklagesatz aus dem Haftbefehl verlas". Eine solche bloße Erwähnung des Haftbefehls genügte den Anforderungen des § 418 Abs. 3 S. 2 StPO nicht – vielmehr hätte sein Inhalt entweder unmittelbar in das Protokoll aufgenommen oder eine Haftbefehlsausfertigung als Anlage zum Protokoll genommen werden müssen. Wegen dieses nicht mehr behebbaren Verfahrenshindernisses der unwirksamen Anklage war somit die Einstellung des Verfahrens insgesamt zu beantragen.[123]

315b (2) Gemäß § 243 Abs. 4 S. 1 StPO teilt der Vorsitzende nach Verlesung des Anklagesatzes mit, ob im Vorfeld **Erörterungen** nach den §§ 202a, 212 StPO stattgefunden haben, wenn deren Gegenstand die **Möglichkeit einer Verständigung** (§ 257c StPO) gewesen ist, und wenn ja, deren wesentlichen Inhalt. Diese umfassende Mitteilungspflicht gilt nach § 243 Abs. 4 S. 2 StPO auch, wenn derartige Erörterungen nach Beginn der Hauptverhandlung während einer Unterbrechung stattgefunden haben. Dabei ist – bei erfolgreichen wie erfolglosen Verständigungsgesprächen – nicht nur über die Tatsache dieser Gespräche zu informieren, sondern auch über deren wesentlichen Inhalt, den Verständigungsvorschlag und ob dieser bei den anderen Gesprächsteilnehmern auf Zustimmung oder Ablehnung gestoßen ist (vgl. *M-G/S* § 243 Rn. 18a, 18c). Das Gesetz will auf diese Weise die **Transparenz und Dokumentation** (§ 273 Abs. 1a S. 2 StPO) der außerhalb der Hauptverhandlung geführten Verständigungsgespräche gerade für den an den Verständigungsgesprächen häufig nicht beteiligten Angeklagten herbeiführen. Für dessen meist mit der Frage nach einem Geständnis verbundene Entscheidung ist es von besonderer Bedeutung, ob er über die Einzelheiten der in seiner Abwesenheit geführten Gespräche nur zusammenfassend von seinem Verteidiger nach dessen Wahrnehmung oder aber durch das Gericht selbst umfassend unterrichtet wird.[124]

315c In einem dazu gebildeten Klausurfall wurde die Hauptverhandlung für ein Verständigungsgespräch im Beratungszimmer unterbrochen, an dem Richter und Schöffen, der Staatsanwalt und der Verteidiger – nicht aber der Angeklagte – teilnahmen. Im Protokoll hieß es dazu an-

123 Vgl. dazu unten Rn. 637.
124 Vgl. *BGH* NJW 2013, 3046, 3048.

schließend lediglich, es sei ein ohne Ergebnis gebliebenes „Rechtsgespräch" geführt worden, in dem der Staatsanwalt eine konkrete Strafvorstellung genannt habe. Diese Mitteilung entsprach nicht den Anforderungen des § 243 Abs. 4 S. 2 StPO, weil sie nicht nur den genauen Inhalt der Vorstellung des Staatsanwalts, sondern darüber hinaus auch offen ließ, welche ggf. abweichenden eigenen Standpunkte die übrigen Teilnehmer vertreten hatten. Auf diesem Verfahrensfehler beruhte das Urteil, weil auch im Fall der ergebnislosen Verständigungsgespräche nicht auszuschließen ist, dass das Prozessverhalten des Angeklagten durch diese beeinflusst wurde (vgl. *M-G/S* § 243 Rn. 38a).

In einem nur einen Monat später gelaufenen Klausurfall schwieg das Protokoll zur wesentlichen Förmlichkeit der Mitteilung nach § 243 Abs. 4 S. 1 StPO (vgl. *M-G/S* § 273 Rn. 7, 12b) – **315d**
in einer noch späteren Klausur erfolgte eine Negativmitteilung nach § 243 Abs. 4 S. 1 StPO erst nach bereits erfolgter Urteilsberatung[125] und damit verfahrensfehlerhaft nicht vor der Belehrung des Angeklagten über seine Aussagefreiheit (vgl. *M-G/S* § 243 Rn. 18b). Auf diesen Verfahrensfehlern beruhten die angefochtenen Urteile allerdings nicht, weil auf Grund der i.R. des Freibeweises (vgl. *M-G/S* § 243 Rn. 18a; 274 Rn. 9) relevanten Äußerungen der Verfahrensbeteiligten ausnahmsweise zweifelsfrei feststand, dass es keinerlei Gespräche gegeben hatte, in denen die Möglichkeit einer Verständigung im Raum stand (vgl. *M-G/S* § 273 Rn. 12c).

Einige Zeit später hieß es in dem Hauptverhandlungsprotokoll eines Klausurfalls, Erörte- **315e**
rungen nach den §§ 202a, 212 StPO hätten nicht stattgefunden. Der neu mandatierte Verteidiger war in der Akte dann jedoch auf einen Vermerk der Vorsitzenden gestoßen, nach dem der alte Verteidiger die von ihr im Rahmen einer fernmündlichen Terminsabsprache gestellte Frage, „ob der Angeklagte ein Geständnis ablegen wird", verneint hatte. Telefonische Kontaktaufnahmen ohne konkretes Ergebnis lösen die Mitteilungspflicht nach § 243 Abs. 4 S. 1 StPO allerdings noch nicht aus, wenn sie nur die Gesprächsbereitschaft abklopfen und damit den eigentlichen Erörterungen über die Verständigung vorgelagert sind (vgl. *M-G/S* § 243 Rn. 18a).

(3) Der nach § 243 Abs. 5 S. 1 StPO erforderliche **Hinweis auf die Aussagefreiheit** **316**
des Angeklagten kann in zweifacher Weise Bedeutung gewinnen:

(a) Zunächst kann der Rechtsfehler darin liegen, dass dieser Hinweis **vollständig** **317**
unterblieben ist. Als notwendiger Bestandteil eines fairen Verfahrens ist er **unverzichtbar**.[126] Sein Unterlassen wird – da es sich auch insoweit um eine wesentliche Förmlichkeit i.S. des § 273 Abs. 1 StPO handelt (vgl. *M-G/S* § 243 Rn. 23) – i.R. des § 274 S. 1 StPO durch das Schweigen des Protokolls unwiderlegbar bewiesen. Die unter Verstoß gegen § 243 Abs. 5 S. 1 StPO erlangte Einlassung des Angeklagten darf das Gericht **nicht verwerten**. Allerdings beruht das Urteil auf einem solchen Verstoß dann nicht, wenn der Angeklagte sich ohnehin nicht zur Sache eingelassen oder aber seine Aussagefreiheit gekannt hat (vgl. *M-G/S* § 243 Rn. 39) – letzteres ist von der Rechtsprechung etwa für den Fall bejaht worden, dass gegen den Angeklagten in derselben Sache bereits zum dritten Mal verhandelt wurde[127]. Beide Varianten sind schon Gegenstand von Examensklausuren gewesen.

---

125 Es stellte sich damit zugleich die Frage eines Verstoßes gegen § 258 Abs. 2 Hs. 2 StPO, vgl. dazu unten Rn. 408.
126 Vgl. *BGH* NJW 1974, 1570, 1571.
127 Vgl. *BGH/Pfeiffer* NStZ 1983, 208, 210.

318 (b) Derselbe Rechtsfehler kann dem Tatgericht in versteckter Form unterlaufen, wenn es die Belehrung nach § 243 Abs. 5 S. 1 StPO zwar vornimmt, diese aber **verspätet** erfolgt, weil der Angeklagte schon bei seiner anfänglichen Vernehmung zur Person (§ 243 Abs. 2 S. 2 StPO) Angaben macht, die bereits **zur Sache selbst** gehören.

319 (aa) Die eingangs der Hauptverhandlung vom Angeklagten – ohne jede vorangegangene Belehrung – zu den persönlichen Verhältnissen zu machenden Angaben dienen in erster Linie der Identitätsfeststellung und müssen sich auf die in **§ 111 Abs. 1 OWiG** aufgeführten Angaben zu Vor-, Familien- oder Geburtsname, Geburtstag und -ort, Familienstand, Beruf, Wohnort und Staatsangehörigkeit beschränken. Eine darüber hinausgehende Ermittlung der persönlichen Verhältnisse des Angeklagten, insbesondere von Vorleben, Werdegang, beruflicher Ausbildung und Tätigkeit, familiärer und wirtschaftlicher Verhältnisse sowie sonstiger Umstände, die für die Beurteilung der Tat und deren Rechtsfolgen von Bedeutung sein können, gehört zur Vernehmung zur Sache nach § 243 Abs. 5 S. 2 StPO und darf damit **nicht verwertet** werden, wenn der Angeklagte nach dem Hinweis gemäß § 243 Abs. 5 S. 1 StPO die Einlassung verweigert (vgl. *M-G/S* § 243 Rn. 12). Der Rechtsfehler liegt – wie im Fall eines gänzlich unterbliebenen Hinweises auf die Aussagefreiheit – auch hier darin, dass das Gericht den Angeklagten zur Sache vernimmt, ohne ihn zuvor nach § 243 Abs. 5 S. 1 StPO belehrt zu haben. Dies wird in Klausurbearbeitungen sehr oft nicht sauber herausgearbeitet.

320 (bb) Auf einem solchen Rechtsfehler **beruht** das Urteil allerdings nur dann, wenn die entsprechenden Angaben des Angeklagten darin in irgendeiner Form für die Schuld- oder Straffrage verwertet wurden.

321 Zu bejahen war dies in dem Klausurfall, in dem das Amtsgericht detaillierte Angaben des – nach anschließender Belehrung die Aussage zur Sache verweigernden – Angeklagten zu seiner beruflichen Qualifikation, die dieser gleich zu Beginn der Hauptverhandlung gemacht hatte, später i.R. des § 229 StGB zur Begründung eines Sorgfaltspflichtverstoßes – und damit zur Beurteilung der Schuldfrage – herangezogen hatte: Der Angeklagte hatte ausweislich des Sitzungsprotokolls schon bei seiner Vernehmung über die persönlichen Verhältnisse mitgeteilt, sein erlernter Beruf sei der des „Kosmetikers“, Arzt oder Heilpraktiker sei er nicht. Nach den Feststellungen im angefochtenen Urteil hätte das vom Angeklagten am Gesicht der Geschädigten vorgenommene „exzessive Peeling“ allerdings „in Deutschland nicht von einem Kosmetiker durchgeführt“ werden dürfen, „auf Grund der Angaben des Angeklagten“ stehe aber fest, dass dieser „von Beruf Kosmetiker“ sei. Ähnlich lag der Klausurfall, in dem das Gericht eine Geldstrafe verhängte und die Angaben des nach anschließender Belehrung zur Sache ebenso schweigenden Angeklagten zu dessen wirtschaftlichen Verhältnissen ausweislich der Urteilsfeststellungen bei der Bestimmung der Höhe des Tagessatzes – und damit i.R. der Straffrage – berücksichtigt hatte.

322 Nicht auf dem Verstoß gegen § 243 Abs. 5 S. 1 StPO beruhte das Urteil allerdings in den Klausurfällen, in denen die vor der Belehrung des Angeklagten gemachten Angaben zwar dessen Arbeitsverdienst und Unterhaltsverpflichtungen betrafen, der Angeklagte aber ohnehin zu einer Freiheitsstrafe verurteilt wurde, so dass die rechtsfehlerhaft erlangten Angaben i.R. des § 40 Abs. 2 StGB keine Bedeutung gewinnen konnten. Dies gilt selbst für den Fall, dass das Gericht eine Gesamtfreiheitsstrafe verhängt hat, in die (auch) eine Einzelgeldstrafe einbezogen war. Wie sich aus § 54 Abs. 3 StGB ergibt, kommt es bei der Bildung einer Gesamtstrafe aus Freiheits- und Geldstrafe hinsichtlich der Einzelgeldstrafe nämlich nur auf deren Tagessatzanzahl an, für deren Bestimmung das Tatgericht die finanzielle Leistungsfähigkeit des Angeklagten jedoch außer Betracht zu lassen hat (vgl. *Fischer* § 40 Rn. 5).

Ebenso wenig beruht das Urteil schließlich auf dem beschriebenen Verstoß gegen § 243 Abs. 5 S. 1 StPO, wenn der Angeklagte seine Aussagefreiheit von vornherein kannte (vgl. *M-G/S* § 243 Rn. 39) oder aber – wie in nicht wenigen Klausurfällen – nach der (verspäteten) Belehrung über sein Schweigerecht zur Sache ausgesagt hat – also ohnehin aussagebereit war.[128] **323**

(4) Dass die Revision auch auf einen Verstoß gegen § 243 Abs. 5 S. 2 StPO gestützt werden kann, wenn dem aussagebereiten Angeklagten **keine Gelegenheit zur Äußerung** gegeben wurde[129], war in einem jüngeren Klausurfall als Thema nicht auf den ersten Blick zu erkennen. Der Angeklagte hatte hier nämlich Angaben zur Sache gemacht, war dabei allerdings von einem Referendar angehört worden, dem laut Protokoll „die Vernehmung des Angeklagten zur Sache übertragen" worden war. Nach dem – im Sachverzeichnis des *Meyer-Goßner/Schmitt* unter dem Begriff „Referendar" mühelos zu ermittelnden – § 10 GVG dürfen aber in Strafsachen Prozesshandlungen nicht von einem Referendar vorgenommen werden. Gleichwohl von ihm erledigte Aufgaben sind unwirksam (vgl. *M-G/S* § 10 GVG Rn. 6). Das Beruhen des Urteils auf dem Verstoß gegen § 243 Abs. 5 S. 2 StPO konnte sodann mit der Möglichkeit etwa eines strafmildernden Geständnisses im Falle der Vernehmung durch den Richter bejaht werden. **324**

(5) Die nach § 243 Abs. 5 S. 3 StPO nur im Fall ihrer Entscheidungserheblichkeit **festzustellenden Vorstrafen** des Angeklagten gehören nicht zu seiner Vernehmung zur Person (vgl. *M-G/S* § 243 Rn. 32). Die – in der Praxis häufig und in Klausuren bisweilen zu beobachtende – Feststellung der Vorstrafen vor der Vernehmung des Angeklagten zur Sache ist jedoch eine Rechtsverletzung, auf der das Urteil regelmäßig nicht beruht. Dies gilt auch für den Fall, dass der Vorsitzende die Feststellungen zu den Vorstrafen zwar nach der Vernehmung zur Sache trifft, dies aber nicht so spät wie möglich tut (vgl. *M-G/S* § 243 Rn. 34, 41). **325**

ii) Aufklärungspflicht (§ 244 Abs. 2 StPO)

(1) Die Ermittlung des wahren Sachverhaltes ist das zentrale Anliegen des Strafprozesses. Nach § 244 Abs. 2 StPO hat das Gericht daher zur Erforschung der Wahrheit die Beweisaufnahme von Amts wegen auf alle Tatsachen und Beweismittel zu erstrecken, die für die Entscheidung von Bedeutung sind. Die Aufklärungspflicht, die von Anträgen und Wünschen der Beteiligten unabhängig ist, reicht so weit, wie sich das Gericht – in rechtlich zulässiger Antizipation des mutmaßlichen Ertrags – auf Grund von Akteninhalt und Verfahrensablauf zum Gebrauch von bestimmten Beweismitteln **gedrängt sehen musste**. Zum Gebrauch eines Beweismittels muss sich das Gericht allerdings in der Regel nicht gedrängt sehen, wenn einer der **Ablehnungsgründe des § 244 Abs. 3 oder 4 StPO vorliegt**, was bei entsprechenden Anhaltspunkten inzidenter zu prüfen ist (vgl. *M-G/S* § 244 Rn. 12). Die Aufklärungsrüge kommt im Übrigen auch überhaupt nur dann in Betracht, wenn ein **Beweisantrag nicht gestellt** worden ist – war dies der Fall, ist statt der Erhebung der Aufklärungsrüge die Verletzung des § 244 Abs. 3 bis 6 StPO zu beanstanden (vgl. *M-G/S* § 244 Rn. 80). **326**

---

128 *BGHSt* 25, 325, 331 verneint in dieser Konstellation sogar schon einen Verstoß gegen § 243 Abs. 5 S. 1 StPO, da dann „der Zweck des Hinweisgebots" nicht vereitelt worden sei.
129 LR-*Becker* § 243 Rn. 101.

327 (2) Anknüpfungspunkte für die die Aufklärungspflicht begründenden Umstände werden sich in Klausuren – da der übrige Akteninhalt nicht bekannt ist – regelmäßig aus dem Hauptverhandlungsprotokoll ergeben. Als Einstieg in die Problematik wird sich hier häufig darauf abstellen lassen, dass der Anlass zur Nutzung weiterer Beweismöglichkeiten umso größer ist, **je weniger gesichert ein Beweisergebnis erscheint** (vgl. *M-G/S* § 244 Rn. 12). In diesem Rahmen kann in der Klausur dann – in strengem Gegensatz zu den Ausführungen im sachlichrechtlichen Teil der Klausurlösung[130] – ganz ausnahmsweise eine **inhaltliche Würdigung der im Protokoll enthaltenen Beweisergebnisse** angezeigt sein.

328 In einem hierzu gebildeten Klausurfall hatten sich im Laufe der Hauptverhandlung Anhaltspunkte dafür ergeben, dass sich der Angeklagte anstelle des angeklagten einfachen Diebstahls wegen räuberischen Diebstahls strafbar gemacht haben könnte. Diese Anhaltspunkte bestanden jedoch nur in den Angaben der Ladendetektivin, die in der Hauptverhandlung einen gegen sie gerichteten gezielten Faustschlag des Angeklagten bezeugte. Bei ihrer vorangegangenen polizeilichen Vernehmung hatte diese Zeugin insoweit jedoch noch von einer „reflexartigen Drehbewegung" des Angeklagten gesprochen. Auch hatte eine weitere vom Gericht vernommene Kundin einen solchen Schlag nicht beobachtet. Die Annahme eines – vom Angeklagten bestrittenen – gezielten Faustschlages erschien vor diesem Hintergrund so wenig gesichert, dass das Gericht der Anregung des Angeklagten, auch die „blonde Kassiererin" könne sicherlich bestätigen, dass er die Detektivin nicht geschlagen habe, hätte nachgehen müssen. Das Beruhen des Urteils auf diesem Verstoß gegen die Aufklärungspflicht lag in dieser Situation auf der Hand.

329 (3) Allerdings kann die Aufklärungsrüge wegen des sog. Rekonstruktionsverbots[131] grundsätzlich nicht auf Widersprüche zwischen Urteilsfeststellungen und Sitzungsniederschrift sowie darauf gestützt werden, dass das Tatgericht ein Beweismittel nicht voll ausgeschöpft, insbesondere einem Zeugen bestimmte Fragen nicht gestellt oder bestimmte Vorhalte nicht gemacht hat. Ergibt sich die Nichtbefragung allerdings aus Urteil oder Protokoll, so ist die Rüge des § 244 Abs. 2 StPO mangels Rekonstruktionserfordernisses ausnahmsweise zulässig (vgl. *M-G/S* § 244 Rn. 82).

330 Dieser Zusammenhang wurde in einem Klausurfall abgefragt, in dem der Verteidiger die erneute Vernehmung eines an einem vorangegangenen Hauptverhandlungstag in seiner Abwesenheit gehörten Zeugen zu einer bestimmten Beweisfrage beantragt hatte. Dies war vom Tatgericht ausweislich der Sitzungsniederschrift mit der Begründung abgelehnt worden, die betreffende Frage sei dem Zeugen zwar nicht ausdrücklich gestellt worden, dieser hätte sich im Falle der vorhandenen Erinnerung allerdings von sich aus geäußert.

331 (4) Mittelbar betroffen war die Amtsaufklärungspflicht in einem jüngeren Klausurfall, in dem sich aus einem – laut Bearbeitungsvermerk als zutreffend zu unterstellenden – Vermerk des Verteidigers ergab, dass der Hauptbelastungszeuge vom Gericht in der Hauptverhandlung ohne Möglichkeit einer „zusammenhängenden Schilderung der ganzen Geschichte" sofort „mit konkreten Fragen und Vorhalten überfallen" worden war. Der damit belegte Verstoß gegen die – vielen Prüflingen unbekannte – Vorschrift des § 69 Abs. 1 S. 1 StPO, wonach der Zeuge zu Beginn seiner Vernehmung zur Sache zunächst zu einem zusammenhängenden Bericht zu veranlassen ist, begründet die Revision nämlich nur, wenn durch diesen Rechtsfehler zugleich gegen § 244 Abs. 2 StPO verstoßen wurde (vgl. *M-G/S* § 69 Rn. 13). Dass aber gerade durch die unterbliebene Veranlassung zu einer zusammenhängenden Aussage mögli-

130 Vgl. dazu unten Rn. 536 f.
131 Vgl. dazu unten Rn. 413.

cherweise entscheidungserhebliche Tatsachen unaufgeklärt geblieben waren, konnte angesichts des eindeutigen Inhalts der Zeugenaussage jedoch ausgeschlossen werden.

jj) Behandlung von Beweisanträgen (§§ 244 Abs. 3 bis 6, 245 Abs. 2 StPO)

Die rechtsfehlerhafte Behandlung eines Beweisantrages kann in dem Unterlassen der Bescheidung, in der Nichtausführung einer auf den Antrag beschlossenen Beweiserhebung oder in der mangelhaften Ablehnung des Antrags bestehen (vgl. *M-G/S* § 244 Rn. 83) – in Klausuren kommt es allerdings regelmäßig nur auf die letzte Konstellation an. Es ist hier immer die Rüge der Verletzung des § 244 Abs. 3, 4, 5 oder 6 StPO bzw. des § 245 Abs. 2 StPO zu erheben – § 338 Nr. 8 StPO bringt insoweit keine Vorteile.[132] **332**

(1) Ein **Beweisantrag** ist ein in der Hauptverhandlung vor der Urteilsverkündung vorgetragenes Verlangen eines Verfahrensbeteiligten, über eine bestimmte, die Schuld- oder Straffrage betreffende Behauptung mit einem bestimmten, nach der StPO zulässigen Beweismittel Beweis zu erheben (vgl. *M-G/S* § 244 Rn. 18). Fehlt es an einer dieser Voraussetzungen – kennt also der Antragsteller die Beweistatsache nicht oder kann er das Beweismittel nicht bestimmt bezeichnen (vgl. *M-G/S* § 244 Rn. 25) –, so handelt es sich um einen bloßen **Beweisermittlungsantrag**, dessen Bescheidung sich an § 244 Abs. 2 StPO orientiert. **333**

(a) In Klausuren ist vor diesem Hintergrund häufiger zwischen Beweisantrag und Beweisermittlungsantrag **abzugrenzen**, wobei überwiegend die Frage der bestimmt bezeichneten Beweistatsache thematisiert wird. Hier sind folgende Konstellationen von Bedeutung: **334**

(aa) Zunächst ist es in der Regel keine hinreichend bezeichnete Tatsache, wenn vom Antragsteller behauptet wird, ein bestimmtes Ereignis habe nicht stattgefunden (vgl. *M-G/S* § 244 Rn. 20b). Gegenstand des Zeugenbeweises kann nämlich grundsätzlich nur die eigene unmittelbare Wahrnehmung des Zeugen sein.[133] Da ein Zeuge eine behauptete **Negativtatsache** aber nur in den seltensten Fällen unmittelbar wahrgenommen haben wird, muss zur Bejahung eines Beweisantrages auch in diesen Fällen grundsätzlich der genaue Inhalt der eigentlichen Wahrnehmung des Zeugen mitgeteilt sein. **335**

In einem hierzu gebildeten Klausurfall hatte der Verteidiger die Vernehmung einer Zeugin zum Beweis der Tatsache beantragt, dass der Angeklagte „nicht mit einem Messer nach dem Geschädigten geworfen" habe. Zwar kann die Behauptung, eine Person habe ein in ihrer Anwesenheit angeblich geschehenes Ereignis nicht wahrgenommen, bei einfach gelagerten Abläufen dann ausreichen, wenn diese Person das Ereignis nach den konkreten Umständen hätte bemerken müssen (vgl. *M-G/S* § 244 Rn. 20b). Hier war aber im Antrag nicht einmal angegeben, dass sich die Zeugin zur Tatzeit am Tatort befand. Zudem fehlte es an der **Konnexität** – also dem verbindenden Zusammenhang zwischen Beweistatsache und Beweismittel. Auf die Frage des Vorsitzenden, warum die Zeugin die unter Beweis gestellte Tatsache bekunden könne, hatte der Verteidiger nämlich entgegnet, „er sei nach der StPO nicht gehalten, hierüber Auskunft zu geben". Tatsächlich setzt der *BGH* jedoch für die Annahme eines Be- **336**

132 Vgl. dazu oben Rn. 246.
133 *BGH* NJW 1993, 2881.

weisantrags auch die Angabe voraus, weshalb die Auskunftsperson die in ihr Wissen gestellten Beobachtungen gemacht haben und darüber berichten kann (vgl. *M-G/S* § 244 Rn. 21a).

336a Zur Annahme eines Beweisantrages hätte die Beweisbehauptung dahin gehen müssen, dass die am Tatort anwesende Zeugin den Angeklagten entweder dort zur Tatzeit nicht oder aber ihn zu diesem Zeitpunkt an einem anderen Ort gesehen habe. So aber hatte der Verteidiger nur das – von der Beweistatsache zu unterscheidende – Beweisziel mitgeteilt.[134]

337 (bb) Weiterhin wird das Vorliegen eines Beweisantrags in den in Klausuraufgaben enthaltenen Ablehnungsbeschlüssen zum Teil mit der Begründung verneint, dass die betreffende Beweisbehauptung **„ins Blaue hinein"** oder aber auf das **„Geratewohl"** aufgestellt worden sei. Auch wenn der Antragsteller Beweis über solche Tatsachen verlangen kann, die er nur vermutet oder für möglich hält, liegt nämlich ein bloßer Beweisermittlungsantrag dann vor, wenn jegliche Anhaltspunkte für eine solche Vermutung ganz offensichtlich fehlen. Auf diese Begründung kann die Annahme eines Beweisermittlungsantrags aber allenfalls dann gestützt werden, wenn der Antragsteller auf konkrete Befragung durch das Gericht keine plausible Antwort über seine Wissensquellen oder die Gründe für seine Vermutung geben kann (vgl. *M-G/S* § 244 Rn. 20a). Da es in den einschlägigen Klausurfällen häufig bereits hieran fehlt, kann schon mit dieser Begründung das Vorliegen eines bloßen Beweisermittlungsantrags verneint werden und somit offenbleiben, ob eine hinreichende Vermutungsgrundlage tatsächlich nicht bestand. Sollte es im Klausurfall allerdings einmal auf die Beantwortung dieser Frage ankommen, so ist bei der Bejahung einer „aus der Luft gegriffenen" Vermutung Zurückhaltung zu empfehlen.[135] Nur selten dürften Klausuraufgaben eine entsprechende Annahme rechtfertigen – vielmehr ergaben sich in manchen Klausuren aus bereits erhobenen Beweisen umgekehrt durchaus gewisse Anhaltspunkte für die Richtigkeit der vom Antragsteller behaupteten Beweistatsache.

338 (cc) Ein bloßer Beweisermittlungsantrag liegt schließlich auch dann vor, wenn Beweis darüber verlangt wird, **„ob, warum, wie oder wo"** eine Beweistatsache eingetreten sei, diese also gerade nicht bestimmt behauptet wird. Gibt es Anhaltspunkte dafür, dass es sich insoweit um einen bloßen Formulierungsmangel handelt, muss das Gericht aber auch hier vor der Ablehnung des Antrags mit dieser Begründung Nachfrage beim Antragsteller halten (vgl. *M-G/S* § 244 Rn. 20b).

339 (b) Ergibt sich vor dem dargestellten Hintergrund, dass das Tatgericht das tatsächliche Vorliegen eines Beweisantrags verkannt und stattdessen einen Beweisermittlungsantrag angenommen hat, liegt der Rechtsfehler schon in dem **Unterlassen der Bescheidung** des Beweisantrags als solchem. Hat es umgekehrt einen Beweisermittlungsantrag als Beweisantrag angesehen, ist dies revisionsrechtlich unbedenklich, wenn der gewählte Ablehnungsgrund den Anforderungen des § 244 Abs. 3 oder 4 StPO bzw. des § 245 Abs. 2 StPO genügt – dann nämlich wird sich das Gericht regel-

---

134 Eine interessante Aufzählung weiterer Entscheidungen des *BGH* zur Problematik der Negativtatsache enthält die Anmerkung von *Duttge* in NStZ 2000, 158.

135 Instruktiv hierzu *BGH* NStZ 2004, 51: *„Die Ablehnung eines Beweisantrags als „ins Blaue hinein" oder auf das „Geratewohl" gestellt wird nur ausnahmsweise in Betracht kommen und erfordert einen hohen argumentativen Aufwand des Tatrichters, der nicht durch die bloße Behauptung, er sei davon überzeugt, dass die Beweisbehauptung aus der Luft gegriffen worden sei, ersetzt werden kann."*

mäßig nicht zum Gebrauch des betreffenden Beweismittels gedrängt sehen müssen.[136] Wird ein solcher „Beweisantrag“ allerdings mit unzulänglicher Begründung zurückgewiesen, beruht das Urteil auf diesem Rechtsfehler, wenn durch diese Begründung hinsichtlich der Bedeutung der Beweisbehauptung eine **irreführende Prozesslage** geschaffen worden sein kann, die auf das Verteidigungsverhalten Einfluss gehabt haben kann. Dies gilt selbst dann, wenn die Beweiserhebung rechtsfehlerfrei hätte abgelehnt werden können – die Aufklärungspflicht sie also nicht erforderlich machte.[137]

Hiervon zu unterscheiden war ein zu diesem Themenkreis gebildeter Klausurfall, in dem die Strafkammer einen „Beweisantrag“ des Verteidigers „unabhängig von den Ablehnungsgründen des § 244 Abs. 3 StPO“ zurückgewiesen hatte, „da das Beweismittel nicht hinreichend bestimmt bezeichnet“ gewesen sei und damit – auch wenn dieser Begriff im Aufgabentext nicht fiel – einen bloßen Beweisermittlungsantrag angenommen hatte. Tatsächlich hätte der in Rede stehende Zeuge – der Wirt einer ganz konkret bezeichneten Gaststätte – vom Gericht allerdings unschwer durch eine Anfrage bei der Ordnungsbehörde identifiziert und ermittelt werden können, war also hinreichend bestimmt benannt (vgl. *M-G/S* § 244 Rn. 21). Im Ergebnis war ein Rechtsfehler gleichwohl zu verneinen, da ein Beweisermittlungsantrag aus einem von der Kammer nicht in Bezug genommenen anderen Grund vorlag – der Verteidiger hatte nicht angegeben, was angesichts der unter Beweis gestellten Negativtatsache genau unmittelbar und positiv Gegenstand der Wahrnehmung des Zeugen gewesen sein sollte.[138] **340**

(c) Der Begriff des „Beweisermittlungsantrags“ wird in Aufgabentexten mit der bezeichneten Abgrenzungsproblematik im Übrigen regelmäßig vermieden – offenbar in dem Bemühen, die rechtliche Problematik nicht zu deutlich zu präsentieren. Stattdessen heißt es hier in den betreffenden Sitzungsprotokollen, es habe sich um „keinen ordnungsgemäßen Beweisantrag“ gehandelt oder – wie im obigen Beispiel – „das Beweismittel sei nicht hinreichend bezeichnet“ gewesen. Auch die bereits oben bezeichneten Formulierungen der Beweisbehauptung „ins Blaue hinein“ bzw. derjenigen auf das „Geratewohl“ werden in den in Rede stehenden Ablehnungsbeschlüssen in der Regel ohne ausdrückliche Erwähnung des damit in Bezug genommenen Beweisermittlungsantrags verwendet, so dass die Problematik von den Prüflingen nicht selten vollkommen übersehen wird. **341**

(2) Die **Ablehnung eines Beweisantrags** darf nur aus den in § 244 Abs. 3, 4 und 5 StPO bzw. den in § 245 Abs. 2 StPO genannten Gründen erfolgen. Die tatsächlichen Voraussetzungen, auf denen der Ablehnungsbeschluss beruht, ermittelt das Tatgericht im Freibeweisverfahren[139] – sie werden vom Revisionsgericht nicht nachgeprüft (vgl. *M-G/S* § 244 Rn. 7, 9, 86). Rechtsfehler werden in diesem Zusammenhang in erster Linie darin liegen, dass die tatrichterliche Antragsablehnung von der Ablehnungsbegründung **nicht gedeckt** ist. Das Klausurgutachten muss sich dabei grundsätzlich auf die vom Tatgericht in Bezug genommene Ablehnungsvariante beschränken (vgl. *M-G/S* § 244 Rn. 86). Auch das Revisionsgericht darf nämlich das **Beruhen** des angefochtenen Urteils auf einer rechtsfehlerhaften Ablehnung des Beweisantrags nicht mit der hypothetischen Erwägung verneinen, der Beweisantrag hätte rechtsfeh- **342**

136 Vgl. dazu oben Rn. 326.
137 Vgl. *BGH* StV 1996, 581, 582.
138 Vgl. dazu oben Rn. 335 f.
139 Vgl. dazu unten Rn. 462.

lerfrei mit anderer Begründung abgelehnt werden können. Denn wäre eine solche rechtsfehlerfreie Antragsablehnung in der Hauptverhandlung tatsächlich erfolgt, hätte der Antragsteller aus dem Beschluss möglicherweise wesentliche, unmittelbar sein weiteres Erklärungs- und Antragsverhalten, mittelbar das Ergebnis des Verfahrens beeinflussende Informationen oder – wie zum Beispiel im Fall einer Wahrunterstellung – Sachverhaltsannahmen des Gerichts erlangt.[140] Im Revisionsverfahren ist ein **Auswechseln von Ablehnungsgründen** damit grundsätzlich nicht möglich.

343 Die von den Prüflingen oft so engagiert praktizierte Suche nach alternativen Ablehnungsmöglichkeiten offenbart damit – ganz abgesehen davon, dass sie zwangsläufig mit unnötigem Zeitverlust verbunden ist – Verständnislücken im Revisionsrecht. Auch mit § 244 Abs. 2 StPO – so ein weiteres in diesem Zusammenhang bei Klausurkorrekturen häufig beobachtetes Verständnisproblem – hat die rechtsfehlerhafte Ablehnung eines Beweisantrags im Übrigen nichts zu tun. Die Frage nach der gerichtlichen Aufklärungspflicht stellt sich überhaupt nur dort, wo ein (wirklicher) Beweisantrag nicht gestellt ist.[141]

344 (3) Beschieden werden muss ein Beweisantrag spätestens vor dem in § 258 Abs. 1 StPO bezeichneten Schluss der Beweisaufnahme (vgl. *M-G/S* § 244 Rn. 44). Über einen **Hilfsbeweisantrag** – also einen Beweisantrag, der für den Fall eines bestimmten Urteilausspruchs gestellt worden ist, wie etwa der Verurteilung zu einer bestimmten Rechtsfolge oder der Verurteilung überhaupt (vgl. *M-G/S* § 244 Rn. 22a) – wird allerdings, da die Bedingung hier eben erst mit der Urteilsverkündung eintritt, grundsätzlich im Urteil entschieden (vgl. *M-G/S* § 244 Rn. 44a). Wenn die Ablehnung eines Beweisantrags in diesen Fällen aber erst in den schriftlichen Urteilsgründen zu erfolgen hat, kann der Antragsteller durch einen dem Gericht hierbei unterlaufenen Rechtsfehler in der Hauptverhandlung selbst noch gar nicht beeinträchtigt sein. Im Unterschied zur Ablehnung sonstiger Beweisanträge kann das Revisionsgericht das **Beruhen** des angefochtenen Urteils auf einer fehlerhaften Begründung der Zurückweisung eines Hilfsbeweisantrags hier daher mit Hinweis darauf verneinen, dass das Tatgericht den Antrag mit anderer Begründung rechtsfehlerfrei hätte ablehnen können. Wenn die Gründe des angefochtenen Urteils es dem Revisionsgericht erlauben, können die Ablehnungsgründe in diesem Rahmen also **ausnahmsweise ausgetauscht** werden (vgl. *M-G/S* § 244 Rn. 86). Dieses Zusammenspiel von tatrichterlichem Begründungsfehler, Vorhandensein eines „versteckten" Ablehnungsgrundes sowie der revisionsrichterlichen Austauschmöglichkeit macht die genannte Problematik aus Prüfersicht sehr interessant. Mit ihr muss im Fall der Thematisierung eines Hilfsbeweisantrags in der Klausuraufgabe daher immer gerechnet werden.

345 So hatte der Verteidiger in einer Klausur „für den Fall, dass das Gericht nicht von einem minder schweren Fall des § 249 Abs. 2 StGB" ausginge, zum Beweis eines Alibis des Angeklagten die Vernehmung eines bestimmten Zeugen beantragt. Zwar hielt die von der Strafkammer in den Urteilsgründen nach § 244 Abs. 3 S. 2 StPO angenommene „völlige Ungeeignetheit" des Beweismittels einer rechtlichen Überprüfung nicht stand. Der Hilfsbeweisantrag war aber „unzulässig" i.S.d. § 244 Abs. 3 S. 1 StPO, weil er sich nach der zu beweisenden Behauptung gegen den Schuldspruch richtete, aber nur für den Fall einer bestimmten Rechtsfolgenentscheidung – wozu entgegen der Annahme mancher Prüflinge in anderen Klausurfällen ein

140 Vgl. KK-*Krehl* § 244 Rn. 233.
141 Vgl. dazu oben Rn. 326.

beantragter Freispruch allerdings nicht zählt – als gestellt gelten sollte (vgl. *M-G/S* § 244 Rn. 22a). Ein solches Beweisbegehren ist in sich widersprüchlich, weil der Antragsteller damit Ziele verfolgt, die einander ausschließen: Das Gericht müsste sich in Umkehrung der sachlogisch vorgegebenen Prüfungsreihenfolge zunächst über die Straffrage klar werden, bevor es darüber befindet, ob es zur Schuldfrage Beweis erheben soll.[142]

In einem ganz ähnlichen Klausurfall hatte die Strafkammer einen Hilfsbeweisantrag auf Ein- **346**
holung eines Sachverständigengutachtens zu Fragen der materiell-rechtlichen Subsumtion – es ging um die Anwendung des § 156 StGB auf den zu entscheidenden Fall – in den schriftlichen Urteilsgründen wegen eigener Sachkunde nach § 244 Abs. 4 S. 1 StPO abgelehnt. Der Rechtsfehler lag hier darin, dass der Beweisantrag zwingend nach § 244 Abs. 3 S. 1 StPO hätte abgelehnt werden müssen, da eine Beweiserhebung über die Anwendung des inländischen Rechts auf den Entscheidungsfall unzulässig ist (vgl. *M-G/S* § 244 Rn. 49). Es fehlte aber wegen des ausnahmsweise möglichen Austauschs der Ablehnungsgründe wiederum an einem Beruhen des angefochtenen Urteils auf diesem Rechtsfehler.

Nach einem in einem weiteren Klausurfall enthaltenen Hilfsbeweisantrag sollte schließlich **347**
zum Beweis der Tatsache, dass die vom Geschädigten erlittenen Verletzungen „in keiner Weise lebensbedrohlich waren" – es ging um eine Straftat nach § 224 Abs. 1 Nr. 5 StGB – eine weitere Begutachtung durch einen neurochirurgischen Spezialisten erfolgen. Die an der Rechtmäßigkeit der auf § 244 Abs. 4 S. 2 Hs. 1 StPO gestützten Ablehnung dieses Hilfsbeweisantrags im Hinblick auf die Sachkunde des vom Gericht gewählten Gutachters möglicherweise bestehenden Zweifel – dieser war „bloßer" Internist – konnten hier dahinstehen, da die zu beweisende Tatsache „für die Entscheidung ohne Bedeutung" i.S. des § 244 Abs. 3 S. 2 StPO war. Da es i.R. des § 224 Abs. 1 Nr. 5 StGB auf die Gefährlichkeit der eingetretenen Verletzung nämlich gar nicht ankommt (vgl. *Fischer* § 224 Rn. 12), bestand ein Zusammenhang zwischen der somit bedeutungslosen Beweistatsache und der abzuurteilenden Tat nicht. Auf der möglicherweise fehlerhaften Ablehnung nach § 244 Abs. 4 S. 2 StPO hätte das Urteil damit auch hier nicht i.S. des § 337 Abs. 1 StPO beruht.

(4) Auch der **Austausch eines benannten Beweismittels** ist schon in Klausuren the- **348**
matisiert worden. Er ist – abgesehen von den insoweit ohnehin unproblematischen Fällen des Beweises durch Sachverständige (vgl. § 73 Abs. 1 S. 1 StPO) oder Augenschein (vgl. § 244 Abs. 5 S. 1 StPO) – immer dann zulässig, wenn das Gericht ein besseres oder gleichwertiges Beweismittel benutzt. Ein – in Klausuren relevanter – Austausch eines bestimmt benannten Zeugen soll vor diesem Hintergrund zulässig sein, wenn der Zeuge nicht über ein eigenes Erlebnis, sondern über Feststellungen Auskunft geben soll, die von subjektiven Vorstellungen und der eigenen Beobachtungsgabe unabhängig sind (vgl. *M-G/S* § 244 Rn. 47). Auch wenn unklar erscheint, in welchen Situationen diese Voraussetzung – da letztlich jede Wahrnehmung und erst recht ihre Darstellung in der Aussage personengebunden ist – überhaupt einmal bejaht werden kann, werden die genannten Voraussetzungen jedenfalls in Klausurfällen regelmäßig zu verneinen sein.

So hatte der Angeklagte in einem Klausurfall zum Beweis der Tatsache, dass er zur Tatzeit **349**
nicht am Tatort, sondern bei seinen Bekannten A und B gewesen sei, die Vernehmung des A beantragt. Das Gericht hatte daraufhin allerdings – ohne dass an irgendeiner Stelle des Sitzungsprotokolls noch einmal von A die Rede gewesen wäre – den B als Zeugen geladen und vernommen. Der jedoch hatte – wenig überraschend – zum Beweisthema keine Erinnerung mehr. Da jedenfalls in diesem Rahmen die eigene Beobachtungsgabe des Zeugen in Rede

142 Vgl. *BGHSt* 40, 287, 289 f.

stand, war der Austausch der Zeugen unzulässig und die unterbliebene Vernehmung des A als Teilablehnung des Beweisantrags zu werten (vgl. *M-G/S* § 244 Rn. 41a). Im Ergebnis lag der Rechtsfehler also im Verstoß gegen § 244 Abs. 6 StPO, da die Teilablehnung ohne Gerichtsbeschluss erfolgte.

350 (5) Beweisanträge sind – wie alle anderen strafprozessualen Willenserklärungen auch – einer **Auslegung** zugänglich. Sollte im Klausurfall ein Beweisantrag unklar formuliert sein – was allerdings selten vorgekommen ist –, so muss sein Sinn und Inhalt insbesondere durch Heranziehung der übrigen Ausführungen des Antragstellers ermittelt und bei mehreren Auslegungsmöglichkeiten die dem Antragsteller günstigste gewählt werden (vgl. *M-G/S* § 244 Rn. 39).

351 Dieser Zusammenhang kann den Hintergrund für versteckte Rechtsfehler bieten: In einem Klausurfall hatte sich das Gericht an den Wortlaut eines Beweisantrages geklammert und diesen scheinbar rechtsfehlerfrei wegen Erwiesenseins der Beweistatsache nach § 244 Abs. 3 S. 2 StPO abgelehnt. Im Wege der Auslegung ergab sich aber, dass das tatsächliche Beweisthema weiter reichte, der Beweisantrag damit nicht ausgeschöpft und somit letztlich rechtsfehlerhaft nicht beschieden war (vgl. *M-G/S* § 244 Rn. 42).

352 (6) Auf die fehlerhafte Ablehnung eines Beweisantrags können sich i.R. einer **mittelbaren Beschwer** im Übrigen auch solche Prozessbeteiligte berufen, die diesen zwar nicht selbst gestellt haben, deren Interessen aber mit denjenigen des Beweisantragstellers so erkennbar übereinstimmen, dass das Gericht auch ihnen gegenüber zur rechtlich einwandfreien Behandlung des Antrags verpflichtet war (vgl. *M-G/S* § 244 Rn. 84; § 337 Rn. 18). Dies war in einem hierzu gebildeten Klausurfall für den Angeklagten unproblematisch zu bejahen, da dessen Schuld im Hinblick auf die in Rede stehende mittäterschaftliche Tatbegehung von der Beweisbehauptung des Mitangeklagten ebenso betroffen war.

353 (7) Ein vollständiger Überblick über die bei Antragsablehnung nach § 244 Abs. 3 bis 6 StPO in der Klausur denkbaren Rechtsfehler kann und braucht hier nicht gegeben zu werden. Stattdessen reicht aus, durch die folgenden **Klausurbeispiele** ein Problembewusstsein zu vermitteln und gleichzeitig zu verdeutlichen, dass die hier relevanten Probleme im Ernstfall immer mit Hilfe des zur Verfügung stehenden Kommentars erkannt und vertretbar gelöst werden können.

354 (a) Der zwingende Ablehnungsgrund der **Unzulässigkeit** der Beweiserhebung gemäß § 244 Abs. 3 S. 1 StPO ist in Klausuren neben der oben[143] angesprochenen Variante in erster Linie im Hinblick auf Beweismittelverbote – insbesondere aus §§ 52, 250 und 252 StPO – von Bedeutung (vgl. *M-G/S* § 244 Rn. 49).

355 So hatte das Gericht den Beweisantrag in einem hierzu gebildeten Klausurfall mit der Begründung abgelehnt, dass der betreffende Zeuge sich „voraussichtlich auf sein Zeugnisverweigerungsrecht nach § 52 Abs. 1 Nr. 3 StPO" berufen werde. Zwar ist die Folge einer solchen Zeugnisverweigerung die Unzulässigkeit der Vernehmung i.S. des § 244 Abs. 3 S. 1 StPO (vgl. *M-G/S* § 52 Rn. 23). Das Tatgericht muss sich der mangelnden Aussagebereitschaft des Zeugen jedoch hinreichend versichern, allein zum Beispiel auf entsprechende Mitteilungen dritter Personen darf es sich dabei nicht stützen (vgl. *M-G/S* § 52 Rn. 14). Auch der von der

143 Rn. 345 f.

Kammer in Bezug genommene Umstand, dass der Zeuge bei seiner polizeilichen Vernehmung von seinem Zeugnisverweigerungsrecht Gebrauch gemacht hatte, machte seine Ladung und persönliche Befragung zu seiner Aussagebereitschaft nicht entbehrlich.

(b) Die **Bedeutungslosigkeit** der Beweistatsache – also das Fehlen eines Zusammenhangs zwischen dieser und der abzuurteilenden Tat – spielt in Klausuren wie der Praxis häufig bei Indiztatsachen eine Rolle. Bedeutungslos i.S. des § 244 Abs. 3 S. 2 StPO sind Indiztatsachen, wenn sie selbst im Fall ihres Erwiesenseins die Entscheidung aus tatsächlichen Gründen – was das Tatgericht darzulegen hat (vgl. *M-G/S* § 244 Rn. 43a) – nicht beeinflussen könnten, weil sie nur mögliche – nicht aber zwingende – Schlüsse zulassen und das Gericht diese möglichen Schlüsse gerade nicht ziehen will (vgl. *M-G/S* § 244 Rn. 56). **356**

Ein plastisches Beispiel sind die den Ladendetektiven bei Entdeckung eines Diebstahls häufig gezahlten „Fangprämien". Eine solche mag im Einzelfall zwar Motiv für eine Falschaussage sein und dann als Indiz den Schluss auf eine unmittelbar entscheidungserhebliche Tatsache rechtfertigen. Will das Gericht diesen – nicht zwingenden – Schluss jedoch nicht ziehen, weil es – wie im entsprechenden Klausurfall – aus bestimmten Gründen von der Wahrheit der Aussagen des Detektivs überzeugt ist, so ist die Frage der Fangprämienzahlung aus tatsächlichen Gründen bedeutungslos und der Beweisantrag mit dieser Begründung rechtsfehlerfrei abgelehnt. **357**

In einem anderen Klausurfall hatte der wegen Begünstigung angeklagte Mandant einen Beweisantrag dahin gestellt, der Vortäter habe die in Rede stehenden Kameras nicht durch Diebstahl – also eine „rechtswidrige Tat" i.S. des § 257 Abs. 1 StGB –, sondern durch Schenkung des Eigentümers erlangt. Diese Beweistatsache hatte das Amtsgericht als bedeutungslos angesehen, weil der Diebstahl des Vortäters im Hinblick auf dessen bereits erfolgte rechtskräftige Verurteilung wegen § 242 StGB feststehe. Hierbei war jedoch verkannt worden, dass ein früheres Urteil zwar zum Zwecke der Tatsachenfeststellung für Schuld- oder Rechtsfolgenfragen verlesen werden kann, seine tatsächliche Feststellungen aber für die neue Verhandlung nicht ungeprüft übernommen werden dürfen, so dass die Aufklärungspflicht oder eben Beweisanträge andere Beweiserhebungen gebieten (vgl. *M-G/S* § 249 Rn. 9). Dies galt im Klausurfall erst recht im Hinblick darauf, dass der als Zeuge benannte Eigentümer der Kameras im anderen Verfahren überhaupt nicht ausgesagt hatte, da die damalige Verurteilung i.R. eines sog. „Deals" erfolgt war. **358**

Von vornherein rechtsfehlerhaft war die in einem Klausurfall mit der bloßen Begründung erfolgte Ablehnung eines Beweisantrags, die unter Beweis gestellte Behauptung sei „für die Entscheidung ohne Bedeutung". Der Beschluss nach § 244 Abs. 6 StPO soll nämlich zum einen den Antragsteller von der Beurteilung des Gerichts in der Weise unterrichten, dass dieser in der Lage ist, sich in seiner Verteidigung auf die durch die Ablehnung entstandene Verfahrenslage einzustellen – zum anderen soll auch dem Revisionsgericht die rechtliche Prüfung der Ablehnung ermöglicht werden. Eine über den Gesetzeswortlaut nicht hinausgehende Beschlussbegründung genügt daher – wie auch in allen anderen Fällen der §§ 244 Abs. 3, 4 und 5, 245 Abs. 2 StPO – nicht (vgl. *M-G/S* § 244 Rn. 41a). **359**

(c) Nach § 244 Abs. 3 S. 2 StPO kann ein Beweisantrag abgelehnt werden, wenn die Tatsache, die bewiesen werden soll, **schon erwiesen** ist. Das Gericht darf also nur die nach dem Beweisantrag zu beweisende Tatsache unter Bezugnahme auf diesen Ablehnungsgrund als schon erwiesen ansehen. Nimmt das Gericht aber – und so liegen die entsprechenden Klausurfälle – das Gegenteil dessen, was die Verteidigung unter Beweis stellen will, als bereits erwiesen an, so liegt anstelle dieses Ablehnungsgrundes eine verbotene Beweisantizipation vor (vgl. *M-G/S* § 244 Rn. 46). **360**

361 So ging der Beweisantrag des Verteidigers in einem Klausurfall dahin, einen bestimmten Zeugen zum Beweis der Tatsache zu vernehmen, dass dieser den Angeklagten zur Tatzeit in einer bestimmten Gaststätte – und damit nicht am Tatort – gesehen habe. Nur diese Beweistatsache – also die Anwesenheit des Angeklagten in der Gaststätte – durfte das Gericht unter Bezugnahme auf den genannten Ablehnungsgrund des § 244 Abs. 3 S. 2 StPO als erwiesen ansehen. Rechtsfehlerhaft hieß es stattdessen aber im Hauptverhandlungsprotokoll, der Beweisantrag werde abgelehnt, da „das Gegenteil dessen, was die Verteidigung unter Beweis stellen will, bereits erwiesen" sei. Auf diesem Rechtsfehler beruhte das Urteil auch, da die Vernehmung des Zeugen möglicherweise zu einem anderen Verfahrensergebnis geführt hätte.

362 (d) Die Ablehnung eines Beweisantrags wegen **„völliger Ungeeignetheit"** setzt voraus, dass das Gericht ohne jede Rücksicht auf bisher gewonnene Beweisergebnisse feststellen kann, dass sich mit dem angebotenen Beweismittel das in dem Beweisantrag in Aussicht gestellte Ergebnis nach sicherer Lebenserfahrung nicht erzielen lässt. Ein geminderter, geringer oder zweifelhafter Beweiswert reicht insoweit nicht aus (vgl. *M-G/S* § 244 Rn. 58).

363 In einem hierzu gebildeten Klausurfall hatte das Landgericht den betreffenden Zeugen mit der Begründung als völlig ungeeignet angesehen, dass dieser „wegen Aussagedelikten bereits mehrfach verurteilt" worden sei. Die besonderen persönlichen Verhältnisse des Zeugen machen ihn aber nur in besonderen Ausnahmefällen zu einem völlig ungeeigneten Beweismittel. Ohne Hinzutreten besonderer Umstände – an denen es im Klausurfall fehlte – reichen insbesondere Vorstrafen – auch solche nach §§ 153 ff. StGB – zur Annahme dieses Ablehnungsgrundes nicht aus (vgl. *M-G/S* § 244 Rn. 61).

364 (e) **„Unerreichbar"** i.S. des § 244 Abs. 3 S. 2 StPO ist ein Beweismittel nur, wenn alle seiner Bedeutung entsprechenden Bemühungen des Gerichts, es beizubringen, erfolglos geblieben sind und keine begründete Aussicht besteht, es in absehbarer Zeit herbeizuschaffen (vgl. *M-G/S* § 244 Rn. 62a).

365 Dies hatte das Gericht in einem hierzu gebildeten Klausurfall verkannt, in dem es einen in der Hauptverhandlung gestellten Beweisantrag auf Vernehmung eines ehemals in Deutschland lebenden Auslandszeugen ohne jegliche Beibringungsbemühungen mit der Begründung wegen „Unerreichbarkeit des Beweismittels" abgelehnt hatte, der Verteidigung sei es nicht möglich gewesen, den jetzigen Aufenthalt des Zeugen zu benennen. Tatsächlich war die Strafkammer selbst gehalten, zur Erforschung einer ladungsfähigen Anschrift in der Ukraine Anfragen jedenfalls beim zuletzt zuständigen Einwohnermeldeamt sowie bei der Ausländerbehörde durchzuführen und sodann ggf. eine Ladung durch den Aufenthaltsstaat zu veranlassen. Darauf, dass das Gericht den Beweisantrag möglicherweise mangels Amtsaufklärungspflicht nach § 244 Abs. 5 S. 2 StPO hätte ablehnen können, kam es für die Klausurlösung wegen des oben[144] dargestellten Auswechslungsverbots nicht an.

366 In einem anderen zur „Unerreichbarkeit" i.S. des § 244 Abs. 3 S. 2 StPO gebildeten Klausurfall lag die Besonderheit darin, dass dem Gericht die Adresse der im Beweisantrag benannten Zeugin bekannt war. Aus der Begründung des Ablehnungsbeschlusses ergab sich, dass das Amtsgericht die betreffende Zeugin vor der Hauptverhandlung schon von sich aus geladen, diese aber mitgeteilt hatte, „aus gesundheitlichen Gründen von ihrem Wohnort Luxemburg aus nicht nach Bochum anreisen" zu können, weshalb das Gericht sie für „damit unerreichbar" hielt. Allerdings muss das Tatgericht – auch wenn das Erscheinen eines im Ausland aufhältigen Zeugen vom Gericht nicht erzwungen werden kann – gleichwohl prüfen, ob eine kommissarische Vernehmung des Zeugen, dessen Adresse bekannt ist, möglich und sinnvoll

144 Rn. 342 f.

ist (vgl. *M-G/S* § 244 Rn. 65). Der Rechtsfehler lag hier also darin, dass das Schöffengericht aus der Mitteilung der Zeugin ohne weiteres auf deren Unerreichbarkeit schloss, sich also mit der Frage einer kommissarischen Vernehmung nach § 223 Abs. 1 StPO, die nach Art. 3 ff. EuRHÜbk im Übrigen auch durch ein Gericht in Luxemburg selbst hätte erfolgen können, überhaupt nicht befasst hatte.

(f) Schon nach dem Gesetzeswortlaut des § 244 Abs. 3 S. 2 StPO können nur erhebliche (und der Entlastung des Angeklagten dienende) Beweistatsachen als **wahr unterstellt** werden. Bedeutungslosigkeit und Wahrunterstellung schließen einander als Ablehnungsgründe also aus (vgl. *M-G/S* § 244 Rn. 70). **367**

Schon mit einem Blick auf § 244 Abs. 3 S. 2 StPO war damit eigentlich der Klausurfall zu lösen, in dem ein Beweisantrag zwar durch Wahrunterstellung der Beweistatsache abgelehnt worden war, diese im nächsten Satz dann aber aus bestimmten Gründen als „für die Entscheidung unerheblich" angesehen wurde. Im nächsten Schritt mussten die Prüflinge anschließend vier Seiten im *Meyer-Goßner/Schmitt* umblättern und darauf hinweisen, dass das Beruhen des Urteils auf der rechtsfehlerhaften Antragsablehnung ausgeschlossen werden kann, wenn der Tatrichter die Beweistatsache als wahr unterstellt hat (vgl. *M-G/S* § 244 Rn. 86). **368**

Überdies bezieht sich die Zusage der Wahrunterstellung auf die Beweistatsache selbst und nicht nur darauf, dass das Beweismittel diese bekunden oder sonst ergeben werde. Dem als Beweismittel benannten Zeugen darf somit nicht im Wege einer vorweggenommenen Beweiswürdigung die Glaubwürdigkeit abgesprochen werden. (vgl. *M-G/S* § 244 Rn. 71). **369**

Im hierauf bezogenen Klausurfall hatte das Tatgericht einen Beweisantrag mit der Begründung abgelehnt, es könne „ohne weiteres angenommen werden, dass die Ehefrau diese – falsche – Aussage machen" werde, es sei nämlich auf Grund der Beweisaufnahme „bereits von der Täterschaft des Angeklagten überzeugt". In einem fast identischen späteren Klausurfall hieß es ergänzend, der betreffenden Zeugenaussage käme wegen der engen familiären Beziehungen ohnehin nur geringer Beweiswert zu. Als wahr unterstellt waren damit nicht die – im Wege der verbotenen Beweisantizipation verneinten – Beweistatsachen, sondern nur deren Bekundung durch die als unglaubwürdig angesehenen Zeugen. Urteilsfeststellungen und Beweiswürdigung widersprachen damit rechtsfehlerhaft der Wahrunterstellung (vgl. *M-G/S* § 244 Rn. 71a). **370**

(g) Nach § 244 Abs. 4 S. 2 Hs. 1 StPO kann das Gericht die Einholung eines **weiteren Sachverständigengutachtens** ablehnen, wenn das Gegenteil der behaupteten Tatsache durch das bereits vorliegende Gutachten erwiesen ist. Allerdings kann bei besonderer Schwierigkeit der Beweisfrage die Aufklärungspflicht nach § 244 Abs. 2 StPO die Einholung eines weiteren Sachverständigengutachtens erforderlich machen, selbst wenn ein darauf gerichteter Beweisantrag nach § 244 Abs. 4 S. 2 StPO abgelehnt werden könnte – die Ausnahmekonstellationen des § 244 Abs. 4 S. 2 Hs. 2 StPO also nicht vorliegen (vgl. *M-G/S* § 244 Rn. 77). **371**

Recht unproblematisch gestaltete sich ein hierzu gebildeter Klausurfall, in dem die im Hauptverhandlungsprotokoll enthaltenen Ausführungen des technischen Sachverständigen dessen Ergebnis – es ging um das Zustandekommen von Unfallschäden an zwei Kraftfahrzeugen – ohne weiteres plausibel machten. Den vom Verteidiger anschließend gleichwohl ohne jede Begründung gestellten Beweisantrag auf Einholung eines weiteres Sachverständigengutachtens zum Beweis der Tatsache, dass zwischen den in Rede stehenden PKW nur eine Kollision stattgefunden habe, lehnte das Amtsgericht mit der knappen Begründung ab, der Sachver- **372** ständige habe „nachvollziehbar und überzeugend" dargelegt, dass zwei Kollisionen stattgefunden hätten. Der Strafrichter hatte seine Entscheidung damit rechtsfehlerfrei auf § 244 Abs. 4 S. 2 Hs. 1 StPO gestützt. Da der Verteidiger in seinem Beweisantrag keine der in § 244 Abs. 4 S. 2 Hs. 2 StPO bezeichneten Umstände bezeichnet hatte, war auch eine genauere Begründung des Ablehnungsbeschlusses nicht erforderlich (vgl. *M-G/S* § 244 Rn. 43d).

373 In einem ganz neuen Klausurfall hatte das Landgericht den zu Beginn der Beweisaufnahme gestellten Beweisantrag auf Anhörung eines weiteren Sachverständigen nicht sofort beschieden, sondern zunächst den ursprünglichen Gutachter gehört und den Antrag erst anschließend nach § 244 Abs. 4 S. 2 Hs. 1 StPO abgelehnt. Hierin lag kein Verstoß gegen diese Vorschrift, da die Entscheidung über den Beweisantrag **zurückgestellt** werden darf (vgl. *M-G/S* § 244 Rn. 44). Denn es entspricht es dem Grundsatz der Prozessökonomie, über einen Beweisantrag erst dann zu entscheiden, wenn dazu eine hinreichend zuverlässige – und nicht durch einen möglichen weiteren Verfahrensverlauf alsbald wieder in Frage gestellte – Entscheidungsgrundlage besteht. Eine solche wurde hier erst durch Anhörung des ursprünglichen Sachverständigen geschaffen.

374 (h) Anträge auf **Augenscheinsbeweis** sowie auf **Vernehmung von Auslandszeugen** können nach § 244 Abs. 5 S. 1 und S. 2 StPO abgelehnt werden, wenn das Gericht die Erhebung dieser Beweise nach pflichtgemäßem Ermessen zur Erforschung der Wahrheit – also i.R. seiner Aufklärungspflicht – für nicht erforderlich hält. Da das Verbot der vorweggenommenen Beweiswürdigung insoweit nicht gilt, können auf diese Beweismittel zielende Beweisanträge auch – und hierin liegt die Klausurrelevanz dieser Problematik – mit der Begründung abgelehnt werden, die Beschaffenheit des Augenscheinsgegenstandes bzw. das Gegenteil der vom Auslandszeugen zu bekundenden Beweistatsache stehe schon auf Grund der in der Hauptverhandlung erhobenen Beweise fest. Mit dieser Begründung darf die Ladung eines Auslandszeugen auch dann abgelehnt werden, wenn durch ihn die Aussage eines einzigen – nach Ansicht des Gerichts glaubwürdigen – Zeugen widerlegt werden soll (vgl. *M-G/S* § 244 Rn. 43g). Anders ist es hingegen beim Augenschein: Ist dieser gerade zu dem Zweck beantragt, die Aussagen eines hierzu vernommenen Zeugen zu widerlegen – was ggf. durch Auslegung des Beweisantrages zu ermitteln ist –, muss er in der Regel erhoben werden (vgl. *M-G/S* § 244 Rn. 78).

375 Im hierzu gebildeten Klausurfall hatte der Verteidiger eine Tatortbesichtigung zum Beweis der Tatsache beantragt, die einzige Tatzeugin sei wegen der baulichen Gegebenheiten am Tatort nicht in der Lage gewesen, das unmittelbare Tatgeschehen zu beobachten. Die Ablehnung dieses Beweisantrags hatte der Strafrichter rechtsfehlerhaft im Hinblick darauf abgelehnt, dass die baulichen Verhältnisse schon auf Grund der Schilderungen der in Bezug genommenen Zeugin feststünden. Da es dem Verteidiger erkennbar aber gerade um deren Widerlegung ging, hätte das Gericht die Ortsbesichtigung jedenfalls mit dieser Begründung nicht ablehnen dürfen.

376 (8) Unter ganz andere Obersätze ist bei der Rechtsfehlersuche allerdings zu subsumieren, wenn es im Klausurfall um **präsente Beweismittel** geht. Im Fall des § 245 Abs. 1 StPO, also bei gerichtlich geladenen und – woran es in Klausurfällen auch schon gefehlt hat – auch erschienenen Zeugen und Sachverständigen sowie – unter bestimmten Voraussetzungen (vgl. *M-G/S* § 245 Rn. 4 und 5) – bei von Gericht oder Staatsanwaltschaft herbeigeschafften Urkunden und Augenscheinsgegenständen, ist das Gericht grundsätzlich von Amts wegen zur Beweiserhebung verpflichtet; etwas anderes gilt hier nur, wenn die Beweiserhebung unzulässig ist (§ 244 Abs. 3 S. 1 StPO entsprechend) oder – und das ist praktisch von großer Bedeutung – Staatsanwaltschaft, Verteidiger und Angeklagter auf sie verzichten (Satz 2). Bei nicht unter Abs. 1 fallenden präsenten Beweismitteln – insbesondere bei vom Angeklagten geladenen (vgl. § 220 StPO) und auch erschienenen Zeugen und Sachverständigen oder bei von ihm in der Hauptverhandlung vorgelegten Urkunden oder Augenscheinsgegenständen – setzt eine Beweiserhebungspflicht einen Beweisantrag voraus (§ 245 Abs. 2 S. 1 StPO). Die hier i.R. des § 245 Abs. 2 S. 2 und 3 StPO zulässigen Ablehnungsgründe sind – und das muss dringend beachtet werden – enger als diejenigen des § 244 Abs. 3 bis 5 StPO (vgl. im Einzelnen *M-G/S* § 245 Rn. 22 ff.).

Wer die Einschlägigkeit des § 245 Abs. 2 S. 3 StPO erkannte, konnte einen auf diesen Zusammenhang zugeschnittenen Klausurfall, in dem der Verteidiger zum Beweis einer bestimmten Tatsache die Verlesung eines dem Gericht zugleich überreichten Schreibens beantragt hatte, ohne große Mühe lösen. Dieser Beweisantrag war vom Tatgericht nämlich damit abgelehnt worden, dass „die Beweisbehauptung als wahr unterstellt werden kann". Gerade eine Wahrunterstellung ist i.R. des § 245 Abs. 2 S. 3 StPO aber unzulässig (vgl. *M-G/S* § 245 Rn. 22). Da sich aus der zitierten Ablehnungsbegründung aber zugleich ergab, dass das Urteil auch bei Verlesung des Schreibens nicht anders ausgefallen wäre, beruhte die Entscheidung nicht auf dem aufgezeigten Verfahrensfehler (vgl. *M-G/S* § 245 Rn. 30 a.E.). **377**

kk) Unmittelbarkeitsgrundsatz (§ 250 StPO)

(1) Nach dem Unmittelbarkeitsgrundsatz des § 250 StPO dürfen Vernehmungsprotokolle und andere von Zeugen und Sachverständigen stammende schriftliche Erklärungen nicht verlesen werden – stattdessen sind deren Verfasser im Interesse einer möglichst zuverlässigen Beweisgewinnung persönlich zu vernehmen (vgl. *M-G/S* § 250 Rn. 1). Die Vorschrift ist gleichzeitig die wichtigste Einschränkung des Urkundenbeweises des § 249 StPO – also der Ermittlung und Verwertung des gedanklichen Inhalts eines Schriftstücks –, der grundsätzlich immer dann zulässig ist, wenn das Gesetz ihn nicht ausdrücklich untersagt (vgl. *M-G/S* § 249 Rn. 1). **378**

Die zulässige Verlesung muss allerdings immer durch den Vorsitzenden oder einen von ihm beauftragten beisitzenden Richter erfolgen. Die Verlesung durch andere Prozessbeteiligte würde der Bedeutung dieser Prozesshandlung für die Aufklärungspflicht des Gerichts (§ 244 Abs. 2 StPO) nicht gerecht.[145] Gegen § 249 Abs. 1 S. 1 StPO war somit in dem Klausurfall verstoßen, in dem der Staatsanwalt eine Reparaturrechnung verlesen hatte, die der Verurteilung wegen unerlaubten Entfernens vom Unfallort zu Grunde gelegt worden war. **379**

(a) Nicht unter das Verlesungsverbot des § 250 StPO fällt der praktisch enorm wichtige **Vorhalt** aus Vernehmungsprotokollen oder sonstigen schriftlichen Erklärungen, da dieser kein Urkundenbeweis, sondern Vernehmungsbehelf ist. Beweisgrundlage ist nicht die Urkunde selbst – also das Vernehmungsprotokoll oder die sonstige schriftliche Erklärung –, sondern die auf den Vorhalt folgende Erklärung desjenigen, dem der Vorhalt gemacht wird (vgl. *M-G/S* § 249 Rn. 28). Wird die in dem Protokoll behandelte Wahrnehmung daher von der Auskunftsperson nicht bestätigt, kann es ihr ohne Verstoß gegen § 250 StPO vorgehalten und zu diesem Zweck auch vorgelegt oder ausgehändigt werden (vgl. *M-G/S* § 250 Rn. 14). Was daraufhin in die Erinne- **380**

---

145 Vgl. KK-*Diemer* § 249 Rn. 30.

rung der Verhörsperson zurückkehrt und von ihr bestätigt wird, ist als Beweisergebnis verwertbar.

381 Dieser – an sich unproblematische – Zusammenhang sollte in Klausuren im Hinblick auf einen möglichen Verstoß gegen § 250 StPO kurz dargestellt werden, wenn sich aus dem Hauptverhandlungsprotokoll oder – auch das ist mehrfach vorgekommen – den Urteilsgründen selbst ergibt, dass der betreffende Zeuge zwar zunächst Erinnerungslücken hatte, diese aber durch entsprechende Vorhalte oder – im Falle zum Beispiel eines Polizeibeamten oder Ermittlungsrichters – durch vorbereitendes Studium der eigenen Vernehmungsprotokolle überwunden werden konnten. Mit der nach § 253 Abs. 1 StPO zulässigen Protokollverlesung zur Gedächtnisunterstützung hat dies allerdings – entgegen anderslautender Darstellung mancher Prüflinge – nichts zu tun.

382 (b) Allerdings darf der Vorhalt nicht dazu dienen, einen unzulässigen **Urkundenbeweis zu umgehen** und die Grenzen zwischen Urkunden- und Zeugenbeweis zu verwischen. Genau dies ist aber der Fall, wenn in entsprechenden Klausurfällen zum Beispiel der über den Vernehmungsinhalt als Zeuge vernommene Ermittlungsrichter bekundet, Vernehmungen „grundsätzlich richtig und vollständig“ zu protokollieren, oder aber der Tatzeuge mitteilt, dass er die Tat, „wenn damals so protokolliert, damals wohl so auch beobachtet“ habe – beide sich aber an das konkret in Rede stehende Geschehen trotz Vorhalts des Protokolls nicht mehr erinnern (vgl. *M-G/S* § 252 Rn. 15). Hier kann nicht davon gesprochen werden, dass der Inhalt des Protokolls zum Bestandteil der zeugenschaftlichen Bekundung geworden sei. Sieht das Gericht den Inhalt des Protokolls in dieser Situation gleichwohl als bewiesen an, so ist in Wahrheit nicht die Zeugenaussage, sondern das entsprechende Protokoll die unmittelbare Beweisgrundlage.[146] Es liegt dann allerdings kein Verstoß gegen § 250 StPO vor. Vielmehr hat das Gericht hier gegen den Mündlichkeitsgrundsatz des § 261 StPO verstoßen, indem es eine Erkenntnisquelle benutzt hat, die nicht Gegenstand der Beweisaufnahme in der Hauptverhandlung gewesen ist. Verfahrensfehlerfrei kann das Gericht in dieser Situation allerdings auf den Inhalt des Protokolls zurückgreifen, wenn es dieses i.R. des § 249 StPO verliest. § 250 S. 2 StPO steht dem nicht entgegen, da diese Vorschrift nur den totalen Vernehmungs**ersatz** – also die Verwertung des Protokolls als einziger Beweisquelle anstelle der unterbleibenden Vernehmung –, nicht aber die bloße **Ergänzung** einer erfolgten Sachvernehmung verbietet – und zwar selbst dann, wenn der Zeuge erklärt, er erinnere sich nicht mehr, habe aber damals wahrheitsgemäße Angaben gemacht (vgl. *M-G/S* § 250 Rn. 12 a.E.).

383 (2) Die Ausnahmevorschrift des § 250 StPO ist ihrerseits durch **Ausnahmen** durchbrochen, die sich in den §§ 251, 253, 254 und 256 StPO finden und von denen die meisten Gegenstand von Revisionsexamensklausuren gewesen sind.

384 (a) Praktisch von großer Bedeutung ist die Vorschrift des **§ 251 StPO**, nach der unter bestimmten Umständen Protokolle über die Vernehmung eines Zeugen, Sachverständigen oder Mitbeschuldigten oder von diesen Auskunftspersonen stammende schriftliche Erklärungen verlesen werden dürfen. Der Umgang mit der Vorschrift fällt leichter, wenn klar ist, dass § 251 Abs. 1 StPO sich auf die Verlesung richterlicher und

146 Vgl. *BGHSt* 14, 310, 313.

nichtrichterlicher Vernehmungsprotokolle sowie sonstiger Schriftstücke bezieht, die von den in Bezug genommenen Auskunftspersonen stammen, und § 251 Abs. 2 StPO ausschließlich für die Verlesung richterlicher Vernehmungsprotokolle gilt.

(aa) Bei richterlichen Vernehmungsprotokollen kann sich ein Fallstrick bereits daraus ergeben, dass diese – was den Prüfungsämtern wiederum eine Reihe von interessanten Verknüpfungen ermöglicht – von vornherein nur im Falle ihrer **ordnungsgemäßen Errichtung** nach § 251 Abs. 2 StPO verlesen werden dürfen (zu einzelnen Fehlerquellen vgl. *M-G/S* § 251 Rn. 32). So hatte der i.R. des § 223 Abs. 1 StPO ersuchte Richter in einem hierzu gebildeten Klausurfall die nach § 224 Abs. 1 StPO gebotene Benachrichtigung des Verteidigers vom Termin der betreffenden Zeugenvernehmung zwar verfügt, diese war aber – wie sich aus dem Hauptverhandlungsprotokoll ergab – „ausweislich der Akte nicht ausgeführt worden". Der ersuchte Richter hatte die Vernehmung des Zeugen gleichwohl durchgeführt, das Tatgericht hatte das dabei errichtete Protokoll in der Hauptverhandlung gegen den Widerspruch des Verteidigers (vgl. *M-G/S* § 251 Rn. 45 a.E.) gemäß § 251 Abs. 2 Nr. 1 StPO verlesen und später i.R. der Beweiswürdigung herangezogen. Der – nicht dem Tatgericht selbst unterlaufene – Verstoß gegen § 224 Abs. 1 StPO begründete hier nicht unmittelbar die Revision, sondern hatte Bedeutung nur mittelbar für die Frage der Verlesbarkeit des Vernehmungsprotokolls: Da dieses wegen fehlender Benachrichtigung des Verteidigers nicht ordnungsgemäß zustande gekommen war, hätte es nicht als richterliches Protokoll nach § 251 Abs. 2 StPO eingeführt und herangezogen werden dürfen. Der dem ersuchten Richter daneben unterlaufene Verstoß gegen das Vereidigungsverbot des § 60 Nr. 2 StPO – aus dem Vernehmungsprotokoll ergab sich der Verdacht der psychischen Beihilfe zum im Rede stehenden Betrug des Angeklagten – war anschließend ebenso unter dem Gesichtspunkt des ordnungsgemäßen Zustandekommens des Vernehmungsprotokolls zu prüfen. Der abschließend zu erörternden Verlesung und Verwertung der Niederschrift als nichtrichterliches Protokoll stand schließlich bereits das Fehlen des für diesen Fall zwingend erforderlichen Hinweises entsprechend § 265 Abs. 1 StPO entgegen.[147] **385**

(bb) Wichtig ist, dass auch i.R. des § 251 StPO eine Verlesung überhaupt nur dann rechtsfehlerfrei erfolgen kann, wenn ein im Sitzungsprotokoll nach § 251 Abs. 4 S. 1 StPO zu beurkundender und nach § 251 Abs. 4 S. 2 StPO zu begründender **Beschluss**, dessen Fehlen die Revision schon für sich allein begründet (vgl. *M-G/S* § 251 Rn. 45), gefasst worden ist. Der Beschluss dient nämlich der Unterrichtung der Verfahrensbeteiligten über den Grund der Verlesung und der eindeutigen Bestimmung des Umfangs der Verlesung; bei Kollegialgerichten soll er zudem die Meinungsbildung des gesamten Gerichts über das einzuschlagende Verfahren sicherstellen und insbesondere den Schöffen im Hinblick auf den Unmittelbarkeitsgrundsatz den Ausnahmecharakter der Verlesung deutlich machen.[148] Ein solcher Beschluss fehlte in dem Klausurfall, in dem die Verlesung des richterlichen Vernehmungsprotokolls „auf Anordnung des Vorsitzenden" erfolgt war. Abgesehen davon, dass in diesem Fall auch inhaltlich keine der Verlesungsvoraussetzungen des § 251 Abs. 1 oder 2 StPO vorlag, hatte die seinerzeit vernommene Zeugin in der Hauptverhandlung als Verlobte des Angeklagten auch noch nach § 52 Abs. 1 Nr. 1 StPO das Zeugnis verweigert, so dass durch die Verlesung zudem gegen das aus § 252 StPO resultierende Beweisverwertungsverbot verstoßen worden war. **386**

In einem weiteren Klausurfall stand in diesem Zusammenhang das Beruhen des Urteils auf dem Verstoß gegen § 251 Abs. 4 S. 1 und S. 2 StPO in Frage. Hier hatte der Vorsitzende – zudem ohne jede Begründung – „verfügt", das Protokoll über die Vernehmung eines bestimmten Zeugen zu verlesen – Besonderheit dieses Falles war allerdings, dass dieser Zeuge zwischenzeitlich verstorben war (vgl. § 251 Abs. 1 Nr. 3 StPO), wovon die Verfahrensbetei- **387**

147 Vgl. dazu im Einzelnen unten Rn. 477 a.E.
148 Vgl. *BGH* NStZ 2007, 52, 53.

ligten unter Hinweis auf eine zu den Akten gereichte Sterbeurkunde unterrichtet worden waren. Auch wenn aus den oben bezeichneten Gründen auf einen begründeten Gerichtsbeschluss selbst bei Einverständnis der Beteiligten i.S. des § 251 Abs. 1 Nr. 1 bzw. Abs. 2 Nr. 3 StPO nicht verzichtet werden kann, beruht das Urteil nicht auf dem Verfahrensfehler, wenn allen Beteiligten der Grund der Verlesung bekannt war (vgl. *M-G/S* § 251 Rn. 45). Hieran konnte im Klausurfall angesichts des Hinweises auf den Tod des Zeugen kein Zweifel bestehen.

388 (cc) Die auf die inhaltlichen Voraussetzungen des § 251 StPO bezogenen Klausurfragen können insbesondere in der Unmöglichkeit der Vernehmung nach Abs. 1 Nr. 3 StPO liegen, zu der neben dem Tod der Beweisperson vor allem auch deren Krankheit, Gebrechlichkeit oder Unerreichbarkeit gehören, falls diese eine – auch nur kommissarische – Vernehmung in absehbarer Zeit verhindern (vgl. *M-G/S* § 251 Rn. 9).

389 Eine Besonderheit i.R. des § 251 Abs. 1 Nr. 3 StPO sprach ein Klausurfall an, in dem ein Zeuge die Aussage mit der Begründung verweigert hatte, er habe nächtliche Telefonanrufe erhalten, in denen gedroht worden sei, seiner Familie werde etwas passieren, wenn er aussage; zudem sei ihm vor kurzem auch schon gezielt ein „blaues Auge" zugefügt worden. Die Strafkammer sah daher von einer Vernehmung des Zeugen ab und verlas nach entsprechender Beschlussfassung das Protokoll über seine polizeiliche Vernehmung. Hier galt es herauszustellen, dass sich eine Unmöglichkeit der Vernehmung i.S. des § 251 Abs. 1 Nr. 3 StPO auch aus dem rechtlichen Unvermögen des Gerichts ergeben kann, einen Zeugen zu einer verfahrensrechtlich an sich zulässigen und möglichen Aussage in der Hauptverhandlung zu bringen. Eine solche Situation kann darin liegen, dass das Gericht von der Vernehmung absehen muss, weil für den Zeugen oder seine Familie bei wahrheitsgemäßer Aussage eine konkrete Gefahr für Leib oder Leben besteht (vgl. *M-G/S* § 251 Rn. 11). Allerdings bedarf es hier genauer Prüfung, ob tatsächlich eine Bedrohungslage bestand – und damit ein **Zeugnisverweigerungsrecht nach § 34 StGB** (vgl. *M-G/S* § 70 Rn. 6) – und ob nicht andere Maßnahmen hätten ergriffen werden können, die eine Verlesung entbehrlich gemacht hätten.[149] Im genannten Fall war die Bedrohungslage vom Zeugen hinreichend konkret beschrieben und zudem durch einen objektiven Umstand belegt. Da angesichts des „blauen Auges" auch ein Ausschluss der Öffentlichkeit während der Vernehmung des Zeugen nach § 172 Nr. 1a GVG kaum geeignet gewesen wäre, die ihm drohenden Gefahren zu verringern, konnte die Verlesung rechtsfehlerfrei auf § 251 Abs. 1 Nr. 3 StPO gestützt werden.

390 (b) Nach **§ 254 Abs. 1 StPO** dürfen in einem richterlichen Protokoll enthaltene Erklärungen des Angeklagten zum Zwecke der Beweisaufnahme über ein Geständnis verlesen werden; die daneben nach § 254 Abs. 2 StPO mögliche Verlesung zur Aufklärung von Widersprüchen hat in Klausuren regelmäßig keine Bedeutung. „Geständnis" i.S. des § 254 Abs. 1 StPO bedeutet über das Zugestehen der Tat selbst hinaus auch das Einräumen all solcher den Angeklagten be- oder entlastender Tatsachen, die zur Entscheidung über die Schuld- oder Straffrage von Bedeutung sein können (vgl. *M-G/S* § 254 Rn. 2). Ob das verlesene Protokoll tatsächlich ein derartiges Geständnis enthielt, kann mit der Revision allerdings nicht überprüft werden, da dies eine Frage der tatrichterlichen Beweiswürdigung ist (vgl. *M-G/S* § 254 Rn. 9). Über diesen Zusammenhang hinaus sind auch in diesem Rahmen die Fälle einer **„Rollenvertauschung"** vom Zeugen zum Angeklagten von Bedeutung – hier soll eine Verlesung gemäß § 254 Abs. 1 StPO nach überwiegend vertretener Auffassung zulässig sein.

149 *BGH* NStZ 1993, 350, 351.

So hatte das Amtsgericht in einem Klausurfall die Verlesung der richterlichen *Zeugen*vernehmung des Angeklagten mit der Begründung beschlossen, dass die damalige Aussage den Schuldvorwurf – „nämlich die Anwesenheit des Angeklagten zur Tatzeit am Tatort" – betreffe. Nachdem anschließend festgestellt wurde, „dass die vorgeschriebenen Förmlichkeiten bei der richterlichen Zeugenvernehmung beachtet" worden seien (vgl. *M-G/S* § 254 Rn. 4), wurde der Beschluss – es hätte an sich auch eine Anordnung des Vorsitzenden ausgereicht (vgl. *M-G/S* § 254 Rn. 1) – ausgeführt. I.R. der §§ 250, 254 Abs. 1 StPO konnte hier zunächst darauf hingewiesen werden, dass nach der tatrichterlichen Begründung zwar viel für das Vorliegen eines „Geständnisses" sprach, diese Frage aus dem oben bezeichneten Grunde einer revisionsrechtlichen Überprüfung aber ohnehin nicht unterlag. Kern der Klausurproblematik war sodann jedoch der Rollentausch des Angeklagten. Auch wenn gegen eine Verlesbarkeit des richterlichen Protokolls über die Vernehmung des Angeklagten als Zeuge sprach, dass der jetzige Angeklagte bei der damaligen Vernehmung – naturgemäß – nicht nach § 136 Abs. 1 StPO belehrt wurde,[150] ließ sich eine solche mit dem Argument rechtfertigen, dass § 254 Abs. 1 StPO nach seinem Wortlaut zwischen Beschuldigten und Zeugen nicht differenziert (vgl. *M-G/S* § 254 Rn. 4). Vor diesem Hintergrund konnte im Ergebnis über § 254 Abs. 1 StPO ein Verstoß gegen § 250 StPO verneint werden. **391**

(c) Von den nach **§ 256 Abs. 1 StPO** in Durchbrechung des Unmittelbarkeitsgrundsatzes auf Anordnung des Vorsitzenden (vgl. *M-G/S* § 256 Rn. 29) verlesbaren Erklärungen sind neben den – regelmäßig unproblematischen – „Gutachten über die Auswertung (…) des Blutalkoholgehalts" (Nr. 4) und „ärztlichen Berichten zur Entnahme von Blutproben" (Nr. 3) klausurrelevant insbesondere die „ärztlichen Atteste über Körperverletzungen" (Nr. 2) sowie die Sachverständigengutachten und Protokolle/Erklärungen über Ermittlungshandlungen der Nr. 1b bzw. Nr. 5. **392**

(aa) Unabhängig vom Tatvorwurf können **ärztliche Atteste** nach § 256 Abs. 1 Nr. 2 StPO über alle vorsätzlichen sowie fahrlässigen Körperverletzungen verlesen werden. Unzulässig ist die Verlesung aber immer, wenn das Verfahren ausschließlich eine andere Straftat zum Gegenstand hat. Bei angeklagter Tateinheit zwischen dem Körperverletzungsdelikt und einer anderen Straftat ist ein Attest nur verlesbar, wenn dieses ausschließlich dem Nachweis der Körperverletzung oder des sie betreffenden Schuldumfangs dient – das mit der Körperverletzung idealkonkurrierende Delikt also schon mit anderen Beweismitteln restlos aufgeklärt ist (vgl. *M-G/S* § 256 Rn. 20). **393**

Hieran fehlte es in dem Klausurfall, in dem die Strafkammer das verlesene Attest ausweislich der Beweiswürdigung der schriftlichen Urteilsgründe nicht nur zur Feststellung der – ebenfalls angeklagten – gefährlichen Körperverletzung, sondern i.R. der schweren räuberischen Erpressung nach §§ 255, 250 Abs. 2 Nr. 3b StGB auch zum Nachweis des Qualifikationsmerkmales der „Gefahr des Todes" verwertete. Da diese Vorgehensweise nicht von § 256 Abs. 1 StPO gedeckt war, lag ein Verstoß gegen § 250 StPO vor. **394**

Zu beachten ist im Übrigen, dass i.R. des § 256 Abs. 1 StPO nur diejenigen Teile des ärztlichen Attests verlesbar sind, die die in Rede stehende Körperverletzung selbst betreffen, nicht jedoch die vom Arzt darüber hinausgehend getroffenen Feststellungen – etwa also zu den im Attest häufig aufgenommenen eigenen Erklärungen des Untersuchten zur Entstehung der Verletzung. **395**

---

150 Vgl. KK-*Diemer* § 254 Rn. 3.

396 (bb) In ganz maßgeblicher Weise wird der Unmittelbarkeitsgrundsatz durch § 256 Abs. 1 Nr. 1b und Nr. 5 StPO eingeschränkt. Nach der erstgenannten Vorschrift kann jedes beliebige **Gutachten** eines im betreffenden Bereich allgemein vereidigten **Sachverständigen verlesen** und dessen Anwesenheit in der Hauptverhandlung – sollte die Aufklärungspflicht aus § 244 Abs. 2 StPO seine persönliche Anhörung nicht erforderlich machen – entbehrlich werden. Zu beachten ist, dass das Gutachten vollständig verlesen werden kann, mangels entsprechender Differenzierung in § 256 Abs. 1 Nr. 1b StPO insbesondere also auch die keine besondere Sachkunde erfordernden – und damit eigentlich nicht zum Inhalt des Gutachtens gehörenden – Zusatztatsachen (vgl. *M-G/S* § 79 Rn. 11) umfasst sind. Eine weitere Durchbrechung des Unmittelbarkeitsprinzips findet sich in § 256 Abs. 1 Nr. 5 StPO, wonach Erklärungen über Ermittlungshandlungen (insbesondere) von Polizeibeamten mit Ausnahme der Vernehmungen generell verlesbar sind – also etwa Protokolle und Vermerke über Routinevorgänge wie beispielsweise Festnahmen, Durchsuchungen, Sicherstellungen oder Observationen (vgl. *M-G/S* § 256 Rn. 26). Da sich der Begriff der „Vernehmung" mit demjenigen des § 252 StPO deckt, kann sich auch i.R. des § 256 Abs. 1 Nr. 5 StPO die Problematik der – von den Vorschriften nicht erfassten – Äußerungen „aus freien Stücken"[151] ergeben.

ll) Befragung des Angeklagten und Erklärungsrechte (§ 257 StPO)

397 (1) Nach § 257 Abs. 1 StPO soll der Angeklagte nach jeder Beweiserhebung befragt werden, ob er zu dieser etwas zu erklären habe. Er darf sodann zum Wert der unmittelbar vorangegangenen Beweiserhebung kritisch Stellung nehmen, Unklarheiten und Widersprüche aufzeigen und auf Zusammenhänge mit anderen Beweismitteln hinweisen. Allerdings wird § 257 StPO als bloße **Ordnungsvorschrift** angesehen, auf deren Verletzung die Revision nicht gestützt werden kann, sofern nur das **rechtliche Gehör insgesamt gewährt** worden ist (vgl. *M-G/S* § 257 Rn. 8 f.). Das rechtliche Gehör ist jedoch üblicherweise dadurch gewährleistet, dass der Angeklagte i.R. seines letzten Wortes nach § 258 Abs. 2 Hs. 2 StPO zu sämtlichen Beweiserhebungen noch einmal Erklärungen abgeben kann.

398 Den Inhalt des aus § 257 Abs. 1 StPO folgenden Erklärungsrechts hatte in einem Klausurfall ein Vorsitzender verkannt, der dem Angeklagten den nach einer Zeugenaussage geäußerten Wunsch nach einer „korrigierenden Stellungnahme" mit der rechtsfehlerhaften Begründung versagte, „es sei nicht gestattet, Zeugenaussagen zu korrigieren". Da der Angeklagte in diesem Klausurfall später i.R. des § 231b Abs. 1 StPO wegen ordnungswidrigen Benehmens aus dem Sitzungssaal entfernt worden war und damit auch sein Recht auf das letzte Wort nicht wahrnehmen konnte, ließ sich die Revision hier **ausnahmsweise** auf die Nichtbeachtung des § 257 StPO stützen.

399 (2) Die in Klausuraufgaben für die Hauptverhandlungsprotokolle üblicherweise verwendeten Formulare enthalten im Übrigen unmittelbar vor der Schließung der Beweisaufnahme eine **vorgedruckte Passage**, aus der sich die Einhaltung des § 257 Abs. 1 StPO ergibt und die vom Urkundsbeamten lediglich noch individuell angepasst wird. Wer diesen Teil des Sitzungsprotokolls überliest, sieht sich – wie schon so

---

151 Vgl. dazu oben Rn. 276 f.

mancher Prüfling – möglicherweise zu von vornherein überflüssigen Erörterungen zu § 257 Abs. 1 StPO veranlasst. Dass entsprechende Fehler mitunter auch i.R. der §§ 55 Abs. 2, 57 StPO begangen werden, war oben[152] bereits erwähnt worden.

mm) Schlussvorträge und letztes Wort des Angeklagten (§ 258 StPO)

(1) Nach § 258 Abs. 1 StPO erhalten die Staatsanwaltschaft, der Angeklagte und – wie sich aus § 258 Abs. 3 StPO ergibt – für ihn der Verteidiger nach dem Schluss der Beweisaufnahme „zu ihren Ausführungen und Anträgen das Wort“. Die Vorschrift berechtigt die Verfahrensbeteiligten, zur Wahrung des rechtlichen Gehörs nach genügender Vorbereitung i.R. der sog. **Schlussvorträge** zum Ergebnis der Verhandlung in tatsächlicher und rechtlicher Hinsicht Stellung zu nehmen und Anträge zu stellen (vgl. *M-G/S* § 258 Rn. 1). Dementsprechend kann die Revision nicht nur darauf gestützt werden, dass insbesondere dem Verteidiger zum Schlussvortrag überhaupt keine Gelegenheit gegeben worden ist. Revisionsgrund kann daneben auch sein, dass ihm keine Zeit für dessen Vorbereitung gegeben worden ist (vgl. *M-G/S* § 258 Rn. 33). Im Einzelfall kommt es für das Recht des Verteidigers auf Einräumung einer Vorbereitungszeit darauf an, ob die vom Gericht nach pflichtgemäßem Ermessen zu beurteilenden Umstände – insbesondere der Umfang der Beweisaufnahme und die Schwierigkeit der Sach- und Rechtslage – eine solche zur **effektiven Wahrung des rechtlichen Gehörs** erforderlich erscheinen lassen oder vom Verteidiger erwartet werden kann, sich dem Schlussvortrag ohne Vorbereitungszeit zu stellen.[153] **400**

In einem hierzu einschlägigen Klausurfall hatte der Verteidiger unmittelbar nach Schließung der Beweisaufnahme „eine ausreichende Unterbrechung zur Vorbereitung seines Schlussvortrages“ beantragt, die das Amtsgericht jedoch nicht gewährt hatte. Die Hauptverhandlung hatte hier genau eine Stunde gedauert, angeklagt war eine Körperverletzung durch eine „Ohrfeige“, als Zeugin war nur die betroffene Politesse vernommen worden. Vor diesem Hintergrund ließ sich mit guten Gründen die Auffassung vertreten, dass die Einräumung einer Vorbereitungszeit wegen eher einfacher Sach- und Rechtslage und einer Beweisaufnahme mit geringem Umfang rechtsfehlerfrei abgelehnt worden war. Allerdings erfolgte die Verurteilung nicht nur wegen der angeklagten vorsätzlichen Körperverletzung, sondern „wegen vorsätzlicher Körperverletzung in Tateinheit mit Beleidigung, mit Widerstand gegen Vollstreckungsbeamte und mit versuchter Nötigung“, und das Gericht hatte zudem einen den Anforderungen des § 265 Abs. 1 StPO nicht entsprechenden – weil nicht hinreichend bestimmten – Hinweis erteilt.[154] Aus diesen Umständen ließ sich ebenso gut vertretbar eine schwierige Rechtslage und damit mangels Gewährung der erforderlichen Vorbereitungszeit ein Verstoß gegen § 258 Abs. 1 StPO ableiten. Auch ein Beruhen des Urteils auf dem so zu bejahenden Verfahrensfehler, das bei Verstößen gegen § 258 StPO ganz allgemein nur in besonderen Ausnahmefällen ausgeschlossen werden kann (vgl. *M-G/S* § 258 Rn. 34), konnte hier im Hinblick darauf angenommen werden, dass ein vorbereiteter Schlussvortrag die Überzeugungsbildung des Tatgerichts möglicherweise stärker zugunsten des Angeklagten beeinflusst hätte, als dies bei dem tatsächlich gehaltenen Vortrag der Fall war. **401**

Ganz allgemein sei darauf hingewiesen, dass derartige Klausurkonstellationen eine günstige Gelegenheit bieten, sich durch eine geschickte Darstellung zu profilieren. **402**

152 Rn. 294.
153 *KG* StV 1984, 413.
154 Es handelte sich um den unten unter Rn. 499 beschriebenen Klausurfall.

Da die üblichen Revisionsklausuren immer aus der Anwaltsperspektive zu lösen sind, beweist der Prüfling praktisches Verständnis, der zwar auch die dem Angeklagten ungünstigen Gesichtspunkte offen zur Sprache bringt, sich am Ende seiner Prüfung dann aber gleichwohl – mit zumindest noch vertretbarer Argumentation – auf den für diesen günstigsten Standpunkt stellt.

403 (2) Wesentlich häufiger spielen in Klausuren allerdings Verstöße gegen § 258 Abs. 2 Hs. 2 StPO eine Rolle, nach dem dem Angeklagten das „**letzte Wort** gebührt". Der Angeklagte hat das Recht, vor der Urteilsberatung als letzter zu sprechen, selbst wenn er vorher schon i.R. des § 258 Abs. 1 StPO einen Schlussvortrag gehalten hat oder sonst zu Wort gekommen ist. Auch wenn zuvor sein Verteidiger für ihn plädiert hatte, der Staatsanwalt auf das letzte Wort des Angeklagten erwidert oder der Verteidiger darauf nochmals spricht, ist dem Angeklagten Gelegenheit zur abschließenden Äußerung zu geben. Auf das Recht des letzten Wortes muss der Angeklagte **ausdrücklich hingewiesen** werden, wenn er es nicht schon von sich aus in Anspruch nimmt – auf Form und Inhalt des Hinweises kommt es dabei nicht an (vgl. *M-G/S* § 258 Rn. 24). Die Einhaltung dieser Hinweispflicht sollte in jeder Klausuraufgabe standardmäßig überprüft werden, wobei das Schweigen des Hauptverhandlungsprotokolls – da es sich insoweit um eine wesentliche Förmlichkeit der Hauptverhandlung i.S. des § 273 Abs. 1 StPO handelt – i.R. des § 274 S. 1 StPO negative Beweiskraft besitzt (vgl. *M-G/S* § 258 Rn. 31).

404 (a) Klausurträchtig sind in diesem Zusammenhang zunächst Verfahrenssituationen, in denen der Angeklagte in der Hauptverhandlung nach § 231 Abs. 2 StPO oder § 231b StPO (zeitweise) **nicht anwesend** war, da sich hier mehrere Verfahrensprobleme interessant miteinander verknüpfen lassen. So muss dem Angeklagten, der in die Hauptverhandlung zurückkehrt, nachdem diese gemäß § 231 Abs. 2 StPO ohne ihn fortgesetzt worden war, das letzte Wort auch dann noch erteilt werden, wenn nur noch die Urteilsverkündung aussteht. Bei einem wegen ordnungswidrigen Benehmens nach § 231b Abs. 1 StPO ausgeschlossenen Angeklagten muss in der Regel der Versuch gemacht werden, ihn für die Gewährung des letzten Wortes wieder hinzuzuziehen. Davon kann nur abgesehen werden, wenn dieser Versuch im Hinblick auf die vorangegangenen Ausschreitungen des Angeklagten von vornherein aussichtslos wäre (vgl. *M-G/S* § 258 Rn. 20).

405 In einem hierzu gebildeten Klausurfall war der Angeklagte wegen „ungebührlichen Verhaltens" aus dem Sitzungssaal verwiesen und erst unmittelbar vor der Urteilsberatung zwecks Unterrichtung nach § 231b Abs. 2 StPO – nicht aber zur Gewährung des letzten Wortes – wieder hereingerufen worden. Der grundsätzlich erforderliche Versuch, ihn zur Gewährung des letzten Wortes wieder hinzuzuziehen, war hier auch nicht von vornherein aussichtslos, da der Angeklagte vor seinem Ausschluss „nur" durch Zwischenrufe bei Ausführungen anderer Verfahrensbeteiligter aufgefallen war. Das Tatgericht hatte damit gegen § 258 Abs. 2 Hs. 2 StPO verstoßen.

406 (b) Auch nach **Wiedereintritt in die Beweisaufnahme** bzw. Wiedereröffnung der Verhandlung muss dem Angeklagten erneut ausdrücklich das letzte Wort erteilt werden. Der keinen besonderen Gerichtsbeschluss voraussetzende Wiedereintritt liegt in jeder Prozesshandlung, die den Willen des Gerichts zum Weiterverhandeln in der Sache verdeutlicht, wozu nicht nur die Fortsetzung der eigentlichen Beweisaufnahme zählt. Da jeder Wiedereintritt den vorausgegangenen Ausführungen des Angeklagten die rechtliche Bedeutung als letztes Wort nimmt, kommt es auf dessen sachlichen Umfang nicht an (vgl. *M-G/S* § 258 Rn. 27 f.). Dies wird relevant, wenn sich die wiedereröffnete Verhandlung nur auf einen einzelnen Punkt bezieht – in den entsprechenden Klausurfällen wurde die Vernehmung eines „vergessenen Zeugen" nachgeholt, ein Beweisantrag gestellt und beschieden, das Verfahren teilweise nach § 154 Abs. 2 StPO eingestellt, ein Hinweis nach § 265 StPO erteilt oder ein Auszug aus dem Bundeszentralregister verlesen. Auch in diesen Fällen muss der Angeklagte daher erneut ausdrücklich auf sein Recht des letzten Wortes hingewiesen werden. Weitere klausurrelevante Prozesshandlungen, in denen die Rechtsprechung einen Wiedereintritt in die Beweisaufnahme bejaht bzw. verneint hat, finden sich in der Kommentierung von *M-G/S* zu § 258 Rn. 29 f. und 30.

In einem *BGH* StV 2001, 438 nachgebildeten Klausurfall hatte die Strafkammer bereits das Urteil beraten, als es zur Verkündung eines Beschlusses, in dem der Haftbefehl nach § 116 Abs. 4 Nr. 3 StPO unter Hinweis „auf die zu erwartende Höhe der Strafe" wieder in Vollzug gesetzt wurde, in den Sitzungssaal zurückkehrte. Das Urteil selbst wurde dann ohne weiteres nach erneuter Unterbrechung verkündet. Mit dem durch die Invollzugsetzung des Haftbefehls inzidenter bekräftigtem dringendem Tatverdacht hatte das Gericht allerdings den Verfahrensgegenstand erneut angesprochen, so dass es dem Angeklagten abermals das letzte Wort hätte erteilen müssen (vgl. *M-G/S* § 258 Rn. 29a). **407**

Verneint wird ein Wiedereintritt in die Beweisaufnahme, wenn nach dem letzten Wort ausschließlich Vorgänge erörtert werden, die auf die gerichtliche Entscheidung keinen Einfluss haben können – so etwa in einem *BGH* 1 StR 198/15 nachgebildeten Klausurfall bei Nachholung einer Negativmitteilung nach § 243 Abs. 4 StPO. Entsprechendes gilt, wenn ein Zeuge nach Schluss der Beweisaufnahme unaufgefordert Erklärungen abgibt, auf die keiner der Prozessbeteiligten eingeht (vgl. *M-G/S* § 258 Rn. 30). In einem hierzu gebildeten Klausurfall hatte ein Zeuge ausweislich des Sitzungsprotokolls nach dem letzten Wort des Angeklagten, der darin jede Schuld von sich wies, in den Saal gerufen, der Angeklagte habe doch noch am Tatort alles zugegeben. Da die Hauptverhandlung aber nach dem weiteren Inhalt des Protokolls im unmittelbaren Anschluss an diese Äußerung zwecks Urteilsberatung unterbrochen und anschließend das Urteil verkündete wurde, lag mangels jeglicher Reaktion auf den Zwischenruf ein Wiedereintritt in die Beweisaufnahme und damit ein Verstoß gegen § 258 Abs. 2 Hs. 2 StPO nicht vor. **408**

(c) Daneben kann die Revision auch darauf gestützt werden, dass das letzte Wort des Angeklagten **in unzulässiger Weise beschränkt** wurde (vgl. *M-G/S* § 258 Rn. 33). Dies war in dem Klausurfall geschehen, in dem der Vorsitzende dem Angeklagten mit der Bemerkung „Fassen Sie sich kurz!" ins Wort gefallen war und dieser seine Ausführungen entmutigt abgebrochen hatte. Derartige Ermahnungen sind zwar bei einem Missbrauch des letzten Wortes zulässig, also etwa im Falle sich ständig wiederholender, weitschweifiger oder abwegiger Äußerungen (vgl. *M-G/S* § 258 Rn. 26). Hier hatte der Vorsitzende den Angeklagten aber schon nach wenigen Sätzen unterbrochen. **409**

(d) Das Urteil **beruht** in der Regel auch auf der verfahrensfehlerhaften Versagung oder Beschränkung des letzten Wortes, weil grundsätzlich nicht ausgeschlossen werden kann, dass der Angeklagte die Überzeugungsbildung und Entscheidung des Tatgerichts mit seinen Ausführungen beeinflusst hätte. Das gilt auch, wenn der Angeklagte sich in der Hauptverhandlung nicht eingelassen hat oder aber vor Wiedereintritt in die Beweisaufnahme von der ihm eingeräumten Möglichkeit des Schlusswortes keinen Gebrauch gemacht hat (vgl. *M-G/S* § 258 Rn. 34). **410**

nn) Urteilsberatung (§ 260 Abs. 1 StPO)

411 (1) Nach § 260 Abs. 1 StPO folgt auf die Beratung die Verkündung des Urteils. Revisionsrechtlich beanstandet werden kann insoweit nur, dass **überhaupt keine Urteilsberatung stattgefunden** hat. Da aber weder die Beratung noch die – im Falle der Wiedereröffnung der Verhandlung erforderliche und dann u.U. im Sitzungssaal mögliche – Nachberatung eine wesentliche Förmlichkeit i.S. des § 273 Abs. 1 StPO darstellen (vgl. *M-G/S* § 260 Rn. 4), ergibt sich ihr Fehlen allerdings nicht schon aus dem Schweigen des Sitzungsprotokolls; im Klausurfall wäre bei Thematisierung dieser Problematik daher mit freibeweislich zu berücksichtigenden Angaben im Aufgabentext zu rechnen.

411a Genau so lief es in dem Klausurfall, in dem sich der Angeklagte laut Vermerk seines Verteidigers verwundert darüber äußerte, dass der Vorsitzende nach Wiedereintritt in die Beweisaufnahme – es war der Bundeszentralregisterauszug des Angeklagten verlesen worden – und anschließender Wiederholung der Schlussvorträge sofort das Urteil verkündet und davor „selbst mit den Schöffen nicht mehr gesprochen oder in irgendeiner Form kommuniziert" hatte. Zwar kann die nach Wiedereintritt erforderliche Nachberatung – falls der neue Verhandlungsteil eine rasche Verständigung erlaubt – im Sitzungssaal erfolgen. Der Vorsitzende muss sich dann aber unmittelbar an alle Mitglieder des Gerichts – auch an die Schöffen – wenden, damit diese und die Verhandlungsbeteiligten erkennen können, dass es sich um eine nochmalige Beratung und Abstimmung in abgekürzter Form handelt (vgl. *M-G/S* § 260 Rn. 4). Da der Angeklagte i.R. des § 258 Abs. 2 Hs. 2 StPO nicht nur auf seine vormaligen Ausführungen Bezug nahm, sondern die Taten mit Blick auf die fehlenden Vorstrafen als „einmalige Ausrutscher" bezeichnete, beruhte das Urteil auch auf dem Verstoß gegen § 260 Abs. 1 StPO (vgl. *M-G/S* § 260 Rn. 3).

411b (2) Die **Dauer der Urteilsberatung** kann hingegen von vornherein nicht Gegenstand einer revisionsrechtlichen Überprüfung sein, da das Gesetz eine bestimmte Beratungsdauer nicht verlangt, das Beratungsgeheimnis der §§ 43, 45 Abs. 1 S. 2 DRiG den Beratungsinhalt einer solchen Überprüfung entzieht und sich die Mitglieder des Spruchkörpers schließlich möglicherweise auch darauf verständigt haben können, das in vorangegangenen Zwischenberatungen gefundene vorläufige Ergebnis zu bestätigen. Dies gilt selbst dann, wenn sich das Gericht nur kurze Zeit im Beratungszimmer aufhält und der Vorsitzende alsdann die mündliche Urteilsbegründung von einer Niederschrift abliest, deren Verlesung länger dauert als der Aufenthalt des Gerichts im Beratungszimmer.[155] Auf diese Zusammenhänge ist hinzuweisen, wenn sich aus dem Hauptverhandlungsprotokoll eine ungewöhnlich kurze Beratungsdauer oder sonstige insoweit relevante Besonderheiten ergeben sollten.

411c (3) Bei der Urteilsberatung kann das Gericht schließlich auch gegen **§ 193 Abs. 1 GVG** verstoßen, wonach bei der Beratung und Abstimmung außer den zur Entscheidung berufenen Richtern bei Gestattung durch den Vorsitzenden die bei demselben Gericht zu ihrer juristischen Ausbildung beschäftigten Personen zugegen sein dürfen. Anders als Rechtsreferendare zählen zu diesen Personen die in den einschlägigen Klausurfällen bei der Beratung präsenten Jura-Studenten schon deshalb nicht, weil deren (landesrechtlich geregeltes) Studienpraktikum nicht der Ausbildung, sondern

155 Vgl. *BGH* NStZ 1990, 550, 551.

der Information dient (vgl. *Meyer-Goßner* § 193 GVG Rn. 5). Wenn diese sich dann noch – so die ausdrückliche Mitteilung des Vorsitzenden im jüngsten Klausurfall – als „große Hilfe“ bei der Beratung erweisen, liegt das Beruhen des Urteils auf dem Verfahrensfehler auf der Hand.

oo) Grundsätze der Mündlichkeit und umfassenden Beweiswürdigung (§ 261 StPO)

(1) (a) Nach § 261 StPO hat das Gericht seine Überzeugung aus dem „Inbegriff der Verhandlung“ zu schöpfen – also nur aus dem Verfahrensstoff, der prozessordnungsgemäß in die Hauptverhandlung eingeführt worden ist. Nach dem sog. **Mündlichkeitsgrundsatz** darf nur der mündlich vorgetragene und erörterte Prozessstoff dem Urteil zu Grunde gelegt werden (vgl. *M-G/S* § 261 Rn. 7). Der Akteninhalt als solcher darf dem Urteil also nicht zu Grunde gelegt werden – stattdessen müssen etwa Zeugen in der Hauptverhandlung vernommen, Sachverständige ihr Gutachten hier mündlich erstatten und Urkunden verlesen werden. **412**

(b) Die Verletzung des Mündlichkeitsgrundsatzes kann allerdings mit Erfolg nur geltend gemacht werden, wenn **ohne Rekonstruktion** der Beweisaufnahme der Nachweis geführt werden kann, dass die im Urteil getroffenen Feststellungen nicht durch die in der Hauptverhandlung verwendeten Beweismittel gewonnen worden sind (vgl. *M-G/S* § 261 Rn. 38a). Dies kann grundsätzlich nur durch einen Vergleich der schriftlichen Urteilsgründe mit dem Sitzungsprotokoll geschehen, dessen positive und negative Beweiskraft (§ 274 S. 1 StPO) die Verwendung bzw. Nichtverwendung der Beweismittel in der Hauptverhandlung bezeugt.[156] **413**

(aa) So ergab sich in einem Klausurfall, in dem die entsprechende Urkunde nach den schriftlichen Urteilsgründen „verlesen“ worden war, der Verstoß gegen § 261 StPO alleine daraus, dass eine solche Verlesung im Hauptverhandlungsprotokoll nicht erwähnt war. In einer anderen Klausur war dieselbe Problematik in der Weise dargestellt, dass – wie es in der Beweiswürdigung des angefochtenen Urteils hieß – „die Videoprints den Angeklagten eindeutig“ an einer in Tatortnähe gelegenen Tankstelle gezeigt hätten, das Hauptverhandlungsprotokoll aber wiederum zu der somit erforderlichen Inaugenscheinnahme schwieg. In einer ähnlichen Klausurkonstellation lag der Fall so, dass ausweislich der Beweiswürdigung der schriftlichen Urteilsgründe ein „Vernehmungsprotokoll“ als solches verwertet worden war, dieses dem Vernehmungsbeamten aber nach dem Hauptverhandlungsprotokoll lediglich vorgehalten worden – und damit gerade nicht selbst Beweisgrundlage geworden war (vgl. *M-G/S* § 249 Rn. 28)[157]. Da es sich bei der Verlesung von Urkunden genau wie bei einer Inaugenscheinnahme um „wesentliche Förmlichkeiten“ i.S. von § 273 Abs. 1 StPO handelt (vgl. *M-G/S* § 273 Rn. 7), galten diese in den vorgenannten Klausurfällen i.R. der negativen Beweiskraft des § 274 S. 1 StPO als nicht geschehen. In einem anderen Klausurfall hatte das Amtsgericht von der Verlesung der Urteilsgründe einer Vorverurteilung des Angeklagten sogar ausdrücklich „im allseitigen Einverständnis abgesehen“ – genau diese dann aber in den eigenen Urteilsgründen wörtlich zitiert. Der Rechtsfehler lag in all diesen Fällen darin, dass das Gericht die betreffenden Urkunden bzw. Augenscheinsgegenstände verwertet hatte, obwohl diese *überhaupt nicht* in die Verhandlung eingeführt worden waren. **414**

---

156 Vgl. LR-*Gollwitzer* § 261 Rn. 172.

157 Vgl. dazu oben Rn. 380.

415 Nur scheinbar nicht in die Hauptverhandlung eingeführt war allerdings ein in den Urteilsgründen wiedergegebener Brief einer Zeugin, über dessen Verlesung die Sitzungsniederschrift schwieg. Der Inhalt kurzer und leicht fassbarer Schriftstücke kann jedoch auch durch Vorhalt eingeführt werden (vgl. *M-G/S* § 249 Rn. 28). Genau diese Technik hatte das Schwurgericht gewählt, da es in der Beweiswürdigung des angefochtenen Urteils hieß, die Verfasserin des aus wenigen Sätzen bestehenden Briefes habe dessen Inhalt als Zeugin „auf Vorhalt bestätigt".

416 (bb) In einer anderen Klausur war es so, dass eine ärztliche „Patientenkarte", obwohl es auf ihren gedanklichen Inhalt und nicht auf ihre Beschaffenheit ankam (vgl. *M-G/S* § 249 Rn. 3 und 7), ausweislich des Hauptverhandlungsprotokolls nicht verlesen, sondern „in Augenschein genommen" wurde. Gegen § 261 StPO war verstoßen, da die Patientenkarte damit **nicht in verfahrensrechtlich zulässiger Weise** in die Hauptverhandlung eingeführt worden war. Anders wiederum war es in dem Klausurfall, in dem das Gericht seine Überzeugung von der Täterschaft der Angeklagten auf die Übereinstimmung zweier in Augenschein genommener Unterschriften gestützt hatte. Da es im Fall der Schriftvergleichung auf die Beschaffenheit der Urkunde ankommt, waren die Unterschriften hier prozessordnungsgemäß eingeführt.

417 Auch in einem *BGH* NJW 2000, 1204 nachgebildeten Klausurfall waren die betreffenden Umstände nicht in verfahrensrechtlich zulässiger Weise in die Hauptverhandlung eingeführt worden: Der beisitzende Richter, der einen (Entlastungs-)Zeugen zuvor i.R. des § 223 Abs. 1 StPO kommissarisch vernommen hatte, hatte in der Hauptverhandlung nach der gemäß § 251 Abs. 2 Nr. 1 StPO erfolgten Verlesung der so entstandenen Vernehmungsniederschrift laut Hauptverhandlungsprotokoll formlos mitgeteilt, der Zeuge habe bei der damaligen Vernehmung gestottert, „einen nervösen Eindruck" gemacht und sei „rot geworden"; erwartungsgemäß hatte die Strafkammer diesen Zeugen in den Urteilsgründen unter Rückgriff auf die genannte Äußerung des Beisitzers als unglaubwürdig angesehen. Da aber zum einen die kommissarische Zeugenvernehmung nicht zur Hauptverhandlung gehörte und zum anderen das Auftreten des Zeugen für die Glaubhaftigkeit seiner Aussage und damit mittelbar für die Beurteilung der Schuldfrage von Bedeutung war, hätten die Wahrnehmungen des beauftragten Richters im **Strengbeweisverfahren** – also im Beweisverfahren nach den §§ 244 bis 256 StPO unter Beachtung der Grundsätze der Mündlichkeit und Öffentlichkeit der Verhandlung (vgl. *M-G/S* § 244 Rn. 6) – eingeführt werden müssen. Eine dem Strengbeweis genügende Zeugenvernehmung war allerdings in dem beschriebenen Vorgehen auf Grund des Zwecks des § 22 Nr. 5 StPO, der das Gericht nur von solchen Richtern freihalten will, die dem zu würdigenden Sachverhalt nicht mit der Distanz eines unbeteiligten Dritten gegenüberstehen, nicht zu sehen – nach Auffassung des *BGH* habe der Gesetzgeber durch die Schaffung des Rechtsinstituts des beauftragten Richters nämlich gerade zu erkennen gegeben, dass er gegen die mit der vorangegangenen Vernehmungstätigkeit möglicherweise verbundene eingeschränkte Distanz keine Bedenken hege.

417a Als **gerichtsbekannt** dürfen nur solche Tatsachen behandelt werden, die der Richter im Zusammenhang mit seiner amtlichen Tätigkeit zuverlässig in Erfahrung gebracht hat (vgl. *M-G/S* § 244 Rn. 52). Dies war in einem – insofern recht einfachen – Klausurfall zu erkennen, in dem das Tatgericht die räumlichen Verhältnisse am Tatort nach entsprechendem Hinweis als gerichtsbekannt behandelt hatte, obwohl diese von der Beisitzerin tags zuvor beim „Gassigehen" mit ihrem Hund – und damit i.R. einer privaten Beweisaufnahme – erkundet worden waren.

417b Auch beim **Selbstleseverfahren** des § 249 Abs. 2 StPO kann es i.R. des Mündlichkeitsgrundsatzes zu Verfahrensfehlern kommen. So hatte das Schöffengericht in einem Klausurfall zu Protokoll vermerkt, „die Schöffen" hätten „vom Wortlaut der Urkunden Kenntnis genommen", „die übrigen Prozessbeteiligten hierzu Gelegenheit" gehabt. Auf Grund der negativen Beweiskraft des Protokolls (§§ 249 Abs. 2 S. 3, 274 S. 1 StPO) stand damit fest, dass der Berufsrichter keine Kenntnis genommen hatte (vgl. *M-G/S* § 249 Rn. 31). Da nach § 249 Abs. 2

S. 1 StPO aber auch die Richter vom Wortlaut Kenntnis nehmen müssen („Richter und Schöffen") – die bloße Gelegenheit zur Kenntnisnahme, anders als bei den anderen Prozessbeteiligten, nicht ausreicht (vgl. *M-G/S* § 249 Rn. 22) –, war der Inhalt der Urkunden nicht in verfahrensrechtlich zulässiger Weise in die Hauptverhandlung eingeführt.

(cc) In einem *BGH* 2 StR 112/11 nachgebildeten Klausurfall hatte das Landgericht eine zwar der Strafkammer, nicht aber dem erkennenden Spruchkörper angehörende Richterin im Zuschauerraum „zur Entlastung des Berichterstatters" mitschreiben lassen. Da Mitschriften von Vorgängen in der Hauptverhandlung jedoch von den subjektiven Wahrnehmungen des betreffenden Richters geprägt sind und den Inbegriff der Hauptverhandlung persönlich aufbereiten, können sie nicht ohne Verstoß gegen § 261 StPO auf Dritte delegiert werden. **417c**

(2) Umgekehrt verpflichtet § 261 StPO das Gericht unter dem Gesichtspunkt des „Inbegriffs der Verhandlung" zu einer **umfassenden Beweiswürdigung** – dem Urteil müssen also grundsätzlich alle ordnungsgemäß in die Hauptverhandlung eingeführten Beweise zugrunde gelegt werden (vgl. *M-G/S* § 261 Rn. 6). Da aus dem bloßen Schweigen der Urteilsgründe allein jedoch nicht auf die Nichtberücksichtigung eines bestimmten, in der Hauptverhandlung verwendeten Beweismittels geschlossen werden kann – eine Pflicht zur umfassenden schriftlichen Würdigung aller eingeführten Beweismittel besteht nicht –, müssen äußere Umstände eine solche Nichtberücksichtigung positiv belegen.[158] Dies lässt sich in Klausuraufgaben am plausibelsten durch entsprechende eigene Mitteilungen des Gerichts in den schriftlichen Urteilsgründen umsetzen – etwa in der Form, dass das Gericht in rechtsfehlerhafter Annahme eines Beweisverwertungsverbots selbst ausführt, die Berücksichtigung eines in die Hauptverhandlung eingeführten entscheidungserheblichen Beweismittels sei ihm verwehrt gewesen.[159] **418**

pp) Beweisverwertungsverbote (§ 261 StPO)

(1) Allgemeines

(a) Wesentlich klausurträchtiger sind im Zusammenhang mit § 261 StPO allerdings tatrichterliche Verstöße gegen **Beweisverwertungsverbote**. Von allen in Revisionsexamensklausuren thematisierten Rechtsproblemen wird dasjenige der Beweisverwertungsverbote mit größter Regelmäßigkeit abgefragt. Die Prüfungsrelevanz dieser Thematik ergibt sich überdies daraus, dass sie sich unproblematisch auch in alle anderen strafrechtlichen Klausuren integrieren lässt. Hiervon machen die Prüfungsämter insbesondere im Hinblick auf solche Klausuren Gebrauch, in denen Anklageschriften oder Urteile zu entwerfen sind. **419**

(b) Beweisverwertungsverbote sind thematisch deshalb mit § 261 StPO verknüpft, weil **Gegenstand der freien Beweiswürdigung** i.S. dieser Vorschrift überhaupt nur diejenigen Beweismittel sein können, deren Verwertung zulässig ist. Klausurrelevante Beweisverwertungsverbote resultieren in aller Regel aus der Verletzung strafprozessualer Normen. Die fehlerhafte Beweiserhebung – hier sind Verstöße gegen Beweisthemen-, Beweismittel- und Beweismethodenverbote zu unterscheiden – kann ein **420**

158 Vgl. KK-*Ott* § 261 Rn. 6.
159 So geschehen im unten unter Rn. 460 f. geschilderten Klausurfall.

Beweisverwertungsverbot auf Grund ausdrücklicher gesetzlicher Anordnung zur Folge haben, wie insbesondere im Fall des § 136a Abs. 3 S. 2 StPO. Fehlt eine gesetzliche Regelung, wägt die Rechtsprechung – soweit nicht von vornherein ausschließlich der Schutz des Staates oder dritter Personen betroffen ist (§§ 54, 96 bzw. 55, 81c StPO; „Rechtskreistheorie") – in jedem Einzelfall das Interesse des Staates an der Tataufklärung gegen das Individualinteresse des Bürgers an der Bewahrung seiner Rechtsgüter ab (sog. **„Abwägungslehre"**). Bei der Abwägung sind das Gewicht des Verfahrensverstoßes und seine Bedeutung für die rechtlich geschützte Sphäre des Betroffenen ebenso zu beachten wie die Erwägung, dass der Staat eine funktionstüchtige Rechtspflege zu gewährleisten hat. Ein Verwertungsverbot liegt danach insbesondere dann nahe, wenn die verletzte Verfahrensvorschrift dazu bestimmt ist, die Grundlagen der verfahrensrechtlichen Stellung des Beschuldigten zu sichern (zum gesamten Komplex vgl. *M-G/S* Einl. Rn. 50 ff.).

421-423 (c) Verwertungsverbote, die auf **eigenen Verfahrensfehlern des Tatgerichts** beruhen, sind bereits oben[160] im Zusammenhang mit den betreffenden Verfahrensverstößen erörtert worden und auch im Klausurgutachten an entsprechender Stelle darzustellen. In Examensklausuren resultiert die Problematik der Beweisverwertungsverbote allerdings ganz überwiegend aus Verfahrensfehlern, die **bereits im Ermittlungsverfahren** insbesondere der Polizei oder – in seltenen Fällen – der Staatsanwaltschaft unterlaufen sind.

424 (d) Zu beachten ist jedoch, dass das angefochtene Urteil auf **Gesetzesverletzungen im Ermittlungsverfahren nicht beruhen** kann. Die Revision dient nämlich der rechtlichen Überprüfung des zur Urteilsfindung führenden Verfahrens in der Hauptverhandlung. Zuvor ergangene Entscheidungen sind damit grundsätzlich nicht revisibel (vgl. § 336 S. 1 StPO) und können nur mittelbar bedeutsam sein – etwa über die Statuierung von Beweisverwertungsverboten. Der **eigene Rechtsfehler** des Tatgerichts, auf dem das Urteil beruht, kann daher insbesondere darin liegen, dass es einen infolge der Gesetzesverletzung im Ermittlungsverfahren nicht verwertbaren Umstand zum Nachteil des Revisionsführers berücksichtigt hat. Dieser Zusammenhang ist im Klausurgutachten in all den Fällen sauber darzustellen, in denen zu Verwertungsverboten führende Verfahrensfehler der Ermittlungsbehörden in Rede stehen. Allgemein sind in diesem Zusammenhang die folgenden Konstellationen thematisiert worden:[161]

(2) Unterlassene Belehrung nach § 55 Abs. 2 StPO

425-429 Vorsicht ist zunächst geboten, wenn der Angeklagte, der seine **Rolle inzwischen gewechselt** hat, im Zusammenhang mit der angeklagten Tat früher schon einmal als **Zeuge** vernommen worden war. Aus einer vom damaligen polizeilichen Verhörsbeamten entgegen § 55 Abs. 2, § 163 Abs. 3 S. 2 StPO fehlerhaft unterlassenen Belehrung folgt für das jetzt erkennende Tatgericht ein Verwertungsverbot (vgl. *M-G/S*

160 Zu § 52 Abs. 3 S. 1 StPO vgl. Rn. 257 ff.; zu § 243 Abs. 5 StPO vgl. Rn. 316 ff.

161 Das aus einem Verstoß der Ermittlungsbehörden gegen § 52 Abs. 3 S. 1 StPO resultierende Verwertungsverbot wurde bereits im Zusammenhang mit dem entsprechenden tatrichterlichen Verfahrensfehler unter Rn. 257 erörtert.

§ 55 Rn. 17). Mit der oben[162] erörterten fehlenden Revisibilität einer Verletzung des § 55 Abs. 2 StPO hat dies nichts zu tun, da der betroffene Zeuge in der hier vorliegenden Konstellation inzwischen selbst Angeklagter und damit durch den Belehrungsfehler unmittelbar in seinem Rechtskreis berührt ist. Wird also der Verhörsbeamte in der Hauptverhandlung über den Inhalt der damaligen Zeugenaussage des jetzigen Angeklagten vernommen, ist zu prüfen, ob schon seinerzeit auf Grund **konkreter Anhaltspunkte** – bloße Vermutungen oder rein denktheoretische Möglichkeiten reichen hier nicht aus – eine **Verfolgungsgefahr** i.S. des § 55 Abs. 1 StPO bestand (vgl. *M-G/S* § 55 Rn. 14). Dem damaligen Zeugen muss die Verfolgung allerdings wegen früher begangener Straftaten oder Ordnungswidrigkeiten gedroht haben; es reicht nicht aus, wenn sich die Verfolgungsgefahr überhaupt erst aus der Aussage bei der in Rede stehenden Vernehmung ergibt (vgl. *M-G/S* § 55 Rn. 4).

Im entsprechenden Klausurfall, in dem der Angeklagte zum betreffenden Tatgeschehen im Ermittlungsverfahren als Zeuge vernommen worden war, musste anhand des zum Zeitpunkt dieser Vernehmung bestehenden Ermittlungsstandes – also des Inhaltes der dem Verfahren zu Grundes liegenden Strafanzeige sowie der übrigen Zeugenaussagen – und vor allem im Hinblick auf die eigenen Angaben des Angeklagten als damaligem Zeugen geklärt werden, ob der Angeklagte schon bei dieser Zeugenvernehmung im Hinblick auf eine mittäterschaftliche Tatbegehung oder eine sonstige Beteiligung verfolgungsgefährdet und damit nach § 55 Abs. 2 StPO zu belehren war. **430**

(3) Verstoß gegen das Beschlagnahmeverbot des § 97 Abs. 1 StPO

Auch ein Verstoß gegen das Beschlagnahmeverbot des § 97 Abs. 1 StPO hat in Bezug auf den beschlagnahmten Beweisgegenstand grundsätzlich ein Verwertungsverbot zur Folge (vgl. *M-G/S* § 97 Rn. 46 ff.). § 97 Abs. 1 StPO knüpft an die **Zeugnisverweigerungsrechte** der §§ 52, 53, 53a StPO an und soll deren **Umgehung verhindern** (vgl. *M-G/S* § 97 Rn. 1). Steht die tatrichterliche Beweisaufnahme im Klausurfall also in irgendeinem Zusammenhang mit einer zuvor erfolgten Beschlagnahme, so muss jedenfalls ein gedanklicher Abgleich mit den genannten Vorschriften durchgeführt werden. Neben den immer relevanten **Angehörigen** des § 52 Abs. 1 StPO ist in diesem Zusammenhang vor allem der in § 53 Abs. 1 S. 1 Nr. 2 StPO genannte **Verteidiger** des Angeklagten interessant. Allerdings ist zu beachten, dass § 97 StPO auf selbst beschuldigte Zeugnisverweigerungsberechtigte nicht anwendbar ist, was in einem Klausurfall Bedeutung hinsichtlich der bei einem mitangeklagten Arzt (vgl. § 53 Abs. 1 S. 1 Nr. 3 StPO) beschlagnahmten Krankenunterlagen gewann (vgl. *M-G/S* § 97 Rn. 4, 4a). Ansonsten sind in diesem Zusammenhang folgende Konstellationen vorgekommen: **431**

In der vom Angeklagten gemeinsam mit seiner Verlobten bewohnten Wohnung wurde ein der Verlobten gehörender Computer beschlagnahmt, auf dessen Festplatte die Polizei eine an die Verlobte gerichtete E-Mail des Angeklagten fand, in der er – wenig überraschend – die in Rede stehende Tat gestand. Problem war hier zunächst, dass Beschlagnahmegegenstand der Computer und damit nicht unmittelbar eine „schriftliche Mitteilung" i.S.d. § 97 Abs. 1 Nr. 1 StPO gewesen war. Da es dem Sinn und Zweck der Vorschrift aber zuwiderliefe, eine bereits bei Beschlagnahme vorhandene schriftliche Verkörperung ausschlaggebend sein zu lassen, sind von § 97 Abs. 1 Nr. 1 StPO – auch in Anlehnung an § 11 Abs. 3 StGB – alle verkörperten Gedankenäußerungen unabhängig von ihrer Darstellungsform erfasst (vgl. *M-G/S* **432**

162 Rn. 291.

§ 97 Rn. 28) – hier also auch die elektronisch fixierte E-Mail. Die weitere Frage eines möglichen Mitgewahrsams des Angeklagten am Computer, der der Anwendung des § 97 Abs. 1 StPO entgegengestanden hätte (vgl. *M-G/S* § 97 Rn. 12), konnte im Hinblick auf den zwischenzeitlichen Tod der Verlobten allerdings dahingestellt bleiben (vgl. *M-G/S* § 97 Rn. 13).

433 In einem anderen Klausurfall ging es um die rechtsfehlerhafte Verlesung und Verwertung eines ein Geständnis enthaltenden Briefes, den der in Untersuchungshaft sitzende Angeklagte aus der JVA an seinen Verteidiger geschrieben hatte und der i.R. der richterlichen Postkontrolle (vgl. *M-G/S* § 119 Rn. 18 ff.) beschlagnahmt worden war. Dieses Vorgehen verstieß gegen §§ 53 Abs. 1 S. 1 Nr. 2, 97 Abs. 1 Nr. 1 StPO, wonach schriftliche Mitteilungen zwischen Verteidiger und Beschuldigtem beschlagnahmefrei sind, soweit sie – wie in diesem Fall – die Verteidigung betreffen und ihr Inhalt von dem Zeugnisverweigerungsrecht erfasst wird (vgl. *M-G/S* § 97 Rn. 36). Aus der die Bestimmung des § 97 Abs. 2 S. 1 StPO ergänzenden Vorschrift des § 148 StPO ergibt sich im Übrigen, dass solche schriftlichen Mitteilungen auch dann von der Beschlagnahme ausgeschlossen sind, wenn sie sich noch auf dem Postweg befinden, bereits in den Besitz des Beschuldigten gelangt sind oder aber – wie hier – noch gar nicht abgesandt wurden (vgl. *M-G/S* § 97 Rn. 37).

(4) Missachtung der Durchsuchungsvoraussetzungen der §§ 102 ff. StPO

434 (a) Verwertungsverbote können sich des Weiteren auch aus Durchsuchungen im Ermittlungsverfahren ergeben, bei denen die Voraussetzungen der §§ 102 ff. StPO nicht beachtet wurden. Die in diesem Zusammenhang besonders umstrittene Frage einer solchen Sanktion (vgl. *M-G/S* § 94 Rn. 21) wird sich in der Klausur in Anwendung der „Abwägungslehre" am besten mit Blick auf die Erheblichkeit des in Rede stehenden Verstoßes beantworten lassen.

435 (b) Relevant kann in diesem Zusammenhang zunächst die Frage der Durchsuchung als solcher werden.

436 In einem Klausurfall hatte ein als Zeuge vernommener Polizeibeamter bekundet, sich nach Abschluss der eigentlichen Durchsuchung der Wohnung des Angeklagten – ihm war über Funk mitgeteilt worden, dass die gesuchten Objekte in einer parallel durchsuchten anderen Wohnung gefunden worden waren – noch „interessehalber in der Küche umgeschaut" und dabei die jetzt in Rede stehende Zigarettenstange gefunden zu haben. Dieses Vorgehen war, da die Auffindung weiterer Beweismittel nach Entdeckung des gesuchten Materials nicht vermutet werden konnte, weder von § 102 StPO gedeckt, noch handelte es sich um einen „Zufallsfund" i.S. des § 108 Abs. 1 StPO, da die Zigarettenstange nach Abschluss der eigentlichen Durchsuchung – und damit nicht „bei Gelegenheit" dieser Durchsuchung – gefunden worden war. Die somit erforderliche Abwägung zwischen dem Individualinteresse des Betroffenen an der Wahrung seiner Rechtsgüter und dem staatlichen Interesse an der Tataufklärung ließ hier ein Verwertungsverbot bejahen. Zum einen hatte der Polizeibeamte seine gesetzlichen Befugnisse ganz bewusst überschritten, indem er sich nach Erledigung der Durchsuchung ohne jeden Anlass in einem weiteren Raum der Wohnung des Angeklagten umgesehen hatte. Zudem handelte es sich bei der gegen Art. 13 Abs. 1 GG verstoßenden Durchsuchung um einen ganz erheblichen Eingriff in die Rechte des Beschuldigten. Schließlich war das öffentliche Interesse an der Aufklärung des in Rede stehenden Diebstahls von Zigaretten im Wert von ca. 125 € ohnehin nicht besonders groß.

437 Eine Besonderheit des Falles lag allerdings darin, dass die Zigarettenstange selbst in der Hauptverhandlung gar nicht in Augenschein genommen, sondern insoweit nur der auffindende Polizeibeamte als Zeuge vernommen worden war. Entgegen erstem Eindruck ging es hier nicht um die Frage nach der – von der Rechtsprechung grundsätzlich verneinten – **Fernwir-**

kung des Verwertungsverbotes (vgl. dazu im Einzelnen *M-G/S* Einl. Rn. 57). Das Vorhandensein des Polizeibeamten als Zeugen wurde nämlich nicht erst – wie bei der Fernwirkung – i.R. der unverwertbaren Beweiserhebung als solcher bekannt. Die Aussage war vielmehr wegen des unmittelbaren Zusammenhangs mit dem rechtswidrigen Fund unverwertbar – der Beamte war ja gerade zu den Umständen der Entdeckung der Zigarettenstange vernommen worden.

(c) Nicht selten gibt in Examensklausuren auch die Verfahrensvorschrift des **§ 105** **438**
StPO Anhaltspunkte für mögliche Verwertungsverbote:

(aa) Nach § 105 Abs. 1 S. 1 StPO dürfen Durchsuchungen nur durch den Richter, bei **439**
Gefahr im Verzug auch durch die Staatsanwaltschaft und ihre Ermittlungspersonen angeordnet werden. In den einschlägigen Klausuren geht es hier regelmäßig um die Frage der **„Gefahr im Verzug“**. Eine solche besteht, wenn die richterliche Anordnung nicht eingeholt werden kann, ohne dass der Zweck der Maßnahme gefährdet wird (vgl. *M-G/S* § 98 Rn. 6).

In einem hierzu gebildeten Klausurfall ordnete der Staatsanwalt die Durchsuchung zwar **440**
nach Ende des richterlichen Bereitschaftsdienstes (vgl. *M-G/S* § 105 Rn. 2a) an, die ermittelnden Polizeibeamten hatten die Notwendigkeit der Durchsuchung jedoch schon am Vormittag des Tages erkannt. Da die Strafverfolgungsbehörden mit dem Antrag an den Ermittlungsrichter aber nicht so lange warten dürfen, bis die Gefahr eines Beweismittelverlusts tatsächlich eingetreten ist, kommt es für die Frage der Gefahr im Verzug auf den Zeitpunkt an, zu dem die Staatsanwaltschaft oder ihre Ermittlungspersonen die Durchsuchung für erforderlich halten (vgl. *M-G/S* § 105 Rn. 19). Dies war hier zu einem Zeitpunkt der Fall, an dem der zuständige Richter ohne weiteres rechtzeitig hätte erreicht werden können.

Aus einer derartig rechtsfehlerhaften Durchsuchung resultiert ein **Beweisverwertungsverbot** **441-**
allerdings nur im Falle schwerwiegender, bewusster oder willkürlicher Verfahrensverstöße, **442**
bei denen die grundrechtlichen Sicherungen planmäßig oder systematisch außer Acht gelassen wurden (vgl. *M-G/S* § 105 Rn. 19). Dies war in interessanter Weise in einem ganz neuen Klausurfall problematisiert, in dem sich die Staatsanwältin die Durchsuchungsanordnung – wie grundsätzlich möglich (vgl. *M-G/S* § 105 Rn. 3) – telefonisch beschaffen wollte, der Richter aber die Vorlage der Akten verlangte, woraufhin die Staatsanwältin die Durchsuchung wegen (tatsächlich bestehender) Gefahr im Verzug selbst anordnete. Die Eilkompetenz der Ermittlungsbehörden lebt allerdings nach einer neueren Entscheidung des *BVerfG*[163] grundsätzlich nicht wieder auf, wenn der Richter einmal mit der Sache befasst ist, wofür bereits die tatsächliche Unterbreitung des Antrags ausreicht (vgl. *M-G/S* § 105 Rn. 2b). Auf den Beginn der richterlichen Sachprüfung kommt es nach Auffassung des *BVerfG* in diesem Zusammenhang nicht an, da der Richter sonst – was mit der Bedeutung des grundrechtlichen Richtervorbehalts nicht zu vereinbaren wäre – selbst über seine Zuständigkeit disponieren könnte. Für die sich anschließende Frage des Beweisverwertungsverbotes kam es dann auf die Aussage der in der Hauptverhandlung vernommenen Staatsanwältin an, sie habe ihr Vorgehen auf eine ihr erinnerliche „Gerichtsentscheidung“ gestützt – ob diese überholt sei, wisse sie allerdings nicht. Tatsächlich hatte der *BGH* das Ende der Eilkompetenz der Ermittlungsbehörden in der vorliegenden Konstellation erst im Beginn der eigenverantwortlichen Sachprüfung durch den Richter gesehen.[164] Der Vorwurf der planmäßigen oder systematischen Missachtung grundrechtlicher Sicherungen kann bei Berufung auf die Rechtsprechung des obersten ordentlichen Gerichts allerdings wohl nicht erhoben werden – und zwar unabhängig von der zwischenzeitlich abweichenden Bewertung einer Detailfrage durch das

163 *BVerfG* NStZ 2015, 529.
164 Vgl. *BGH* NStZ 2006, 114, 115 – angegeben als „andere Meinung“ bei *M-G/S* § 105 Rn. 2b.

BVerfG. Dies gilt gerade auch mit Blick auf den zurückhaltenden Ansatz, den das *BVerfG* selbst in seiner neueren Rechtsprechung bei Beweisverwertungsverboten erkennen lässt (vgl. *M-G/S* § 105 Rn. 18).

443 (bb) Die in derartigen Klausurfällen bisweilen gleichzeitig fehlende Hinzuziehung von **Durchsuchungszeugen** (vgl. § 105 Abs. 2 S. 1 StPO) stellt einen Verfahrensverstoß häufig schon deshalb nicht dar, weil die Einhaltung dieser Verfahrensvorschrift weiteren Zeitverlust bedeutet hätte, der den Erfolg der Durchsuchung vereitelt hätte – die Hinzuziehung also nicht „möglich" war. Im Übrigen hängt die Verwertbarkeit der Durchsuchungsergebnisse nach der Abwägungslehre von der Beachtung des § 105 Abs. 2 S. 1 StPO auch gar nicht ab (vgl. *M-G/S* § 105 Rn. 11).

444 (d) § 108 StPO lässt eine vorläufige Beschlagnahme von **Zufallsfunden**[165] zu. Voraussetzung ist, dass bei Gelegenheit einer Durchsuchung Gegenstände gefunden werden, die auf die Verübung einer anderen Straftat hindeuten. Nach solchen Gegenständen darf aber nicht gezielt gesucht (geplante „Zufalls"funde) oder die Durchsuchung als bloßer Vorwand benutzt werden, systematisch nach Gegenständen zu suchen, auf die sich die Durchsuchungsanordnung nicht bezieht (vgl. *M-G/S* § 108 Rn. 1). Die bei einer solchen Durchsuchung gefundenen Unterlagen sind unverwertbar, wenn der prozessuale Verstoß so schwerwiegend ist, dass nach Abwägung aller Umstände das Interesse des Staates an der Tataufklärung zurückstehen muss.[166]

445 In einem in diesem Zusammenhang gebildeten Klausurfall war die Durchsuchung zur Auffindung von Beweismitteln angeordnet worden, die im Zusammenhang mit der vermuteten Manipulation von Zulassungsunterlagen eines bestimmten PKW standen. Die Polizeibeamten hatten aber darüber hinaus bei sämtlichen anderen PKW des betroffenen Autohändlers einen Abgleich zwischen Tachometer und aufgefundenen weiteren Kfz-Papieren vorgenommen, bei der in zwei Fahrzeugen abweichende niedrigere Kilometeranzeigen auffielen, die mit den an den Autos befindlichen Verkaufsschildern übereinstimmten und später zur Verurteilung wegen versuchten Betruges in zwei Fällen führten. Dass sich die Durchsuchungsanordnung nicht auf die manipulierten Tachometerstände erstreckte, lag auf der Hand. Ein Verwertungsverbot ließ sich hier gut damit bejahen, dass auf der einen Seite kein besonders erhebliches Delikt im Raum stand, der Verstoß der Polizisten im Hinblick auf die Intensität der ohne Ermächtigungsgrundlage erfolgten Durchsuchung von immerhin 20 PKW auf der anderen Seite aber besonders schwer wog.

(5) Unterlassene Belehrung nach § 136 Abs. 1 S. 2 StPO (Aussagefreiheit)

446 (a) Aus einer im Ermittlungsverfahren entgegen § 136 Abs. 1 S. 2 StPO i.V. mit § 163a Abs. 3 S. 2, Abs. 4 S. 2 StPO fehlerhaft unterlassenen Belehrung des Beschuldigten über sein Schweigerecht folgt in Anwendung der Abwägungslehre ein grundsätzliches Verwertungsverbot, da die Belehrungspflicht dazu bestimmt ist, die Grundlagen der verfahrensrechtlichen Stellung des Angeklagten zu sichern[167] (vgl. *M-G/S* § 136 Rn. 20). Sonstige Verstöße gegen § 136 StPO (Abs. 1 S. 1, 3 und 4, Abs. 2 und 3) lösen hingegen kein Verwertungsverbot aus (vgl. *M-G/S* § 136 Rn. 21).

---

165 Für Zufallsfunde i.R. der nach § 100a StPO überwachten Telekommunikation ist die auch spontan gut zu handhabende Vorschrift des § 477 Abs. 2 S. 2 StPO zu beachten.

166 Vgl. KK-*Bruns* § 108 Rn. 1.

167 Vgl. *BGH* NJW 1992, 1463, 1464.

Die zahlreichen einschlägigen Klausurfälle lagen hier immer so, dass der Angeklagte in der Hauptverhandlung keine Angaben zur Sache machte und das Gericht sein im Ermittlungsverfahren abgelegtes Geständnis daraufhin durch zeugenschaftliche Vernehmung des polizeilichen Verhörsbeamten, der den Angeklagten seinerzeit nicht nach §§ 136 Abs. 1 S. 2, 163a Abs. 4 S. 2 StPO belehrt hatte, einführte. Der Prüfling hat hier zu klären, ob in der damaligen Befragungssituation die beiden „tatbestandlichen" Voraussetzungen des § 136 Abs. 1 S. 1 StPO vorlagen: Unproblematisch wird sich in der Regel eine **„Vernehmung"** bejahen lassen, da die in Rede stehenden Beamten üblicherweise in amtlicher Funktion aufgetreten sind und in dieser Eigenschaft Auskunft verlangt haben (vgl. *M-G/S* § 136a Rn. 4). Die demgegenüber häufig schwieriger zu beurteilende **Beschuldigteneigenschaft** des Angeklagten, die in dieser Situation regelmäßig den Prüfungsschwerpunkt bildet, kann auf zweifache Weise begründet gewesen sein: **447**

(aa) Ohne Willensakt der zuständigen Strafverfolgungsbehörde – und gerade deshalb in Klausuren ohne Vorkenntnisse als Problem kaum zu erkennen – wird die Beschuldigteneigenschaft dadurch begründet, dass sich der **Verdacht** gegen die vernommene Person so **verdichtet**, dass diese ernstlich als Täter der untersuchten Straftat in Betracht kommt.[168] Im Einzelfall kann sich dies dann in polizeilichen Maßnahmen wie der Mitnahme des Befragten zur Polizeiwache, der Durchsuchung seiner Wohnung oder seiner vorläufigen Festnahme niederschlagen. Der förmlichen Einleitung eines Ermittlungsverfahrens bedarf es hier also nicht, es kommt lediglich auf die „materielle" Sichtweise an. Die hier zum Teil unklare Kommentierung in *Meyer-Goßner/Schmitt*[169] bringt die Prüflinge in diesem Zusammenhang nicht selten auf die falsche Fährte. **448**

In einem hierzu gebildeten Klausurfall roch ein bei der Polizei erschienener Anzeigeerstatter, der im angefochtenen Urteil später wegen fahrlässiger Trunkenheit im Verkehr verurteilt wurde, so stark nach Alkohol, dass die in der Hauptverhandlung vernommene Polizistin, die seinen unmittelbar vor der Wache stehenden PKW bemerkt hatte, sich zu der vom Anzeigeerstatter spontan bejahten Frage veranlasst sah, ob er selbst gefahren sei. In einem anderen Klausurfall hatte der in der Hauptverhandlung vernommene Polizeibeamte einen anonymen telefonischen Hinweis auf Straftaten des späteren Angeklagten nach § 21 Abs. 1 StVG erhalten, diesen daraufhin observiert, ihn schließlich „zur Vernehmung zur Dienststelle" bestellt und dabei ohne Belehrung mit den dann eingeräumten Vorwürfen konfrontiert. Auch in einem weiteren Klausurfall war der verdichtete Tatverdacht gegen den späteren Angeklagten mit so deutlichen Umständen belegt, dass dessen Beschuldigteneigenschaft nicht ernsthaft in Zweifel stand: Der später wegen Tötung auf Verlangen verurteilte Ehemann hatte die herbeigerufenen und in der Hauptverhandlung als Zeugen vernommenen Polizeibeamten zur Leiche seiner Frau geführt, diesen dort die leere Packung eines Giftes gezeigt und geäußert, froh zu sein, „dass es vorbei sei und er dem Drängen seiner Frau endlich nachgegeben habe". Anstatt den Ehemann jetzt pflichtgemäß als Beschuldigten zu belehren, hatten die Beamten lediglich gefragt, „wie er dies meine", woraufhin dieser die zu seiner Verurteilung führenden Einzelheiten schilderte. **449**

Gerade diese Klausuraufgaben sind im Übrigen Beleg für die Handhabung der Prüfungsämter, die Kandidatinnen und Kandidaten zur Lösung jedenfalls der zentralen **450**

168 Vgl. *BGH* NJW 2009, 1427, 1428.
169 Einl. Rn. 76 und 77.

Rechtsfragen mit bisweilen geradezu üppigen tatsächlichen Anknüpfungspunkten zu versorgen. Hier wird nicht selten so eindeutig verfahren, dass dem geübten Klausurschreiber aus der im Aufgabentext enthaltenen Informationsdichte sichere Rückschlüsse auf die Intentionen des Aufgabenstellers möglich sind.

451 (bb) Die Beschuldigteneigenschaft i.S. des § 136 Abs. 1 S. 1 StPO kann sich daneben aber auch daraus ergeben, dass gegen die betreffende Person **auf Grund einer Strafanzeige** Ermittlungen geführt werden (vgl. *M-G/S* Einl. Rn. 77). Dazu ist allerdings über das Vorliegen einer konkret gegen die betreffende Person gerichteten Strafanzeige hinaus erforderlich, dass der die in Rede stehende Vernehmung durchführende Beamte auch auf Grund dieser Anzeige tätig wird.

452 Genau daran fehlte es aber in einem Klausurfall, in dem der Polizeibeamte den späteren Angeklagten als Zeuge in einem auf Grund einer Anzeige gegen „Unbekannt" eingeleiteten Ermittlungsverfahren vernahm, dieser Zeuge zum Vernehmungszeitpunkt allerdings von anderer Seite schon namentlich angezeigt war. Da der Beamte hiervon nichts wusste, musste er ihn auch nicht nach §§ 136 Abs. 1 S. 2, 163a Abs. 4 S. 2 StPO belehren – ein Verwertungsverbot kam von vornherein nicht in Betracht.

453 (b) Auch in diesen Konstellationen besteht ein Verwertungsverbot nach der Rechtsprechung aber nicht, wenn der Beschuldigte ohne Zutun des Vernehmungsbeamten vor der beabsichtigten Belehrung spontan eine Äußerung abgegeben hat (vgl. *M-G/S* § 136 Rn. 20). Die Problematik der Äußerungen **„aus freien Stücken"** tritt in Klausuren allerdings seltener im Zusammenhang mit § 136 Abs. 1 S. 2 StPO auf, sondern wird viel eher i.R. des § 252 StPO thematisiert – auf die dortigen Ausführungen wird daher insoweit Bezug genommen.[170]

454 (c) Das (versehentliche) Unterlassen des Hinweises nach § 136 Abs. 1 S. 2 StPO kann durch erneute Vernehmung mit nachgeholter **„qualifizierter" Belehrung** geheilt werden. Das bedeutet, dass die neue Belehrung den Hinweis auf die Unverwertbarkeit der früheren Aussage enthalten muss. Auf diese Weise soll verhindert werden, dass ein Beschuldigter auf sein Aussageverweigerungsrecht nur deshalb verzichtet, weil er glaubt, die unter Verstoß gegen die Belehrungspflicht aus § 136 Abs. 1 S. 2 StPO zu Stande gekommene Selbstbelastung nicht mehr aus der Welt schaffen zu können. Da der Verstoß gegen die Pflicht zur qualifizierten Belehrung aber nicht dasselbe Gewicht wie das vollständige Unterlassen der Belehrung nach § 136 Abs. 1 S. 2 StPO hat, ist die Verwertbarkeit der nach erfolgter (einfacher) Beschuldigtenbelehrung getätigten Aussage durch Abwägung des Interesses an der Sachaufklärung einerseits sowie des Gewichts des Verfahrensverstoßes andererseits zu ermitteln. Dabei ist maßgeblich darauf abzustellen, ob der Betreffende davon ausgegangenen ist, von seinen früheren Angaben nicht mehr abrücken zu können (vgl. *M-G/S* § 136 Rn. 9).

455 Diese Thematik war Gegenstand eines der Entscheidung *BGH* NJW 2009, 3589 nachgebildeten Klausurfalls: Der Angeklagte war nach erfolglosem Fluchtversuch und pauschalem Spontangeständnis von Polizeibeamten vorläufig festgenommen worden, hatte diesen gegenüber im Streifenwagen ungefragt Einzelheiten zum Tatgeschehens geschildert und schließlich auf der Polizeiwache nach (einfacher) Belehrung über seine Rechte als Beschuldigter eine umfassende Aussage gemacht, die durch die Vernehmung der Verhörsbeamten in die Hauptver-

---

170 Vgl. dazu oben Rn. 276 f.

handlung eingeführt worden war. Da die vorläufige Festnahme seine Eigenschaft als Beschuldigter schon ihrem äußeren Befund nach begründete, hätten sich die Beamten jedoch nicht ohne Hinweis auf das Aussageverweigerungsrecht über eine beträchtliche Zeitspanne Einzelheiten der Tat berichten lassen dürfen. Das Unterlassen der somit erforderlichen qualifizierten Belehrung führte nach dem Ergebnis der durchzuführenden Abwägung jedoch nicht zu einem Verwertungsverbot, da es einerseits um die Aufklärung eines Tötungsdeliktes ging und andererseits keine Anhaltspunkte für die Annahme des Angeklagten bestanden, er könne von seinen Angaben im Streifenwagen nicht mehr abweichen.

(d) Eine weitere Besonderheit gilt, wenn der Angeklagte in der Hauptverhandlung **456-**
mit einem Verteidiger auftritt oder der unverteidigte Angeklagte vom Gericht über **458**
die Möglichkeit der Berufung auf das Verwertungsverbot unterrichtet worden ist. Nach der vom *BGH* vertretenen **„Widerspruchslösung“** muss ein solcher Angeklagter der Verwertung der betreffenden Aussage bis zu dem in § 257 StPO genannten Zeitpunkt widersprochen haben, um ein Verwertungsverbot herbeizuführen. Unterlässt er dies – was das Schweigen des Sitzungsprotokolls i.R. der negativen Beweiskraft des § 274 S. 1 StPO belegt (vgl. *M-G/S* § 273 Rn. 7) –, besteht ein Verwertungsverbot nicht (vgl. *M-G/S* § 136 Rn. 20, 25). Allgemein ist das Erfordernis eines solchen Widerspruchs im Wesentlichen auf Verstöße gegen strafprozessuale Belehrungs- oder Benachrichtigungspflichten beschränkt – insbesondere für Verwertungsverbote i.R. der §§ 136a, 252 StPO gilt es nicht (vgl. *M-G/S* § 136 Rn. 25a; § 136a Rn. 33; § 252 Rn. 12).

In diesem Zusammenhang sei nochmals darauf hingewiesen, dass der Prüfling ganz allgemein gut beraten ist, seine Klausurlösungen auf die jeweils vom *BGH* vertretene Auffassung, die regelmäßig im zur Verfügung stehenden Kommentar von *Meyer-Goßner/Schmitt* dargelegt ist, zu stützen. Abgesehen davon, dass auch die in der Klausur fiktiv mit dem Fall zu befassenden Revisionsgerichte sich selbst wahrscheinlich entsprechend verhielten, werden Revisionsexamensklausuren ganz überwiegend von in der Strafjustiz tätigen Juristen bewertet, die in ihrer eigenen täglichen Arbeit ähnlich orientiert sind. Im Übrigen wird von den Prüfungsämtern nicht erwartet, dass Referendarinnen und Referendare die obergerichtliche Rechtsprechung in der Kürze der zur Verfügung stehenden Bearbeitungszeit kritisch hinterfragen und ohne Zugriff auf weitere Literatur alternative Lösungsmöglichkeiten entwickeln. **459**

(e) Denkbar sind daneben im Übrigen auch Klausurkonstellationen, in denen das Gericht ein Beweisverwertungsverbot nicht verkennt, sondern ein solches umgekehrt **rechtsfehlerhaft annimmt** und bestimmte in die Hauptverhandlung eingeführte Beweismittel nicht verwertet. In der Regel dürfte es dabei um Fälle gehen, in denen der Angeklagte durch die betreffenden Beweismittel belastet wird, so dass Staatsanwaltschaft oder Nebenkläger Revision eingelegt haben. Der Rechtsfehler liegt in diesen Fällen darin, dass das Gericht gegen die ebenfalls in § 261 StPO enthaltene Verpflichtung verstoßen hat, alle in der Hauptverhandlung erhobenen – und von einem Verwertungsverbot gerade nicht betroffenen – Beweise zu würdigen und dem Urteil zugrunde zu legen.[171] **460**

In einem entsprechenden Klausurfall hatte das Schöffengericht ein sich aus einem Verstoß gegen §§ 136 Abs. 1 S. 2, 163a Abs. 4 S. 2 StPO ergebendes Beweisverwertungsverbot angenommen, für das es tatsächlich hinreichende Anhaltspunkte gegeben hatte: Nach dem sich aus dem Hauptverhandlungsprotokoll ergebenden Zeugnis der Polizeibeamten hatten diese **461**

171 Vgl. dazu oben Rn. 418.

den späteren Angeklagten im Ermittlungsverfahren selbst damit konfrontiert, der später angeklagten Tat „verdächtig" zu sein, woraufhin dieser ein – später durch die Aussagen der Polizeibeamten in die Hauptverhandlung eingeführtes – Geständnis ablegte. Ausweislich der schriftlichen Urteilsgründe hatte das Gericht es jedoch als erwiesen angesehen, dass die Polizeibeamten den späteren Angeklagten pflichtwidrig nicht über sein Schweigerecht belehrt hatten. Bei der darauf gestützten Annahme eines Verwertungsverbots war vom Schöffengericht allerdings übersehen worden, dass der verteidigte Angeklagte der Verwertung der Zeugenaussagen gar nicht widersprochen hatte. Ein solcher Widerspruch war hier auch nicht deshalb entbehrlich, weil das Gericht die Verwertungsproblematik von sich aus thematisiert hatte, indem der betreffende Vernehmungsbeamte in der Hauptverhandlung befragt worden war, ob der Angeklagte seinerzeit auf sein Aussageverweigerungsrecht hingewiesen worden sei. Denn nach Sinn und Zweck der Widerspruchslösung soll der Angeklagte in die Lage versetzt werden, selbst zu entscheiden, ob die Berufung auf das Verwertungsverbot einer sinnvollen Verteidigung dient oder ob nicht vielmehr die Verwertung der Aussage in seinem Interesse liegt.[172] Die Aussagen der Polizeibeamten hätten bei der Beweiswürdigung also berücksichtigt werden müssen.

462 (f) Im vorgenannten Klausurfall bezog sich die tatrichterliche Beweisaufnahme im Übrigen auch auf die Frage, ob die Polizeibeamten die erforderliche Belehrung tatsächlich überhaupt unterlassen hatten. Lässt sich nicht klären, ob die Belehrung erfolgt ist oder nicht, ist die Aussage grundsätzlich nicht verwertbar (vgl. *M-G/S* § 136 Rn. 20). Hierbei ist zu beachten, dass die **Beweiserhebung über die tatsächlichen Voraussetzungen** der Verwertungsverbote im **Freibeweisverfahren** erfolgt (vgl. *M-G/S* § 244 Rn. 7). Das bedeutet im Unterschied zum Strengbeweis insbesondere, dass das Gericht die möglicherweise durch Einholung schriftlicher oder telefonischer Auskünfte auf zulässigem Weg außerhalb der Hauptverhandlung gewonnenen Erkenntnisse zwar in irgendeiner Form zum Gegenstand der Verhandlung machen muss, dabei aber nicht an die Grundsätze der Mündlichkeit, Unmittelbarkeit und Öffentlichkeit gebunden ist (vgl. *M-G/S* § 244 Rn. 9).

463 Ergäbe sich also im Klausurfall aus den schriftlichen Gründen des angefochtenen Urteils, dass die Feststellungen zur Vornahme der Beschuldigtenbelehrung auf einer schriftlichen dienstlichen Äußerung des betreffenden Polizeibeamten beruhen, das Schriftstück selbst den Prozessbeteiligten aber ausweislich des Hauptverhandlungsprotokolls lediglich mit der Gelegenheit zur Stellungnahme überreicht wurde, so läge darin – was kurz dargelegt werden sollte – weder ein Verstoß gegen § 261 StPO noch ein solcher gegen § 250 S. 2 StPO.

464 (g) Schließlich ist zu beachten, dass das Verwertungsverbot nur in Bezug auf die Verfolgung des selbst nicht belehrten Angeklagten gilt (vgl. *M-G/S* § 136 Rn. 20). Dass ein **Mitangeklagter** nicht belehrt worden war, hinderte die Verwertung gegen den anderen Angeklagten in einem hierzu gebildeten Klausurfall daher nicht.

(6) Unterlassene Belehrung nach § 136 Abs. 1 S. 2 StPO (Verteidigerkonsultation)

465 (a) Liegen die im vorangegangenen Abschnitt erörterten Voraussetzungen des § 136 Abs. 1 S. 1 StPO vor – war der Angeklagte bei der in Rede stehenden „Vernehmung" also schon als „Beschuldigter" anzusehen –, kommen Verfahrensfehler auch im Hinblick auf die dann nach §§ 136 Abs. 1 S. 2, 163a Abs. 3 S. 2, Abs. 4 S. 2 StPO ebenfalls

172 *BGH* NJW 1992, 1463, 1466.

erforderliche Belehrung über das Recht zur Verteidigerkonsultation in Betracht. Ist diese im Ermittlungsverfahren fehlerhaft **unterblieben**, so besteht für das Tatgericht – wie schon im Fall der unterbliebenen Belehrung über die Aussagefreiheit – ein Verwertungsverbot, wenn der Angeklagte in der Hauptverhandlung ohne Verteidiger aufgetreten ist oder er der Verwertung der betreffenden Aussage rechtzeitig widersprochen hat. Dasselbe gilt, wenn dem Beschuldigten nach erfolgter Belehrung über das Recht zur Verteidigerkonsultation trotz einer entsprechenden Bitte eine Rücksprache mit seinem Verteidiger **verweigert** und er zur Sache vernommen worden ist (vgl. *M-G/S* § 136 Rn. 21, 24 f.).

(b) Hat der Angeklagte im Ermittlungsverfahren erklärt, erst mit einem Verteidiger sprechen zu wollen, darf die Vernehmung **ohne Verteidiger nur fortgesetzt** werden, wenn der Beschuldigte damit nach erneutem Hinweis auf sein Recht der Verteidigerkonsultation ausdrücklich einverstanden ist und wenn dem ernsthafte Bemühungen vorausgegangen waren, ihm bei der Herstellung des Kontaktes zu einem Verteidiger zu helfen (vgl. *M-G/S* § 136 Rn. 10a). **466**

Dieser Zusammenhang war Hintergrund für folgenden Klausurfall: Der in der Hauptverhandlung ohne Verteidiger auftretende und zur Sache schweigende Angeklagte hatte sich im Ermittlungsverfahren dem Vernehmungsbeamten gegenüber geständig gezeigt. Aus der Zeugenaussage dieses Polizisten in der Hauptverhandlung ergab sich allerdings nicht nur der Inhalt dieses Geständnisses. Vielmehr hatte dieser ebenso mitzuteilen, dass er dem damaligen Beschuldigten auf dessen Bitte um Beiziehung eines Verteidigers nicht behilflich gewesen war – vielmehr habe der ebenfalls anwesende Dolmetscher dem Beschuldigten eine Liste ortsansässiger Rechtsanwälte übergeben. Da der Beschuldigte sich aber für einen bestimmten Verteidiger nicht habe entscheiden können, habe er – der Polizeibeamte – ihn erfolgreich von der Fortsetzung der Vernehmung überzeugen können, da andernfalls – so sein Hinweis – wertvolle Zeit zur Ermittlung der übrigen Beteiligten, die den Beschuldigten ihrerseits angegriffen hatten, verloren gehen würde. Das anschließend erlangte Geständnis durfte vom Tatgericht nicht verwertet werden: Konnte angesichts der Untätigkeit des Polizeibeamten schon kaum von ausreichenden Bemühungen zur Vermittlung eines Verteidigers gesprochen werden, so fehlte es in jedem Fall an einem erneuten Hinweis auf das Recht zur Verteidigerkonsultation. **467**

(7) Verbotene Vernehmungsmethoden (§ 136a StPO)

(a) Auch der Verstoß gegen § 136a Abs. 1 und 2 StPO (i.V. mit § 163a Abs. 3 S. 2, Abs. 4 S. 2 StPO) durch Anwendung verbotener Methoden bei Vernehmung des **Beschuldigten** ist nicht selten Gegenstand von Examensklausuren. Folge eines solchen Verfahrensverstoßes ist nach der – ausnahmsweise – ausdrücklichen Regelung des § 136a Abs. 3 S. 2 StPO ein Verwertungsverbot, das – da die unmittelbare und mittelbare Verwertung der betreffenden Aussage ausgeschlossen ist – insbesondere wieder der Vernehmung der Verhörspersonen entgegensteht (vgl. *M-G/S* § 136a Rn. 29). Von den unzulässigen Beeinträchtigungen i.S. des § 136a Abs. 1 StPO sind klausurrelevant vor allem die Ermüdung, die Täuschung, die Drohung mit einer verfahrensrechtlich unzulässigen Maßnahme sowie das Versprechen eines gesetzlich nicht vorgesehenen Vorteils. Die tatsächlichen Feststellungen zu den Voraussetzungen der Vorschrift trifft das Revisionsgericht wieder im **Freibeweisverfahren**, wobei der Grundsatz „in dubio pro reo“ nicht gilt (vgl. *M-G/S* § 136a Rn. 32). **468**

469 (aa) **„Ermüdung“** i.S. des § 136a Abs. 1 S. 1 StPO steht der Vernehmung nur in Extremfällen entgegen, wozu selbst eine 24-stündige Schlaflosigkeit noch nicht zählen soll (vgl. *M-G/S* § 136a Rn. 8). In einem hierzu gebildeten Klausurfall war das im Ermittlungsverfahren abgelegte Geständnis der späteren Angeklagten somit trotz vom Verteidiger in der Hauptverhandlung erhobenen „Ermüdungseinwandes“ vor dem Hintergrund verwertbar, dass die Angeklagte hier selbst angegeben hatte, bei der bis 12.00 Uhr dauernden polizeilichen Vernehmung zwar wegen schlechten Schlafes „noch müde“ gewesen, in der Nacht zuvor aber jedenfalls um 1.00 Uhr zu Bett gegangen zu sein. Als weitere Hilfestellung zum Finden des intendierten Ergebnisses enthielt das Hauptverhandlungsprotokoll hier sogar noch die zusätzliche Aussage des Vernehmungsbeamten, die spätere Angeklagte habe während der Vernehmung weder einen übermüdeten Eindruck gemacht, noch dabei einen entsprechenden Einwand erhoben.

470 (bb) Um die Frage einer **„Täuschung“** i.S. des § 136a Abs. 1 S. 1 StPO, die nur bewusste Irreführungen umfasst (vgl. *M-G/S* § 136a Rn. 13), ging es in dem Klausurfall, in dem ein Polizeibeamter von bestimmten Verkaufsplänen eines hehlenden Gastwirts informiert worden war, sich in dessen Gaststätte daraufhin nach Rücksprache mit seinem Dienstvorgesetzten inkognito „ein Bier bestellte“, nach der „günstigen Stereoanlage“ fragte und sich erst als Polizeibeamter zu erkennen gab, als er den Wirt nach Identifizierung des ihm in den Hinterräumen gezeigten Diebesguts dingfest machte. Die entsprechende Aussage des Polizeibeamten in der Hauptverhandlung war verwertbar, da ein derartiges Vorgehen als „kriminalistische List“ und damit nicht als „Täuschung“ i.S. des § 136a Abs. 1 S. 1 StPO angesehen wird (vgl. *M-G/S* § 136a Rn. 15). Beeindruckende prozessuale Kenntnisse konnte hier gleichzeitig derjenige unter Beweis stellen, dem auffiel, dass nur gelegentlich verdeckt als Scheinaufkäufer auftretende Polizeibeamte keine verdeckten Ermittler i.S. des § 110a Abs. 2 StPO sind (vgl. *M-G/S* § 110a Rn. 4) und sich ein Verwertungsverbot damit auch unter dem Gesichtspunkt des § 110b Abs. 1 und 2 StPO nicht ergeben konnte (vgl. *M-G/S* § 110b Rn. 11).

471 Unter dem Gesichtspunkt einer „Täuschung“ i.S. d. § 136a Abs. 1 S. 1 StPO ist auch eine sog. **„Hörfalle“** schon zu erörtern gewesen: Aus der Beweiswürdigung der Urteilsgründe ergab sich, dass der Anzeigeerstatter auf Rat eines Polizeibeamten von der Polizeidienststelle bei dem Angeklagten angerufen und diesen – während der Beamte über einen Telefonlautsprecher ohne Kenntnis des Angeklagten mithörte – in ein Gespräch über die in Rede stehende Tat verwickelt hatte. Das so erlangte Geständnis des Angeklagten war durch Zeugnis sowohl des Anzeigeerstatters als auch des Polizeibeamten in die Hauptverhandlung eingeführt und vom Tatgericht zur Überführung des Angeklagten herangezogen worden. Eine – im Hinblick auf das Fehlen einer Vernehmung ohnehin allenfalls entsprechende – Anwendung des § 136a Abs. 1 S. 1 StPO auf diese Situation scheiterte aber mit der Auffassung des BGH daran, dass die Zeugen einen Irrtum des Angeklagten nicht erst hervorriefen oder seine Aufklärung unterbanden, sondern sich lediglich den unabhängig von ihrem Tun gegebenen Umstand zunutze machten, dass der Angeklagte die Möglichkeit eines polizeilichen Mithörens nicht in Betracht zog und daher keinen Argwohn hegte – die bloße Ausnutzung eines bereits bestehenden Irrtums stellt aber keine „Täuschung“ i.S. des § 136a Abs. 1 S. 1 StPO dar, sondern unterfällt dem Begriff der auch nach § 136a StPO erlaubten kriminalistischen List[173] (vgl. auch *M-G/S* § 136a Rn. 16). Ein Verwertungsverbot konnte sich im Klausurfall auch nicht aus einem Verstoß gegen §§ 136 Abs. 1 S. 2, 163a Abs. 4 S. 2 StPO ergeben, da das Telefonat keine „Vernehmung“ darstellte. Zum Begriff der „Vernehmung“ i.S. der StPO gehört nämlich, dass der Vernehmende der Auskunftsperson in amtlicher Funktion gegenübertritt und in dieser Eigenschaft von ihr Auskunft verlangt[174] (vgl. *M-G/S* § 136a Rn. 4), woran es hier gerade fehlte. Eine entsprechende Anwendung der §§ 136 Abs. 1 S. 2, 163a Abs. 4 S. 2 StPO scheiterte daran, dass Sinn und Zweck dieser Regelung, den Beschuldigten vor der irrigen Annahme

173 Vgl. *BGHSt* 39, 335, 348.
174 Vgl. *BGHSt* 42, 139, 145.

eines möglicherweise auf Grund des amtlichen Charakters einer Befragung empfundenen Aussagezwangs zu schützen, in der vorliegenden Konstellation naturgemäß nicht berührt waren.[175] Nach Auffassung des Großen Senats des *BGH* sind aber in Fällen, in denen Ermittlungsbehörden den Beschuldigten verdeckt zu Äußerungen veranlassen, insbesondere die in der „Nähe" zum (mangels Selbstbezichtigungszwangs allerdings nicht unmittelbar betroffenen[176]) nemo-tenetur-Grundsatz liegenden Interessen des Angeklagten mit der ebenfalls im Verfassungsrang stehenden Pflicht des Rechtsstaats zur effektiven Strafverfolgung abzuwägen. In diesem Rahmen ist die verdeckte Veranlassung zu Äußerungen jedenfalls dann zulässig und führt zu keinem Verwertungsverbot, wenn der Einsatz anderer Ermittlungsmethoden erheblich weniger Erfolg versprechend oder wesentlich erschwert wäre und es um die Aufklärung einer Straftat von erheblicher Bedeutung geht, wofür die Kataloge der §§ 98a, 100a und 110a StPO Hinweise vermitteln[177] (vgl. *M-G/S* § 136a Rn. 4a). Im genannten Fall ließ sich das Vorliegen einer hinreichend erheblichen Straftat jedenfalls i.R. einer Klausurlösung gut mit Hinweis darauf verneinen, dass der in Rede stehende einfache Diebstahl in den vorbezeichneten Katalogen nicht enthalten ist. Der Inhalt des inszenierten Telefongesprächs unterlag somit im Ergebnis doch einem Verwertungsverbot. Den Leser mag beruhigen, dass die dargestellten Zusammenhänge von keinem der Prüflinge in der beschriebenen Weise erkannt wurden und Examensklausuren einen derartigen Schwierigkeitsgrad nur höchst selten erreichen. Als seltene „Komplikation" trat hier noch hinzu, dass die Thematik der „Hörfalle" im zur Verfügung stehenden Kommentar nicht wirklich schlüssig dargestellt ist.

(cc) Die **„Drohung mit einer nach seinen Vorschriften unzulässigen Maßnahme"** ist deshalb **472**
eine aus Prüfersicht nicht uninteressante Variante des § 136a Abs. 1 StPO, weil sich hier Verknüpfungen mit anderen strafprozessualen Fragestellungen herstellen lassen. So hatte ein als Zeuge in der Hauptverhandlung vernommener Polizeibeamter in einem Klausurfall selbst angegeben, dem Angeklagten im Ermittlungsverfahren damit gedroht zu haben, „seine Wohnung zu durchsuchen und ihn wegen Verdunkelungsgefahr in Haft zu nehmen", wenn er den in Rede stehenden Beweisgegenstand – einen gefälschten Dienstausweis – nicht „freiwillig herausrücken" würde. Da aber die Verdächtigungen des Polizisten zu diesem Zeitpunkt auf bloßen Vermutungen beruhten – die Voraussetzungen für eine Durchsuchung nach § 102 StPO also nicht vorlagen (vgl. *M-G/S* § 102 Rn. 2) – und damit zugleich mangels dringenden Tatverdachts i.S. des § 112 Abs. 1 S. 1 StPO auch ein Haftbefehl nicht hätte erlassen werden können (vgl. *M-G/S* § 112 Rn. 7) – also auch die Voraussetzungen für eine vorläufige Festnahme nach § 127 Abs. 2 StPO nicht gegeben waren –, hatte der Beamte nicht nur die daraufhin erfolgte geständige Einlassung des Angeklagten, sondern auch die – nach Sinn und Zweck des Verwertungsverbotes gleichfalls von § 136a StPO umfasste – Herausgabe des „Dienstausweises", der in der Hauptverhandlung in Augenschein genommen worden war, durch Drohung mit verfahrensrechtlich unzulässigen Maßnahmen erreicht. Da der Angeklagte sein Geständnis in der Hauptverhandlung jedoch selbst wiederholt hatte, stellte sich die weitere Frage, ob auch dieses vom Tatgericht bei der Verurteilung ebenso herangezogene Beweismittel vom Verwertungsverbot des § 136a Abs. 3 S. 2 StPO umfasst war. Der Verstoß gegen § 136a StPO hat jedoch grundsätzlich keine **Fernwirkung**. Nach neuerer Rechtsprechung des *BGH* ist in diesem Zusammenhang allerdings zu verlangen, dass der Angeklagte dahin „qualifiziert" belehrt wird, dass die vorangegangenen Angaben nicht verwertet werden dürfen (vgl. *M-G/S* § 136a Rn. 30). Ist dies – wie im Klausurfall – nicht geschehen, ist die Verwertbarkeit der späteren Aussage durch Abwägung im Einzelfall zu ermitteln. Neben dem Gewicht des Verstoßes gegen § 136a StPO und dem Sachaufklärungsinteresse ist dabei insbesondere von Bedeutung, ob der Angeklagte davon ausgegangen ist, von seinen im Ermittlungsverfahren gemachten Angaben in der Hauptverhandlung nicht mehr abrücken zu kön-

175 Vgl. *BGHSt* 42, 139, 146 f.
176 Vgl. *BGHSt* 42, 139, 152 f.
177 Vgl. *BGHSt* 42, 139, 157.

nen. Dies wird insbesondere dann anzunehmen sein, wenn sich die neuerliche Aussage – so die Situation im Klausurfall – inhaltlich als bloße Wiederholung der bereits gemachten Angaben darstellt.

473 (dd) Um die Frage des **„Versprechens eines gesetzlich nicht vorgesehenen Vorteils“** i.S. des § 136a Abs. 1 S. 3 StPO ging es dagegen in folgendem Klausurfall: Ein Staatsanwalt hatte der späteren Angeklagten i.R. einer von ihm selbst durchgeführten Vernehmung im Ermittlungsverfahren erklärt, „dass im Falle eines umfassenden Geständnisses eine etwaige Verurteilung auf jeden Fall nur unter Strafvorbehalt erfolgen werde“, worauf diese den Tatvorwurf eingeräumt hatte. Nachdem die Angeklagte in der Hauptverhandlung dann die Aussage verweigerte, war ihr Geständnis durch zeugenschaftliche Vernehmung dieses Staatsanwalts eingeführt worden. Hier galt es zu erkennen, dass der Staatsanwalt der späteren Angeklagten einen „gesetzlich nicht vorgesehenen Vorteil“ versprochen hatte, da er die Rechtsfolge des § 59 StGB zwar in der Hauptverhandlung hätte anregen, nicht aber über ihren Eintritt – so wie er der späteren Angeklagten suggeriert hatte – hätte verbindlich entscheiden können. Ein „Versprechen“ muss sich nämlich – um nicht § 136a Abs. 1 S. 3 StPO zu unterfallen – immer auf einen Umstand beziehen, der in der Kompetenz des Vernehmenden liegt.[178]

474 (b) Neuerdings hat in diesem Zusammenhang auch die Regelung des § 69 Abs. 3 StPO Bedeutung gewonnen. Danach gilt die Vorschrift des § 136a StPO für die Vernehmung des **Zeugen** entsprechend. In die Klausursituation transportiert wird diese Problematik über § 70 Abs. 1 S. 2 und Abs. 2 StPO, wonach gegen den das Zeugnis ohne gesetzlichen Grund verweigernden Zeugen zur Erzwingung des Zeugnisses Ordnungsmittel und Beugehaft angeordnet werden können. Sind dem Zeugen nämlich derartige Maßnahmen in Aussicht gestellt oder diese sogar gegen ihn angewendet worden, obwohl seine Weigerung berechtigt war, und sagt er darauf aus, so kann die Revision des Angeklagten auf die Verletzung der §§ 69 Abs. 3, 136a StPO gestützt werden (vgl. *M-G/S* § 70 Rn. 21).

475 In einem hierzu gebildeten Klausurfall hatte ein Zeuge, der dem Angeklagten den in Rede stehenden gefälschten Führerschein verkauft hatte, die Aussage mit Hinweis darauf abgelehnt, dass er sich ja sonst selbst belasten müsste. Nachdem der Staatsanwalt die Verhängung eines Ordnungsgeldes nach § 70 Abs. 1 S. 2 StPO beantragt hatte, machte der Zeuge, dem „das hier sonst zu teuer“ wurde, umfassende Angaben, auf die das Amtsgericht später seine Auffassung von der Schuld des Angeklagten stützte. Eine verfahrensrechtlich „unzulässige Maßnahme“ i.S. des § 136a Abs. 1 S. 3 StPO war das Ordnungsgeld hier deshalb, weil das Zeugnis vor dem Hintergrund der unproblematisch zu bejahenden Voraussetzungen des § 55 Abs. 1 StPO eben nicht „ohne gesetzlichen Grund“ i.S. des § 70 Abs. 1 S. 1 StPO verweigert worden war. Da die Strafverfolgungsbehörden zudem sogar unzulässige Einwirkungen dritter Personen nicht zur Erlangung von Erklärungen des Beschuldigten oder des Zeugen ausnutzen dürfen (vgl. *M-G/S* § 136a Rn. 3 a.E.), stand der Annahme eines Verwertungsverbotes aus den §§ 69 Abs. 3, 136a Abs. 3 S. 2 StPO hier nicht entgegen, dass das Ordnungsmittel nicht vom Gericht selbst ins Spiel gebracht und mit ihm auch nicht ausdrücklich „gedroht“ worden war.

476 Etwas schwieriger war die Frage der verfahrensrechtlichen Unzulässigkeit i.S. des § 136a Abs. 1 S. 3 StPO in einem anderen Klausurfall zu beantworten. Der Schöffe eines vorangegangenen Strafverfahrens fungierte in einem nunmehr gegen den seinerzeitigen Berufsrichter u.a. wegen Rechtsbeugung geführten Strafverfahren als Zeuge. Als sich dieser Zeuge im Verlaufe seiner Vernehmung auf das richterliche Beratungsgeheimnis berief, wies das Gericht darauf hin, dass „§ 43 DRiG dem Zeugen kein Schweigerecht“ verleihe und drohte wiederum die Maßnahmen des § 70 StPO an, worauf der Zeuge die zur Verurteilung führen-

178 Vgl. LR-*Gleß* § 136a Rn. 61.

den Angaben machte. Da aber auch der Schöffe das Beratungsgeheimnis zu wahren hat (§ 45 Abs. 1 S. 2 DRiG), waren die in Rede stehenden Tatsachen unaufklärbar (vgl. *M-G/S* Einl. Rn. 52) und über §§ 69 Abs. 3, 136a Abs. 3 S. 2 StPO von einem Beweisverwertungsverbot erfasst.

(8) Verletzung der Benachrichtigungspflicht der §§ 168c Abs. 5 S. 1, 224 Abs. 1 S. 1 StPO

Werden im Ermittlungsverfahren Zeugen oder Sachverständige **richterlich vernommen**, so sind nach § 168c Abs. 2 und 5 S. 1 StPO neben der Staatsanwaltschaft auch der Beschuldigte und sein Verteidiger von den Terminen zu benachrichtigen. Entsprechendes gilt nach der Eröffnung des Hauptverfahrens gemäß § 224 Abs. 1 S. 1 StPO für den Fall der kommissarischen Vernehmung nach § 223 StPO. Wird diese Benachrichtigungspflicht verletzt, so darf die aus der Vernehmung resultierende Niederschrift in der späteren Hauptverhandlung bei rechtzeitigem Widerspruch[179] des Angeklagten oder seines Verteidigers **nicht als richterliches Protokoll** gemäß § 251 Abs. 2 StPO verlesen oder – im Fall des § 168c StPO – der **Ermittlungsrichter** selbst über den Inhalt der Vernehmung als **Zeuge vernommen** werden (vgl. *M-G/S* § 168c Rn. 6; § 251 Rn. 32 a.E.). Auf diese Weise soll verhindert werden, dass ein für den weiteren Verlauf des Strafverfahrens möglicherweise entscheidendes Beweisergebnis herbeigeführt wird, ohne dass dem Beschuldigten oder seinem Verteidiger zuvor Gelegenheit gegeben war, hierauf Einfluss zu nehmen.[180] Da sich die so fehlerhaft geschaffene Vernehmungssituation aber von einer Vernehmung durch die Polizei oder Staatsanwaltschaft nicht unterscheidet, bei der eine entsprechende Benachrichtigungspflicht von vornherein nicht besteht, darf das richterliche Protokoll unter den Voraussetzungen des § 251 Abs. 1 StPO als **nichtrichterliches** Protokoll verlesen werden; auf die beabsichtigte Verwertung als nichtrichterliche Vernehmung muss das Tatgericht die Verfahrensbeteiligten dann aber wegen des geringeren Beweiswerts – Falschaussagen des Zeugen sind nur bei richterlichen Aussagen nach §§ 153, 154 StGB strafbar – entsprechend § 265 Abs. 1 StPO besonders hinweisen (vgl. *M-G/S* § 251 Rn. 15). Dieselben Zusammenhänge gelten im Übrigen für eine entgegen § 168c Abs. 1 und 5 S. 1 StPO ohne Benachrichtigung des Verteidigers durchgeführte richterliche Vernehmung des Beschuldigten (vgl. *M-G/S* § 168c Rn. 6 a.E.). **477**

In einem *BGH* NJW 1997, 1790 nachgebildeten – und äußerst anspruchsvollen – Klausurfall hatte der Verteidiger der Zeugenvernehmung des Ermittlungsrichters, da dieser den in der Hauptverhandlung das Zeugnis verweigernden Bruder des Angeklagten im Ermittlungsverfahren ohne Benachrichtigung des jetzigen Angeklagten und seines Verteidigers vernommen habe, unter Hinweis darauf widersprochen, dass diese Vernehmung „unter Verstoß gegen zwingende Verfahrensvorschriften" – die Vorschrift des § 168c StPO war offensichtlich aus prüfungstaktischen Gründen nicht ausdrücklich genannt worden – zu Stande gekommen sei und daher einem „Verwertungsverbot" unterliege; das Gericht vernahm den Ermittlungsrichter gleichwohl über den Inhalt der Vernehmung des Bruders und stützte seine Überzeugung von der Täterschaft des Angeklagten im angefochtenen Urteil auf diese Aussage. Bei erstem Blick auf das der Klausuraufgabe beigefügte Vernehmungsprotokoll schien die Auffassung des Verteidigers von einem aus § 168c Abs. 5 S. 1 StPO resultierenden Verwertungs- **478**

179 Vgl. dazu im Einzelnen oben Rn. 456 ff.
180 Vgl. *BGHSt* 26, 332, 335.

verbot auch zuzutreffen, da der Bruder hierin durchgängig als Zeuge bezeichnet und dementsprechend auch nach §§ 52 Abs. 3 S. 1, 55 Abs. 2 StPO belehrt worden war. Bei genauerer Prüfung fiel jedoch auf, dass der Ermittlungsrichter den Bruder des Angeklagten unmittelbar nach den Angaben zur Person unmissverständlich darauf hingewiesen hatte, dass „es darauf ankomme, ob und in welcher Weise er an der Tat beteiligt gewesen sei" und dass er „in Verdacht" stehe, die in Rede stehende Tat „gemeinsam mit seinem Bruder" begangen zu haben. Da es sich der Sache nach somit nicht um eine Zeugen-, sondern eine Beschuldigtenvernehmung gehandelt hatte,[181] war eine Benachrichtigungspflicht nach § 168c Abs. 2, Abs. 5 S. 1 StPO entgegen erstem Anschein tatsächlich zu verneinen. Eine solche Pflicht ergab sich auch nicht aus § 168c Abs. 2 StPO analog, da dessen entsprechende Anwendung auf die Person des Mitbeschuldigten nicht in Betracht kommt. Gegen eine planwidrige Regelungslücke spricht schon ein Vergleich mit § 251 Abs. 1 und 2 StPO, der den „Mitbeschuldigten" in die dortige Bestimmung ausdrücklich einbezieht. Eine Analogie verbietet sich überdies auch aus Sinn und Zweck des § 168c Abs. 3 S. 1, Abs. 5 S. 2 StPO, der dem Anwesenheitsrecht des Beschuldigten bzw. seines Verteidigers bei Gefährdung des Untersuchungszwecks eine Grenze setzt – einer Situation, die typischerweise gerade im Fall der Vernehmung eines Mitbeschuldigten besteht.[182] Aus einer Verletzung des § 168c Abs. 5 S. 1 StPO ergab sich ein Verwertungsverbot damit nicht. Tatsächlich folgte ein solches hier aber aus § 252 StPO. In erweiternder Auslegung dieser Vorschrift dürfen Aussagen eines früheren Mitbeschuldigten, der nunmehr als Zeuge die Aussage befugt nach § 52 StPO verweigert, insbesondere auch über eine zeugenschaftliche Vernehmung des Ermittlungsrichters nicht verwertet werden (vgl. *M-G/S* § 252 Rn. 11). § 252 StPO will nämlich den Zeugen, der zur Verweigerung des Zeugnisses berechtigt ist, auch davor schützen, dass er *gegen seinen Willen* mittelbar zur Überführung des Angeklagten beitragen muss.[183] Genau dies wäre aber der Fall, wenn das Tatgericht über die Vernehmung des Ermittlungsrichters auf eine Aussage zurückgreifen könnte, die der Mitbeschuldigte als Zeuge möglicherweise nicht gemacht hätte, da dann für ihn nicht die Notwendigkeit bestanden hätte, sich selbst zu verteidigen.[184]

(9) Unvereidigter Dolmetscher im Ermittlungsverfahren (§ 189 GVG)

479 Ein nach § 185 GVG erforderlicher Dolmetscher muss nach § 189 GVG vereidigt werden (Abs. 1) oder sich auf einen allgemein geleisteten Eid berufen (Abs. 2) – und zwar bevor er mit der Übersetzung beginnt (Abs. 1: „dass er … übertragen *werde*"). Auch wenn die Vorschrift für **richterliche Vernehmungen bereits im Ermittlungsverfahren**[185] gilt (vgl. *M-G/S* § 189 GVG Rn. 1), ergibt sich aus der Nichtvereidigung eines in diesem Verfahrensabschnitt zugezogenen Dolmetschers für die übersetzte Aussage jedoch **kein generelles Verwertungsverbot**. Da die Vereidigung des Dolmetschers aber eine wesentliche und unverzichtbare Förmlichkeit des Verfahrens ist, führt die Nichtbeachtung des § 189 GVG allerdings dazu, dass die so zustande gekommene Vernehmungsniederschrift nicht nach §§ 251 Abs. 2, 254 StPO als **richterliches** Protokoll in der Hauptverhandlung verlesen werden darf. Zulässig ist eine Verlesung aber unter den engeren Voraussetzungen des § 251 Abs. 1 StPO als **nichtrichterliches** Protokoll:[186] Wenn nach dieser Vorschrift schon die Niederschrift über eine polizeiliche Vernehmung verlesen werden darf, bei der die für eine Vernehmung

181 Vgl. dazu oben Rn. 448.
182 Vgl. *BGH* NJW 1997, 1790, 1791.
183 Vgl. *BGH* NJW 1997, 1790, 1792.
184 Vgl. zu dieser Problematik im Einzelnen oben Rn. 284 f.
185 Zu einem entsprechenden Verfahrensverstoß in der Hauptverhandlung vgl. unten Rn. 512.
186 Vgl. KK-*Diemer* § 189 GVG Rn. 4.

durch den Richter geltenden Verfahrensvorschriften nicht beachtet zu sein brauchen, muss unter diesen Voraussetzungen auch eine mit einem Formverstoß behaftete richterliche Niederschrift verlesen werden dürfen.[187]

In einem hierzu gebildeten Klausurfall war der Ermittlungsrichter allerdings als Zeuge über den Inhalt der Vernehmung des ausländischen Zeugen vernommen worden, die mit Hilfe eines unvereidigten Dolmetschers durchgeführt worden war. An dem vorgenannten Ergebnis änderte sich dadurch jedoch nichts, da die Form der Einführung einer Ermittlungshandlung in die Hauptverhandlung mit der Frage ihrer Verwertbarkeit nichts zu tun hat. Den Prüfling mag beruhigen, dass das Prüfungsamt die Korrektoren zu dieser Problematik im sog. „Prüfervermerk" ausdrücklich darauf hinwies, dass „der Schwerpunkt hier angesichts der fehlenden Kommentierung dieser Frage in den zur Verfügung stehenden Hilfsmitteln in der strukturellen Problemerfassung liegen dürfte". **480**

(10) Nachteilige Schlüsse aus dem Schweigen des Angeklagten oder weigerungsberechtigten Zeugen

(a) Das Recht des **Angeklagten**, zu den gegen ihn erhobenen Vorwürfen zu schweigen (§§ 136 Abs. 1 S. 2, 243 Abs. 5 S. 1 StPO), verbietet es nicht nur, aus einem **vollständigen Schweigen**, sondern auch aus einer **unterschiedlichen Ausübung des Aussageverweigerungsrechts** während verschiedener Verfahrensstadien Schlüsse zum Nachteil des Angeklagten zu ziehen. Weder darf daher ein anfängliches Schweigen bei einer Einlassung zur Sache in einer späteren Verfahrenssituation noch eine Aussageverweigerung in einer späteren Vernehmung nach anfänglicher Sachäußerung als belastendes Beweisanzeichen verwendet werden (vgl. *M-G/S* § 261 Rn. 18). Dieselben Grundsätze gelten in dem Fall, dass ein **Zeuge** berechtigt nach den §§ 52, 53, 53a StPO die Aussage oder nach § 61 StPO den Eid verweigert – aus dem Schweigen eines nach § 55 StPO auskunftsverweigerungsberechtigten Zeugen dürfen, da diese Vorschrift nicht das Verhältnis zwischen Zeugen und Angeklagtem schützt, dem Angeklagten nachteilige Schlüsse hingegen grundsätzlich gezogen werden (vgl. *M-G/S* § 261 Rn. 20). Sind die diesem Beweisverwertungsverbot zu Grunde liegenden Tatsachen – wie regelmäßig in Klausuraufgaben – schon unmittelbar in den schriftlichen Urteilsgründen wiedergegeben, ist diese Problematik ausnahmsweise i.R. der Prüfung der sachlichrechtlichen Gesetzesverletzungen abzuhandeln.[188] **481**

In einem hierzu gebildeten Klausurfall war ein entsprechender Rechtsfehler dadurch belegt, dass das Amtsgericht seine Überzeugung von der Täterschaft des im Ermittlungsverfahren schweigenden Angeklagten in der Beweiswürdigung der schriftlichen Urteilsgründe darauf stützte, dass der Angeklagte sein Alibi, „wäre es richtig, nicht erst in der Hauptverhandlung, sondern schon bei der Polizei" vorgebracht hätte. **482**

(b) Schweigt der **Angeklagte** im Ermittlungsverfahren oder in der Hauptverhandlung nicht vollständig, sondern macht zu einem bestimmten Sachverhalt eines einheitlichen Geschehens Angaben zur Sache und gibt dann lediglich auf einzelne Fragen oder Vorhalte keine oder lückenhafte Antworten, dürfen aus einem solchen **Teilschweigen** für ihn nachteilige Schlüsse gezogen werden. Das Schweigen bildet dann nämlich einen negativen Bestandteil seiner Aussage, die in ihrer Gesamtheit der frei- **483**

187 Vgl. *BGH* NJW 1968, 1485, 1485 f.
188 Vgl. dazu oben Rn. 422.

en richterlichen Beweiswürdigung nach § 261 StPO unterliegt. Eine solche Schlussfolgerung ist jedoch nur berechtigt, wenn nach den Umständen Angaben zu diesem Punkt zu erwarten gewesen wären, andere Möglichkeiten des Verschweigens ausgeschlossen werden können und die gemachten Angaben nicht ersichtlich fragmentarischer Natur sind[189] (vgl. *M-G/S* § 261 Rn. 17). Auf der anderen Seite steht es dem völligen Schweigen gleich, wenn der Angeklagte ohne konkrete Angaben zum Tathergang andere, die Tat nur allgemein in Abrede stellende Äußerungen abgibt, etwa er sei der Halter des Fahrzeugs, habe es aber zur Tatzeit nicht gefahren, oder wenn er nur den vorangegangenen Alkoholkonsum bestreitet und im Übrigen schweigt. Unverwertbar ist zudem das sonstige Verhalten des schweigenden Angeklagten, so seine Gestik und Mimik, mit der er Verfahrensvorgänge begleitet.[190] Entsprechende Erwägungen gelten schließlich für das teilweise Schweigen eines **Zeugen** – hat er die Wahl zwischen Reden und Schweigen und will in diesem Rahmen einzelne Fragen nicht beantworten, ist dies der Beweiswürdigung zugänglich (vgl. *M-G/S* § 261 Rn. 21).

484 Auf diesen Problemkreis war ein Klausurfall zugeschnitten, in dem das Landgericht seine Überzeugung von der Schuld der (rechtsfehlerhaft) wegen Beihilfe zum Totschlag verurteilten Angeklagten auf deren „teilweises Schweigen" gestützt hatte. Die Angeklagte, die ihrem als Haupttäter verurteilten Bruder nach den Urteilsfeststellungen das Gift besorgt hatte, das dieser sodann seiner krebskranken Ehefrau wunschgemäß zur Selbsttötung aushändigte, habe – wie es in der Beweiswürdigung hieß – „in der Hauptverhandlung lediglich Angaben zum Hilfeersuchen ihrer Schwägerin gemacht, auf die weiteren Fragen zu ihrer Tatbeteiligung … jedoch Angaben verweigert". Da diese Angaben aber den eigentlichen Tatvorwurf gar nicht betrafen und insofern noch nicht einmal fragmentarischen Charakter hatten, ließen sie auch Äußerungen zur in Rede stehenden Tat nicht erwarten. Die Angaben der Angeklagten hätten also nicht als Teilschweigen gewertet und als belastendes Beweisanzeichen herangezogen werden dürfen.

485 (c) Interessant ist in diesem Zusammenhang auch, dass **geständige Erklärungen des Verteidigers** nicht als Einlassung des schweigenden Angeklagten angesehen werden können. Die Verwertbarkeit setzt vielmehr voraus, dass der Angeklagte den Verteidiger zu dieser Erklärung ausdrücklich bevollmächtigt, die Erklärung nachträglich genehmigt oder sich diese in sonstiger Weise zu Eigen gemacht hat (vgl. *M-G/S* § 261 Rn. 16a). Wird die Verteidigererklärung ohne diese Voraussetzung berücksichtigt, ist – da das Geständnis nicht prozessordnungsgemäß in die Hauptverhandlung eingeführt wurde – der Mündlichkeitsgrundsatz des § 261 StPO[191] verletzt.

486 Im entsprechenden Klausurfall hatte das Tatgericht den schweigenden Angeklagten im Hinblick auf dessen „Geständnis" verurteilt, nachdem der Verteidiger in der Hauptverhandlung erklärt hatte, dass der Anklagevorwurf stimme und die Tat „von seinem Mandanten" eingeräumt werde. Da der Angeklagte persönlich nach Belehrung gemäß § 243 Abs. 5 S. 1 StPO mitgeteilt hatte, keine Angaben zur Sache machen zu wollen, konnte sein Schweigen zu der in seiner Anwesenheit abgegebenen Verteidigererklärung auch nicht als konkludente Genehmigung gewertet werden. Verwertbar wäre die Verteidigererklärung aber etwa dann gewesen, wenn der Angeklagte sich diese durch eine anschließende Äußerung wie „es tue ihm leid, was passiert sei"[192] zu Eigen gemacht hätte.

---

189 Vgl. *BGH* NJW 2002, 2260.
190 Vgl. LR-*Gollwitzer* § 261 Rn. 77.
191 Vgl. dazu oben Rn. 412 ff.
192 So ausdrücklich *BGH* NStZ 2005, 703.

(11) Verletzung des allgemeinen Persönlichkeitsrechts (Art. 2 Abs. 1 i.V. mit Art. 1 Abs. 1 GG)

(a) Das in Art. 2 Abs. 1 i.V. mit Art. 1 Abs. 1 GG verbürgte allgemeine Persönlichkeitsrecht gewährleistet die aus dem Gedanken der Selbstbestimmung folgende Befugnis des Einzelnen, grundsätzlich selbst zu entscheiden, wann und innerhalb welcher Grenzen persönliche Lebenssachverhalte offenbart werden. Uneingeschränkt gilt diese Befugnis innerhalb des unantastbaren **Kernbereichs** privater Lebensgestaltung, der der öffentlichen Gewalt schlechthin entzogen ist. Ist dieser Kernbereich nicht betroffen, so bedarf die Offenbarung und Verwertung persönlicher Lebenssachverhalte, die der Betroffene geheim halten will, der Rechtfertigung durch ein überwiegendes Interesse der Allgemeinheit. Dem öffentlichen Interesse an einer wirksamen Strafverfolgung und damit möglichst vollständigen Wahrheitsermittlung muss also i.R. einer **Abwägung** gegenüber dem Grundrecht auf freie Entfaltung der Persönlichkeit das größere Gewicht zukommen. Schließlich muss die betreffende Maßnahme auch dem Grundsatz der **Verhältnismäßigkeit** entsprechen.[193] Die Sphäre, in der der geschützte Privatbereich – wie etwa im geschäftlichen Verkehr – von vornherein nicht betroffen und die Verwertung des betreffenden Beweismittels daher ohne das vorbezeichnete Abwägungserfordernis uneingeschränkt zulässig ist[194], hat in Klausuren noch keine Rolle gespielt. **487**

(b) Große praktische Bedeutung haben diese Grundsätze bei der strafprozessualen Verwertung von persönlichen schriftlichen Aufzeichnungen – insbesondere **Tagebüchern** – gewonnen. Auch in Examensklausuren ist diese Problematik schon öfter abgefragt worden. Wichtig sind für den Prüfling in diesem Zusammenhang folgende Einzelheiten: **488**

(aa) Erfahrungsgemäß zeigen die Prüflinge häufig Unsicherheiten bei der Beantwortung der Frage, ob in dem in Rede stehenden Schriftstück schon der Kernbereich privater Lebensgestaltung betroffen ist. Persönliche Aufzeichnungen gehören nach der obergerichtlichen Rechtsprechung allerdings schon dann nicht mehr zu diesem Kernbereich, wenn sie in einem unmittelbaren Bezug zu den abgeurteilten Taten stehen.[195] Genau dies ist aber in den einschlägigen Klausuren regelmäßig der Fall – die betreffenden Aufzeichnungen sind hier in dem Aufgabentext überhaupt nur deshalb enthalten, weil sie das Tatgeschehen ganz unmittelbar betreffen. Mit dem zitierten Obersatz wird sich die umstrittene **Abgrenzungsproblematik** daher jedenfalls im Klausurgutachten brauchbar lösen lassen. Von vornherein dahinstehen kann das Betroffensein des Kernbereichs im Übrigen in den Fällen, in denen die ansonsten jedenfalls erforderliche Abwägung auf der zweiten Stufe der **„Sphärentheorie“** kein überwiegendes Verfolgungsinteresse der Allgemeinheit ergibt, das Tagebuch also ohnehin unverwertbar wäre.[196] **489**

(bb) Auch die sich i.R. des Verhältnismäßigkeitsgrundsatzes ergebende Frage nach der **Erforderlichkeit** des Eingriffs kann im Einzelfall höchst bedeutsam werden. So konnte der Tatnachweis in einem einschlägigen Klausurfall mühelos mit alternativen Beweismitteln geführt werden: Der Angeklagte hatte die Tat minutiös in einem – zulässigerweise – beschlagnahmten und verlesenen Brief gestanden, so dass der damit korrespondierende Tagebucheintrag seiner Verlobten jedenfalls mangels Erforderlichkeit nicht verwertet werden durfte. Vor **490**

---

193 Vgl. *BVerfG* NJW 1990, 563, 564.
194 Vgl. *BVerfGE* 34, 238, 247.
195 Vgl. *BVerfG* NJW 1990, 563, 564; *BGH* NStZ 1998, 635.
196 So auch der Argumentationsweg in *BGH* NJW 1994, 1970.

demselben Hintergrund stand hier dann allerdings auch das Beruhen des Urteils auf dem Verstoß gegen das Beweisverwertungsverbot in Frage.

491 (cc) Sollte tatsächlich einmal zwischen dem allgemeinen Persönlichkeitsrecht des Betroffenen und dem Erfordernis einer wirksamen Strafrechtspflege abzuwägen sein, wird es einerseits auf den konkreten Inhalt der in Rede stehenden Aufzeichnung – insbesondere also auf die Qualität der persönlichen Äußerungen[197] – und andererseits auf die dem Angeklagten vorgeworfene Tat und das daraus resultierende konkrete Strafbedürfnis ankommen. Hierbei ist zu beachten, dass das öffentliche Interesse auch in diesem Rahmen nicht von vornherein auf die Aufklärung schwerer Straftaten beschränkt ist.[198]

492 (c) Bei Beweiserhebungen auf Grund **heimlich angefertigter Tonband-, Lichtbild-, Film- oder Videoaufnahmen** kommt es im vorliegenden Zusammenhang auf deren Ursprung an. Wurden solche Aufnahmen von Strafverfolgungsbehörden gefertigt, so sind sie überhaupt nur unter den Voraussetzungen der §§ 100c, 100f StPO verwertbar (vgl. *M-G/S* Einl. Rn. 56b). In Klausuren wird es hier aber regelmäßig um von **Privatpersonen** gefertigte Aufnahmen gehen, die ihren Weg in irgendeiner Weise in die Hauptverhandlung gefunden haben. Anknüpfungspunkt für ein Beweisverwertungsverbot ist in diesen Fällen, dass in der Verwendung des betreffenden Beweismittels möglicherweise eine eigenständige Grundrechtsverletzung durch das Tatgericht liegt – es gehört zum Selbstbestimmungsrecht jedes Menschen, ohne Beschränkung auf bestimmte Örtlichkeiten darüber zu entscheiden, ob Ton- oder Filmaufnahmen von ihm gemacht und gegen ihn verwendet werden dürfen.[199] I.R. einer Abwägung des staatlichen Aufklärungsinteresses gegen den Persönlichkeitsschutz des Betroffenen können solche Aufnahmen auf der anderen Seite aber selbst dann verwertbar sein, wenn sie durch Verletzung der Vertraulichkeit des Wortes nach § 201 StGB in strafbarer Weise gewonnen sein sollten (vgl. *M-G/S* Einl. Rn. 56b) – die oben[200] beschriebenen Grundsätze gelten also auch in diesem Zusammenhang.[201]

493 In einem zu diesem Komplex gebildeten Klausurfall hatte der Inhaber einer Bäckerei in seinen Geschäftsräumen wegen regelmäßiger Kassenfehlbestände eine Videokamera installieren lassen. Die daraufhin gefertigten – und in der Hauptverhandlung in Augenschein genommenen – Aufnahmen zeigten die dort als Verkäuferin tätige Angeklagte bei ihren Diebstahltaten, die vom Strafrichter im angefochtenen Urteil auf Grund dieses Beweismittels abgeurteilt worden waren. I.R. der hier erforderlichen Interessenabwägung konnte insbesondere auf den Ort der Aufnahme sowie die Belange des Aufnehmenden abgestellt werden.[202] Ein aus Art. 2 Abs. 1 i.V. mit Art. 1 Abs. 1 GG resultierendes Verwertungsverbot ließ sich vor diesem Hintergrund mit der Begründung verneinen, dass die Überwachung nicht die eigentliche Privatsphäre der Angeklagten, sondern ein Umfeld betraf, in dem diese ohnehin nicht damit rechnen konnte, ständig unbeobachtet zu sein. Überdies bestand für den Inhaber keine andere Möglichkeit zur Abhilfe – insbesondere war eine effektive Über-

197 Instruktiv dazu *BGH* NJW 1994, 1970, 1970 f.: *„Seine Tagebücher enthalten eine Reflexion aller dem Angeklagten (…) verarbeitenswert erscheinenden Erlebnisse, seine Empfindungen, Einschätzungen und Ansichten, seine Gefühle zu anderen Menschen, u.a. auch die Entwicklung der Beziehung zu seiner späteren Ehefrau, Aufarbeitungen familiärer und beruflicher Probleme und von Erkrankungen."*

198 Vgl. *BayObLG* NJW 1994, 1671 zur Verwertbarkeit heimlich aufgezeichneter Telefongespräche in einem wegen Meineids geführten Strafverfahren.

199 Vgl. *BAG* NJW 2005, 313, 314.

200 Rn. 487.

201 Vgl. *BGHSt* 36, 167, 173.

202 Vgl. *BayOBLG* NJW 2002, 2893.

wachung durch ihn selbst oder Kollegen nicht denkbar.[203] Daher überwog hier das Interesse an der Tataufklärung selbst unter Berücksichtigung des Umstandes, dass keine besonders schwerwiegenden Straftaten in Rede standen.

In einem weiteren Klausurfall hatte die nach § 241 StGB bedrohte Zeugin die Straftat des Angeklagten nicht nur i.R. ihrer Vernehmung bestätigt, sondern zusätzlich noch ein Tonband präsentiert, auf dem sie das betreffende Telefonat heimlich aufgezeichnet hatte. Dass die anschließende Inaugenscheinnahme der Tonbandaufnahme und deren Verwertung im angefochtenen Urteil gegen das Selbstbestimmungsrecht des Angeklagten verstießen, ließ sich gut mit Hinweis auf den Bagatellcharakter des in Rede stehenden Delikts sowie die zum Tatnachweis ohnehin ausreichende Aussage der Zeugin vertreten. Mit dem letztgenannten Argument konnte dann natürlich ebenso gut das Beruhen des Urteils auf dem Verfahrensfehler verneint werden. **494**

qq) Abstimmung (§ 263 Abs. 1 StPO)

Nach § 196 Abs. 1 GVG entscheidet das Gericht, soweit das Gesetz nichts anderes bestimmt, mit der **absoluten Mehrheit** der Stimmen. Eine praktisch hochrelevante Ausnahme von dieser Grundregel enthält § 263 Abs. 1 StPO, wonach zu jeder dem Angeklagten nachteiligen Entscheidung über die Schuld- und Rechtsfolgenfrage eine **Zweidrittelmehrheit** erforderlich ist. Ob das Gericht dieses qualifizierte Stimmenverhältnis beachtet hat, ist einer Überprüfung wegen des aus § 43 DRiG folgenden Beratungsgeheimnisses aber regelmäßig nicht zugänglich. **495**

Anders war es jedoch in dem Klausurfall, in dem die Strafkammer das Beratungsgeheimnis von sich aus durchbrochen und in den schriftlichen Strafzumessungsgründen ausgeführt hatte, dass „die Annahme eines minder schweren Falles gemäß § 250 Abs. 3 StGB aufgrund einer knappen 2:2 Abstimmung, bei der die Stimme des Vorsitzenden den Ausschlag" gegeben habe, abgelehnt worden sei. Hier hatte das Gericht den Verstoß gegen § 263 Abs. 1 StPO selbst belegt. Da es sich bei der Ablehnung eines minder schweren Falles um eine dem Angeklagten nachteilige Entscheidung über die Rechtsfolgen der Tat handelt (vgl. *M-G/S* § 263 Rn. 8), hätte es bei der hier gemäß § 76 Abs. 2 S. 1 GVG vorliegenden Kammerbesetzung mit insgesamt vier Richtern zur Erreichung der erforderlichen Zweidrittelmehrheit dreier Stimmen bedurft. Demgegenüber ging die Kammer – was die Bezugnahme auf § 196 Abs. 4 GVG belegte – irrig davon aus, dass insoweit eine einfache Stimmenmehrheit ausreichte. Dass das Urteil auf diesem Rechtsfehler beruhte, lag im Hinblick auf den bei Durchführung eines korrekten Abstimmungsverfahrens eigentlich zu Grunde zu legenden Strafrahmen des § 250 Abs. 3 StGB auf der Hand. Der durch die Offenlegung des Abstimmungsergebnisses gleichzeitig belegte Verstoß gegen § 43 DRiG war allerdings als solcher schon deshalb nicht revisibel, da das Urteil nicht auf dieser unzulässigen Mitteilung in den (später verfassten) schriftlichen Urteilsgründen beruhen konnte. **496**

rr) Veränderung des rechtlichen Gesichtspunkts oder der Sachlage (§ 265 StPO)

(1) (a) Klausurrelevant ist i.R. des § 265 StPO in erster Linie der Verstoß gegen Abs. 1 – nicht selten wird der Angeklagte hier auf Grund eines anderen als des in der gerichtlich zugelassenen Anklage angeführten Strafgesetzes verurteilt, ohne zuvor besonders auf die Veränderung des rechtlichen Gesichtspunktes hingewiesen worden zu sein. In jeder Klausur sollte daher routinemäßig ein Vergleich zwischen den in der zugelasse- **497**

203 Vgl. *BAG* BB 2003, 2578, 2579 f.

nen Anklage mitgeteilten gesetzlichen Merkmalen der Straftat und der Formel des angefochtenen Urteils vorgenommen werden. Bei Divergenzen ist anschließend das Sitzungsprotokoll, das i.R. des § 274 S. 1 StPO auch insoweit absolute Beweiskraft besitzt (vgl. *M-G/S* § 265 Rn. 33), auf einen entsprechenden Hinweis zu durchforschen. Enthält der Aufgabentext ausnahmsweise auch den Eröffnungsbeschluss, kann sich der erforderliche Hinweis allerdings auch dort befinden (vgl. *M-G/S* § 265 Rn. 32).

498 (b) Häufig liegt der Verstoß gegen **§ 265 Abs. 1 StPO** schon im **vollständigen Fehlen** des erforderlichen Hinweises. Aber selbst wenn ein solcher erfolgt ist, kann im Einzelfall ein Verfahrensfehler zu bejahen sein. Denn der Hinweis muss **inhaltlich so ausgestaltet** sein, dass er den Angeklagten und seinen Verteidiger in die Lage versetzt, die Verteidigung auf den neuen rechtlichen Gesichtspunkt einzurichten. Daher muss aus dem Hinweis allein oder i.V. mit der zugelassenen Anklage erkennbar sein, welches Strafgesetz nach Auffassung des Gerichtes in Betracht kommt und in welchen Tatsachen das Gericht die gesetzlichen Merkmale möglicherweise als erfüllt ansieht (vgl. *M-G/S* § 265 Rn. 31).

499 Diesen Anforderungen wurde das Tatgericht in dem Klausurfall nicht gerecht, in dem eine vorsätzliche Körperverletzung angeklagt war, der Angeklagte aber wegen vorsätzlicher Körperverletzung in Tateinheit mit Beleidigung, mit Widerstand gegen Vollstreckungsbeamte und mit versuchter Nötigung verurteilt wurde. Zwar war dem Angeklagten und seinem Verteidiger zuvor der rechtliche Hinweis erteilt worden, dass „hier auch eine Verurteilung wegen Erfüllung von Tatbeständen, die dem Schutz der persönlichen Freiheit sowie der Ehre dienen, in Betracht" komme. Abgesehen davon, dass sich der Hinweis von vornherein nicht auf eine Verurteilung nach § 113 StGB bezog, war er im Übrigen aber auch zu unbestimmt, um eine umfassende Verteidigung des Angeklagten zu sichern: Ihm ließ sich nicht entnehmen, dass das Gericht eine konkrete Verurteilung gerade wegen Beleidigung und versuchter Nötigung in Betracht gezogen hatte. Überdies hatte das Gericht keine Tatsachen mitgeteilt, die es möglicherweise unter die gesetzlichen Merkmale subsumieren wollte.

500 Nennt ein Strafgesetz mehrere gleichwertig nebeneinanderstehende Begehungsformen, so muss der Hinweis ergeben, welche von ihnen nach Ansicht des Gerichts in Betracht kommt (vgl. *M-G/S* § 265 Rn. 31 a.E.). Dies hatte das Schwurgericht in den Klausurfällen nicht beachtet, in denen der Angeklagte einfach darauf hingewiesen worden war, dass „auch eine Verurteilung wegen eines versuchten Mordes (§§ 211, 22, 23 StGB) in Betracht komme". In einem ähnlichen Klausurfall war eine Tat nach § 142 Abs. 1 Nr. 1 StGB angeklagt, während der – rechtsfehlerhaft ohne Hinweis nach § 265 Abs. 1 StPO erfolgten – Verurteilung eine Tathandlung nach § 142 Abs. 2 Nr. 2 StGB zu Grunde gelegt war.

501-502 (2) Nach **§ 265 Abs. 2 Nr. 1 StPO** muss auf sich erst in der Verhandlung ergebende Umstände hingewiesen werden, welche die Strafbarkeit erhöhen – also einen **Qualifikationstatbestand** oder ein **benanntes Regelbeispiel** belegen (vgl. *M-G/S* § 265 Rn. 18 f.) – oder die Anordnung einer Maßnahme (§ 11 Abs. 1 Nr. 8 StGB) oder Verhängung einer Nebenstrafe oder Nebenfolge rechtfertigen. Nach Nr. 3 der Bestimmung muss auf eine – den rechtlichen Vorwurf unberührt lassende – veränderte Sachlage hingewiesen werden, wenn dies zur genügenden Verteidigung des Angeklagten erforderlich ist. Klassische Beispiele hierfür sind die Auswechslung des Tatopfers oder die Änderung der Tatzeit (vgl. *M-G/S* § 265 Rn. 22, 23).

503 (3) Mitunter werden in den **Strafzumessungsgründen** der in Klausuraufgaben angefochtenen Urteile auch nach **§§ 154 Abs. 2, 154a Abs. 2 StPO** ausgeschiedene Teile der Anklage strafschärfend herangezogen. Dies darf wegen des mit der Einstellung bzw. der Beschränkung auf Seiten des Angeklagten regelmäßig erweckten Vertrauens, sich insoweit nicht mehr verteidigen zu müssen, grundsätzlich nur dann geschehen, wenn der ausgeschiedene Tatkomplex in der Hauptverhandlung prozessordnungsgemäß festgestellt und der Angeklagte in **entsprechender Anwendung des § 265 StPO**[204] auf dessen strafschärfende Berücksichtigung ausdrücklich hingewiesen worden ist (vgl. *M-G/S* § 154a Rn. 2). Entsprechende Erwägungen gelten für die Berücksichtigung von auf diese Weise aus dem Verfahren ausgeklammerten Verfahrensteilen bei der **Beweiswürdigung** (vgl. *M-G/S* § 154 Rn. 25). Es sind allerdings auch Verfahrenssituationen denkbar, in denen der Angeklagte bei Vorgehen nach §§ 154 Abs. 2, 154a Abs. 2 StPO nicht darauf vertrauen kann, der ausgeschiedene Verfahrensstoff werde auch i.R. der Strafzumessung oder Beweiswürdigung nicht mehr zu seinem Nachteil herangezogen.

Auf eine solche Ausnahmekonstellation zielte ein Klausurfall ab, in dem die betreffende Teil- **504**
einstellung nach § 154 Abs. 2 StPO erst i.R. eines Wiedereintritts in die Beweisaufnahme und unmittelbar vor den erneuten Schlussvorträgen erfolgte. Hier ließ sich gut vertreten, dass ein die Verteidigung beeinträchtigendes Vertrauen zu einem solch späten Zeitpunkt nicht mehr geschaffen werden konnte. Etwas anderes galt jedoch wiederum in dem Klausurfall, in dem der Verteidiger der Einstellung in dieser Situation mit dem Ziel des Freispruchs widersprach. Da sich das Gericht durch eine solche Verfahrenseinstellung aus Sicht der Verteidigung der Auseinandersetzung mit deren Einwendungen entzog, konnte dieser darauf vertrauen, dass der ausgeschiedene Verfahrensstoff i.R. der Strafzumessung ohne einen entsprechenden Hinweis nicht zu seinen Lasten berücksichtigt werden würde.[205]

(4) Da regelmäßig nicht auszuschließen sein dürfte, dass sich der Angeklagte auf- **505**
grund des Hinweises anders verteidigt hätte (vgl. *M-G/S* § 265 Rn. 48), wird auch in Klausuren ein **Beruhenszusammenhang** kaum jemals auszuschließen sein. Schließlich sollte der Prüfling im Auge behalten, dass sich die Problematik des § 265 Abs. 1 StPO aus Prüfersicht äußerst schlüssig mit Fragen der sachlichen Zuständigkeit sowie der notwendigen Verteidigung nach § 140 Abs. 1 Nr. 2 StPO kombinieren lässt.[206]

(5) Zur **Rücknahme** eines bereits erteilten Hinweises ist das Gericht – will es doch an **506**
seiner ursprünglichen Bewertung festhalten – übrigens nicht verpflichtet. Der Regelungszweck des § 265 StPO – Sicherung der umfassenden Verteidigung des Angeklagten und dessen Schutz vor überraschenden Entscheidungen – ist in dieser Konstellation, die in Klausuren leicht zu integrieren ist, nicht berührt. Da das Gericht seine Entscheidung erst in der Urteilsberatung trifft, kann durch einen Hinweis nach § 265 StPO naturgemäß nicht die Erwartung geweckt werden, es habe sich in dieser Hinsicht bereits festgelegt (vgl. *M-G/S* § 265 Rn. 33a). Dass umgekehrt Wortlaut und Regelungszweck der Vorschrift einen Hinweis nach § 265 StPO überhaupt nur dann erfordern, wenn eine von der Anklage abweichende Verurteilung auch **tatsächlich erfolgt**, scheint eigentlich auf der Hand zu liegen; da viele Prüflinge in einem einschlägigen Klausurfall für einen Verstoß gegen § 265 Abs. 2 StPO aber die bloße Möglichkeit einer von der Anklage abweichenden Verurteilung ausreichen ließen – der

204 Vgl. *BGH* StV 2000, 656.
205 Vgl. *OLG Hamm* StV 2002, 187, 188.
206 Auf diesen Zusammenhang war bereits oben unter Rn. 89 hingewiesen worden.

Staatsanwalt hatte in der Hauptverhandlung auf die Verurteilung wegen eines vom Tatgericht letztlich nicht angenommenen Qualifikationstatbestandes gepocht –, sei auf diesen Zusammenhang ausdrücklich hingewiesen.

506a (6) Neuerdings haben sich die Prüfungsämter auch des Anspruchs des Angeklagten auf Aussetzung der Hauptverhandlung bei veränderter Sach- und Rechtslage nach **§ 265 Abs. 3 StPO** angenommen. In einem wegen §§ 224, 25 Abs. 2 StGB geführten Verfahren war erst in der Haupthauptverhandlung zu Tage getreten, dass man dem Opfer – was der Angeklagte bestritt – Geld abzunehmen versucht hatte. Nach gerichtlichem Hinweis auf eine mögliche Verurteilung auch wegen Beihilfe zur versuchten räuberischen Erpressung hatte die Verteidigerin einen Aussetzungsantrag gestellt, den das Gericht aber ablehnte und stattdessen eine 30-minütige Unterbrechung ausreichen ließ. Da die Behauptung nicht genügender Vorbereitung auf die Verteidigung schon konkludent im Aussetzungsantrag enthalten ist, stellte sich hier im Kern die Frage, ob die Beihilfe zur versuchten räuberischen Erpressung die Anwendung eines schwereren Strafgesetzes zuließ – also eines solchen, das nach seiner abstrakten Strafandrohung schwerer ist als das in der zugelassenen Anklage bezeichnete (vgl. *M-G/S* § 265 Rn. 36). Die Beihilfe zur versuchten räuberischen Erpressung hat wegen der zwingenden Strafrahmenverschiebung der §§ 27 Abs. 2 S. 2, 49 Abs. 1 StGB eine abstrakte Strafobergrenze von 11 Jahren und 3 Monaten.[207] Sie war – da die bloß fakultative, also nicht abstrakt geltende Verschiebung nach §§ 23 Abs. 2, 49 Abs. 1 StGB hier außer Betracht bleibt – im Vergleich zur angeklagten gefährlichen Körperverletzung (Strafobergrenze des § 224 StGB: 10 Jahre) also das schwerere Strafgesetz. Die bloße Unterbrechung der Hauptverhandlung nach § 229 StPO reichte damit nicht aus, vielmehr wäre die Hauptverhandlung antragsgemäß nach § 228 StPO auszusetzen und danach neu zu beginnen gewesen (vgl. *M-G/S* § 265 Rn. 37).

ss) Urteilsverkündung (§ 268 StPO)

507 Nach § 268 Abs. 3 S. 1 StPO soll das Urteil am Schluss der Verhandlung verkündet werden. Geschieht dies nicht, muss es spätestens am 11. Tag danach verkündet werden, § 268 Abs. 3 S. 2 StPO. Aus § 268 Abs. 3 S. 3 StPO ergibt sich, dass sich diese Frist im Fall ihres Ablaufs an einem Samstag, Sonntag oder allgemeinen Feiertag verlängert (§ 229 Abs. 4 S. 2 StPO) und im Fall der Erkrankung des Angeklagten oder eines Richters oder Schöffen – nicht aber, wie in einem jüngeren Klausurfall, bei deren Urlaub – gehemmt wird (§ 229 Abs. 3 StPO). Überdies können Verstöße im Zusammenhang mit § 268 StPO in Klausuren in zwei weiteren Konstellationen Bedeutung gewinnen.

508 (1) Zunächst ist es in Examensklausuren vorgekommen, dass die laut **Hauptverhandlungsprotokoll verkündete** und die in der **Urteilsurkunde enthaltene Urteilsformel** voneinander **abwichen**: Nach dem Hauptverhandlungsprotokoll war der Angeklagte wegen mehrerer tateinheitlich begangener Delikte ausschließlich zu einer Freiheitsstrafe verurteilt worden. Im schriftlichen Urteil fanden sich im Rechtsfolgenausspruch des Tenors die zusätzlichen Worte „sowie zu einem Fahrverbot von 1 Monat"; in der Liste der angewendeten Vorschriften war nun erstmals „§ 44 Abs. 1 StGB" genannt und eine Begründung des Fahrverbots fand sich auch in den Strafzumessungsgründen.

509 Bei derartigen Widersprüchen verbieten sich zunächst jegliche Überlegungen zum möglicherweise abweichenden Inhalt der tatsächlich mündlich verkündeten Ent-

207 Vgl. dazu im Einzelnen unten Rn. 552 ff.

scheidung oder zu Möglichkeiten der Protokollberichtigung. Die im Hauptverhandlungsprotokoll enthaltene Formel gilt nämlich i.R. des § 274 S. 1 StPO als verkündet (vgl. *M-G/S* § 268 Rn. 18) und Anhaltspunkte für das ausnahmsweise Entfallen der ausschließlichen Beweiskraft der Sitzungsniederschrift sind im Klausurfall regelmäßig nicht gegeben.[208]

Da aber der Zweck des § 268 StPO, die Übereinstimmung zwischen der verkündeten Urteilsformel und der Urteilsformel im schriftlichen Urteil zu sichern,[209] im genannten Klausurfall verfehlt wurde, war diese *Verfahrens*vorschrift verletzt.[210] Der erforderliche Beruhenszusammenhang zwischen Rechtsfehler und Urteil liegt in diesen Fällen auf der Hand. Auf Abweichungen in völlig unerheblichen Einzelheiten, die den Sinn des Urteilsspruches in keiner Beziehung verändern (z.B. bloße Schreibfehler), kann die Revision in diesem Rahmen jedoch nicht gestützt werden.[211] Wäre das Fahrverbot im vorgenannten Klausurfall umgekehrt im laut Protokoll verkündeten Urteilstenor, nicht aber im Tenor des schriftlichen Urteils enthalten gewesen, um dann wiederum in der Strafzumessung der schriftlichen Urteilsgründe begründet worden zu sein, würde das Revisionsgericht den Urteilstenor lediglich entsprechend berichtigen.[212] **510**

(2) Sehr leicht lassen sich in Klausuraufgaben auch **Abweichungen zwischen der Urteilsformel im schriftlichen Urteil und den schriftlichen Urteilsgründen** darstellen – betroffen sind hier typischerweise die Rechtsfolgen. Nennt der Urteilsausspruch eine andere Strafe als die Urteilsgründe, sollte zunächst erwogen werden, ob möglicherweise ein bloßes Schreibversehen und damit ein lediglich scheinbarer Widerspruch vorliegt, der nicht zur Aufhebung des Urteils im Strafausspruch nötigt (vgl. *M-G/S* § 267 Rn. 39a). Ist aber von einem echten Widerspruch auszugehen, so liegt darin – da die wirklich gewollte Strafe ungewiss bleibt – eine *materielle* Rechtsverletzung, die grundsätzlich auf die Sachrüge zur Aufhebung des (Gesamt-)Strafausspruchs führt.[213] Allerdings ist der Angeklagte durch einen derartigen sachlichrechtlichen Fehler nicht beschwert, wenn die in der Urteilsformel enthaltene Strafe geringer ist als die in den Gründen als angemessen bezeichnete (vgl. *M-G/S* § 268 Rn. 18). **511**

tt) Rechtsfehler bei in der Hauptverhandlung erforderlichem Dolmetscher

(1) Rechtsfehler sind bei Einsatz eines Dolmetschers in der Hauptverhandlung[214] in Klausuren in erster Linie im Zusammenhang mit der Vorschrift des § 189 Abs. 1 GVG zu erwarten, wonach ein Dolmetscher zwingend vor seiner Übertragung zu **vereidigen** ist. Schweigt das Sitzungsprotokoll zu dieser Frage und ergibt sich aus ihm auch nicht, dass sich der Dolmetscher nach § 189 Abs. 2 GVG auf seinen allgemein **512**

---

208 Zu Ausnahmekonstellationen vgl. oben Rn. 137 f.
209 *RGSt* 3, 131; 16, 347, 349.
210 Vgl. *RGSt* 16, 347, 349. Die Entscheidung bezieht sich hinsichtlich der an die Verfahrensrüge zu stellenden Anforderungen allerdings auf § 384 StPO, der erst im Jahr 1924 zu § 344 StPO wurde.
211 Vgl. *RGSt* 16, 347, 349.
212 Vgl. *BGH*, Beschluss vom 31. Mai 2006 – 1 StR 202/06 – sowie unten Rn. 631.
213 Vgl. *BGH* 5 StR 174/13.
214 Zum unvereidigten Dolmetscher im Ermittlungsverfahren vgl. oben Rn. 479 f.

geleisteten Eid berufen hat, so ist der Verfahrensfehler der fehlenden Vereidigung i.R. des § 274 S. 1 StPO unwiderlegbar bewiesen. Auch wenn das Urteil nach mehreren – insoweit nicht näher begründeten – Entscheidungen des *BGH* in der Regel auf einer Verletzung des § 189 GVG **beruhen** soll (vgl. *M-G/S* § 189 GVG Rn. 3), wird sich ein solcher Zusammenhang in Klausurfällen plausibler mit der Begründung verneinen lassen, dass an den Sprachkenntnissen und Übersetzerqualitäten des Dolmetschers keine durchgreifenden Zweifel bestanden.[215]

513 (2) Ganz ausnahmsweise kann in Klausuren auch schon einmal die **Person des Dolmetschers** in Frage stehen. Nach § 190 GVG kann nämlich die Dolmetschertätigkeit zwar auch von dem das Protokoll führenden Urkundsbeamten der Geschäftsstelle übernommen werden, der dazu nicht vereidigt zu werden braucht. Aus einem Umkehrschluss zu § 190 GVG folgt jedoch, dass ein mitwirkender Richter, der Staatsanwalt oder der Verteidiger in der Hauptverhandlung nicht als Dolmetscher tätig werden dürfen (vgl. *M-G/S* § 190 GVG Rn. 1).

514 Die Einhaltung dieser Verfahrensvorgaben war in folgendem Klausurfall darzulegen: Der Sitzungsvertreter der Staatsanwaltschaft – ein „zweisprachig aufgewachsener" Rechtsreferendar – hatte sich, als sich bei der Vernehmung einer Zeugin Verständigungsschwierigkeiten ergaben, als Dolmetscher für die ukrainische Sprache angeboten und war als solcher nach ordnungsgemäßer Vereidigung gemäß § 189 Abs. 1 GVG auch tatsächlich tätig geworden. Dass vor der Vernehmung der ukrainischen Zeugin die sachbearbeitende Staatsanwältin telefonisch herbeigerufen worden war, die sodann die weitere Sitzungsvertretung der Staatsanwaltschaft übernommen hatte, war von zweifacher Bedeutung: Die Vorgabe des § 190 GVG war beachtet, da der Referendar nach Abschluss der Dolmetschertätigkeit nicht wieder als Sitzungsvertreter der Staatsanwaltschaft fungierte. Gegen § 226 StPO war nicht verstoßen, weil die Hauptverhandlung nach – gemäß § 227 StPO zulässigem – Personenwechsel in ununterbrochener Gegenwart der Staatsanwaltschaft stattfand und damit auch kein absoluter Revisionsgrund nach § 338 Nr. 5 StPO vorlag.

515 (3) Zu denken ist in diesem Zusammenhang auch an einen absoluten Revisionsgrund nach § 338 Nr. 5 StPO. Der Dolmetscher muss nach § 185 Abs. 1 S. 1 GVG grundsätzlich während der ganzen Verhandlung **anwesend** sein, wenn der Angeklagte der deutschen Sprache nicht mächtig ist. Die Sprachunkunde des Angeklagten wird sich in den einschlägigen Klausuren regelmäßig aus dessen eigenen, in der Sitzungsniederschrift protokollierten Erklärungen ergeben. Entsprechendes kann im Übrigen – auch das ist schon vorgekommen – für einen ausländischen Zeugen gelten. Die in diesem Fall ebenso aus § 185 Abs. 1 S. 1 GVG resultierende Pflicht zur Zuziehung eines Dolmetschers bezieht sich dann natürlich nur auf den Zeitraum der Vernehmung des betreffenden Zeugen.

516 (4) Zu beachten ist schließlich, dass die Aufgabe des Dolmetschers nach § 185 Abs. 1 S. 1 GVG nur darin besteht, den Prozessverkehr zwischen dem Gericht und den der deutschen Sprache nicht mächtigen Beteiligten zu vermitteln. Ermittelt er dagegen den deutschsprachigen Sinn einer außerhalb des Prozesses abgegebenen fremdsprachigen Äußerung, so wird er als **Sachverständiger** tätig (vgl. *M-G/S* § 185 GVG Rn. 2).

215 Vgl. *OLG Düsseldorf* MDR 1993, 791, 793; ähnlich auch *BGH* NStZ 2005, 705.

Im entsprechenden Klausurfall hatte der Dolmetscher auf Anordnung des Vorsitzenden auch einen vom Angeklagten geschriebenen Brief übersetzt. Auf die in diesem Rahmen entgegen §§ 72, 57 StPO unterbliebene Belehrung konnte die Revision allerdings schon nach der Rechtskreistheorie nicht gestützt werden.[216] Auf der gleichzeitig fehlenden Entscheidung über seine Vereidigung als Sachverständiger (§ 79 Abs. 1 StPO) konnte das Urteil nicht beruhen, da der Dolmetscher den Eid i.R. des § 189 GVG geleistet hatte, der die gleiche Gewähr für die Richtigkeit der Übersetzung bietet (vgl. *M-G/S* § 185 GVG Rn. 10).[217] **517**

uu) Beschleunigungsgebot (Art. 6 Abs. 1 S. 1 MRK)

Das in der Praxis hochbedeutsame Thema des Art. 6 Abs. 1 S. 1 MRK ist in Revisionsexamensklausuren bislang kaum aufgetaucht. Zur Orientierung im damit wenig wahrscheinlichen Bedarfsfall reicht somit grundsätzlich der Hinweis auf die detaillierte Kommentierung im *Meyer-Goßner/Schmitt* zu Art. 6 MRK Rn. 7 ff. (hilfreich insbesondere der Abschnitt zur Prüfungsreihenfolge Rn. 9d) bzw. *Fischer* zu § 46 Rn. 121 ff. Wichtig zu wissen ist, dass eine der Justiz zuzurechnende Verletzung des Beschleunigungsgrundsatzes und deren fehlende Berücksichtigung im Urteil grundsätzlich mit der Verfahrensrüge zu beanstanden sind – die Prüfung im Revisionsgutachten also i.R. der verfahrensrechtlichen Gesetzesverletzungen zu erfolgen hat. Nur wenn sich die Verfahrensverzögerung ausnahmsweise schon aus den Urteilsgründen ergibt oder diese ausreichende Anhaltspunkte enthalten, die das Tatgericht zur Prüfung einer solchen drängen mussten, ist der daraus resultierende Gesetzesanwendungsfehler bzw. Darstellungsmangel[218] i.R. des sachlichrechtlichen Abschnitts zu prüfen (vgl. *M-G/S* Art. 6 MRK Rn. 9g). **517a**

In einem hierzu gebildeten Klausurfall ergab sich die überlange Verfahrensdauer nicht aus den Urteilsgründen, sondern einer dem Aufgabentext beigefügten – freibeweislich[219] zu berücksichtigenden – Verfügung des Amtsrichters, in der dieser Mitte August 2013 vermerkt hatte, man habe ihm die Akte „heute – offensichtlich aufgrund eines Ablageversehens auf der Geschäftsstelle – erstmals wieder seit Erlass des Eröffnungsbeschlusses (23.04.12) vorgelegt", es seien „verfahrensfördernde Maßnahmen zwischenzeitlich nicht getroffen" worden. Damit war recht plakativ eine der Justiz zuzurechnende Verfahrensverzögerung beschrieben, die insbesondere in persönlichen Versäumnissen oder unsachgemäßer Verfahrensbehandlung der Verantwortlichen – hier durch etwa 16-monatiges Liegenlassen der Akte – gesehen wird (vgl. *Fischer* § 46 Rn. 124a). Auf dem damit zu bejahenden Verstoß gegen Art. 6 Abs. 1 S. 1 MRK beruhte das Urteil auch, da es mit Blick auf eine eventuelle Verzögerungskompensation nach der – im angefochtenen Urteil nicht bedachten – sogenannten „Vollstreckungslösung" (vgl. *M-G/S* Art. 6 MRK Rn. 9a) möglicherweise anders ausgefallen wäre. **517b**

---

216 Vgl. dazu oben Rn. 294.

217 Entsprechend zu lösen sind im Übrigen auch die Fälle, in denen ein sachverständiger Zeuge ohne Entscheidung nach § 79 Abs. 1 StPO vom Gericht unbemerkt zugleich als Sachverständiger vernommen wird (vgl. *M-G/S* § 85 Rn. 4).

218 Vgl. dazu unten Rn. 518.

219 Vgl. dazu oben Rn. 141.

IV. Sachlichrechtliche Gesetzesverletzungen

1. Allgemeines

518 a) Auf die Sachrüge prüft das Revisionsgericht zum einen die richtige **Gesetzesanwendung** im eigentlichen Sinne, ob also die tatrichterlichen Feststellungen die Anwendung der Rechtsnormen rechtfertigen, auf die Verurteilung oder Freispruch gestützt sind, oder ob Rechtsnormen irrig nicht oder falsch angewendet worden sind. Überdies wird in diesem Rahmen geprüft, ob die Tatsachenfeststellungen Mängel aufweisen, die aus dem Urteil selbst erkennbar sind, und ob der logische – nicht verfahrensrechtliche – Weg, auf dem das Tatgericht zu diesen Feststellungen gelangt ist, im Urteil fehlerfrei und überzeugend dargestellt ist (sog. **„Darstellungsprüfung"**).[220]

519 b) **Grundlage** der sachlichrechtlichen Überprüfung sind ausschließlich die Urteilsurkunde sowie die – in Klausuren keine Rolle spielenden – Abbildungen, auf die nach § 267 Abs. 1 S. 3 StPO verwiesen worden ist (vgl. *M-G/S* § 337 Rn. 22). Die sich im Bereich der Verfahrensvoraussetzungen und Verfahrensfehler stellende Frage nach deren **Beweisbarkeit** ergibt sich hier also von vornherein nicht.

520 c) Das **Beruhen** ergibt sich bei sachlichrechtlichen Mängeln grundsätzlich ohne weiteres aus dem Urteil selbst (vgl. *M-G/S* § 337 Rn. 40) – soweit sich aus der nachfolgenden Darstellung nichts anderes ergibt, sind Ausführungen dazu im Klausurgutachten also nicht erforderlich. Dies gilt selbst i.R. der vorgenannten Darstellungsprüfung, bei der die Revisionsgerichte das Beruhen auf einer nur *möglichen* Gesetzesverletzung konsequenterweise dann bejahen, wenn wegen der Art der Urteilsdarstellung die Voraussetzungen für die Kontrolle der richtigen Rechtsanwendung fehlen.[221]

521 d) Zur Rüge eines sachlichrechtlichen Fehlers muss der Revisionsführer natürlich ebenso wie im verfahrensrechtlichen Bereich **beschwert** sein. Ist dies ausnahmsweise einmal nicht der Fall – wie beispielsweise bei einer ohne die Voraussetzungen des § 55 StGB gebildeten nachträglichen Gesamtstrafe, die sich für den revisionsführenden Angeklagten ausschließlich vorteilhaft auswirkt –, wird das betreffende sachlichrechtliche Problem gleichwohl vollständig darzustellen und erst abschließend auf die fehlende Beschwer hinzuweisen sein. Der von den Prüfungsämtern verwendete Bearbeitungsvermerk enthält seit einiger Zeit nämlich regelmäßig die Mitteilung, dass „der Sachverhalt auf der Grundlage der im Urteil getroffenen Feststellungen in materiell-rechtlicher Hinsicht in jedem Fall umfassend zu würdigen" sei.

2. Darstellungsprüfung

a) Allgemeines

522 aa) In richterrechtlich entwickelter Ausweitung der Revision prüfen die Revisionsgerichte auf die Sachrüge heutzutage auch, ob der vom Tatgericht zur Schuld- und Rechtsfolgenfrage festgestellte Sachverhalt so beschaffen ist, dass er eine rechtliche

220 LR-*Hanack* § 337 Rn. 100.
221 LR-*Hanack* § 337 Rn. 129.

Überprüfung überhaupt ermöglicht. Ein sachlichrechtlicher Mangel liegt vor diesem Hintergrund vor, wenn Darstellung und Würdigung des festgestellten Sachverhalts unklar, widersprüchlich oder ersichtlich nicht vollständig sind, wenn sie Denkfehler enthalten oder Erfahrungssätze missachten. Ist dies der Fall, werden Urteile selbst dann aufgehoben, wenn die Gesetzesanwendung als solche nicht zu beanstanden ist. Es geht also um die Überprüfung der **Plausibilität der *Darstellung*** von Feststellungen und Beweiswürdigung als **Voraussetzung der Kontrolle der eigentlichen Gesetzesanwendung** – die Überzeugungsbildung des Tatgerichts als solche bleibt unangetastet.[222]

bb) Von der sachlichrechtlichen Überprüfung sind **sämtliche** Teile der Urteils**gründe** betroffen – mit Ausnahme allerdings der in Klausuraufgaben ohnehin höchst selten abgedruckten „Rechtlichen Würdigung", die das Revisionsgericht naturgemäß selbst vornimmt. Von vornherein nicht revisibel sind im Übrigen Fehler in **Rubrum** und **Liste der angewendeten Vorschriften**.[223] Der Urteils**tenor** ist Ausgangspunkt der sachlichrechtlichen Begutachtung – er wird also nicht isoliert, sondern nur im Zusammenhang mit den Urteilsgründen betrachtet. Im Einzelfall kann er aber – wird das angefochtene Urteil nicht ohnehin aufgehoben – zu berichtigen sein.[224] **523**

b) Persönliche Verhältnisse des Angeklagten

Die Feststellungen zur Person haben in Klausuraufgaben zwar ausnahmsweise auch für den Schuldspruch Bedeutung,[225] ganz überwiegend dienen sie hier jedoch ausschließlich der Beurteilung der Rechtsfolgenfrage. Es geht insoweit insbesondere um den allgemeinen und beruflichen Werdegang des Angeklagten, seine familiären und wirtschaftlichen Verhältnisse sowie die Vorstrafen des Angeklagten. Fehlen derartige Feststellungen im angefochtenen Urteil vollständig, sind sie lückenhaft, widersprüchlich oder verstoßen sie gegen Denkgesetze und Erfahrungssätze, so kann dies zur Aufhebung des Rechtsfolgenausspruchs führen. Entsprechendes gilt im Übrigen ganz allgemein für die über die Person des Angeklagten hinausgehenden tatsächlichen Feststellungen, die der Entscheidung über die Rechtsfolge zu Grunde gelegt worden sind[226] und die sich im Urteil insbesondere auch in den Strafzumessungsgründen finden können. In Klausuren enthalten die Urteilsgründe – wenn sie insoweit überhaupt abgedruckt sind – hier üblicherweise aber ausreichende und fehlerfreie Informationen. **524**

c) Sachverhaltsschilderung

Die Darstellung des geschichtlichen Vorgangs, der der tatrichterlichen Entscheidung zu Grunde liegt, muss grundsätzlich so beschaffen sein, dass dem Revisionsgericht die rechtliche Überprüfung möglich ist – es geht auch insoweit um die tragfähige Grundlage des Urteils als Voraussetzung seiner eigentlichen Überprüfung auf Rechtsfehler. **525**

---

222 LR-*Hanack* vor § 333 Rn. 4.
223 Vgl. *Meyer-Goßner* NStZ 1988, 529, 530.
224 Vgl. dazu unten Rn. 631.
225 Vgl. dazu den oben unter Rn. 321 geschilderten Klausurfall.
226 LR-*Hanack* § 337 Rn. 188 und 213.

Die Feststellungen zur Sache erfordern daher zum objektiven wie subjektiven[227] Tatbestand einen in sich **geschlossenen, vollständigen, eindeutigen und widerspruchsfreien Sachverhalt**. Da die Urteilsgründe aber eine Einheit bilden, sind der rechtlichen Prüfung grundsätzlich alle als Ergebnis der richterlichen Überzeugungsbildung erkennbaren Feststellungen zu Grunde zu legen – selbst dann, wenn sie sich aufbaufehlerhaft etwa in der Beweiswürdigung oder der Strafzumessung finden.[228] Zudem müssen die einzelnen **Merkmale des gesetzlichen Tatbestands** in konkrete Handlungen und Tatsachen **aufgelöst** werden; Rechtsbegriffe dürfen grundsätzlich nicht als Ersatz sachlicher Feststellungen verwendet werden, da auch insoweit das Revisionsgericht ansonsten nicht in der Lage wäre, die Subsumtion der Tatsachen unter das Gesetz auf ihre Richtigkeit zu überprüfen.

526 Prüfungsrelevant dürfte in erster Linie der letztgenannte Gesichtspunkt sein. So hatte die Strafkammer den objektiven Tatbestand des § 249 Abs. 1 StGB in einem Klausurfall mit der Feststellung zu belegen versucht, dass der Angeklagte „der Zeugin gewaltsam die von ihr mitgeführte Handtasche entriss". Da ein Entreißen der Handtasche auch die – von § 249 Abs. 1 StGB nicht umfasste – bloße Überwindung einer dem üblichen Halten oder Tragen dienenden Kraft durch blitzschnelle Wegnahme bedeuten kann (vgl. *Fischer* § 249 Rn. 4b), hätte sich hier überzeugend vertreten lassen, dass das Revisionsgericht allein durch die Verwendung des Gesetzeswortlauts („gewaltsam") nicht in der Lage gewesen wäre, die Subsumtion der Tatsachen unter § 249 Abs. 1 StGB auf ihre Richtigkeit zu überprüfen, so dass (insoweit) die Aufhebung des Urteils zu beantragen gewesen wäre. Dass keiner der von mir zensierten (40) Examenskandidaten die Problematik auf diese Weise löste, konnte angesichts ihrer Schwierigkeit kaum überraschen. Bemerkenswert war allerdings, dass viele der Prüflinge ihrer an dieser Stelle offenbar empfundenen Unsicherheit damit begegneten, dass sie auf die im Hauptverhandlungsprotokoll beurkundete Aussage der Geschädigten zurückgriffen, wonach der „Ruck" durch das Entreißen so stark gewesen sei, dass sie „fast hintenübergefallen wäre". Damit unterlief diesen Prüflingen aber genau der unten beschriebene schwere Klausurfehler.[229]

d) Beweiswürdigung

527 Die Beweiswürdigung ist in der heutigen Praxis die „eigentliche Domäne"[230] der Darstellungsprüfung. Nachdem die höchstrichterliche Rechtsprechung die tatrichterliche Überzeugung zunächst ausschließlich als die **subjektive**, persönliche Gewissheit des Richters verstanden hat[231], werden heutzutage einmütig zusätzliche, **objektive** Anforderungen gestellt – die Beweiswürdigung muss auf einer **tragfähigen, verstandesmäßig einsehbaren Tatsachengrundlage**[232] beruhen, der Schluss auf die Schuld des Angeklagten muss aus **rationalen (intersubjektiv vermittelbaren und einsichtigen) Gründen**[233] möglich sein. Diesen objektiven Teil seiner Beweiswürdigung muss das Tatge-

227 Zu den hieran mitunter anknüpfenden Fehlern bei der Formulierung der Urteilsformel vgl. unten Rn. 543.
228 Vgl. KK-*Kuckein* § 267 Rn. 8.
229 Vgl. dazu unten Rn. 537.
230 LR-*Hanack* § 337 Rn. 144.
231 Instruktiv *BGHSt* 10, 208 (Urteil des 2. Strafsenats vom 9.2.1957) sowie *BGHZ* 53, 245 (Urteil des 3. Zivilsenats vom 17.2.1970).
232 *BGH* StV 1993, 510, 511.
233 *BGH* NStZ 1988, 236, 237.

richt im schriftlichen Urteil intersubjektiv nachvollziehbar machen. Ob dies gelungen ist, wird vom Revisionsgericht – wenngleich ohne gesetzliche Grundlage und allein in richterlicher Rechtsfortbildung – auf die Sachrüge nachgeprüft[234]; nur die daran anknüpfende Frage der subjektiven Gewissheit lässt das Revisionsgericht unangerührt, sie bleibt alleinige und ureigene Verantwortung des Tatgerichts. Vor diesem Hintergrund wird die Beweiswürdigung im angefochtenen Urteil als rechtsfehlerhaft angesehen, wenn sie in sich **lückenhaft, widersprüchlich oder unklar ist oder gegen Denkgesetze und Erfahrungssätze verstößt** (vgl. *M-G/S* § 337 Rn. 27).

aa) In der revisionsgerichtlichen Praxis steht hierbei das erstgenannte Kriterium im **528**
Vordergrund. **Lücken** weist die tatrichterliche Beweiswürdigung insbesondere dann auf, wenn nicht alle aus dem Urteil ersichtlichen Umstände gewürdigt sind, die Schlüsse zugunsten oder zuungunsten des Angeklagten zulassen. Daher ist es fehlerhaft, wenn das Tatgericht, obwohl der Sachverhalt dazu drängt, eine nahe liegende Möglichkeit des Tathergangs außer Betracht lässt (vgl. *M-G/S* § 337 Rn. 29). Einer besonders sorgfältigen und kritischen Würdigung müssen vor diesem Hintergrund insbesondere die Aussagen Mitangeklagter oder tatbeteiligter Zeugen, die Aussagen nur teilweise für glaubwürdig gehaltener oder in wesentlichen Punkten von früheren Tatschilderungen abweichender Zeugen, die Aussagen eines Zeugen vom Hörensagen sowie Situationen der „Aussage gegen Aussage" und des Vorhandenseins bloßer Indizien unterzogen werden (vgl. *M-G/S* § 261 Rn. 11a; § 337 Rn. 29). In diesem Rahmen darf sich die Beweiswürdigung dann auch nicht so sehr von einer festen Tatsachengrundlage entfernen, dass sie letztlich nur **bloße Vermutungen** enthält, die nicht mehr als einen (sei es auch schwerwiegenden) Verdacht begründen – das Niveau der „intersubjektiven Nachvollziehbarkeit" also nicht erreicht ist.[235]

In einem hierzu gebildeten Klausurfall hatte das Landgericht den bestreitenden Angeklagten **529**
in der Beweiswürdigung des angefochtenen Urteils allein deshalb als Täter des in Rede stehenden Diebstahls überführt gesehen, weil er dem Geschädigten, der ihm auf Grund eines Hinweises aus anonymer Quelle von sich aus für die Rückgabe des gestohlenen Bildes 1500 € angeboten habe, dessen Lieferung binnen zwei Tagen in Aussicht gestellt habe. Auch wenn eine beim Angeklagten daraufhin durchgeführte Wohnungsdurchsuchung ergebnislos verlaufen sei, zeige aber der Umstand, „dass der Angeklagte sich überhaupt auf so ein Gespräch einließ, dass nur er der Täter gewesen sein kann". Allein diese Indizien rechtfertigten den Schluss auf eine Diebstahlstäterschaft des Angeklagten jedoch nicht. Ebenso gut erschiene auf Grundlage der mitgeteilten Tatsachen möglich, dass der Angeklagte das Bild nicht als Dieb, sondern als Hehler erlangt hatte oder dass er dieses überhaupt nicht erlangt hatte und den Geschädigten nur prellen wollte. Die aus dem Urteil ersichtlichen Umstände bildeten somit gerade vor dem Hintergrund, dass das Bild beim Angeklagten nicht gefunden werden

234 Instruktiv LR-*Hanack* vor § 333 Rn. 4: *„Die Intensivierung dieser Prüfungsmethode in der neueren Rechtsprechung geht sehr weit; es erscheint kaum überspitzt zu formulieren, daß die Revisionsgerichte die schriftlichen Gründe des angefochtenen Urteils heute z.T. auch anhand rein kriminalistischer oder kriminologischer Maßstäbe prüfen und mit tatsächlichen Erwägungen kontrollieren, die – bezogen auf die Urteilsurkunde – genau den Überlegungen eines Tatrichters gleichen".*

235 Vgl. *BGH* NStZ-RR 1997, 42, 43. Instruktiv wieder LR-*Hanack* § 337 Rn. 122: *„Die Revisionsgerichte nehmen es nicht mehr hin, wenn der Tatrichter (...) festgestellt hat, dass ein „Liebestrank" ein wirkungsvolles Mittel sei, Zuneigung hervorzurufen (was RGSt 8, 352 f. noch für eine ggf. bindende tatrichterliche Feststellung hielt), oder wenn er seine Überzeugung von der Täterschaft des Angeklagten in einem kritischen Fall begründungslos aus der Überzeugung gewinnt, dass es sich um ein „typisches Männerwerk" handele (BGH StV 1982, 60)."*

konnte, keine tragfähige Grundlage für die Widerlegung seiner Einlassung und erschöpften sich in bloßen Vermutungen und der Schilderung einer Verdachtssituation. Auch wenn von diesem Beweiswürdigungsfehler im Klausurfall zwei daneben abgeurteilte Taten nicht betroffen waren, musste im Hinblick auf die sich im Übrigen ergebenden Rechtsfehler gleichwohl die Aufhebung des gesamten Urteils beantragt werden.

530 bb) Besonderheiten haben sich in diesem Rahmen in der (Klausur-)Vergangenheit zudem ergeben, wenn die Beweiswürdigung im angefochtenen Urteil auf ein **Sachverständigengutachten** gestützt war. Einem solchen Gutachten darf sich das Gericht nämlich nicht ohne weiteres anschließen. Will es dem Ergebnis des Sachverständigen ohne Angabe eigener Erwägungen folgen – was in der tatrichterlichen Praxis sehr häufig vorkommt –, so müssen in der Beweiswürdigung wenigstens die wesentlichen Anknüpfungstatsachen und Darlegungen des Sachverständigen wiedergegeben werden, damit das Revisionsgericht zuverlässig beurteilen kann, ob die auf das Sachverständigengutachten gestützte Überzeugung des Tatgerichts auf einer rechtlich einwandfreien Grundlage beruht. Greift das Tatgericht allerdings auf ein Blutalkoholgutachten zurück, so genügt die Mitteilung des Mittelwerts der Blutalkoholkonzentration (vgl. *M-G/S* § 267 Rn. 13a).

531 Hieran fehlte es in dem Klausurfall, in dem es zur Begründung der absoluten Fahruntüchtigkeit des Angeklagten in den Urteilsgründen nur hieß, dass das Gericht diese „dem in der Hauptverhandlung verlesenen Blutalkoholgutachten" entnehme. Auch ansonsten liegen die Rechtsfehler in den betreffenden Klausurfällen darin, dass in den Urteilsgründen inhaltlich überhaupt nichts zum Gutachten des Sachverständigen mitgeteilt ist. Hier heißt es dann in der Beweiswürdigung beispielsweise einfach, dass eine bestimmte Tatsache „aus den Feststellungen des Sachverständigen" folge, „denen sich die Kammer ohne weiteres" anschließe. Derartig lückenhafte Beweiswürdigungen führen zur Aufhebung des Urteils im betroffenen Schuldspruch mitsamt der insoweit zu Grunde liegenden Feststellungen.

532 cc) Ausdrücklich hingewiesen sei allerdings darauf, dass derartige Rechtsfehler in der Prüfungswirklichkeit keine allzu große Bedeutung haben. Dies mag damit zu tun haben, dass hier häufig Wertungsfragen im Raum stehen, die sich ohne entsprechende Erfahrung wohl nur unzureichend beantworten lassen. Den Prüflingen ist gleichwohl zu raten, die tatrichterliche Beweiswürdigung jedenfalls gedanklich auf Rechtsfehler der vorbezeichneten Art zu überprüfen, wobei im Hinblick auf die geschilderte Prüfungspraxis eher behutsam zu Werk gegangen werden sollte.

533 dd) Hinzuweisen ist in diesem Zusammenhang schließlich auch auf den sachlichrechtlichen Grundsatz **in dubio pro reo**, der von den hier erörterten Fragen der revisionsrechtlich einwandfreien Urteilsdarstellung jedoch sauber zu unterscheiden ist. Dieser Grundsatz ist verletzt, wenn das Tatgericht den Angeklagten verurteilt hat, obwohl es ausweislich der Urteilsgründe Zweifel an dessen Schuld hatte (vgl. *M-G/S* § 261 Rn. 26, 39). Zweifel, die das Tatgericht nach Ansicht des Revisionsführers hätte haben sollen, sind in diesem Rahmen unbeachtlich. In Klausuren ist diese grundsätzlich einfach zu handhabende Problematik von geringer Bedeutung.

e) Formulierungsvorschlag

534 Ergeben sich bei der Darstellungsprüfung – erwartungsgemäß – keine Auffälligkeiten, ist im Klausurgutachten der folgende standardmäßige Hinweis zu empfehlen, der ohne großen Aufwand Kenntnis auch dieses revisionsrechtlichen Zusammenhangs belegt:

„Die tatsächlichen Feststellungen sowie die Beweiswürdigung des angefochtenen Urteils weisen Rechtsfehler nicht auf. Insbesondere sind sie nicht in sich widersprüchlich, lückenhaft oder unklar und verstoßen nicht gegen Denkgesetze und Erfahrungssätze. Die Erhebung der sogenannten Darstellungsrüge ist vorliegend daher nicht geboten."

3. Gesetzesanwendung

Das sachliche Recht ist verletzt, wenn das Tatgericht auf der Schuld- und Rechtsfolgenseite eine auf den von ihm selbst festgestellten Sachverhalt nicht anzuwendende Norm angewendet oder umgekehrt eine anzuwendende Norm des materiellen Rechts nicht oder nicht richtig angewendet hat, wobei der Rechtsfehler insbesondere in der falschen Auslegung der Rechtsnorm oder der falschen Subsumtion liegen kann (vgl. *M-G/S* § 337 Rn. 33). **535**

a) In der Überprüfung der dem **Schuldspruch zu Grunde liegenden Gesetzesanwendung** liegt der sachlichrechtliche Schwerpunkt fast aller Revisionsexamensklausuren. Die Suche nach derartigen sachlichrechtlichen Mängeln muss in der Klausur ausschließlich auf Grundlage der schriftlichen Urteilsgründe erfolgen. Es sei nochmals eindringlich darauf hingewiesen, dass dem Revisionsgericht alle anderen Erkenntnisquellen verschlossen sind, insbesondere darf es den Akteninhalt in diesem Rahmen nicht berücksichtigen (vgl. *M-G/S* § 337 Rn. 22 f.). Die damit für seine Nachprüfung allein maßgeblichen Urteilsfeststellungen zur Sache wird der Prüfling in Klausuren zusammenhängend in dem Urteilsabschnitt finden, der sich nach üblichem Aufbau zwischen den Feststellungen zur Person und der Beweiswürdigung befindet – ob diese Feststellungen verfahrensfehlerfrei getroffen wurden, ist in diesem Rahmen ohne Bedeutung. Die Situation ist damit durchaus der Aufgabenstellung der Strafrechtsklausur des ersten Staatsexamens vergleichbar, nach der die „Strafbarkeit" der handelnden Personen anhand eines vorgegebenen Sachverhalts zu begutachten war. **536**

aa) So einfach dieser Zusammenhang nachzuvollziehen scheint, so schwer fällt den Referendarinnen und Referendaren seine Beachtung erfahrungsgemäß in der Klausursituation. Sogar Prüflinge mit beeindruckenden Ausführungen im verfahrensrechtlichen Teil gleiten am Ende der Bearbeitung plötzlich – unter unzulässigem Rückgriff insbesondere auf die im Hauptverhandlungsprotokoll enthaltenen Zeugenaussagen – in seitenlange eigene Beweiswürdigungen ab. Auf den Inhalt des Protokolls darf aber bei Überprüfung der Gesetzesanwendung des Tatgerichts mit keinem Wort eingegangen werden. Prüflinge können so u.U. gehalten sein, lange Passagen des Aufgabentextes vollständig zu ignorieren – im Einzelfall hat schon bis zu einem Drittel der Klausuraufgabe aus revisionsrechtlich komplett irrelevanten Beweisergebnissen im Sitzungsprotokoll bestanden. Vielen von ihnen sind diese Zusammenhänge allerdings nicht bewusst – die eigene Würdigung der sich aus dem Hauptverhandlungsprotokoll ergebenden Beweise hat in der Vergangenheit den häufigsten aller in Revisionsexamensklausuren vorkommenden Fehler überhaupt dargestellt. Da damit Unkenntnis von einer der zentralen Auswirkungen der Revision als bloße Rechtskontrolle ge- **537** zeigt wird, hat dieser – so leicht zu vermeidende – Fehler immer deutliche Punktabzüge zur Folge.

538 Bedauerlicherweise wird dieser Zusammenhang auch in der Ausbildungsliteratur nicht immer richtig dargestellt, was bei Prüflingen schon für zusätzliche Verwirrung gesorgt hat. So wurden etwa im sachlichrechtlichen Teil der Lösung einer breit veröffentlichten „Assessorexamensklausur" Beweisergebnisse, die zwar den Feststellungen im angefochtenen Urteil zu Grunde lagen, nach der vorangegangenen verfahrensrechtlichen Prüfung aber einem Verwertungsverbot unterlagen, i.R. einer „tatsächlichen Würdigung" von der Subsumtionsprüfung ausdrücklich ausgenommen.[236] Ein solches „Hinwegdenken" von verfahrensfehlerhaft zustande gekommenen Beweisteilen findet jedoch bei der sachlichrechtlichen Kontrolle gerade nicht statt – ihr ist völlig unabhängig von den Ergebnissen des verfahrensrechtlichen Gutachtens vollständig und ausschließlich der in der Urteilsurkunde festgestellte Sachverhalt zu Grunde zu legen.

539 Um von vornherein die Kenntnis der einzig maßgeblichen Prüfungsgrundlage zu belegen, sollte der Begutachtung der dem Schuldspruch zu Grunde liegenden Gesetzesanwendung daher immer folgender Einleitungssatz vorangestellt werden:

„Fraglich ist, ob die Feststellungen des angefochtenen Urteils die Verurteilung wegen … tragen."

539a bb) Mit diesem Obersatz hatte – etwas versteckt – auch ein neuer Klausurfall zu tun, in dem es erstmalig um eine **Berufungsbeschränkung** ging. Das Berufungsgericht hatte zum abgeurteilten Raub bewusst gar keine eigenen Feststellungen getroffen, sondern sich wegen der erfolgten Beschränkung der Berufung auf den Rechtsfolgenausspruch an den erstinstanzlich vom Amtsgericht festgestellten – ebenso abgedruckten – Sachverhalt gebunden gesehen. In diesem hatte das Amtsgericht mitgeteilt, es könne nicht festgestellt werden, was der Angeklagte mit den entwendeten Eintrittskarten vorgehabt habe. Die Wirksamkeit der Berufungsbeschränkung auf den Rechtsfolgenausspruch setzt allerdings voraus, dass das angefochtene Urteil seine Prüfung ermöglicht. Die Beschränkung ist daher nicht wirksam, wenn die Feststellungen zur Tat, sei es auch nur zur inneren Tatseite, so knapp, unvollständig, unklar oder widersprüchlich sind, dass sie keine hinreichende Grundlage für die Prüfung der Rechtsfolgenentscheidung bilden (vgl. *M-G/S* § 318 Rn. 16). Da das Amtsgericht die Zueignungsabsicht des Angeklagten sogar – noch weitergehend – ausdrücklich für nicht feststellbar erklärt hatte, ließen sich Art und Umfang der Schuld nicht in dem zur Überprüfung des Strafausspruchs notwendigen Maße bestimmen. Wegen der damit unwirksamen Berufungsbeschränkung galt das Rechtsmittel als in vollem Umfang eingelegt (vgl. *M-G/S* § 318 Rn. 32), so dass das Landgericht eigene Feststellungen zum Raub hätte treffen müssen. Von solchen hatte es aber bewusst abgesehen, so dass die Raubverurteilung – und darin lag der eigentliche Rechtsfehler – von Feststellungen überhaupt nicht getragen war. Es bot sich an, die Frage der Wirksamkeit der Berufungsbeschränkung und die Folge ihrer Unwirksamkeit komplett i.R. der sachlichrechtlichen Nachprüfung der Gesetzesanwendung zu erörtern.

---

236 *Ellbogen* JuS 2006, 345, 347 f.

b) Das StGB beinhaltet selbst nach Ausschluss der abseitigen und auch in der tatrichterlichen Praxis kaum relevanten Delikte noch eine Vielzahl **prüfungsgeeigneter Straftatbestände**. Der Rückblick auf die Prüfungsgeschichte belegt jedoch, dass manche von ihnen häufiger thematisiert werden als andere und manche im Laufe der Jahre wiederum kaum eine Rolle gespielt haben.[237] Vor diesem Hintergrund sollte jedenfalls mit folgenden Straftatbeständen sicher umgegangen werden können, die in der Vergangenheit – und zwar auch in allen anderen strafrechtlichen Klausuren des zweiten Staatsexamens – gesteigerte Bedeutung hatten: Widerstand gegen Vollstreckungsbeamte (§ 113 StGB); Unerlaubtes Entfernen vom Unfallort (§ 142 StGB); Vortäuschen einer Straftat sowie Falsche Verdächtigung (§§ 145d, 164 StGB – beides mitunter auch i.R. einer mittelbaren Täterschaft); Mord und Totschlag (§§ 211, 212 StGB); Körperverletzungsdelikte (§§ 223, 224, 229 und ganz besonders 227 StGB); Freiheitsberaubung und Nötigung (§§ 239 und 240 StGB – beides bisweilen auch i.R. einer mittelbaren Täterschaft); erpresserischer Menschenraub und Geiselnahme (§§ 239a und 239b StGB – ganz besonders im Zwei-Personen-Verhältnis); Diebstahlsdelikte und Unterschlagung (§§ 242, 243, 244, 244a sowie 246 StGB); Raub, Räuberischer Diebstahl, Erpressung und Räuberische Erpressung (§§ 249, 252, 253, 255 StGB – jeweils i.V. mit § 250 StGB); Hehlerei (§ 259 StGB); Betrug und Computerbetrug (§§ 263 und 263a StGB); Erschleichen von Leistungen (§ 265a StGB); Untreue (§ 266 StGB); Urkundenfälschung und -unterdrückung (§§ 267 und 274 StGB); Brandstiftungsdelikte (§§ 306, 306a und 306b StGB); Gefährlicher Eingriff in den Straßenverkehr, Gefährdung des Straßenverkehrs und Trunkenheit im Verkehr (§§ 315b, 315c und 316 StGB). Straftatbestände außerhalb des StGB (insbesondere nach dem WaffG und BtMG) sowie Ordnungswidrigkeiten sind in aller Regel von der Begutachtung ausdrücklich ausgenommen – dies gilt allerdings nicht für das häufig mit den wichtigen Verkehrsstraftaten zusammenhängende Fahren ohne Fahrerlaubnis nach § 21 StVG. 540

Dringend anzuraten ist, die jeweiligen **Strafvorschriften vollständig zu lesen** und in Betracht zu ziehen. Häufig findet sich der Anknüpfungspunkt der thematisierten Problematik gerade in den weiteren Absätzen – wie etwa im Fall der Qualifikation nach § 315b Abs. 3 StGB, des Regelbeispiels nach § 113 Abs. 2 StGB oder aber der tätigen Reue nach § 239a Abs. 4 StGB. Im Fall der Verurteilung wegen Versuchs muss zudem immer auch ein eventueller **Rücktritt** nach § 24 StGB in Erwägung gezogen werden. 541

c) Wichtig ist, dass die Prüfungsämter i.R. dieser Begutachtung üblicherweise auch die Prüfung derjenigen Straftatbestände erwarten, deren Aburteilung das Tatgericht auf Grundlage seiner eigenen Feststellungen in der angefochtenen Entscheidung möglicherweise **übersehen** hat. Dies versteht sich für den – seltenen – Fall einer zuungunsten des Angeklagten eingelegten Revision der Staatsanwaltschaft von selbst. Nach dem Inhalt des oben[238] genannten Bearbeitungsvermerks wird die Begutachtung der tatrichterlichen Feststellungen in diese Richtung jedoch auch für den üblichen Fall der (alleinigen) Revisionseinlegung durch den Angeklagten verlangt, obwohl dieser durch derartige Rechtsfehler gar nicht beschwert wäre und in dieser 542

237 Vgl. auch entsprechende gesetzliche Regelungen wie etwa in § 11 Abs. 2 Nr. 7 JAG NRW.
238 Rn. 521.

Situation zudem nach § 358 Abs. 2 S. 1 StPO vor ihm nachteiligen Änderungen der Rechtsfolgen geschützt ist. Sollten die – im (Klausur-)Regelfall ohnehin aufzuhebenden – Urteilsfeststellungen tatsächlich die Verwirklichung weiterer Delikte belegen, empfiehlt sich i.R. der Zweckmäßigkeitserwägungen am Ende der Klausurlösung der Hinweis, dass dieser Umstand wegen § 358 Abs. 2 S. 1 StPO keine Bedeutung für die Frage hat, ob die eingelegte Revision des Angeklagten durchgeführt werden soll. Zusätzliche Ausführungen können hier im Einzelfall im Hinblick auf eine dem Angeklagten möglicherweise nachteilige Schuldspruchänderung erforderlich sein.[239]

543 d) Mitunter ergibt sich in Klausuren, dass die tatrichterlichen Feststellungen zwar den Schuldspruch tragen, dieser aber bei Taten, die vorsätzlich und fahrlässig begangen werden können, entgegen § 260 Abs. 4 S. 1 StPO die zur rechtlichen Bezeichnung der Tat gehörende **Angabe der Schuldform nicht enthält** (vgl. *M-G/S* § 260 Rn. 24). Es handelt sich hier insbesondere um die Tatbestände des gefährlichen Eingriffs in den Straßenverkehr und der Gefährdung des Straßenverkehrs (§§ 315b, 315c i.V. mit § 11 Abs. 2 StGB), der Trunkenheit im Verkehr (§ 316 StGB) sowie des Fahrens ohne Fahrerlaubnis (§ 21 StVG). Der Angeklagte wird also beispielsweise anstatt wegen „vorsätzlicher Trunkenheit im Verkehr“ nur wegen „Trunkenheit im Verkehr“ verurteilt, obwohl die Feststellungen des angefochtenen Urteils eine vorsätzliche Tatbegehung belegen. Ein solcher Rechtsfehler begründet allerdings die Revision nicht. Vielmehr kommt es in entsprechender Anwendung des § 354 Abs. 1 StPO lediglich zur Berichtigung des Schuldspruchs durch das Revisionsgericht (vgl. *M-G/S* § 354 Rn. 33), sollte dieser aus anderen Gründen nicht ohnehin aufgehoben werden müssen.

4. Rechtsfolgenausspruch

a) Allgemeines

544 aa) Rechtsfehler können sich auch i.R. des Rechtsfolgenausspruchs zunächst aus der **Darstellung** der Strafzumessungsgründe ergeben. Lücken in der Entscheidung zur Rechtsfolge, die zu der Besorgnis Anlass geben, das Tatgericht habe wesentliche Gesichtspunkte bei der Auswahl oder Anwendung von Rechtsfolgen nicht berücksichtigt, werden heute als revisible sachlichrechtliche Mängel angesehen[240] – es gelten insoweit die bereits oben[241] dargelegten Zusammenhänge. Um einen Darstellungsmangel geht es beispielsweise, wenn bei der eigentlichen Strafzumessung naheliegende Strafmilderungsgründe unerörtert – also nicht notwendigerweise unberücksichtigt – geblieben sind.[242] Auf der anderen Seite überprüft das Revisionsgericht auch in diesem Rahmen die eigentliche **Gesetzesanwendung** des Tatgerichts. Sie ist beispielsweise zu beanstanden, wenn das Tatgericht sich bei Verschiebung des Strafrahmens nach § 49 Abs. 1 StGB verrechnet hat. Da sich beide Gesichtspunkte i.R. der hier bedeutsamen Einzelfragen jedoch häufig überschneiden, werden sie in diesem Zusammenhang einheitlich erörtert.

239 Vgl. dazu unten Rn. 622 f.
240 Vgl. LR-*Hanack* § 337 Rn. 188.
241 Rn. 522.
242 Zum Beruhen des Urteils auf einer solchen lediglich *möglichen* Gesetzesverletzung vgl. oben Rn. 520.

bb) Auch wenn es hin und wieder Klausuraufgaben gibt, in denen die Prüfungsämter auf den Abdruck der Zumessungsgründe vollständig verzichten und bei denen entsprechende sachlichrechtliche Mängel daher von vornherein ausscheiden, spielen rechtsfehlerhafte Strafzumessungsgründe in der Prüfungswirklichkeit grundsätzlich eine große Rolle. Die nachfolgende Darstellung der klausurrelevanten Einzelfragen orientiert sich am üblichen Aufbau des entsprechenden Urteilsabschnitts. **545**

b) Strafrahmen

aa) Ein Rechtsfehler kann in bestimmten Fällen bereits darin liegen, dass das Tatgericht den seiner Strafzumessung zu Grunde gelegten **Strafrahmen nicht mitgeteilt** hat. Die vom Strafgesetz auf der Rechtsfolgenseite grundsätzlich aufgestellten Strafrahmen werden zum Teil durch Bestimmungen für minder schwere oder besonders schwere Fälle verändert (z.B. §§ 249 Abs. 2, 263 Abs. 3 StGB) und können sich zudem durch die Anwendung des § 49 StGB verschieben (z.B. über §§ 13 Abs. 2, 21, 23 Abs. 2, 27 Abs. 2 S. 2, 30 Abs. 1 S. 2, 113 Abs. 4, 157, 158 Abs. 1 StGB). Kommen vor diesem Hintergrund in einem Fall **verschiedene Strafrahmen in Betracht**, so liegt ein sachlichrechtlicher Fehler vor, wenn die Urteilsgründe nicht erkennen lassen, von welchem Strafrahmen das Gericht ausgegangen ist. In diesen Fällen muss sich der angewandte Strafrahmen also klar aus den Urteilsgründen ergeben, da das Revisionsgericht nur auf diese Weise überprüfen kann, ob dieser rechtsfehlerfrei gewählt wurde. Fehlt in derartigen Fällen die Bestimmung des Strafrahmens, so ist das angefochtene Urteil schon wegen dieses Darstellungsmangels im Rechtsfolgenausspruch aufzuheben. Einer Quantifizierung des gefundenen Strafrahmens bedarf es hingegen nicht. Da davon ausgegangen werden kann, dass das Tatgericht den von ihm bestimmten Strafrahmen exakt berechnet hat, reicht beispielsweise der Satz „Die Strafe wurde dem Strafrahmen des § 223 Abs. 1 StGB entnommen, der nach §§ 21, 49 Abs. 1 StGB verschoben wurde“. Enthält das Urteil allerdings keine tatsächlichen Anknüpfungspunkte, die die Wahl verschiedener Strafrahmen ermöglichen, so ist die Angabe des zu Grunde gelegten Strafrahmens **entbehrlich**.[243] **546**

bb) Finden sich im Klausurtext dagegen – wie üblich – gleich zu Beginn der Strafzumessung Angaben zum konkret zu Grunde gelegten Strafrahmen, so muss dieser standardmäßig mit der jeweiligen gesetzlichen Strafandrohung **abgeglichen** werden. Schon auf dieser „Einstiegsebene“ finden sich nämlich in der Klausuraufgabe bisweilen sehr einfach zu erkennende Fehler. **547**

So war das Tatgericht in einem Klausurfall bei Verurteilung wegen „vorsätzlicher Körperverletzung“ von einem Strafrahmen von „Freiheitsstrafe von *sechs Monaten* bis zu fünf Jahren“ ausgegangen – tatsächlich beträgt der gesetzliche Strafrahmen aber Freiheitsstrafe bis zu fünf Jahren oder Geldstrafe. Auf dem genannten sachlichrechtlichen Mangel **beruhte** das Urteil auch: Bei fehlerhaften Strafzumessungserwägungen entscheidet das Revisionsgericht nach eigenem Ermessen darüber, ob nach dem Gesamtinhalt des Urteils auszuschließen ist, dass der Mangel Einfluss auf die Strafbemessung gehabt hat. Dies war hier nicht der Fall, da die erfolgte Verurteilung zu einer achtmonatigen Freiheitsstrafe angesichts Tathandlung (fol- **548**

243 Vgl. *OLG Düsseldorf* StV 2001, 224, 225.

genlose „Ohrfeige") und vollständig fehlender Vorstrafen des Angeklagten ohne die rechtsfehlerhafte Zugrundelegung des erhöhten Strafmindestmaßes kaum zu erwarten gewesen wäre.

549 cc) Rechtsfehler können sich auch ergeben, wenn ein im Schuldspruch des angefochtenen Urteils enthaltener Straftatbestand einen milderen Strafrahmen für einen **minder schweren Fall** vorsieht; besonders schwere Fälle – wie z.B. in § 263 Abs. 3 StGB – spielen i.R. der (klausurüblichen) Revision des Angeklagten kaum eine Rolle. Das Vorliegen eines minder schweren Falles, der ein beträchtliches Überwiegen der mildernden Faktoren voraussetzt, muss das Tatgericht zwar nicht erörtern, wenn ein solcher fernliegt. Mit dieser Frage muss sich das Tatgericht zur Vermeidung eines Darstellungsmangels jedoch dann auseinandersetzen, wenn die Feststellungen zur Annahme eines minder schweren Falles **drängen** (vgl. *Fischer* § 46 Rn. 86). Sachlichrechtlich besteht hier also ein Begründungserfordernis, das weiterreicht als die entsprechenden verfahrensrechtlichen Anforderungen des § 267 Abs. 3 S. 2 StPO.

550 So war der Angeklagte in einem Klausurfall wegen räuberischen Diebstahls verurteilt worden, ohne dass das Tatgericht im Urteil die Frage eines minder schweren Falles nach §§ 252, 249 Abs. 2 StGB erörtert hatte. Aus den Urteilsfeststellungen zur Person und zur Sache ergab sich jedoch, dass der Angeklagte überhaupt nicht vorbestraft war, das Tatopfer nur geringfügig verletzt worden war und der Wert der entwendeten Gegenstände nur etwa 10 € betrug. Da vor diesem Hintergrund nicht auszuschließen war, dass das Tatgericht die Möglichkeit der sich **aufdrängenden** Strafrahmenverschiebung nach §§ 252, 249 Abs. 2 StGB nicht berücksichtigt hatte, war das Urteil wegen dieses sachlichrechtlichen Fehlers im Rechtsfolgenausspruch aufzuheben.

551 Hochinteressant war die Thematik in einen Klausurfall eingearbeitet, in dem der (unverteidigte) Angeklagte vom Strafrichter u.a. wegen Meineides verurteilt worden war. Dass nach den Feststellungen des angefochtenen Urteils im Ursprungsverfahren sowohl der Hinweis auf das Zeugnisverweigerungsrecht aus § 52 Abs. 1 StPO unterblieben als auch das Eidesverbot des § 60 Nr. 2 StPO missachtet worden war, änderte zwar an der Strafbarkeit nach § 154 StGB nichts (vgl. *Fischer* § 154 Rn. 4). Eine objektiv verfahrensfehlerhafte Vereidigung stellt aber einen erheblichen Strafmilderungsgrund dar, der die Annahme eines minder schweren Falles nach § 154 Abs. 2 StGB nahe legt.[244] Erst recht gilt dies im Fall der fehlenden Belehrung über ein Zeugnisverweigerungsrecht sowie des zusätzlichen Verstoßes gegen ein Vereidigungsverbot, da die hieraus resultierenden Milderungsgründe selbständig und kumulativ nebeneinander stehen (*Fischer* § 154 Rn. 21). Dass das Amtsgericht einen minder schweren Fall nicht ansprach und der Strafzumessung ohne Weiteres den Strafrahmen des § 154 Abs. 1 StGB zu Grunde legte, stellte daher – zumal der Angeklagte obendrein noch geständig war – einen offensichtlichen Erörterungsmangel dar. Dem aufmerksamen Prüfling entging daneben nicht, dass der Strafrichter für die Aburteilung des – von den Feststellungen getragenen – Verbrechens des Meineids sachlich gar nicht zuständig war.[245] Der absolute Revisionsgrund der §§ 140 Abs. 1 Nr. 2, 338 Nr. 5 StPO war dann kaum noch zu übersehen – insgesamt eine äußerst gelungene Verknüpfung verschiedener Revisionsthemen.

552 dd) Rechtsfehler bei der Strafrahmenbildung können auch im Zusammenhang mit **§ 49 Abs. 1 StGB** auftreten – eine Vorschrift, mit der viele Prüflinge nicht sicher umzugehen wissen. Auf § 49 Abs. 1 StGB kommt es an, wenn das Tatgericht – etwa in Fällen verminderter Schuldfähigkeit (§ 21 StGB) oder bei Unterlassungs- (§ 13 Abs. 2

244 *Vgl. BGH* NStZ/*Theune* 1989, 216.
245 Vgl. dazu im Einzelnen oben Rn. 89.

StGB) und Versuchsstrafbarkeit (§ 23 Abs. 2 StGB) – den **Strafrahmen verschieben kann** oder – etwa im Fall der Beihilfe (§ 27 Abs. 2 S. 2 StGB) – **verschieben muss**.

(1) In unmittelbarem Zusammenhang mit § 49 Abs. 1 StGB kann es im Klausurfall zunächst um **einfache Rechenfehler** des Tatgerichts gehen. Um diese aufzuspüren, muss sich der Prüfling klarmachen, dass in zwei getrennten Schritten sowohl Höchst- als auch Mindestmaß des ursprünglichen Strafrahmens gesenkt werden und somit ein an Ober- und Untergrenze neuer Strafrahmen entsteht. **553**

Die **Obergrenze** des gemilderten Strafrahmens bestimmt sich regelmäßig nach § 49 Abs. 1 Nr. 2 StGB – die für lebenslängliche Freiheitsstrafe in § 49 Abs. 1 Nr. 1 StGB genannte Milderung spielt in Klausuren keine Rolle. Bei zeitiger Freiheitsstrafe darf danach auf höchstens drei Viertel des angedrohten Höchstmaßes erkannt werden; bei Geldstrafe gilt dasselbe für die Höchstzahl der Tagessätze. In einem ersten Schritt ist damit das in Rede stehende Höchststrafmaß mit dem Faktor 0,75 zu multiplizieren. Aus folgenden häufig vorkommenden Freiheitsstrafe-Höchstmaßen ergeben sich auf diesem Weg folgende gemilderte Obergrenzen: **554**

2 Jahre > 1 Jahr 6 Monate;
3 Jahre > 2 Jahre 3 Monate;
5 Jahre > 3 Jahre 9 Monate;
10 Jahre > 7 Jahre 6 Monate;
15 Jahre > 11 Jahre 3 Monate.

Für die **Untergrenze** des gemilderten Strafrahmens ist ein derartiger Rechenschritt nicht erforderlich. Nach der Regel des § 49 Abs. 1 Nr. 3 StGB ermäßigen sich alle erhöhten Mindestmaße von Freiheitsstrafen pauschal wie folgt: **555**

10 und 5 Jahre > 2 Jahre
3 und 2 Jahre > 6 Monate
1 Jahr > 3 Monate
unter 1 Jahr > 1 Monat (§ 38 Abs. 2 StGB)

Strafrahmen, die in ihrer Untergrenze auf Geldstrafe lauten, sind also von der Reduzierung des § 49 Abs. 1 Nr. 3 StGB von vornherein nicht betroffen. Für eine Beihilfe zum Diebstahl ergäbe sich damit zwingend ein Strafrahmen von Freiheitsstrafe bis zu 3 Jahren 9 Monaten oder (unverändert) Geldstrafe, für die Beihilfe zur gefährlichen Körperverletzung dagegen ein solcher von Freiheitsstrafe von 1 Monat bis zu 7 Jahren 6 Monaten. **556**

Sind diese Mechanismen einmal verstanden, werden sich entsprechende Fehler in einer Klausuraufgabe mühelos aufdecken lassen. So hatte die Strafkammer in einem dieser Klausurfälle bei Verurteilung wegen versuchten Raubes von der (hier fakultativen) Strafrahmenverschiebung nach §§ 249 Abs. 1, 23 Abs. 2, 49 Abs. 1 StGB Gebrauch machen wollen. Schon auf den ersten Blick fiel dem vorbereiteten Prüfling hierbei auf, dass der vom Tatgericht ermittelte Freiheitsstrafrahmen von 1 Jahr bis zu 11 Jahren 9 Monaten an Ober- und Untergrenze fehlerhaft bestimmt war. Tatsächlich hätte der ursprüngliche Strafrahmen des § 249 Abs. 1 StGB – Freiheitsstrafe von 1 Jahr bis zu 15 Jahren (§ 38 Abs. 2 StGB) – auf einen solchen von 3 Monaten bis zu 11 Jahren 3 Monaten ermäßigt werden müssen. Da die von der Strafkammer ausgeurteilte Freiheitsstrafe von 1 Jahr 9 Monaten am unteren Rand des zur Verfügung stehenden Strafrahmens lag, war auch nicht auszuschließen, dass die Strafe bei **557**

Zugrundelegung der tatsächlichen Mindestfreiheitsstrafe von nur 3 Monaten noch geringer ausgefallen wäre, so dass das Urteil auch auf dem Rechtsfehler beruhte.

558 (2) Leicht zu konstruieren sind auch Klausursituationen, in denen das Tatgericht seiner Strafzumessung den **Normalstrafrahmen** zu Grunde gelegt hat, obwohl seine Urteilsfeststellungen – wie etwa im Fall der Beihilfestrafbarkeit – eine **obligatorische** Strafrahmenverschiebung nach § 49 Abs. 1 StGB belegen. Hier ist die Wahl des falschen Strafrahmens – und damit die **fehlerhafte Gesetzesanwendung** – positiv feststellbar.

559 Mit Blick auf den hier ebenfalls einschlägigen § 28 Abs. 1 StGB kann es zu interessanten Verknüpfungen mit materiell-rechtlichen Themen kommen. In einem neueren Klausurfall ging es um eine Anstiftung, bei der die Haupttat – eine versuchte Auftragstötung für 5000 € – durch das damit vom Täter verwirklichte persönliche Merkmal der Habgier (vgl. *Fischer* § 211 Rn. 11) zum versuchten Mord geworden war, der abgeurteilte Anstifter dieses Merkmal jedoch nicht aufwies. Die sich hier für ihn nach der Rechtsprechung zwingend ergebende Strafrahmenverschiebung des § 28 Abs. 1 StGB (vgl. *Fischer* § 211 Rn. 94 f.) hatte das Tatgericht rechtsfehlerhaft nicht vorgenommen.

560 Gehen hingegen aus den Urteilsfeststellungen die Voraussetzungen lediglich **fakultativer** Milderungsgründe (insbesondere der §§ 13 Abs. 2, 21, 23 Abs. 2 StGB) ausdrücklich hervor, liegt bei Wahl des Normalstrafrahmens ein **Darstellungsmangel** vor, wenn das Urteil zu § 49 Abs. 1 StGB vollständig schweigt und sich das Tatgericht der daraus resultierenden Milderungsmöglichkeit daher eventuell nicht bewusst war. Darstellungsmängel finden sich in Klausuraufgaben gerne im Hinblick auf eine möglicherweise verminderte Schuldfähigkeit des zur Tatzeit **alkoholisierten** Angeklagten. **Blutalkoholkonzentrationswerte ab 2,0 Promille** – bei Tötungsdelikten ab 2,2 Promille – deuten nämlich, ohne dass insoweit ein medizinisch-statistischer Erfahrungssatz besteht, auf eine erhebliche Verminderung der Steuerungsfähigkeit hin, so dass § 21 StGB in der Klausur stets zu prüfen ist (vgl. *Fischer* § 20 Rn. 21). In Klausuren ist die Blutalkoholkonzentration zur Tatzeit regelmäßig im Wege der **Rückrechnung** zu ermitteln. Diese darf der Tatrichter in durchschnittlich gelagerten Fällen selbst vornehmen. Der Hinzuziehung eines Sachverständigen bedarf es unter dem Gesichtspunkt der Aufklärungspflicht (§ 244 Abs. 2 StPO) nur bei Vorliegen von – klausurunwahrscheinlichen – Besonderheiten wie etwa möglichen Wechselwirkungen zwischen Alkoholisierung und Persönlichkeitsstörungen (*Fischer* § 20 Rn. 16). Auf Grundlage der in den Urteilsfeststellungen enthaltenen Angaben zum – üblicherweise knapp unter dem Grenzwert von 2,0 Promille liegenden – Alkoholkonzentrationswert einer nach der Tat entnommenen Blutprobe sowie zum genauen Zeitpunkt der Blutprobenentnahme erfolgt die Rückrechnung in der Weise, dass zur mitgeteilten Blutalkoholkonzentration für jede zwischen Tat und Blutentnahme liegende Stunde 0,2 Promille sowie ein einmaliger Sicherheitszuschlag von 0,2 Promille zu addieren sind (vgl. *Fischer* § 20 Rn. 13).

561 In einem Klausurfall hatte das Amtsgericht festgestellt, dass dem Angeklagten drei Stunden nach Tatbegehung eine Blutprobe mit einer Blutalkoholkonzentration von 1,2 Promille entnommen worden war, und zutreffend eine Rückrechnung auf 2,0 Promille vorgenommen. Trotz Erreichens des maßgeblichen Grenzwertes schwieg das angefochtene Urteil rechtsfehlerhaft zu einer möglichen Strafrahmenverschiebung nach §§ 21, 49 Abs. 1 StGB und ging ohne Weiteres vom Normalstrafrahmen des abgeurteilten Deliktes aus.

Dieselbe Problematik kann auch bei **Betäubungsmittel** konsumierenden Angeklagten bedeutsam werden. Eine erhebliche Verminderung der Steuerungsfähigkeit kann sich bei diesen – wie auch bei Beschaffungstaten unter starken Entzugserscheinungen oder unter Angst vor solchen – insbesondere in Fällen akuter Intoxikation ergeben (vgl. *Fischer* § 21 Rn. 13). Mangels entsprechenden Erfahrungswissens existieren für die Beeinträchtigung durch den Konsum anderer Rauschmittel als Alkohol bislang zwar keine Wirkstoffgrenzen (vgl. *Fischer* § 316 Rn. 39). Nach allgemeinen sachlichrechtlichen Grundsätzen besteht eine tatrichterliche Erörterungspflicht in diesem Zusammenhang aber dann, wenn die Urteilsgründe eine akute Drogenintoxikation nahelegen. Dies hatte das Amtsgericht in dem Klausurfall verkannt, in dem es zwar feststellte, die Ehe des Angeklagten, der die abgeurteilten Taten „unter Drogeneinfluss" begangen habe, sei „seit längerer Zeit wegen der Drogenabhängigkeit zerrüttet", sich anschließend aber nicht mit den Voraussetzungen des § 21 StGB auseinandersetzte. **562**

(3) Vorsicht ist in den – eher seltenen – Klausurfällen geboten, in denen das Tatgericht dem Angeklagten eine fakultative Strafmilderung nach **§ 49 Abs. 1 StGB ausdrücklich versagt** hat. Auch in diesem Rahmen kann es dabei insbesondere auf § 21 StGB ankommen. Eine Strafmilderung darf hier nur versagt werden – ähnliche Erwägungen gelten in den Fällen der §§ 13 Abs. 2 und 23 Abs. 2 StGB –, wenn die durch § 21 StGB eingetretene Schuldminderung durch im Urteil näher darzulegende schulderhöhende Umstände aufgewogen wird. Im Fall der – praktisch hochrelevanten – alkoholbedingt verminderten Steuerungsfähigkeit kommt dies jedenfalls dann in Betracht, wenn der Angeklagte auf Grund früherer Erfahrungen wusste, dass er nach Alkoholkonsum zu Straftaten mit ähnlicher Zielrichtung neigt (vgl. *Fischer* § 21 Rn. 25). Zur Versagung der Strafmilderung hat das Tatgericht hier aber darzulegen, dass und warum der Angeklagte nach Alkoholgenuss mit vergleichbaren Straftaten rechnen musste (vgl. *Fischer* § 21 Rn. 27). **563**

Diese Anforderung hatte das Amtsgericht in dem Klausurfall missachtet, in dem es dem wegen Diebstahls verurteilten Angeklagten nach Bejahung der Voraussetzungen des § 21 StGB eine Strafmilderung nach § 49 Abs. 1 StGB mit Hinweis darauf versagt hatte, ihm sei „spätestens auf Grund seiner vielfachen Vorverurteilungen bekannt gewesen, dass er unter erhöhtem Alkoholgenuss zur Straffälligkeit" neige. Aus der in den Feststellungen zur Person enthaltenen Vorstrafenliste ergaben sich aber lediglich Vorverurteilungen wegen Sachbeschädigungs- und Körperverletzungsdelikten. Den Urteilsgründen – und insbesondere der darin enthaltenen Strafzumessung – war damit nicht zu entnehmen, welche der früheren Taten unter Alkoholeinfluss begangen worden waren und inwiefern sich diese mit der nun abgeurteilten Tat vergleichen ließen. Das angefochtene Urteil war daher auf die Sachrüge (jedenfalls) im Rechtsfolgenausspruch aufzuheben. **564**

ee) Zu beachten ist in diesem Zusammenhang auch die Vorschrift des **§ 52 Abs. 2 S. 1 StGB**, nach der im Fall der tateinheitlichen Verletzung mehrerer Strafgesetze die Strafe nach dem Gesetz bestimmt wird, das die schwerste Strafe androht. I.R. der hier maßgeblichen spezialisierenden Betrachtungsweise – also des Vergleichs der im konkreten Fall anwendbaren Strafrahmen – droht bei gleichartigen Strafen dasjenige Gesetz die schwerste Strafe an, das das schwerste Höchstmaß enthält, auch wenn es ein geringeres Mindestmaß vorsieht (vgl. *Fischer* § 52 Rn. 3). **565**

Hat sich der Angeklagte zum Beispiel wegen eines besonders schweren Falles des Diebstahls in Tateinheit mit dem Führen einer halbautomatischen Kurzwaffe strafbar gemacht – Strafrahmen Freiheitsstrafe von 3 Monaten bis zu 10 Jahren (§ 243 Abs. 1 S. 1 StGB) bzw. von 6 Monaten bis zu 5 Jahren (§ 52 Abs. 1 WaffG) –, so ist § 243 Abs. 1 S. 1 StGB – will das Tatge- **566** richt nicht die Indizwirkung des Regelbeispiels entfallen lassen – wegen seines schwereren Höchstmaßes das Gesetz, nach dem die Strafe bestimmt wird. Allerdings ist damit nur das Höchstmaß des maßgeblichen Strafrahmens festgestellt, da nach § 52 Abs. 2 S. 2 StGB das höchste Mindestmaß der anwendbaren Gesetze – hier also dasjenige des § 52 Abs. 1 WaffG – nicht unterschritten werden darf. Der Strafrahmen beträgt im Beispielsfall demnach Freiheitsstrafe von 6 Monaten bis zu 10 Jahren. Anders wiederum wäre es allerdings, wenn das Tatgericht hier trotz Verwirklichung des Regelbeispieles einen besonders schweren Fall nach § 243 Abs. 1 StGB verneint hätte. I.R. der spezialisierenden Betrachtungsweise würde sich der Strafrahmen jetzt vollständig aus § 52 Abs. 1 WaffG ergeben. Da die §§ 242 Abs. 1 StGB, 52 Abs. 1 WaffG mit Freiheitsstrafe von 5 Jahren dasselbe Strafhöchstmaß haben, gäbe nun das im Unterschied zu § 242 Abs. 1 StGB erhöhte Strafmindestmaß des § 52 Abs. 1 WaffG den Ausschlag.

c) Strafzumessungserwägungen

567 aa) In seltenen Fällen liegen Rechtsfehler in diesem Zusammenhang zunächst darin, dass das Tatgericht bestimmte **Zumessungserwägungen unberücksichtigt** gelassen hat. Da üblicherweise Revisionen des Angeklagten zu begutachten sind, werden hier regelmäßig die Strafmilderungsgründe betroffen sein. Nach § 267 Abs. 3 S. 1 StPO sind die Umstände anzuführen, die für die Zumessung der Strafe „bestimmend" gewesen sind – nicht etwa müssen sämtliche vom Tatgericht berücksichtigten Strafzumessungsgründe angegeben oder alle in § 46 StGB aufgeführten Umstände ausdrücklich abgehandelt werden. Die Strafzumessung ist jedoch i.S. eines Darstellungsmangels fehlerhaft, wenn sie besorgen lässt, dass das Tatgericht sich aus dem Urteil selbst ergebende **wesentliche Milderungsgründe** nicht berücksichtigt hat (vgl. *M-G/S* § 267 Rn. 18).

568 (1) Als ein solcher wesentlicher Strafmilderungsgrund war in einem entsprechenden Klausurfall vom Tatgericht die – sich im Urteil aus den Feststellungen zur Person ergebende – bisherige Straflosigkeit des Angeklagten in den Zumessungsgründen unerwähnt geblieben. Stattdessen hatte das Gericht hier ausschließlich strafschärfende Gesichtspunkte aufgeführt. Eine straffreie Lebensführung erlaubt jedoch wichtige Schlüsse auf die Persönlichkeit des Angeklagten und ist daher – was im Urteil klarzustellen ist – regelmäßig strafmildernd zu berücksichtigen (vgl. *Fischer* § 46 Rn. 37a). Das diesbezügliche Schweigen der Urteilsgründe ließ somit eine Nichtberücksichtigung dieses bestimmenden Zumessungsgrundes besorgen. Im Hinblick auf die Höhe der konkret gewählten Strafe[246] ließ sich auch nicht ausschließen, dass dieser Mangel Einfluss auf die Strafbemessung gehabt hatte.

569 (2) Als weitere **naheliegende** und vom Tatgericht nicht erörterte Milderungsmöglichkeiten, die ohne weiteres in eine Klausuraufgabe eingebaut sein können, kommen z.B. das Geständnis des Angeklagten, ihn treffende beamten- oder berufsrechtliche Konsequenzen oder aber das festgestellte Mitverschulden des Verletzten in Betracht. Eine Fehlerquelle eröffnet sich in diesem Zusammenhang auch, wenn im angefochtenen Urteil die **Einziehung eines Gegenstandes** nach §§ 74 Abs. 3, 74a StGB angeordnet worden ist. In diesem Fall müssen die Urteilsgründe nämlich erkennen lassen, dass das Tatgericht den Strafcharakter der Einziehung erkannt und – um insgesamt zu einer schuldangemessenen Sanktion zu gelangen – eine Gesamtschau mit der Hauptsache vorgenommen hat (vgl. *Fischer* § 74f Rn. 5). Eine derartige Gesamtwür-

246 Es handelte sich um den oben unter Rn. 548 beschriebenen Klausurfall.

digung ist insbesondere bei wertvollen Gegenständen unablässig. In einem hierzu gebildeten Klausurfall war ein eingezogener PKW in den Zumessungsgründen des angefochtenen Urteils rechtsfehlerhaft unerwähnt geblieben.

bb) Ganz überwiegend werden sich Rechtsfehler in diesem Zusammenhang jedoch – wie die folgenden Klausurbeispiele belegen – unter den vom Tatgericht **ausdrücklich angeführten** Straferschwerungsgründen finden lassen. **570**

(1) So war der Strafzumessung rechtsfehlerhaft ein **nicht eindeutig geklärter Sachverhalt** (vgl. *M-G/S* § 337 Rn. 35) in dem Fall zu Grunde gelegt worden, in dem die Kammer zur Begründung einer straferschwerend wirkenden rechtsfeindlichen Gesinnung des Angeklagten die Überredung einer Zeugin zu einem falschen Alibi anführte, eine solche Anstiftungshandlung des Angeklagten aber ohne weiteres aus der Falschaussage als solcher schloss. Dies alleine erlaubte einen sicheren Schluss auf eine Anstiftung durch den Angeklagten aber schon deshalb nicht, weil die Zeugin den Entschluss zur Falschaussage naturgemäß auch von sich aus getroffen haben konnte. Der Fall belegte einen weiteren Verstoß gegen das oben[247] dargestellte, allgemein-sachlichrechtliche Postulat der „intersubjektiven Nachvollziehbarkeit", das hier als Variante allerdings einmal i.R. der Strafzumessung missachtet worden war – bei dem in Rede stehenden Zumessungskriterium handelte es sich um eine „bloße Vermutung". **571**

(2) Geradezu klassisch sind in Revisionsklausuren Verstöße gegen das **Doppelverwertungsverbot** des § 46 Abs. 3 StGB, wonach Umstände, die schon Merkmale des gesetzlichen Tatbestandes sind, nicht nochmals bei der Strafzumessung berücksichtigt werden dürfen. **572**

So hatte das Amtsgericht nach Verurteilung wegen räuberischen Diebstahls in seinen Strafzumessungsgründen straferschwerend berücksichtigt, „dass der Angeklagte um des materiellen Vorteils willen nicht davor zurückgescheut hat, auch mit Gewalt gegen Menschen vorzugehen", und damit den Tatbestand des § 252 StGB ausfüllende Umstände rechtsfehlerhaft auch zur Strafzumessung herangezogen. Bei Verurteilung wegen Diebstahls in einem anderen Klausurfall war ein entsprechender Rechtsfehler ebenso greifbar in die Formulierung gekleidet, „die Angeklagte habe fremdes Eigentum nicht so respektiert, wie es die Rechtsordnung von ihr verlange".[248] Zu beachten ist jedoch, dass sich aus den konkreten Umständen einer intensiven oder hartnäckigen Verfolgung des Tatziels eine besondere kriminelle Energie ergeben kann, die ohne Verstoß gegen § 46 Abs. 3 StGB strafschärfend berücksichtigt werden darf. Entsprechendes gilt für besonders schwere Tatfolgen sowie die tateinheitliche Verwirklichung mehrerer Straftatbestände (vgl. *Fischer* § 46 Rn. 76a, 32). **573**

(3) **Zulässiges Verteidigungsverhalten** darf dem Angeklagten nicht strafschärfend angerechnet werden, so etwa die Verweigerung der Aussage, das Leugnen der Tat, das Bezweifeln der Glaubwürdigkeit des Tatopfers, das Abschieben der Schuld auf Mitangeklagte oder das Verwischen von Tatspuren (vgl. *Fischer* § 46 Rn. 53). Einem nicht geständigen Angeklagten darf aber auch **das Fehlen von Schuldeinsicht, Reue oder Schadenswiedergutmachung** nicht zur Last gelegt werden, da er sich ansonsten zur **574**

---

247 Rn. 527.
248 Entsprechende Beispiele zu einer Vielzahl von Tatbeständen des StGB finden sich bei *Fischer* § 46 Rn. 77 ff.

Aufgabe seiner im Hinblick auf § 243 Abs. 5 S. 1 StPO rechtmäßigen Verteidigungsposition veranlasst sehen könnte (vgl. *Fischer* § 46 Rn. 50b).

575 In einem hierzu gebildeten Klausurfall hatte die Angeklagte sich nach ihrer Ergreifung noch am Tatort als ihre eigene Schwester auszugeben versucht, in der Hauptverhandlung dann aber zur Sache nicht mehr ausgesagt. In dieser Situation verkannte der Strafrichter beide oben genannten Gesichtspunkte, als er der Angeklagten i.R. der Strafzumessung zur Last legte, sie habe, „anstatt sich bei ihrer Schwester zu entschuldigen und ihr Fehlverhalten einzugestehen, diese falschen Behauptungen noch in der mündlichen Hauptverhandlung dadurch aufrechterhalten, dass sie den falschen Verdacht unwiderrufen im Raum" habe stehen lassen.

576 In einem anderen Klausurfall hatte der Amtsrichter dem wegen Strafvereitelung verurteilten und die Tat leugnenden Angeklagten strafschärfend zur Last gelegt, die Person, die den Geschädigten verletzt hatte, „bis heute nicht benannt" zu haben, so dass der Geschädigte „*dadurch* seine berechtigten zivilrechtlichen Ansprüche" nicht habe geltend machen können. Wer hier – wie fast alle Prüflinge – mit isoliertem Blick nur auf den ersten Teil dieser Aussage einen Verstoß gegen das Doppelverwertungsverbot bejahte, verkürzte diesen einheitlich zu wertenden Zumessungsgesichtspunkt und damit die wirkliche Intention des Tatgerichts, die zivilrechtlichen Konsequenzen des Verhaltens des Angeklagten, die ihrerseits weder Tatbestandsmerkmal noch regelmäßige Tatfolge der Strafvereitelung sind, strafschärfend zu werten. Tatsächlich waren dem Angeklagten hier also rechtsfehlerhaft die Folgen seines zulässigen Verteidigungsverhaltens angelastet worden.

577 (4) Auf der Hand liegt, dass das **Fehlen von Strafmilderungsgründen** als solches keine strafschärfende Wirkung haben kann (vgl. *Fischer* § 46 Rn. 55). In der Klausuraufgabe lassen sich entsprechende Rechtsfehler leicht etwa in der Weise konstruieren, dass „kein verständlicher Anlass für die Tat" bestanden, sich der Angeklagte „nicht um das verletzte Opfer" gekümmert oder er sich „nicht in wirtschaftlicher Notlage" befunden habe.

578 (5) Vorsicht ist in diesem Zusammenhang geboten, wenn das Tatgericht in den Zumessungsgründen nach **§§ 154 Abs. 2, 154a Abs. 2 StPO** ausgeschiedenen Verfahrensstoff strafschärfend berücksichtigt hat. Ergibt sich in diesen Fällen nicht aus dem Sitzungsprotokoll, dass der Angeklagte auf eine solche Vorgehensweise besonders hingewiesen worden war, kommt ein **Verstoß gegen § 265 StPO analog** in Betracht.[249] Ein derartiger Rechtsfehler wäre im Klausurgutachten allerdings bereits im verfahrensrechtlichen Abschnitt zu prüfen und müsste in der Revisionsbegründung unter den Voraussetzungen des § 344 Abs. 2 S. 2 StPO geltend gemacht werden.

d) Kurze Freiheitsstrafe

579 Bei der eigentlichen Bemessung der Strafe können Rechtsfehler im Zusammenhang mit § 47 Abs. 1 StGB auftreten. Danach darf eine Freiheitsstrafe **unter sechs Monaten** – und zwar auch eine Einzelfreiheitsstrafe (vgl. *Fischer* § 47 Rn. 3, 4) – nur verhängt werden, wenn besondere Umstände in der Tat oder der Persönlichkeit des Angeklagten vorliegen, die eine solche Freiheitsstrafe zur Einwirkung auf ihn oder zur Verteidigung der Rechtsordnung unerlässlich machen. Zur Vermeidung eines Darstellungs-

---

249 Vgl. dazu im Einzelnen oben Rn. 503.

mangels ist das Tatgericht in Erweiterung der entsprechenden verfahrensrechtlichen Vorgaben des § 267 Abs. 3 S. 2 StPO sachlichrechtlich zur Erörterung der Voraussetzungen des § 47 Abs. 1 StGB gehalten, wenn eine solche Erörterung nach den festgestellten Umständen **naheliegt**, die Feststellungen bei Verhängung einer kurzen Freiheitsstrafe also eher gegen ihre Erforderlichkeit sprechen. Das Urteil muss dann eine auf den Einzelfall bezogene, die Würdigung von Tat und Täterpersönlichkeit umfassende Begründung enthalten – formelhafte Wendungen reichen hier nicht aus (vgl. auch *Fischer* § 47 Rn. 15).[250]

Hält das Tatgericht in einem einschlägigen Klausurfall bei Verurteilung eines bislang nicht bestraften Angeklagten (vgl. *Fischer* § 47 Rn. 11) also ohne ein Wort der eigentlichen Begründung „zur Einwirkung auf die Angeklagte eine dreimonatige Freiheitsstrafe für unerlässlich“, so hat es nur inhaltsleer den Gesetzeswortlaut zitiert, dem Revisionsgericht aber keine Grundlage zur rechtlichen Überprüfung seiner Strafbemessung gegeben. Erst recht gilt dies natürlich in den Klausurfällen, in denen das Tatgericht in vergleichbaren Situationen noch nicht einmal pauschal auf § 47 StGB Bezug nimmt, sondern zum Beispiel nur „eine Freiheitsstrafe von zwei Monaten als tat- und schuldangemessen“ darstellt. **580**

e) Gesamtstrafenbildung

aa) Hat das Tatgericht im angefochtenen Urteil eine Gesamtstrafe verhängt, so müssen die Urteilsgründe die für jede Tat verwirkte Einzelstrafe sowie die Strafzumessungsgründe für die einzelne Tat enthalten. Da die Einzelstrafen nicht nur bloße Rechnungsfaktoren innerhalb der Gesamtstrafenbildung sind, sondern – wie sich z.B. bei Auflösung einer alten Gesamtstrafe i.R. des § 55 StGB zeigt[251] – verfahrens- und sachlichrechtlich eigene Bedeutung haben, führt grundsätzlich schon das **Fehlen einer einzigen Einzelstrafe** zur Aufhebung der Gesamtstrafe.[252] **581**

Dieser Zusammenhang wurde in dem Klausurfall abgefragt, in dem die Strafkammer unmittelbar im Anschluss an die Darlegung der Strafzumessungsgründe mitgeteilt hatte, dass nach „Abwägung dieser und aller sonstiger für und gegen den Angeklagten sprechenden Gesichtspunkte eine Gesamtfreiheitsstrafe von sechs Jahren tat- und schuldangemessen erschien“. Da das Gericht hier überhaupt keine Einzelstrafen festgesetzt hatte, kam auch die beim Fehlen *einer* Einzelstrafe revisionsgerichtlich ausnahmsweise praktizierte Festsetzung der gesetzlichen Mindeststrafe (vgl. *Fischer* § 54 Rn. 13) von vornherein nicht in Betracht. **582**

bb) Die Gesamtstrafe selbst wird dann nach § 54 Abs. 1 S. 2 StGB durch Erhöhung der sich so ergebenden höchsten Einzelstrafe – der sogenannten Einsatzstrafe – gebildet. Bei Strafen verschiedener Art ist eine Freiheitsstrafe im Übrigen auch dann die zu erhöhende „ihrer Art nach schwerste Strafe“, wenn sie niedriger als die Ersatzfreiheitsstrafe für eine außerdem verhängte Geldstrafe ist (vgl. *Fischer* § 54 Rn. 4). Nach § 54 Abs. 1 S. 3 StGB werden bei der Gesamtstrafenbildung die Person des Angeklagten und die einzelnen Strafen zusammenfassend gewürdigt. Auch wenn die Revisionsgerichte in diesem Zusammenhang keine allzu hohen Anforderungen stellen und zur Begründung der Gesamtstrafe in einfacheren Fällen – von denen in Klausuren insoweit grundsätzlich ausgegangen werden kann – auf die Zumessungserwägun- **583**

250 LR-*Hanack* § 337 Rn. 225.
251 Vgl. dazu unten Rn. 592.
252 Vgl. *BGHSt* 4, 345, 346.

gen zu den Einzelstrafen Bezug genommen werden darf (vgl. *Fischer* § 54 Rn. 11), führt jedoch das **vollständige Fehlen** von Ausführungen i.R. des § 54 Abs. 1 S. 3 StGB zur Aufhebung des Strafausspruches zur Gesamtstrafe[253] – wegen dieses Darstellungsmangels kann das Revisionsgericht nämlich nicht nachprüfen, ob die Gesamtstrafe rechtsfehlerfrei gebildet worden ist.

584 In einem hierzu gebildeten Klausurfall hieß es in den schriftlichen Urteilsgründen nach Benennung der drei Einzelstrafen rechtsfehlerhaft lediglich, dass sich „hieraus insgesamt eine Gesamtfreiheitsstrafe von 1 Jahr und 6 Monaten" ergebe.

585 cc) Schließlich wird in Klausurfällen bisweilen gegen § 54 Abs. 2 S. 1 StGB verstoßen, nach dem die Gesamtstrafe nicht die **Summe der Einzelstrafen** erreichen darf. Diese Vorschrift sollte daher standardmäßig überprüft werden, wenn es in der Klausuraufgabe um ein auf Gesamtstrafe lautendes Urteil geht. Bei einer in diesem Zusammenhang erforderlichen Addition von Geld- und Freiheitsstrafe entspricht eine Geldstrafe von 30 Tagessätzen gemäß § 47 Abs. 2 S. 2 Hs. 2 StGB im Übrigen einem Monat Freiheitsstrafe.

f) Nachträgliche Gesamtstrafenbildung

586 aa) Auch die nachträgliche Gesamtstrafenbildung nach § 55 StGB ist regelmäßig Gegenstand von Examensklausuren – im Übrigen auch solchen, in denen es um die Fertigung eines Urteilsentwurfs geht. Hintergrund dieser Vorschrift ist, dass eine Gesamtstrafe bei realkonkurrierenden Strafen nach den §§ 53 und 54 StGB nur bei gemeinsamer Aburteilung gebildet werden kann, die Durchführung eines einheitlichen Verfahrens aber häufig von **bloßen Zufällen** abhängt. Dies darf sich nicht zu Lasten des Angeklagten auswirken, soll aber auch nicht zu seiner Besserstellung führen. Der Nachteil der getrennten Aburteilung liegt insbesondere in dem zwingenden Verlust der mit der Gesamtstrafenbildung nach § 54 Abs. 2 S. 1 StGB notwendigerweise verbundenen Ermäßigung. Ihr Vorteil kann zum Beispiel darin liegen, dass die einzeln verhängten Strafen die Höchstgrenze des § 56 Abs. 2 S. 1 StGB nicht überschreiten und der Angeklagte auf diesem Weg in den Genuss der ansonsten nicht möglichen Aussetzung der Strafvollstreckung zur Bewährung gelangen kann. § 55 StGB bestimmt vor diesem Hintergrund, dass die §§ 53 und 54 StGB auch anzuwenden sind, wenn mehrere selbständige Handlungen zwar nicht einheitlich abgeurteilt wurden, aber – nach ihren Begehungszeitpunkten – **hätten einheitlich abgeurteilt werden können**.

587 bb) **Voraussetzungen** für die nachträgliche Gesamtstrafenbildung nach § 55 StGB sind:

- eine frühere rechtskräftige Verurteilung eines inländischen Gerichts insbesondere zu Freiheits- oder Geldstrafe;
- die jetzt abgeurteilte Tat ist vor der früheren Verurteilung begangen worden und hätte daher mit ihr zusammen abgeurteilt werden können;
- die Strafe aus der früheren Verurteilung ist weder vollstreckt, verjährt oder erlassen.

---

253 Vgl. *BGH* StV 1994, 370.

Liegen diese Voraussetzungen vor, muss das Tatgericht die nachträgliche Gesamtstrafenbildung vornehmen; dem ausschließlich für den Fall der Rechtskraft der einzelnen Entscheidungen vorgesehenen Beschlussverfahren nach § 460 StPO darf sie es grundsätzlich nicht überlassen. Der Verstoß gegen die **zwingende** Vorschrift des § 55 StGB stellt damit einen Revisionsgrund dar, der auf die Sachrüge hin insoweit zur Urteilsaufhebung führt (vgl. *Fischer* § 55 Rn. 34 f.). **588**

Da ein derartiger – leicht zu konstruierender – Rechtsfehler häufig in Klausuraufgaben enthalten ist, sollte im Fall von Vorstrafen des Angeklagten regelmäßig geprüft werden, ob die abgeurteilte Tat vor einer der in der Vorstrafenliste aufgeführten Entscheidungen – interessant ist hier in der Regel die letztgenannte – begangen wurde. Um die Voraussetzungen des § 55 StGB prüfen zu können, enthalten die Aufgabentexte in den einschlägigen Fällen immer auch ausdrückliche Angaben zu der Frage, ob die in Rede stehende Vorstrafe bereits vollstreckt oder erlassen ist. **589**

cc) Eine Besonderheit der nachträglichen Gesamtstrafenbildung besteht in § 55 Abs. 1 S. 2 StGB, nach dem als **„frühere Verurteilung"** i.S. des § 55 Abs. 1 S. 1 StGB das Urteil in dem früheren Verfahren gilt, in dem die zugrundeliegenden **tatsächlichen Feststellungen letztmals geprüft** werden konnten. Nach dem Zweck des § 55 StGB muss entscheidender Zeitpunkt für die Frage der Gesamtstrafenfähigkeit derjenige sein, bis zu dem es nach den Vorschriften des Prozessrechts noch möglich gewesen wäre, die jetzt abzuurteilende Tat in das frühere Verfahren einzubeziehen. Das hätte aber – rechtzeitige Anklageerhebung vorausgesetzt – bis zur Verkündung des letzten tatrichterlichen Sachurteils im früheren Verfahren geschehen können, auch wenn sich dieses nicht mehr mit der Schuld-, sondern nur noch mit der Straffrage zu befassen hatte. Praktisch äußerst bedeutsam sind daher neben erstinstanzlichen Urteilen oder ihnen gleichstehende Entscheidungen (Strafbefehle) insbesondere eine Sachentscheidung enthaltende **Berufungsurteile** – also solche, die die Berufung nicht nur nach § 322 Abs. 1 S. 2 StPO als unzulässig oder nach § 329 Abs. 1 StPO wegen unentschuldigten Ausbleibens des Angeklagten verwerfen (vgl. *Fischer* § 55 Rn. 6). **590**

Beruht in Klausurfällen eine Vorstrafe also auf einem derartigen Berufungsurteil, so ist mit der neu abgeurteilten Straftat dann eine Gesamtstrafe nach § 55 Abs. 1 StGB zu bilden, wenn diese vor Verkündung des Berufungsurteils begangen wurde. In der Prüfungspraxis sind Berufungsurteile in den einschlägigen Fällen im angefochtenen Urteil üblicherweise i.R. der Feststellungen zur Person als solche ausdrücklich gekennzeichnet. Denkbar sind aber auch – in der Praxis hochrelevante – Fälle, in denen sich das mögliche Vorhandensein eines Berufungsurteils nur versteckt aus der im angefochtenen Urteil enthaltenen Vorstrafenliste ergibt. Ist der Angeklagte danach etwa am 1. Dezember 2014 vom Amtsgericht zu einer zur Bewährung ausgesetzten Freiheitsstrafe verurteilt worden, von der es zusätzlich lediglich heißt, dass diese Strafe „seit dem 1. Oktober 2015 rechtskräftig" sei, so muss das Tatgericht, das eine vor dem 1. Oktober 2015 begangene Tat abzuurteilen hat, im Hinblick auf den außergewöhnlich langen Zeitraum zwischen beiden Daten erörtern, ob die Rechtskraft nicht möglicherweise erst nach einem eine Sachentscheidung enthaltenden – und damit i.S. des § 55 Abs. 1 S. 2 StGB maßgeblichen – Berufungsurteil eingetreten ist. Unterlässt es dies – finden sich also im Urteil keine weiteren Ausführungen zu dieser Frage –, so kann das Revisionsgericht nicht überprüfen, ob die Unterlassung der u.U. möglichen Gesamtstrafenbildung auf rechtlich zutreffenden Gründen beruht. Ein solcher Erörterungsmangel führt schon als solcher – also unabhängig vom tatsächlichen Vorliegen der Voraussetzungen des § 55 StGB – insoweit zur Urteilsaufhebung. **591**

592 dd) Sind im zu begutachtenden Klausurfall mehrere Straftaten abgeurteilt, die **zum Teil vor und zum Teil nach** einer anderen nicht erledigten Vorverurteilung begangen wurden, ist aus der Strafe der Vorverurteilung zusammen mit derjenigen für die vor ihr begangene, neu abzuurteilenden Tat eine Gesamtstrafe sowie für die nachher begangene Tat eine weitere Einzelstrafe zu verhängen. Erkannte bereits die Vorverurteilung auf eine Gesamtstrafe, so ist diese im Tenor der neuen Entscheidung hierbei ausdrücklich aufzulösen; sind auf der anderen Seite auch mehrere der neu abzuurteilenden Taten nach der Vorverurteilung begangen worden, so ist auch insoweit eine Gesamtstrafe zu bilden (vgl. *Fischer* § 55 Rn. 11).

593 Ist der Angeklagte beispielsweise am 1. Juli 2015 rechtskräftig zu einer noch nicht erledigten Gesamtfreiheitsstrafe verurteilt worden und sind im jetzigen Verfahren ein Raub vom 1. Januar 2015 sowie zwei schwere räuberische Erpressungen vom 1. bzw. 15. Oktober 2015 abzuurteilen, so ist der Angeklagte nunmehr wegen „Raubes unter Einbeziehung der Strafen aus dem Urteil (des ...) vom 1. Juli 2015 und unter Auflösung der darin gebildeten Gesamtfreiheitsstrafe" zu einer neuen Gesamtfreiheitsstrafe und „wegen schwerer räuberischer Erpressung in zwei Fällen" zu einer weiteren Gesamtfreiheitsstrafe zu verurteilen.

594 Richtig anspruchsvoll wurde es in diesem Zusammenhang in dem Klausurfall, in dem zwei am 28. November 2007 bzw. 18. Dezember 2007 begangene Straftaten bei Einzelfreiheitsstrafen von elf und zwei Monaten mit einer Gesamtfreiheitsstrafe von einem Jahr abgeurteilt worden waren und das Tatgericht die Bildung einer nachträglichen Gesamtstrafe mit einer am 5. Dezember 2007 verhängten, rechtskräftigen (Einzel-)Freiheitsstrafe von einem Monat übersehen hatte. Bei Anwendung des § 55 StGB wäre allerdings aus der Einzelfreiheitsstrafe von elf Monaten für die Tat vom 28. November 2007 und derjenigen von einem Monat aus dem Urteil vom 5. Dezember 2007 über §§ 39, 54 Abs. 1 S. 2 StGB eine nachträgliche Gesamtstrafe von mindestens elf Monaten und einer Woche zu bilden gewesen, die sich mit der daneben für die Tat vom 18. Dezember 2007 verhängten zweimonatigen (Einzel-)Freiheitsstrafe zu einer Gesamtvollstreckungsdauer von einem Jahr, einem Monat und einer Woche addiert hätte. Durch den Verstoß gegen § 55 StGB hatte der Angeklagte hingegen nur das eine Jahr aus dem angefochtenen Urteil und den einen Monat aus der rechtskräftigen Vorverurteilung zu verbüßen – war also durch den Rechtsfehler nicht beschwert. Die Beantwortung derartig verwinkelter Detailfragen sollte sich der Prüfling aber nicht unbedingt abverlangen – sie wird selbst von den Prüfungsämtern allenfalls für „ganz besonders aufmerksame Kandidaten" erwartet.

595 ee) Ist eine Vorstrafe bereits vollständig vollstreckt – die teilweise Erledigung steht der nachträglichen Einbeziehung der gesamten früheren Strafe nicht entgegen[254] –, verjährt oder erlassen und eine Gesamtstrafenbildung daher nach § 55 Abs. 1 S. 1 StGB nicht mehr möglich, so verlangt das Prinzip des § 55 StGB gleichwohl einen Ausgleich der sich durch die getrennte Aburteilung ergebenden Nachteile. Da die Rechtsprechung aber offenlässt, wie dieser – sich einer exakten Richtigkeitskontrolle ohnehin entziehende – **„Härteausgleich"** vorzunehmen ist, wird in Klausuren insoweit nur zu überprüfen sein, ob das Tatgericht diesen Zusammenhang erkannt und den Härteausgleich erkennbar durchgeführt hat (vgl. *Fischer* § 55 Rn. 21, 22).

596 ff) Im Zusammenhang mit § 55 StGB sind folgende weitere Besonderheiten Gegenstand von Examensklausuren gewesen:

254 Schönke/Schröder-*Sternberg-Lieben/Bosch* § 55 Rn. 27.

(1) Interessante Verknüpfungen mit materiell-rechtlichen Fragestellungen lassen sich im Hinblick darauf herstellen, dass die neu abgeurteilte Tat zur Bejahung der Voraussetzungen des § 55 StGB nicht nur vor Verkündung des früheren Urteils vollendet, sondern zu diesem Zeitpunkt auch **beendet** sein muss (vgl. *Fischer* § 55 Rn. 7). **597**

In einem hierzu gebildeten Klausurfall hatte der Angeklagte den Geschädigten nach den Feststellungen des angefochtenen Urteils bei zwei verschiedenen Gelegenheiten mit Schlägen zur Herausgabe eines bestimmten Geldbetrages zu zwingen versucht, von denen die eine vor und die andere nach einer Berufungshauptverhandlung in einem anderen Strafverfahren gegen den Angeklagten stattgefunden hatte. Die Strafkammer verkannte, dass beide Vorfälle nach den eigenen Feststellungen als sukzessive Ausführungshandlungen eines *einheitlichen* Erpressungsversuches zu werten waren und verurteilte den Angeklagten im Hinblick auf den ersten Vorfall wegen versuchter räuberischen Erpressung unter Einbeziehung der Strafe aus dem genannten Berufungsurteil zu einer (nachträglichen) Gesamtfreiheitsstrafe sowie im Hinblick auf den zweiten Vorfall wegen versuchter räuberischen Erpressung zu einer weiteren Freiheitsstrafe. Rechtsfehlerfrei wäre vor diesem Hintergrund allerdings nur die Verurteilung wegen einer einzigen versuchten räuberischen Erpressung gewesen, was im Klausurgutachten i.R. der Überprüfung der dem Schuldspruch des angefochtenen Urteils zu Grunde liegenden Gesetzesanwendung darzulegen war. Überdies musste i.R. der Begutachtung des Rechtsfolgenausspruchs – wenngleich dieser aus dem vorgenannten Grund ohnehin aufzuheben war[255] – herausgearbeitet werden, dass auch die Voraussetzungen des § 55 StGB nicht vorlagen, da der Versuch der räuberischen Erpressung zwar schon mit dem ersten Vorfall verwirklicht, aber erst mit seinem endgültigen Scheitern nach dem zweiten Vorfall beendet war. **598**

(2) Schwierigkeiten können i.R. des § 55 StGB entstehen, wenn das Tatgericht nachträglich eine Gesamtgeldstrafe aus **Einzelstrafen mit unterschiedlicher Tagessatzhöhe** gebildet hat. Da auch in diesen Fällen ein einheitlicher Tagessatz festzusetzen ist, treten Spannungen zwischen den Anforderungen des § 54 Abs. 1 S. 2 StGB bzw. des § 54 Abs. 2 S. 1 StGB einerseits sowie denjenigen des § 40 Abs. 2 StGB andererseits auf. **599**

(a) Im Fall der **Verschlechterung** der finanziellen Verhältnisse des Angeklagten geht das Asperationsprinzip des § 54 Abs. 1 S. 2 StGB dem § 40 Abs. 2 StGB vor. Die rechtskräftige Vorverurteilung zwingt hier also zu einer Überschreitung der eigentlich aktuell festzusetzenden Tagessatzhöhe, die sich allerdings i.R. des unbedingt Erforderlichen halten muss (vgl. *Fischer* § 55 Rn. 25). **600**

So verhängte eine kleine Strafkammer in einem Klausurfall eine Gesamtgeldstrafe von 75 Tagessätzen, deren einzelne Höhe von 67 € sich rechtsfehlerfrei aus der selbst verhängten neuen Geldstrafe von 50 Tagessätzen zu je 20 € und einer einzubeziehenden alten Geldstrafe von 50 Tagessätzen zu je 100 € ergab. Da die einzubeziehende Geldstrafe hier als „verwirkte höchste Strafe" i.S. des § 54 Abs. 1 S. 2 StGB nicht nur in der Anzahl der Tagessätze, sondern auch in der Endsumme – hier also in Höhe von 5000 € – überschritten werden musste (vgl. *Fischer* § 55 Rn. 25), hatte der einzelne Tagessatz bei der hier verhängten Gesamtgeldstrafe von 75 Tagessätzen also 67 € zu betragen (5000 € : 75 = 66,67 €). **601**

(b) Haben sich die wirtschaftlichen Verhältnisse des Angeklagten **verbessert**, so geht das Verbot der Schlechterstellung des § 54 Abs. 2 S. 1 StGB dem § 40 Abs. 2 StGB vor. Hier ist der eigentlich aktuell festzusetzende Tagessatz also zu unterschreiten – allerdings ebenso nur im unbedingt erforderlichen Maß (vgl. *Fischer* § 55 Rn. 27). **602**

255 Vgl. dazu oben Rn. 521.

603 Würde sich die Gesamtgeldstrafe von 75 Tagessätzen im obigen Klausurfall also umgekehrt aus einer neuen Geldstrafe von 50 Tagessätzen zu je 100 € und einer einzubeziehenden Geldstrafe von 50 Tagessätzen zu je 20 € zusammensetzen, so dürfte nach § 54 Abs. 2 S. 1 StGB der Endbetrag der Gesamtgeldstrafe die Summe der Einzelstrafen von 6000 € nicht erreichen. Hier müsste der einzelne Tagessatz also 79 € betragen (6000 € : 75 = 80 €).

g) Strafaussetzung zur Bewährung

604 aa) Auch die Aussetzung der Strafvollstreckung zur Bewährung nach § 56 StGB kann in Examensklausuren Anhaltspunkte für Rechtsfehler bieten. Hier wird es – da ganz überwiegend Revisionen des Angeklagten zu begutachten sind – regelmäßig um die Versagung der Strafaussetzung gehen. Die Versagung der Strafaussetzung wiederum wird regelmäßig mit Fragen der **positiven Legalprognose** i.S. des § 56 Abs. 1 StGB zu tun haben, die – neben den hier weniger relevanten, in bestimmten Fällen ergänzend geltenden Anforderungen des § 56 Abs. 2 und 3 StGB – Voraussetzung jeder Strafaussetzung ist. Zu beachten ist, dass die Erwartung i.S. des § 56 Abs. 1 StGB nicht die sichere oder unbedingte Gewähr für ein künftiges straffreies Leben voraussetzt. Von einem derart **überspannten Maßstab** darf das Tatgericht bei der Beurteilung der Täterprognose nicht ausgehen. Ausreichend ist hier vielmehr, dass die Wahrscheinlichkeit künftigen straffreien Verhaltens größer als diejenige neuer Straftaten ist (vgl. *Fischer* § 56 Rn. 4 f.).

605 bb) Über die verfahrensrechtlichen Anforderungen des § 267 Abs. 3 S. 4 Hs. 1 StPO hinaus besteht für das Tatgericht gerade bei Ablehnung der Strafaussetzung sachlichrechtlich eine weitergehende **Begründungspflicht**: Die Frage der Strafaussetzung muss im angefochtenen Urteil erörtert werden, **wenn die festgestellten Umstände dazu drängen**. Nähere Darlegungen sind bei Verneinung der Voraussetzungen des § 56 Abs. 1 StGB insbesondere dann erforderlich, wenn der Angeklagte über familiäre und berufliche Bindungen verfügt, die Vorstrafen niedrig sind und die ihnen zugrundeliegenden Taten länger zurückliegen.[256] Liegt die Strafaussetzung vor diesem Hintergrund nahe und schweigen die schriftlichen Zumessungsgründe zu dieser Frage, so leidet das Urteil unter einem sachlichrechtlichen Darstellungsmangel. Entsprechendes gilt, wenn die Frage der Strafaussetzung im Urteil zwar angesprochen ist, dabei aber nicht alle festgestellten Umstände berücksichtigt sind, die einen Schluss auf die Persönlichkeit des Angeklagten und die Wirkung der Strafaussetzung auf ihn zulassen.[257]

606 In einem zu dieser Problematik gebildeten Klausurfall hatte das Amtsgericht die Strafaussetzung mit dem pauschalen Hinweis darauf versagt, der Angeklagte sei „bereits zweimal verurteilt" worden, „ohne dass diese Verurteilungen ihn ersichtlich von der Begehung weiterer Straftaten abgehalten hätten". Allerdings ergab sich ebenso aus den Urteilsgründen – nur auf diese kommt es im sachlichrechtlichen Rahmen an –, dass die letzte Bestrafung bereits über drei Jahre zurücklag, der Angeklagte eine einmal bewilligte Bewährungszeit straffrei überstanden hatte und er eine Ausbildung zum Maler und Lackierer absolvierte. Vor diesem Hintergrund bedurfte die Versagung der – **naheliegenden** – Strafaussetzung genauerer Darlegung, in der sich das Gericht auch im Einzelnen mit den für den Angeklagten sprechenden Gesichtspunkten hätte auseinandersetzen müssen.

---

256 Vgl. *BGH* StV 1986, 293, 294.
257 Vgl. LR-*Hanack* § 337 Rn. 234 f.

Noch deutlicher war dieselbe Problematik in einem anderen Klausurfall dargelegt, in dem das Amtsgericht in den schriftlichen Strafzumessungsgründen ausgeführt hatte, dass „die Vollstreckung – ohne dass es einer weiteren Begründung bedürfte – entgegen dem Antrag der Staatsanwaltschaft aufgrund der Vorbelastungen des Angeklagten nicht mehr zur Bewährung ausgesetzt" werden könne. Für eine positive Legalprognose sprach hier – trotz seiner vier Vorstrafen – die familiäre und berufliche Einbindung des Angeklagten, der seit einem Jahr mit seiner von ihm schwangeren Freundin zusammenlebte und sich vor zwei Jahren erfolgreich als Handwerker selbständig gemacht hatte. Aus der Vorstrafenliste ergab sich zudem, dass auch dieser Angeklagte schon einmal eine Bewährungszeit straffrei überstanden hatte und überdies zwischen der dritten und vierten Vorstrafe ein deliktfreier Zeitraum von etwa zehn Jahren lag. Schließlich war in den Feststellungen zur Sache mitgeteilt, dass der Angeklagte inzwischen seine „Dauerkarte für Spiele im Rheinstadion" verkauft hatte – die abzuurteilende Tat stand im Zusammenhang mit einem Bundesligaspiel von Fortuna Düsseldorf. In dieser Situation war das Tatgericht nicht nur nach § 267 Abs. 3 S. 4 Hs. 1 StPO wegen des Aussetzungsantrags der Staatsanwaltschaft zur Begründung seiner anderslautenden Entscheidung gehalten. Auch die **drängend** für eine Aussetzung sprechenden Umstände machten eine sorgfältige Gesamtwürdigung unter ausdrücklicher Einbeziehung der genannten Gesichtspunkte unerlässlich. **607**

Dieselben Grundsätze gelten schließlich für die bei der Aussetzung einer Freiheitsstrafe von mehr als einem Jahr und bis zu zwei Jahren zusätzlich erforderlichen **„besonderen Umstände"** (§ 56 Abs. 2 StGB). Solche hatte das Schöffengericht in einem Klausurfall ohne jede Begründung verneint. Allerdings sind auch bei der Prüfung dieses Tatbestandsmerkmals eine Gesamtwürdigung von Tat und Persönlichkeit des Angeklagten in einer für das Revisionsgericht nachprüfbaren Weise vorzunehmen und die dabei maßgeblichen Erwägungen gerade im Falle der Versagung der Bewährung darzulegen (vgl. *Fischer* § 56 Rn. 23). Hieran fehlte es im angefochtenen Urteil vollständig, obwohl dieses an anderer Stelle Feststellungen zu einer Stabilisierung der Lebensverhältnisse (Ausbildung zur Bürokauffrau mit Aussicht auf Übernahme in feste Anstellung nach vorherigem „Hartz IV"-Bezug) sowie zu einem Bemühen um Wiedergutmachung (vgl. § 56 Abs. 2 S. 2 StGB) enthielt – also zu gerade in diesem Zusammenhang bedeutsamen Umständen (vgl. *Fischer* § 56 Rn. 21). **608**

h) Sonstige Rechtsfolgen

Mitunter sind in Klausurfällen auch weitere Rechtsfolgen wie Fahrverbot (§ 44 StGB), Entziehung der Fahrerlaubnis (§§ 69 ff. StGB) und Einziehung (§§ 73 ff. StGB) thematisiert. Um Rechtsfragen, deren Beantwortung vertiefte Kenntnisse voraussetzt, geht es in solchen Fällen erfahrungsgemäß nicht – im Gegenteil werden sich insoweit ergebende Probleme mit Hilfe der zur Verfügung stehenden Kommentare spontan lösen lassen. Die folgenden Klausurbeispiele sollen daher nur ein Bewusstsein für die Rechtsfehlersuche auch auf dieser Ebene wecken. **609**

aa) Ist der Angeklagte im Zusammenhang mit einer Verkehrsstraftat verurteilt worden, so kann sich ein Blick auf § 69 Abs. 2 StGB lohnen. Danach ist der Angeklagte bei Verurteilung wegen Straftaten nach §§ 315c und 316 StGB sowie in bestimmten Fällen auch nach §§ 142 und 323a StGB in der Regel mit der Folge als ungeeignet zum Führen von Kraftfahrzeugen anzusehen, dass ihm die **Fahrerlaubnis zu entziehen** ist. In Klausuren – nicht nur solchen mit revisionsrechtlicher Aufgabenstellung – kommt es nicht selten vor, dass das angefochtene Urteil zur Frage der Fahrerlaubnisentziehung **vollständig schweigt**, obwohl seine Feststellungen eines der **Regelbeispiele** des § 69 Abs. 2 StGB belegen. Auf den daraus im Hinblick auf § 267 Abs. 6 S. 2 **610**

StPO resultierenden Erörterungsmangel – und das sollte in den einschlägigen Klausuren klargestellt werden – kann sich der insoweit **nicht beschwerte** Angeklagte im Revisionsverfahren allerdings nicht berufen. Ist das angefochtene Urteil im betreffenden Klausurfall wegen anderer Rechtsfehler aufzuheben und somit die Durchführung einer neuen Hauptverhandlung zu erwarten, so braucht der Angeklagte – und auch darauf sollte i.R. der Zweckmäßigkeitserwägungen hingewiesen werden[258] – insoweit unter den Voraussetzungen des **§ 358 Abs. 2 S. 1 StPO** allerdings auch keine Verschlechterung zu befürchten.

611 -613 bb) Allerdings kann sich mitunter auch die **umgekehrte Situation** ergeben: In einem Klausurfall hatte der Strafrichter bei Verurteilung wegen „Fahrens ohne Fahrerlaubnis"[259] zugleich eine **isolierte Sperrfrist** nach § 69a Abs. 1 S. 3 StGB angeordnet, diese aber in den schriftlichen Urteilsgründen mit keinem Wort begründet. Da Straftaten nach § 21 StVG nicht zum Katalog der Regelbeispiele des § 69 Abs. 2 StGB gehören, hätte das Gericht hier grundsätzlich i.R. einer Gesamtabwägung näher begründen müssen, dass und warum künftig weitere Verletzungen der Kraftfahrerpflichten durch den Angeklagten zu befürchten sind und sich aus einer möglichen (Wieder-)Erteilung der Fahrerlaubnis Gefahren für die Allgemeinheit ergeben (vgl. *Fischer* § 69 Rn. 37). Dieser Erörterungsmangel hätte – wäre das Urteil nicht aus anderen Gründen insgesamt aufzuheben gewesen – zur Aufhebung nicht nur des Ausspruchs über die Maßregel, sondern des gesamten Rechtsfolgenausspruchs geführt. Da zwischen Strafe und isolierter Sperrfrist nämlich grundsätzlich eine Wechselwirkung in der Weise besteht, dass erstere ohne die Maßregel möglicherweise höher ausgefallen wäre, kann die Anordnung der Maßregel nicht – wie nach der sog. **Trennbarkeitsformel** vorausgesetzt – rechtlich und tatsächlich selbständig beurteilt werden (vgl. *M-G/S* § 353 Rn. 6, 11a; § 318 Rn. 6, 28).

614 cc) Nach § 74 Abs. 1 StGB können Tatprodukte und Tatmittel bei vorsätzlicher Tatbegehung **eingezogen** werden. Für Tatobjekte – also notwendige Gegenstände der Tat selbst, sog. Beziehungsgegenstände (vgl. *Fischer* § 74 Rn. 16) – gilt dies aber nur nach Maßgabe besonderer Vorschriften.

615 In einem einschlägigen Klausurfall war der Angeklagte wegen vorsätzlichen Fahrens ohne Fahrerlaubnis verurteilt und das Kraftfahrzeug, auf das sich die Tat bezog, eingezogen worden. Ein solches Vorgehen ist nach § 21 Abs. 3 StVG zwar grundsätzlich möglich, die tatbestandlichen Voraussetzungen dieser Maßnahme waren im angefochtenen Urteil aber nicht belegt. Ein weiterer sachlichrechtlicher Mangel war dem Tatgericht dadurch unterlaufen, dass es die Einziehung des wertvollen Autos nicht bei der Strafzumessung berücksichtigt hatte.[260]

258 Vgl. dazu unten Rn. 619.
259 Zu dem darin liegenden Verstoß gegen § 260 Abs. 4 S. 1 StPO vgl. oben Rn. 543.
260 Vgl. dazu oben Rn. 569.

D. Zweckmäßigkeitserwägungen und Revisionsanträge

Nach der Begutachtung des in der Klausuraufgabe dargestellten Falles sind nach dem üblichen Bearbeitungsvermerk – jedenfalls bei Revisionen des Angeklagten – „Erwägungen zur Zweckmäßigkeit des Vorgehens" anzustellen sowie – immer – „etwaige Revisionsanträge auszuformulieren". Bei diesem Klausurteil handelt es sich um ein bloßes Anhängsel, das besondere inhaltliche Anforderungen kaum aufweist und sich mit entsprechender Vorbereitung meist in wenigen Minuten erledigen lassen wird. 616

Ausdrücklich zu warnen ist in diesem Zusammenhang allerdings davor, bei dem hier besprochenen Klausurtyp darüber hinaus auch noch die eigentliche Revisionsbegründung zu fertigen. Obwohl aus den Bearbeitungsvermerken immer klar hervorgeht, dass nur die Erfolgsaussichten der Revision zu begutachten sind, finden sich zu jeder Zeit Prüflinge, die mit dem Versuch einer Revisionsbegründung nicht nur eine Verkennung der Aufgabenstellung belegen und wertvolle Bearbeitungszeit vergeuden, sondern sich überdies auch noch Quellen für zusätzliche Klausurfehler schaffen. 617

I. Zweckmäßigkeitserwägungen

Es hat schon des Öfteren Prüfervermerke gegeben, in denen – obwohl im Bearbeitungsvermerk auch hier ausdrücklich nach Zweckmäßigkeitserwägungen gefragt war – selbst gar keine Hinweise zur Zweckmäßigkeit des Vorgehens enthalten waren und sich solche auch der Klausuraufgabe nicht entnehmen ließen. In derartigen Fällen wird im Hinblick auf die im Gutachten üblicherweise aufzudeckenden Rechtsfehler lediglich **stereotyp** zu raten sein, die Revision durchzuführen und innerhalb der Frist des § 345 Abs. 1 StPO und unter Beachtung der Formvorschrift des § 344 Abs. 2 StPO (vgl. dazu im Einzelnen *M-G/S* § 344 Rn. 21) zu begründen. Besondere Ausführungen sind jedoch in den nachfolgenden Klausurkonstellationen erforderlich. 618

1. Nicht selten belegen die Feststellungen der in Klausurfällen angefochtenen Urteile weitere **Straftatbestände, die das Tatgericht übersehen** und nicht abgeurteilt hat. In diesen Fällen sollte immer ausdrücklich darauf hingewiesen werden, dass dieser Umstand der Durchführung des Revisionsverfahrens wegen des **Verbots der Schlechterstellung** nach § 358 Abs. 2 S. 1 StPO grundsätzlich nicht entgegensteht. Nichts anderes gilt für den bereits erörterten Fall, dass die Feststellungen ein Regelbeispiel nach § 69 Abs. 2 StGB für die Entziehung der Fahrerlaubnis belegen, eine solche im angefochtenen Urteil aber nicht erfolgt ist.[261] Variiert war diese Thematik in einem neu- 619

261 Vgl. dazu oben Rn. 610.

en Klausurfall, in dem im angefochtenen Urteil eine nachträgliche Gesamtstrafe nach § 55 StGB gebildet und dabei die Aufrechterhaltung der – im früheren Urteil enthaltenen – **Maßregel nach §§ 69, 69a StGB** (§ 55 Abs. 2 StGB) vergessen worden war; auch dieser Vorteil war dem allein revisionsführenden Angeklagten durch § 358 Abs. 2 S. 1 StPO gesichert.

620 2. Allerdings steht das Verschlechterungsverbot nach **§ 358 Abs. 2 S. 3 StPO** nicht der Anordnung der Unterbringung in einem psychiatrischen Krankenhaus oder einer Entziehungsanstalt (§§ 63, 64 StGB) entgegen, was in einschlägigen Konstellationen – nicht nur in der Klausur – größte Vorsicht bei der Rechtsmitteleinlegung erfordert.

621 In dem hierzu gebildeten Klausurfall hatte die Staatsanwaltschaft u.a. die Unterbringung der Angeklagten in einem psychiatrischen Krankenhaus gefordert, von der das Landgericht im angefochtenen Urteil jedoch abgesehen hatte. Die hier i.R. der Zweckmäßigkeitserwägungen zu erörternde Frage einer entsprechenden **Rechtsmittelbeschränkung** hatte das Prüfungsamt im Aufgabentext dadurch angelegt, dass die (lediglich) zu einer Freiheitsstrafe verurteilte Angeklagte ihrem Verteidiger bei der Bitte um Überprüfung der Erfolgsaussichten der Revision mitteilte, „das Gefängnis sei schon schlimm genug, aber in so eine ‚Klapse' wolle sie auf gar keinen Fall". Da die Nicht-Anordnung der Maßregel des § 63 StGB nach zum Teil vertretener Auffassung vom Rechtsmittelangriff ausgenommen werden kann, war hier eine entsprechende Beschränkung der Revision zu erwägen. Der vorsichtig agierende Verteidiger hätte allerdings wohl eher zur Rücknahme der Revision geraten, da gewichtige Stimmen eine solche Rechtsmittelbeschränkung jedenfalls i.R. des § 63 StGB mangels entsprechender Dispositionsbefugnis des Angeklagten für unwirksam halten (vgl. *Fischer* § 63 Rn. 26; *M-G/S* § 331 Rn. 22).

622 3. Weiterhin bezieht sich das Verschlechterungsverbot nur auf Art und Höhe der Rechtsfolgen der Tat – einer **Verschärfung des Schuldspruchs** steht es nicht entgegen (vgl. *M-G/S* § 331 Rn. 8), was für den Angeklagten im Einzelfall zu **unerwünschten Konsequenzen** führen kann.

623 Dieser Hintergrund war in einem Klausurfall zu beachten, in dem das Tatgericht den Angeklagten u.a. wegen Bandendiebstahls verurteilt und dabei verkannt hatte, dass seine Feststellungen überdies sogar den Verbrechenstatbestand des § 244a Abs. 1 StGB belegten. Hier war i.R. der Zweckmäßigkeitserwägungen darauf hinzuweisen, dass eine eventuelle Änderung des Schuldspruchs zu Nachteilen für den Angeklagten führen könnte: So mag das neue Tatgericht die Bewährungsauflagen und -weisungen nach §§ 56a ff. StGB mit Blick auf die Schuldspruchänderung verschärfen (vgl. *M-G/S* § 331 Rn. 6) – der Angeklagte war im aufzuhebenden Urteil zu einer Bewährungsstrafe verurteilt worden – oder es treten von Gesetzes wegen die dem Angeklagten möglicherweise unerwünschten Statusfolgen des § 45 Abs. 1 StGB ein. Auch wenn derartige Konsequenzen nicht unbedingt vorrangige Sorge der meisten Angeklagten seien mögen, war vor diesem Hintergrund gleichwohl zu erwägen, eine Schuldspruchänderung durch Beschränkung der Revision auf die – von diesen Überlegungen nicht betroffene – Verurteilung wegen einer zweiten Tat zu verhindern.[262]

623a Sehr interessant war derselbe Zusammenhang auch in einem ganz neuen Klausurfall abgefragt: Der Angeklagte hatte einer 15-jährigen Zeugin mit sexuellem Bezug auf offener Straße seine Hand auf die Brust gelegt und war dafür wegen Beleidigung verurteilt worden. Mangels Vorliegens eines wirksamen Strafantrages – den Strafantrag hatte die minderjährigen Zeugin selbst, nicht aber deren gesetzlicher Vertreter gestellt (§ 77 Abs. 3 StGB) – hätte dieser Schuldspruch zwar mit der Revision zu Fall gebracht werden können. Da die genannten

262 Der dann zu stellende Revisionsantrag hätte der unter Rn. 635 formulierten Variante entsprochen.

Urteilsfeststellungen aber – was im Rahmen der sachlichrechtlichen Begutachtung herauszufinden war – eine Strafbarkeit wegen sexueller Belästigung nach § 184i Abs. 1 StGB belegten, wäre im Rahmen der neuen tatrichterlichen Entscheidung bei (nicht fristgebundener) Bejahung des besonderen öffentlichen Interesses an der Strafverfolgung durch die Staatsanwaltschaft (§ 184i Abs. 3 StGB) mit einer entsprechenden Verschärfung des Schuldspruchs zu rechnen gewesen. Dies wiederum wäre dem Interesse des Angeklagten zuwidergelaufen, der seinem Verteidiger ausdrücklich mitgeteilt hatte, es sei „zumindest positiv" für ihn, „dass die Verurteilung auf Beleidigung" laute, da er wegen seiner „Tätigkeit als Sozialarbeiter in einem Jugendclub bei Schmuddelkram im Führungszeugnis echte Probleme bekäme". Auch hier intendierte das Prüfungsamt also die Beschränkung der Revision auf die anderen abgeurteilten Taten.

4. Ist im angefochtenen Urteil eine Rechtsfolge verhängt worden, die bei Geldstrafe 90 Tagessätze bzw. bei Freiheitsstrafe drei Monate nur geringfügig übersteigt, so kann i.R. der Zweckmäßigkeitserwägungen auch besonders auf den – praktisch extrem bedeutsamen – § 32 Abs. 2 Nr. 5 BZRG hingewiesen werden. Nach dieser Vorschrift werden Verurteilungen, die die genannten Grenzen nicht überschreiten, in ein Führungszeugnis nach § 30 Abs. 1 S. 1 BZRG nicht eingetragen, wenn das Register keine weitere Strafe aufweist. Sollte es in einem Klausurfall also um einen bislang unbestraften Angeklagten gehen, der bei einer erneuten Verurteilung in den Genuss dieser Regelung kommen und dann nach wie vor **als nicht vorbestraft gelten** kann, wird die Durchführung des Revisionsverfahrens aus anwaltlicher Sicht besonders naheliegen. **624**

II. Grundsätzlicher Inhalt des Revisionsantrags

Der Inhalt des Revisionsantrags ergibt sich aus § 344 Abs. 1 StPO. Der Beschwerdeführer hat danach die Erklärung abzugeben, inwieweit er das Urteil anfechte und dessen Aufhebung beantrage. Auf die bei der Urteilsaufhebung erforderlich werdenden Nebenentscheidungen der §§ 353 Abs. 2, 354 und 355 StPO braucht sich dieser Antrag damit an sich nicht zu beziehen. Die Angabe dieser Nebenentscheidungen hat sich aber in der Praxis eingebürgert und auch die Prüfungsämter legen auf einen solchen umfassenden Revisionsantrag Wert. Hiervon ausgeschlossen ist allerdings die Kostenentscheidung, die vom Revisionsgericht im Fall einer Zurückverweisung der Sache ohnehin nicht selbst getroffen wird (vgl. *M-G/S* § 353 Rn. 4). **625**

1. I.R. des § 353 Abs. 1 StPO wird das angefochtene Urteil üblicherweise vollständig – also im Schuld- und Rechtsfolgenausspruch – aufzuheben sein. Der **Schuldspruch ist aufzuheben**, wenn entweder der ihm zu Grunde liegende Sachverhalt nicht auf verfahrensrechtlich einwandfreie Weise festgestellt worden ist, dieser an sachlichrechtlichen Mängeln leidet oder aber das Strafgesetz auf den einwandfrei festgestellten Sachverhalt unrichtig angewendet wurde.[263] Die Erfahrung zeigt, dass der hier in Rede stehende Klausurtyp seinen Schwerpunkt überwiegend im verfahrensrechtlichen Teil hat und meist (auch) mindestens ein Verfahrensfehler zu ermitteln ist, der **626**

263 Vgl. KK-*Gericke* § 353 Rn. 11.

– wie etwa die vollständige Abwesenheit des nach § 140 StPO notwendigen Verteidigers oder die Nichtgewährung des letzten Wortes nach § 258 Abs. 2 StPO – die Feststellungen zum **gesamten** Schuldspruch erfasst. Das Vorliegen eines solchen Verfahrensfehlers hat dann zwangsläufig auch die Aufhebung des nicht isoliert existenzfähigen Rechtsfolgenausspruchs zur Folge – und zwar naturgemäß auch dann, wenn die Strafzumessung des angefochtenen Urteils selbst nicht unmittelbar von einem Rechtsfehler betroffen sein sollte.

627 2. Mit dem gesamten Urteilsausspruch werden i.R. des § 353 Abs. 2 StPO schon allein auf Grund der meist den gesamten Schuldspruch betreffenden Verfahrensfehler ebenso auch die vom Tatgericht getroffenen **Feststellungen insgesamt aufzuheben** sein (vgl. *M-G/S* § 353 Rn. 14). Erfolgt die Urteilsaufhebung in einem der seltenen Klausurfälle jedoch ausnahmsweise doch einmal nur wegen sachlichrechtlicher Mängel, sind die von der Gesetzesverletzung nicht berührten Feststellungen zur Vermeidung einer überflüssigen Wiederholung der Beweisaufnahme möglichst aufrechtzuerhalten – wie etwa beim Fehlen von Feststellungen zur inneren Tatseite diejenigen zum äußeren Tatgeschehen (vgl. *M-G/S* § 353 Rn. 15). Dies sollte dann im auszuformulierenden Revisionsantrag ausdrücklich klargestellt werden (vgl. *M-G/S* § 353 Rn. 12).

628 3. Die Aufhebung des Urteils macht zugleich eine Entscheidung über die verfahrenstechnischen Konsequenzen des **§ 354 StPO** erforderlich, der zwischen eigener Sachentscheidung des Revisionsgerichts und Zurückverweisung der Sache an ein neues Tatgericht unterscheidet.

629 a) Eine **eigene Sachentscheidung des Revisionsgerichts** wird dabei in Prüfungsfällen kaum jemals in Betracht kommen. Eine solche setzt nämlich nach § 354 Abs. 1 StPO voraus, dass die Urteilsaufhebung „*nur* wegen Gesetzesverletzung bei Anwendung des Gesetzes auf die dem Urteil zugrundeliegenden Feststellungen“ erfolgt. Dies bedeutet, dass die Feststellungen des Tatgerichts von der Aufhebung nicht betroffen sein dürfen (vgl. *M-G/S* § 354 Rn. 2). Demgegenüber werden die Interessen des revisionsführenden Angeklagten in Klausurfällen regelmäßig die Geltendmachung der aufzuspürenden Verfahrensfehler erforderlich machen, so dass die Feststellungen von der Aufhebung betroffen wären. Auf die neuerdings bei „Gesetzesverletzung nur bei Zumessung der Rechtsfolgen“ (§ 354 Abs. 1a StPO) bzw. im Fall der Urteilsaufhebung „nur wegen Gesetzesverletzung bei Bildung einer Gesamtstrafe“ (§ 354 Abs. 1b StPO) bestehenden Besonderheiten kommt es in Klausuren wegen der üblicherweise (auch) den Schuldspruch betreffenden Rechtsfehler nicht an, so dass hier nach § 354 Abs. 2 StPO grundsätzlich die **Zurückverweisung der Sache** zu beantragen sein wird.

630 Etwas anderes kann allerdings gelten, wenn die zu einem bestimmten Anklagepunkt fehlerfrei und erkennbar vollständig getroffenen Feststellungen des im Klausurfall angefochtenen Urteils zweifelsfrei ergeben, dass der Angeklagte sich hiernach unter keinem rechtlichen Gesichtspunkt strafbar gemacht hat und dass die – ausschließlich nach dem Urteilsinhalt zu beurteilende – Möglichkeit weiterer schuldbegründender Feststellungen in einer neuen Hauptverhandlung ausgeschlossen ist.[264] Unter diesen – in Klausurfällen nur äußerst selten

264 Vgl. KK-*Gericke* § 354 Rn. 3.

gegebenen – Voraussetzungen ist ausnahmsweise ein **Freispruch** durch das Revisionsgericht geboten und vom Prüfling zu beantragen. Das gleichzeitige Vorliegen von Verfahrensfehlern muss einem solchen Antrag mit Blick auf die im vorstehenden Absatz beschriebenen Zusammenhänge nicht notwendig entgegenstehen. Der mit der Begutachtung des Klausurfalls beauftragte Verteidiger hat es nämlich in der Hand, die Voraussetzungen des § 354 Abs. 1 StPO durch *ausschließliche* Erhebung der Sachrüge sicher herbeizuführen: Werden die Verfahrensfehler nicht gerügt, so erfolgt die Urteilsaufhebung in dieser Situation in jedem Fall „nur wegen Gesetzesverletzung bei Anwendung des Gesetzes auf die dem Urteil zugrundeliegenden Feststellungen". Auf diesen Zusammenhang sollte in entsprechenden Klausursituationen ausdrücklich hingewiesen werden.

b) Hinzuweisen ist in diesem Zusammenhang auch auf die in entsprechender Anwendung des § 354 Abs. 1 StPO unter bestimmten Voraussetzungen allgemein als zulässig erachtete **Schuldspruchberichtigung** (vgl. *M-G/S* § 354 Rn. 12 ff.). Bei ihr wird unter Verwerfung der Revision auf Grundlage der Urteilsfeststellungen nur der Schuldspruch geändert, wenn insbesondere die erkannte Strafe nach Überzeugung des Revisionsgerichts auch auf der Grundlage des geänderten rechtsfehlerfreien Schuldspruchs verhängt worden wäre. Da eine solche Verfahrensweise jedoch ebenso voraussetzt, dass die Urteilsfeststellungen verfahrensfehlerfrei zu Stande gekommen sind, scheidet sie in Klausurfällen meist ebenso aus. Es kann sich aber lohnen, auf die grundsätzliche Möglichkeit einer Schuldspruchberichtigung wenigstens hinzuweisen, wenn ihre Voraussetzungen ohne die – natürlich vorrangig geltend zu machenden – Verfahrensfehler vorgelegen hätten, wie etwa im Fall einer rechtsfehlerhaften Verurteilung wegen Raubes anstelle einer tatsächlich durch die Feststellungen belegten räuberischen Erpressung. Ebenso möglich ist dem Revisionsgericht im Übrigen – wird das angefochtene Urteil nicht ohnehin aufgehoben – die **Berichtigung offensichtlicher Versehen**, wenn eine sich aus den Urteilsgründen eindeutig ergebende Verurteilung in der Urteilsformel keinen vollständigen und klaren Ausdruck gefunden hat (vgl. *M-G/S* § 354 Rn. 33). Insbesondere kann dabei die Urteilsformel dahin richtiggestellt werden, dass die gesetzliche Überschrift des Straftatbestandes (§ 260 Abs. 4 S. 2 StPO – vgl. dazu im Einzelnen *M-G/S* § 260 Rn. 23 ff.) benutzt wird (Klausurfall: Verurteilung wegen „Vernichtung einer Urkunde" statt zutreffend wegen „Urkundenunterdrückung" gem. § 274 Abs. 1 Nr. 1 StGB). **631**

4. In der Vielzahl der Revisionsklausuren wird der abschließend zu formulierende Antrag somit stereotyp lauten: *„Das Urteil des Amts-/Landgerichts … vom … wird mit den Feststellungen aufgehoben und die Sache zu neuer Verhandlung und Entscheidung an eine andere Abteilung/Strafkammer des Amts-/Landgerichts … zurückverwiesen."* **632**

Ein ausdrücklicher Hinweis darauf, dass das Urteil „im Schuld- und Rechtsfolgenausspruch" aufgehoben werde, ist bei seiner vollständigen Aufhebung nicht erforderlich.[265] **633**

265 Vgl. KK-*Gericke* § 353 Rn. 12.

III. Klausurrelevante Varianten des grundsätzlichen Revisionsantrags

634 Auf die Vielzahl der darüber hinaus denkbaren Antrags- bzw. Tenorierungsvarianten braucht hier mangels Prüfungsbedeutung nicht eingegangen zu werden. Besonders hingewiesen sei jedoch auf die folgenden Konstellationen, die in vereinzelten Klausurfällen schon relevant geworden sind oder dies werden können:

635 1. Es mag in Klausurfällen ausnahmsweise vorkommen, dass die aufzuspürenden Rechtsfehler nur einen **Teil des in Rede stehenden Schuldspruchs** betreffen. Dies kommt insbesondere bei Verfahrensfehlern in Betracht, die sich – wie z.B. etwa im Fall der Abwesenheit von Personen, deren Anwesenheit das Gesetz vorschreibt (§ 338 Nr. 5 StPO), oder der Nichteinhaltung des Öffentlichkeitsgebots (§ 338 Nr. 6) – nur auf bestimmte Abschnitte des Verfahrens beziehen. Wurde in diesem Verfahrensabschnitt ein i.S. des § 264 StPO oder § 53 StGB selbständiger – und damit i.S. der Trennbarkeitsformel[266] unabhängig von den anderen Teilen der Entscheidung rechtlich und tatsächlich überprüfbarer – Tatkomplex verhandelt (vgl. *M-G/S* § 344 Rn. 7; § 318 Rn. 6, 9 f.), wird das Revisionsgericht das angefochtene Urteil nach § 353 Abs. 1 StPO nur in dem aus diesem Komplex resultierenden Schuldspruch aufheben. Wegen der damit zwangsläufig verbundenen Aufhebung der betreffenden Einzelstrafe kann naturgemäß auch der Ausspruch über die Gesamtstrafe keinen Bestand haben. Dementsprechend wäre die Revision mit folgendem Antrag zu **beschränken**:

„1. Das Urteil des Amts-/Landgerichts … vom … wird mit den zugehörigen Feststellungen aufgehoben
a) soweit der Angeklagte wegen schweren Raubes verurteilt wurde,
b) im Ausspruch über die Gesamtstrafe.
2. Im Umfang der Aufhebung wird die Sache zu neuer Verhandlung und Entscheidung an eine andere Abteilung/Strafkammer des Amts-/Landgerichts … zurückverwiesen.“

636 2. Sollte das Klausurgutachten ausnahmsweise einmal weder verfahrens- noch sachlichrechtliche Mängel zum Schuldspruch zu Tage fördern, dafür aber der **Rechtsfolgenausspruch** von entsprechenden Rechtsfehlern betroffen sein, so wäre die Revision auf den Rechtsfolgenausspruch zu beschränken und folgender auf Teilaufhebung lautender Antrag zu formulieren:

„Das Urteil des Amts-/Landgerichts … vom … wird im Rechtsfolgenausspruch mit den zugehörigen Feststellungen aufgehoben und die Sache insoweit zu neuer Verhandlung und Entscheidung an eine andere Abteilung/Strafkammer des Amts-/Landgerichts … zurückverwiesen.“

637 3. Besondere Revisionsanträge können auch erforderlich werden, wenn im Klausurgutachten das nicht behebbare **Fehlen einer Verfahrensvoraussetzung** zu Tage tritt. Erfahrungsgemäß sind hiervon allerdings fast immer nur einzelne der abgeurteilten Taten betroffen. Bislang vorgekommene Ausnahmen betrafen die oben[267] dargestellten Fälle der im beschleunigten Verfahren unwirksam mündlich erhobenen Anklage

266 Vgl. dazu oben Rn. 611.
267 Rn. 120, 315a.

und des in der landgerichtlichen Hauptverhandlung mit nur zwei Berufsrichtern unwirksam nachgeholten Eröffnungsbeschlusses, in denen die Aufhebung des Urteils und die Einstellung des Verfahrens insgesamt zu beantragen waren (vgl. *M-G/S* § 203 Rn. 4, § 206a Rn. 6a).

a) Besteht zwischen der von der fehlenden Verfahrensvoraussetzung betroffenen Tat **638**
und den übrigen abgeurteilten Taten, die im Schuldspruch – wie üblich – von eigenen Rechtsfehlern betroffen sind, **Tatmehrheit** i.S. des § 53 StGB, so ist mit folgender Formulierung die vollständige Aufhebung des Urteils zu beantragen.

„Das Urteil des Amts-/Landgerichts ... vom ... wird mit den Feststellungen aufgehoben. Soweit der Angeklagte wegen Beleidigung verurteilt ist, wird das Verfahren eingestellt. Im Übrigen wird die Sache zu neuer Verhandlung und Entscheidung an eine andere Abteilung/Strafkammer des Amts-/Landgerichts ... zurückverwiesen."

b) Stehen die von der fehlenden Verfahrensvoraussetzung betroffene Tat und die üb- **639**
rigen abgeurteilten Taten hingegen nach § 52 StGB in **Tateinheit**, so erfolgt anstatt einer Teileinstellung grundsätzlich eine bloße Schuldspruchberichtigung dahin, „dass (hinsichtlich der Tat vom ...) die tateinheitliche Verurteilung wegen ... entfällt". Für ein solches Vorgehen ist aber naturgemäß dann kein Raum, wenn das angefochtene Urteil wegen anderer Rechtsfehler ohnehin vollständig aufzuheben ist. Da genau dies in Klausurfällen aber üblicherweise der Fall ist, verbleibt es hier bei dem oben[268] formulierten Revisionsantrag. Es wird sich aber gut machen, in diesem Zusammenhang kurz ausdrücklich auf die ansonsten grundsätzlich mögliche Schuldspruchberichtigung hinzuweisen.

4. Mitunter kann an die Stelle der sich aus § 354 Abs. 2 StPO ergebenden regelmäßi- **640**
gen Zurückverweisung an eine andere Abteilung oder Kammer des Gerichts, dessen Urteil aufgehoben wird, eine solche nach **§ 355 StPO** treten. Nach dieser Sondervorschrift ist das Revisionsgericht verpflichtet, die Sache bei Urteilsaufhebung wegen Unzuständigkeit des Vorderrichters an das **zuständige Gericht zurückzuverweisen** und damit dem Anspruch des Angeklagten auf den gesetzlichen Richter in vereinfachter Weise wirksam Rechnung zu tragen. Die vom Tatgericht zu Unrecht angenommene Zuständigkeit i.S. des § 355 StPO bedeutet neben der örtlichen und sachlichen Zuständigkeit auch diejenige der Jugendgerichte und der in § 74e GVG genannten besonderen Strafkammern (vgl. *M-G/S* § 355 Rn. 2). Nicht umfasst ist im Hinblick auf § 269 StPO hingegen der Fall, dass die Sache vor ein Gericht niederer Ordnung gehört hätte – an ein solches Gericht kann das Revisionsgericht die Sache nach seinem Ermessen i.R. des § 354 Abs. 3 StPO zurückverweisen. Auch wenn § 355 StPO nach seinem Wortlaut die Urteilsaufhebung wegen gesetzwidriger Annahme der Zuständigkeit voraussetzt, ist die Vorschrift ihrem Sinn nach entsprechend anwendbar, wenn ein anderer Aufhebungsgrund vorliegt, sofern nur die Sache vor ein Gericht höherer Ordnung oder ein ihm nach § 209a StPO gleichstehendes Gericht gehört (vgl. *M-G/S* § 355 Rn. 1).

268 Rn. 632.

641 In der letztgenannten Alternative liegt die Prüfungsrelevanz der Vorschrift: In nicht wenigen Klausurfällen werden Schwurgerichtssachen von der grundsätzlich unzuständigen allgemeinen Strafkammer abgeurteilt. Eine Urteilsaufhebung aus diesem Grund kommt aber in diesen Fällen üblicherweise wegen § 6a S. 3 StPO nicht in Betracht.[269] Da hier aber regelmäßig andere Revisionsgründe zu bejahen sein werden, kann der Prüfling am Ende seiner Bearbeitung mit dem sich aus § 355 StPO analog ergebenden Revisionsantrag beeindrucken, „... die Sache zu neuer Verhandlung und Entscheidung an das Schwurgericht des Landgerichts ... zurückverwiesen".

642 5. In nicht wenigen Klausurfällen liegt ein absoluter Revisionsgrund darin, dass die dem angefochtenen Urteil vorangegangene Hauptverhandlung in Abwesenheit eines **notwendigen Verteidigers** stattgefunden hatte (§§ 140, 338 Nr. 5 StPO).[270] In diesen Fällen darf der Angeklagte auch schon während des Revisionsverfahrens nicht ohne Verteidiger gelassen werden – und zwar unter den Voraussetzungen sowohl des § 140 Abs. 1 als auch des § 140 Abs. 2 StPO (vgl. *M-G/S* § 140 Rn. 8). Außerdem wird der mit der Begutachtung der Revisionserfolgsaussichten beauftragte Verteidiger selbst ein Interesse daran haben, angesichts der nicht immer sicheren finanziellen Verhältnisse des Angeklagten aus der Staatskasse entschädigt zu werden. Vor diesem Hintergrund kann beeindrucken, wer – im üblichen Fall der Begutachtung der Revisionserfolgsaussichten durch den Verteidiger – am Ende seiner Klausurbearbeitung zugleich auch dessen Beiordnung als Pflichtverteidiger schon für das Revisionsverfahren beantragt.

---

269 Klausurbeispiel dazu oben Rn. 173.

270 Vgl. dazu im Einzelnen oben Rn. 205 ff.

Stichwortverzeichnis

Die Zahlen bezeichnen die Randnummern.